# 머 리 말

다가온 21세기가 '지식사회'(knowledge society)라는 도도한 물결과 함께 천년의 문을 연다. 이 물결 뒤에 어떠한 물결이 뒤따를지 아무도 짐작하기 어려우나 이 지식의 물결은 21세기의 시작과 더불어 상당한 기간 우리의 사회를 그 흐름에서 벗어나지 못하게 할 것이다. 이 흐름에 적응하지 못하는 자는 도태될 것이며, 자신의 사고를 능동적으로 새롭게 변화하지 못하는 자는 승리를 얻지 못할 것이다.

이것은 경영에 대한 우리의 이해도 달라져야 할 것을 요구하고 있다. 연구실의 책상 위에만 머물러 있는 경영이론은 오늘날 급변하는 경영환경에 적합하지 않을 뿐 아니라 오히려 실천적인 경영에 도움이 되지 못한다. 경영학은 다른 어느 학문보다 실천적인 면을 강조하며 발전되어 왔으나, 이제는 그것만으로는 부족하다는 사실을 인식하지 않으면 안 되게 되었다. 오늘의 경영현상이 삽시간에 기존의 경영이론의 바탕을 뒤흔들어 놓는다. PC라는 작은 단말기 앞에 온 세계가 연결되어 있고, 세계도처에서 일어나는 크고 작은 경영문제는 동시적으로 우리가 직면하여야 할 우리의 문제가 되기 때문이다.

경영학의 놀라운 발달로 인해 그 포괄하고 있는 내용은 대단히 광범하지만, 본서는 모두 16개의 장으로 나누어 경영의 이해를 돕고 있다. 이것은 한 학기에 16주 정도의 수업시간을 갖고 있음을 염두에 둔 것으로 한 주에 한 장을 학습한다는 취지에서 그렇게 한 것이다. 과도한 학습량은 오히려 경영의 이해를 어렵게 할 뿐 아니라, 가르치는 교수님과 배우는 학생들에게 부담이 된다는 것을 경험하였기 때문이다. 그러나 16개의 장으로 경영의 내용을 담기에는 어림없이 부족하다는 것은 명백하다.

그러므로 본서는 전통적인 경영의 순환과정인 계획화 · 조직화 · 통제화라는 경영의 큰 틀을 그대로 유지하면서 기본을 익히게 하고, 현대의 디지털경영이라는 새로운 개념을 고려하면서 점차 그 비중이 높아지고 있는 기업의 윤리와 사회적 책임, 조직문화와 환경제약을 강조하기로 하였다. 또한 현실의 다양한 경영문제에 흥미를 갖게 하고 이해를 돕기 위해 매 장마다 한두 가지의 의미 있는 신문기사를 '경영의 실천'이란 이름으로 소개하는 방식을 택하였다.

급변하는 현장의 경영문제를 파악하고 이에 대한 기업의 실제 대응을 살펴보는 일은 경영이해를 돕는 길이라는 점과 본서가 지닌 분량상의 제한이나 주제의 단조로움 및 강의하시는 교수님의 과제부여에 도움이 될 것이란 판단으로 보충적인 학습자료를 저자의 홈페이지(http://bh.knu.ac.kr/~cyjung)에서 찾아볼 수 있게 준비하고 있다. 다행히 본서를 출간한 박영사에서도 이러한 준비를 하고 있음을 다행으로 여긴다.

본서가 빛을 보게 된 데는 많은 분들의 도움이 있었다. 최이규 박사, 김정대 선생, 박사과정의 이미숙, 임지영, 윤상현 선생을 비롯한 여러분의 노고와 멋진 표지로 본서의 품위를 높여 준 인천대학의 김영희 교수께 고마움을 표한다. IMF로 인한 어려운 경제여건에도 불구하고 본서의 출간을 흔쾌히 허락하여 준 박영사의 안종만 사장님께도 감사의 뜻을 표한다.

1999년 12월 20일
새 천년을 맞으며

저자 鄭忠泳 씀

# 목　　차

## 제 2 장
## 경영학은 어떻게 발전하여 왔는가



## 제 3 장
## 의사결정은 어떻게 하는가

## 제 4 장
## 기업의 사회적 책임은 무엇인가

## 제 5 장
## 계획 세우기

## 제 7 장
## 조직을 어떻게 구성할 것인가

## 제 8 장
## 권한과 권력은 어떻게 행사할 것인가

## 제 9 장
## 리더십과 커뮤니케이션이란 무엇인가

## 제 10 장
## 동기부여 어떻게 하나

## 제 11 장
## 어떻게 통제할 것인가



## 제 12 장
## 경영혁신이란 무엇인가

## 제 13 장
## 인터넷 경영이란 무엇인가

# 제 1 장

# 경영이란 무엇이며, 경영자는 누구인가

And God blessed them, and God said to them, "be fruitful and multiply, and fill the earth, and subdue it; and rule over the fish of the sea and over the birds of the sky, and over every living thing that moves on the earth'. —Genesis 1 : 28—

# 제 1 절　경영자는 무엇을 하는가

## Ⅰ. 경 영 자

경영자는 조직이라 불리는 곳에서 일한다. 그러므로 우리는 경영자가 무엇을 하는가를 이해하기 위해서는 조직이 무엇인가를 알아야 한다. 조직(organization)이란 어떤 특정한 목적을 달성하기 위해 사람들을 체계적으로 배치한 것이다. 그러므로 대학도 하나의 조직이며, 정부기관, 교회, 회사, 동네의 가스저장소, 의사협회, 삼성야구단 등도 모두 조직에 속한다. 조직은 다음과 같은  세 가지의 공통적인 특징을 갖고 있다.

1) 조직은 특정한 목적을 지닌다. 이 목적은 하나의 목표(goal)나 일련의 목표로 표시되는 것이 보통이다.

2) 모든 조직은 사람으로 구성된다.

3) 모든 조직은 구성원의 행동을 정의하고 제한하는 체계적인 구조를 갖고 있다. 즉 어떤 사람을 상사로서 다른 사람을 다스리는 권한과 그의 직무가 무엇인지를 정의하는 규정이나 규율을 갖고 있다.

그러므로 조직이란 용어는 목적(purpose), 사람(이를 구성원이라 한다) 및 체계적 구조를 가진 실체(entity)를 가리킨다.

경영자는 조직에서 일하지만 조직구성원들이 다 경영자가 아니다. 간단히 말하면 조직구성원들은 작업자(operatives)와 경영자 혹은 관리자(managers)의 두 부류로 나누어질 수 있다.

작업자는 직접 업무나 일을 하는 사람으로서 다른 사람들의 업무를 감독할 책임을 전혀 지지 않는 구성원을 가리킨다. 자동차조립라인에서 부품을 조립하거나 맥도날드에서 햄버거를 요리하거나 혹은 자동차등록사무소에서 면허증을 처리하는 사람들은 모두 작업자에 속한다.

〈그림 1-1〉 조직수준

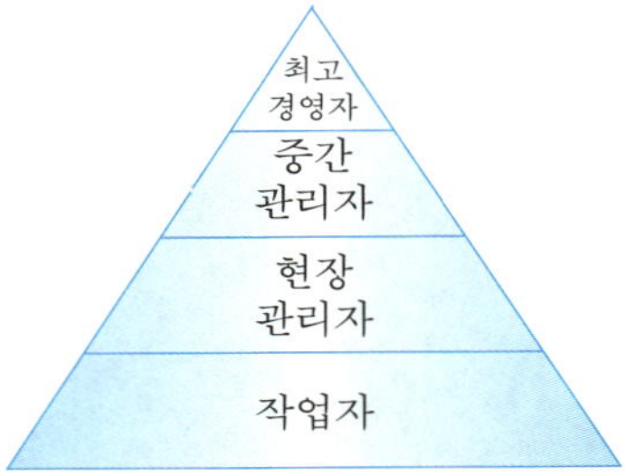


그러나 이와는 달리 경영자 혹은 관리자는 다른 사람의 업무를 지시하는 사람이다. 경영자들은 〈그림 1-1〉의 조직수준(organizational levels)에서 보는 바와 같이 조직구성원들을 최고경영자(top managers), 중간관리자(middle managers), 현장관리자(first-line managers) 및 작업자(operatives)로 구성된다고 하면, 가장 아래쪽에 위치한 작업자를 제외한 모든 계층의 사람들은 모두 경영자 혹은 관리자에 속한다.

경영자나 관리자는 영어로 모두 manager로 동일하나, 우리의 경우 높은 직위의 관리자는 경영자라 부르는 것이 일반적이다. 그러나 본서에서는 이를 엄격하게 구분하지 않고 경영자 혹은 관리자란 용어를 혼용하여 사용하기로 한다.

경영자들은 어떤 업무책임(operative responsibilities)을 지니고 있다. 예컨대 타이핑부서의 관리자는 타이핑하는 기본적인 책임뿐만 아니라 그 부서에 속한 다른 사람들의 업무감독을 담당한다. 경영자 혹은 관리자란 부하(subordinates)를 갖는 것이 일반적이다. 경영자 혹은 관리자란 명칭 대신 다양한 다른 명칭을 사용한다 하더라도 누가 경영자 혹은 관리자이고, 누가 작업자인지를 식별하는 일은 그리 어렵지 않다.

현장관리자(first-line managers)는 일반적으로 감독자(supervisors)라 부른다. 제조공장에서는 가장 낮은 수준의 이 현장관리자를 현장주임(foreman), 운동경기팀에서는 코치라는 명칭을 사용한다. 중간관리층(middle management)에 속한 중간관리자는 부서장 혹은 프로젝트 리더, 단위조직의 장, 지역관리자 등의 명칭을 갖는다.

조직의 최상층에 있거나 그 가까운 곳에 있는 경영자들을 최고경영층(top

management)라 부르는데, 여기에는 부사장(vice president) · 사장(president) · 관리책임자 · 실무책임자 · 이사장 등이 있다.

## Ⅱ. 경 영

경영(management)이란 다른 사람을 통하여 또 다른 사람과 더불어 능률적으로 활동(activities)을 완성하는 과정이라고 정의할 수 있다. 여기서 과정(process)이란 경영자가 참여하는 주된 활동 혹은 기능을 말하는데, 이러한 기능들은 계획화(planning), 조직화(organizing) 및 통제화(controlling)로 이루어지는 것이 전형적이다. 이러한 기능들에 대하여는 다음 절에서 자세히 설명하기로 한다.

그런데 능률적으로 활동한다고 할 때의 능률(efficiency)이란 경영에 활력을 불어넣는 부분으로서, 이것은 산출(outputs)에 대한 투입(inputs)의 비를 가리킨다. 즉

$$\text{능률(efficiency)} = \frac{\text{산출}}{\text{투입}}$$

로 표시할 수 있다. 만약 주어진 투입에서보다 더 큰 산출을 얻어 낸다면, 이것은 능률의 증가를 의미한다. 같은 방법으로 산출이 동일하다 하더라도 투입이 적었다면, 이것 역시 능률의 증가를 의미한다. 경영자는 희소자원인 화폐 · 인력 · 시설 등을 투입하기 때문에 이러한 자원들을 어떻게 하면 능률적으로 이용할 수 있을 것인가에 대하여 보다 큰 관심을 보인다. 그러므로 경영이란 자원비용을 최소화하는 것이라 할 수 있다. 그러나 단순히 능률적인 것만으로는 불충분하다. 즉 경영이란 능률성뿐만 아니라 효율성(effectiveness)을 추구하지 않으면 안 된다. 여기서 효율성이란 목표의 달성정도라 정의할 수 있다. 따라서

$$\text{효율(effectiveness)} = \frac{\text{실적}}{\text{표준(목표)}}$$

이다. 경영자가 그들의 목표를 달성하려고 할 때는 효율적이지 않으면 안 된다. 여기서 능률이 높다 하더라도 효율적이 아닐 수 있으며, 능률이 낮다 하더

〈그림 1-2〉 능률과 효율

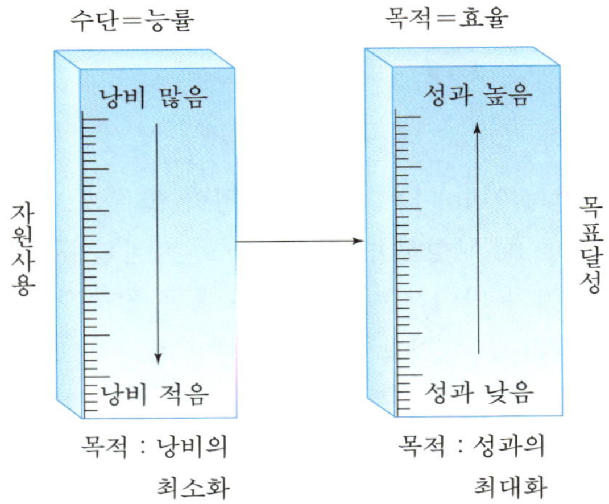


라도 효율이 높을 수 있다. 그것은 능률성이 수단과 관계가 있는 데 반하여, 효율은 목적과 관계가 있기 때문이다(〈그림 1-2〉 참조).

그런데 능률과 효율은 상호관련성을 갖는다. 예를 들면 능률을 고려하지 않는다면 효율을 증대시키는 일은 용이하다. 예컨대 시계를 제조할 때 임금이나 원료비를 고려하지 않는다면, 보다 정확하고 품위 있는 시계를 제조하는 일은 그렇게 어렵지 않다. 어떤 기업은 효율이 대단히 높지만 능률적이 아니란 이유로 비난을 받고 있다. 이것은 그 기업이 그들의 목표를 잘 달성하고 있지만, 이를 달성하기 위하여 지나치게 비용을 많이 소비하였다는 것을 의미한다. 그러므로 경영이란 어떤 목표를 완수한다는 효율에만 관심을 두는 것이 아니라 가능한 한 능률적으로 그 일을 완수하도록 하는 것이 중요하다.

능률적이지만 비효율적인 조직이 존재할 수 있는가? 물론 있을 수 있다. 잘못된 일을 잘 행한다고 하면, 그것이 바로 그 경우에 해당한다. 예컨대 어떤 대학들은 학생들을 아주 능률적으로 많이 배출하고 있다. 그들은 컴퓨터지원학습(computer-assisted learning) · 대단위수업 · 시간강사 등을 많이 사용하여 학생 1인당 교육비를 크게 절감하고 있다. 이것은 대단히 능률적인 것이다. 그러나 교육투자를 등한히하는 것이기 때문에 제대로 학생들을 교육시키지 않는다는 비난을 재학생들이나 졸업생, 그리고 교육부로부터 받게 된다. 따라서 우리는 잘못된 경영이란 비능률성과 비효율성을 지닌 경우를 말한다고 볼 수 있다.

## Ⅲ. 경영의 기능

20세기 초에 헨리 페이올(Henri Fayol)이라는 프랑스산업가는 경영자란 모름지기 5가지 기능을 수행하고 있다고 그의 저서에 기록하고 있다. 이 5가지 기능이란 계획하고(plan), 조직하며(organize), 명령하고(command), 조정하며(coordinate) 통제하는(control) 것이다.

1950년대에 UCLA의 교수인 Koontz(Harold Koontz)와 O' Donnell(Cyril O' Donnell)은 그들의 경영학 교과서를 계획(planning), 조직(organizing), 지휘(directing) 및 통제(controlling)라는 4가지 기능으로 구성하였는데, 이 구성이 지난 20년 동안 아무런 이의 없이 지금까지 사용되어 오고 있다. 대부분의 인기 있는 교재들은 아직도 예외 없이 위에서 제시한 4가지의 기본적인 경영기능을 중심으로 경영을 기술하고 있다(〈그림 1-3〉 참조).

이제 위에서 언급한 경영의 4가지 기능들에 대해 설명하기로 한다.

조직이란 어떤 목적을 달성하기 위해 존재하는 것이므로, 어떤 사람들이 조직의 목적이 무엇이며 이 목적을 어떻게 달성할 수 있는지 그 수단을 정의하여야 한다. 이 어떤 사람들이 바로 경영자(management)들이다.

계획기능(planning function)이란 조직의 목표(goals)를 정의하고, 이 목표

〈그림 1-3〉 경영의 기능

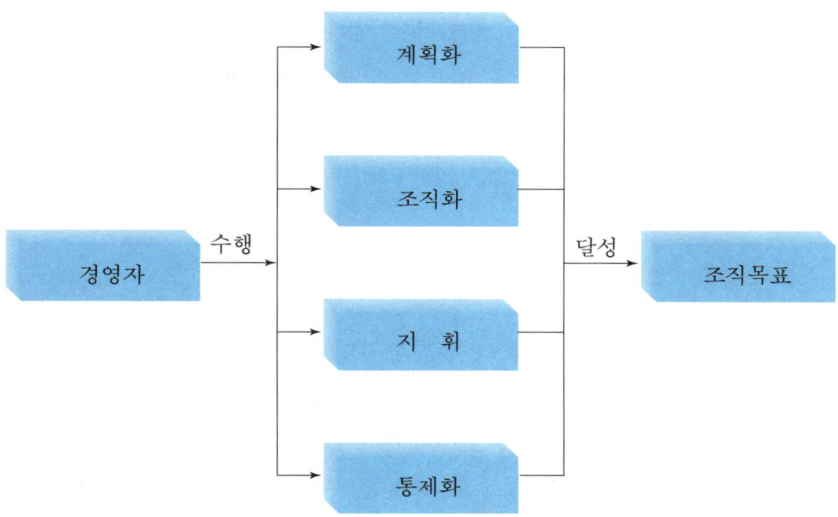

를 달성하기 위한 전반적 전략(overall strategy)을 수립하며, 각 활동을 통합하고 조정하기 위하여 포괄적이고 계층적인 계획을 개발하는 것을 말한다.

경영자는 조직의 구조를 설계할 책임도 갖고 있다. 우리는 이것을 조직기능(organizing function)이라 부른다. 이 조직기능에는 무슨 과업을 누가 담당하여야 하는가, 그리고 그 일을 어떻게 집단화하며 누가 누구에게 보고하고 어디에서 의사결정이 이루어지는가 등에 관한 내용이 포함된다.

모든 조직은 사람을 포함하고 있는데, 이들 사람들을 지휘하고 조정하는 것이 경영자의 임무에 속한다. 이것이 바로 지휘기능(leading function)이다. 경영자는 부하들에게 동기를 부여하고, 다른 사람들의 활동을 지시하고, 가장 효과적인 커뮤니케이션 통로(communication channel)를 선정하거나 구성원들 간의 갈등을 해결하는 등의 내용이 모두 지휘기능에 포함된다.

경영자가 행하는 마지막 기능은 통제기능(controlling function)이다. 목표가 설정된 후에 계획이 수립되고, 구조적인 배치가 이루어지고, 사람이 고용되고, 이들을 훈련하고, 동기가 부여된다. 그러나 아직도 일이 잘못될 가능성이 얼마든지 있다. 그러므로 이러한 것들이 목표대로 달성되었는지를 확인하기 위하여 조직의 성과(organization's performance)를 점검해야 한다. 실제성과는 미리 설정된 목표와 비교하여야 한다. 만약 목표와 실제성과간에 큰 차이가 있다면, 그 이유가 어디 있는가를 확인하기 위하여 조직의 업무수행 과정을 추적하는 것이 경영자의 임무이다. 이러한 상태의 점검(monitoring), 비교(comparing), 그리고 교정(correcting)하는 것이 바로 통제기능이다.

이러한 경영의 기능에 따른 접근은 단순성과 명백성을 지니기 때문에 큰 도움을 주지만, 이것이 바로 경영자가 하고 있는 업무를 정확하게 기술한 것으로 보기에는 여러 가지로 부족하다. 그러면 경영자의 역할은 어떤 것인가?

## Ⅳ. 경영자의 역할

우리는 앞에서 경영을 네 가지 기능적인 접근법으로 살펴보았으나, 이제는 경영자의 역할(management roles)에 대해 살펴보기로 하자.

경영자는 계획하고, 조직하고, 지휘하고, 통제한다. 그러나 이것은 경영자의 역할을 바르게 설명한 것으로 보기는 부족하다. Fayol이 제시한 경영의 기능들은 수많은 경영자 및 조직을 주의 깊게 연구한 후에 도출된 것이 아니다. 그는 프랑스의 광산업(mining industry)에서의 경험을 바탕으로 관찰한 것을 중심으로 경영의 기능을 정리한 것뿐이다.

1960년대 후반에 Mintzberg(Henry Mintzberg)는 5명의 최고경영자를 주의 깊게 연구하였다. 이들이 업무를 처리하고 있는 것을 실제로 관찰한 후 그는 경영자란 열 가지의 서로 다른, 그러나 서로 연관된 업무를 담당하고 있다는 결론을 내렸다.

그가 제시한 것과 같은 10가지 역할은 주로 인간상호간의 관계라 말할 수 있는데, 이 관계에서 정보가 전달되고 이것에 의해 의사결정(decision making)이 이루어진다. 이를 요약하면 다음과 같다.

(1) 대인적 역할(interpersonal roles): 모든 경영자는 본질적으로 의식상(ceremonial) 상징적인 우두머리(figurehead)의 역할을 수행하게 된다. 학장이 졸업식 때 학위증을 수여하거나 공장장은 고등학생이 공장견학을 올 때 그는 공장의 대표로서의 역할을 수행하게 되는데, 이러한 역할을 말한다.

모든 경영자는 또 리더(leader)로서의 역할을 수행한다. 이 역할에는 종업원을 채용하고 교육하며, 동기를 부여하고 훈련하는 일들이 포함된다. 또 다른 역할은 접촉(liaison)역할이다. Mintzberg는 이 역할이란 그에게 정보를 제공하는 외부인(outsiders)들과 접촉하는 것이라고 설명하였다. 이 역할은 개인이거나 내부집단이거나, 아니면 외부조직에 대한 것일 수 있다. 같은 회사에서 인사담당자로부터 정보를 획득하는 판매관리자는 내부적 접촉(internal liaison) 관계를 갖는 것이며, 판매관리자가 무역협회에서 다른 회사의 무역담당자와 접촉한다면 그는 외부적 접촉(outside liaison) 관계를 갖는 것이 된다.

(2) 정보화역할(informational roles): 모든 경영자는 외부의 조직, 기관 및 연구소 등에서 어느 정도의 정보를 얻고, 또 의도적으로 정보를 수집하기도 한다. 사람들이 어떠한 품질을 선호하며 그 선호도가 어떻게 달라지고 있는가를 알기 위해 잡지를 읽고, 다른 사람들과 이야기를 나누며, 경쟁자들은 무엇을 어떻게 계획하고 있는가 등을 조사하는 것 등이 모두 이 역할에 속한다. Mintzberg는 이러한 역할을 모니터역할(monitor role)이라 불렀다. 경영자는 조직구성원들에게 정보를 전달하는 행위를 하기도 하는데, 이것이 바로 전파자역할(disseminator role)이다. 경영자는 또한 외부인들에게 조직을 대표하는 대변인역할(spokesperson role)을 수행한다.

(3) 의사결정자역할(decisional roles): 마지막으로 Mintzberg는 의사결정과 관련된 4가지 역할이 있음을 확인하였다. 기업가(entrepreneur)로서의 경영자는 조직의 성과를 개선하게 될 새로운 프로젝트를 시작하고 감독하게 된다. 장애물해결자(disturbance handler)로서의 경영자는 사전에 예측하지 못한 문제들에 대응하여 이를 해결하는 행위를 취해야 한다. 또 자원분배자(resource allocators)로서 경영자

는 인간, 물질 및 화폐자원에 대해 책임을 진다. 마지막으로 경영자는 자신의 회사를 위해 이익을 얻으려 다른 조직과 의논하고, 이익을 얻기 위해 다른 조직과 상의하고 거래하는 협상자역할(negotiator role)을 수행한다.

Mintzberg가 제시한 역할을 검증하기 위하여 다양한 조직을 대상으로, 또 동일한 조직 내의 여러 계층을 대상으로 많은 연구가 수행되었다. 그 결과 조직의 형태나 조직의 계층에 관계 없이 경영자는 이와 유사한 역할을 수행하고 있음이 밝혀졌다. 그러나 경영자가 어느 역할에 더 큰 비중을 두느냐 하는 것은 조직의 계층에 따라 다르다는 것을 알게 되었다. 특히 전파자(disseminator), 우두머리(figurehead), 협상자(negotiator), 접촉자(liaison) 및 대변인(spokesmen)의 역할은 조직의 계층수준이 높을수록 더욱 중요하며, 역으로 리더로서의 역할은 최고경영자나 중간관리자에게보다는 하위관리자들에게 더욱 중요하다는 것이 알려졌다.

Mintzberg가 제시한 이러한 10가지의 역할은 계획, 조직, 지휘 및 통제라는 전통적인 네 가지 경영기능과 아무런 관련이 없는가? 물론 전혀 그렇지 않다. Mintzberg는 경영자의 역할을 보다 자세하고 정밀하게 설명하였지만, 이러한 역할들은 본질적으로 4가지의 기능과 조화를 이루는 것들이다.

Mintzberg의 여러 가지 역할들은 네 가지의 기능 중의 어느 한두 개에 잘 들어맞는다. 예컨대 자원할당은 경영자의 역할 중 하나이면서 동시에 계획의 일부가 된다. 세 가지의 대인적인 역할(interpersonal roles)은 바로 지휘기능의 일부가 된다. Mintzberg가 언급한 다른 대부분의 역할도 네 가지 기능 중 하나 이상의 기능과 관련을 갖는다. 그러나 네 가지 기능 전부와 관련되는 것은 아니다.

차이점은 본질적으로 Mintzberg의 경우는 혼합된 경영활동과 순수한 관리업무로 경영을 설명하였다는 것이다. 경영자들이 하는 모든 일들이 다 관리를 위한 것은 아니다. Mintzberg가 언급한 경영자는 공중관계(public relation)나 자금조달에 시간을 보내고 있다는 사실은 그의 관찰방법의 정확성을 입증하는 것이지만, 경영자가 하는 모든 일들이 다 경영자의 직무에 기본적인 것이라고 할 수는 없다. Mintzberg는 경영자가 하는 일을 모두 다 경영자의 경영에 관한 것으로 보고 이를 분류하였기 때문에 경영자의 역할에 포함되지 않아야 할 것도 들어 있다.

그러나 Mintzberg가 분류한 경영자의 역할들이 애매한 것이냐 하면 그렇지 않다. 그는 경영자가 무엇을 하는가에 대한 새로운 통찰력을 제공하여 주었다. 그가 이룩한 업적이 주목을 받게 된 것은 경영자의 역할에 대한 그의 정의가 대단히 중요하기 때문이다. 그러나 경영은 그 역사가 오래지 않으므로 계속적으로 발전하고 있다는 사실을 염두에 두어야 한다. 앞으로 Mintzberg가 제시한 경영자의 역할과 경영의 네 가지 기능을 비교하고, 이들을 통합하는 연구를 통하여 경영자의 역할에 대한 이해를 확장해 가야 할 필요가 있을 것이다.

## 제 2 절 경영은 보편성을 갖는가

만약 경영이 모든 조직에 적용될 수 있는 보편적인 원리를 갖고 있다면 기업이나 정부 또는 서울에 위치한 기업이든 텍사스에 위치한 기업이든 관계없이, 또 그가 최고경영층에 속하든 하위감독층에 속하든 동일한 원리로 동일한 일을 하는 것으로 보아야 할 것이다. 이것은 경영의 보편성에 대한 것으로서, 이에 대하여 보다 자세히 설명하기로 한다.

### Ⅰ. 조직의 수준(organizational level)

우리는 그 경영의 역할이 조직에서의 경영자의 계층수준에 따라 경영자의 역할이 변한다는 것을 이미 인정하였다. 그러나 공장장이나 사장이 동일한 일을 하지 않고 있다는 것이 경영자의 직무가 본래 다르다는 것을 의미하지는 않는다. 차이점은 정도와 강조에 관한 문제이지 기능에 관한 문제는 아니다. 기능상으로 볼 때 경영자는 조직의 상위층으로 올라갈수록 계획을 더 많이 하고, 직접적인 감독들은 적게 하게 된다. 이것을 나타낸 것이 〈그림 1-4〉이다.

모든 경영자는 그가 어느 수준에 속하였느냐에 상관 없이 의사결정을 행하며, 계획(planning), 조직(organizing), 지휘(leading) 및 통제(controlling)의 기능을 행사한다. 그러나 그들이 각 기능에 쏟는 시간의 양은 다르며 일정하지 않을 뿐 아니라 관리적 기능의 내용도 경영수준에 따라 달라진다. 예를 들면 최고경영층이 행하는 계획의 형태는 하위관리층이 행하는 계획의 형태와 다르다. 마찬가지로 최고경영자들은 조직 전반에 대한 디자인에 관심을 가지지

〈그림 1-4〉 조직수준별 기능에 대한 시간분포

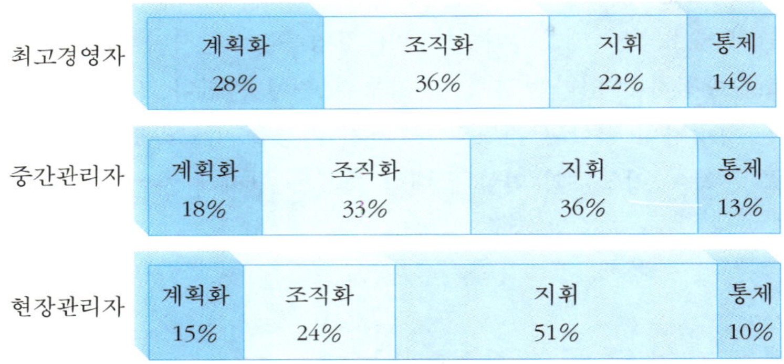


만, 하위관리자들은 개개인에 대한 것이거나 작업팀의 직무설계에 관심을 갖는다.

## Ⅱ. 조직의 형태(organizational type)

비영리기관의 경영자가 하는 일이 기업과 같은 영리기관의 것과 동일하냐 하는 물음에 대한 답은 대부분의 경우 그러하다는 것이다. 먼저 비영리기관의 경영자의 직무에 관한 다음의 몇 가지 사회적 통념(myths)을 없애기로 하자.

〈통념 #1〉: 비영리조직의 의사결정은 정치적 우선순위를 강조하지만, 기업의 의사결정은 합리성과 정치와 무관한 것이다.

(진 실): 모든 조직에서의 의사결정은 정치적인 사항을 고려하여 결정된다. 이에 관해서는 다른 장에서 계속 언급될 것이다.

〈통념 #2〉: 비영리조직의 의사결정은 기업의 경우와는 달리 관리적 권한과 자치권을 제한하는 행정적인 절차 때문에 제약을 받는다.

(진 실): 거의 모든 경영자는 그들의 재량권에 상당한 제약을 받고 있다.

〈통념 #3〉: 관공서직원들을 통해서 높은 성과를 얻는 것은 대단히 힘든다. 왜냐하면 기업의 경우와 비교할 때, 그들은 게으르고 안전지향적이며 동기유발이 어렵다.

(진 실): 비영리조직과 기업조직의 구성원간에 동기부여에 차이가 있다는 아

무런 증거가 없다.

경영자가 일하는 조직의 형태에 관계 없이 그의 직무에는 공통점이 있다. 그것은 모든 경영자들이 의사결정을 행하며, 목적을 수립하며, 일하도록 조직 구조를 만들며, 종업원을 채용하고 동기를 부여하며, 능률을 추구하고 조직이 존재하기 위해 적법성을 확보하며, 프로그램을 실행하기 위해 내부적인 지지를 얻어야 한다. 물론 주목할 차이점이 없는 것은 아니다. 가장 중요한 차이점은 성과의 측정이다. 기업의 효율성(effectiveness)을 측정하기 위해 영리조직에서는 이익을 일반적으로 사용하고 있으나, 비영리조직에서는 그러한 보편적인 척도가 없다. 그러므로 학교나 박물관, 정부기관 또는 자선기관 등은 성과의 측정이 더욱 어렵다. 이러한 조직에 있는 경영자들은 일반적으로 성과를 위해 시장테스트를 행하지 않는다. 영리조직과 비영리조직을 서로 구분하고 있기는 하지만, 서로간의 차이점보다는 유사한 점이 더 많다는 것을 기억할 필요가 있다.

## Ⅲ. 조직의 규모(organizational size)

조직의 규모가 크고 적음에 따라 경영자의 직무가 달라지는가? 이 질문은 적은 기업의 경영자의 직무와 앞에서 설명한 경영자의 역할을 서로 비교해 봄으로써 잘 알 수 있을 것이다. 이에 앞서 소기업이 어떤 것이란 것을 정의하고, 그것이 우리 사회에서 어떻게 활동하는가를 살펴보기로 하자.

소기업에 대한 정의는 다양하다. 왜냐하면 종업원의 수, 연간매출액, 총자산 등과 같은 여러 가지 다른 판정기준을 사용할 수 있기 때문이다.

이 책에서는 소기업이란 어떤 사람이 독립적으로 그 기업을 소유하고 운영하며, 종업원이 100명을 넘지 않고 연간매출액이 5백만 달러 이하이며, 한정된 지역에서 제품이나 서비스를 공급하는 이익을 추구하는 기업이라고 정의하기로 한다. 이러한 정의는 대부분의 권위 있는 정의와 일치하는 것이다.

소기업은 규모가 적지만 우리 사회에 커다란 영향을 미치고 있다. 여러 통계에 의하면 소기업은 미국의 경우 97%의 비중을 차지하고 있는데, 종업원의 수로는 약 60%의 비중을 차지한다. 이 소기업들은 특히 소매상과 건설업과 같은 산업에서 우위를 차지하고 있다. 우리 나라의 경우도 선진국과 다름

없이 거의 모든 새로운 직업들은 소기업에 의하여 만들어졌다. 이것은 벤처기업을 생각해 보면 쉽게 짐작이 갈 것이다. 삼성이나 현대 혹은 LG와 같은 대기업들이 신문기사를 장식하고 있지만, 미래에는 이들 소기업들이 그렇게 하게 될 것이라고 전망된다.

그러면 앞에서의 질문으로 돌아가 보자. "소기업의 경영은 대기업의 경영과 다른가?" 두 조직을 비교한 연구에 따르면 조직의 역할이 크게 다르다. 〈그림 1-5〉에서 보는 바와 같이 중소기업경영자의 가장 중요한 역할은 대변인(spokesperson)으로서의 역할이다.

중소기업경영자는 고객과의 회합, 은행으로부터의 자금조달, 새로운 기회를 위한 조사, 변화에의 적응과 같은 외부적인 일에 많은 시간을 보낸다. 그러나 이와는 대조적으로 대기업의 경영자의 가장 중요한 관심사는 조직단위가 무슨 자원을 얼마나 얻을 수 있을 것인가와 같은 내부적인 일이다. 이 연구에 따르면 사업기회를 찾고 성과개선을 위해 계획하는 것과 같은 기업가적 역할(entrepreneurial role)은 대기업의 경영자에게는 그리 중요한 일이 아니다.

대기업의 경영자와 비교할 때 중소기업의 경영자는 보다 종합적인 일을 행한다고 볼 수 있다. 그의 직무는 대기업의 최고경영자의 활동과 일선감독자가 수행하는 일상적인 많은 업무를 결합한 것으로 볼 수 있다. 더욱이 대기업의 경영자의 직무의 특징이 되는 기구와 정규적 절차가 중소기업에서는 그렇지 않은 경향이 있다. 또 계획이 주의 깊게 이루어진 것 같지 않고, 조직의 설

〈그림 1-5〉 소기업과 대기업의 경영자역할 비교

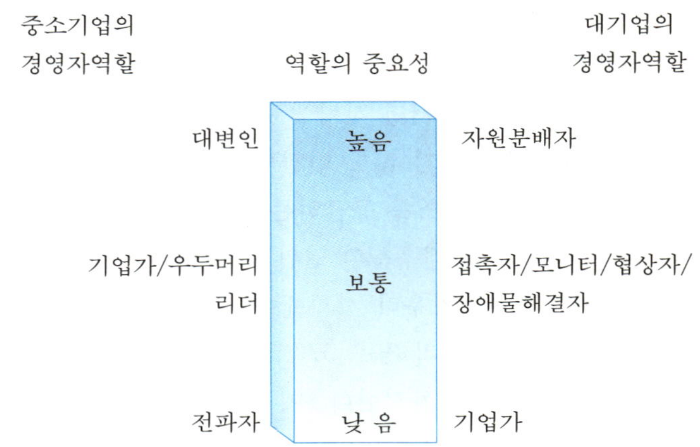

계는 복잡하지 않고 구조화되지 못한 것이 일반적이다. 중소기업에서의 통제는 정교하게 전산화한 모니터 시스템이 아니라 직접적인 관찰에 더 의존한다.

조직수준에서와 같이 대기업과 중소기업간에는 정도와 강조하는 내용에 차이가 있으나, 기능면에서는 그렇지 않다. 대기업이나 중소기업의 경영자는 모두 기본적으로는 동일한 활동을 수행하지만, 각각의 기능에 소비하는 시간의 비율에는 차이가 있다.

### Ⅳ. 경영개념의 보편성

마지막 문제는 경영의 개념이 국가의 경계선을 넘어서 이동될 수 있는가 하는 것이다. 만약 경영의 개념이 완전하게 보편적인 것이라 한다면, 그것들은 경제적 · 사회적 · 정치적 및 문화적인 차이와 무관하게 보편적으로 적용할 수 있는 것이 될 것이다. 국가간에 경영의 실천을 비교한 연구들은 경영개념의 보편성을 지지하지 않고 있다. 여기서는 앞으로 공부하게 될 경영개념들의 대부분은 소위 자유시장 민주주의(free-market democracies) 국가들에 적용될 수 있는 것들이다.

## 제 3 절 왜 경영학을 공부하는가

### Ⅰ. 경영은 기술인가, 과학인가

경영이 기술(art)인가, 아니면 과학(science)인가 하는 문제의 해답은 과학을 어떻게 정의하느냐에 따라 달라진다. 예를 들면 경영에는 생물학이나 천문학에서와 같은 그러한 과학은 없다. 얼마간의 계획과 통제를 위한 도구를 제외하고는 경영학은 과학에서 기대할 수 있는 정확성을 가지고 설명하거나 예측할 만한 지점에까지 발전되지 못하였다. 이 지점은 사람들이 물리학이나 생물학 또는 화학에서 발견할 수 있는 그러한 법칙이나 원리가 경영에도 있는지, 아니면 없는지를 고려함으로써 가장 잘 표현될 수 있다.

원리(principle)는 근본적이거나 보편적인 진리로 정의되고 법칙(law)은 원리의 정확한 공식이기 때문에 강한 영향력을 지니고 있는데, 이것은 동일한 조건 하에서 반복하더라도 변하지 않는 결과를 얻을 수 있기 때문이다.

이러한 순수한 정의에 따르게 되면 경영에는 거의 원리나 법칙이 없다고 할 수 있다. 우리는 경영자란 앞서 계획하며, 경영자는 종업원의 변화욕구를 반영하기 위하여 동기부여를 위한 기법을 조정한다고 말할 수 있다. 이 두 말을 어떤 사람들은 경영의 원리라고 말하지만, 그러나 정확한 과학에서 발견할 수 있는 정밀성을 결여하고 있음이 명백하다. 위의 것은 좁은 관점에서의 과학을 정의한 것이다.

그러나 만약 학문이 명확한 근본적 이론과 부수적인 이론의 체계로 편성될 수 있으며 시스템의 과거 및 현재의 변화가 설명될 수 있고 미래의 변화가 설명될 수 있다면, 이러한 지식의 체계는 정확한 과학이라 불릴 수 있을 것이다. 이와 같이 과학을 넓은 의미로 해석하게 되면 경제학, 심리학 및 사회과학과 같은 다른 사회과학들의 대부분이 그러하듯 경영학도 과학이 된다. 흥미있는 것은 이러한 사회과학이 인간요소(human element)를 다루기 때문에 부정확한 과학(inexact sciences)이라고도 불리워 왔다.

불행하게도 인간의 행동은 너두나 복잡하기 때문에 현상을 예측하거나 설명하지 못하고 있다. 그러나 사회과학(social sciences)은 정확한 과학(exact sciences)이 사용하는 것과 같은 동일한 기법을 사용하여 현상을 정의하고 분석하고 측정할 수 있다. 명확하지 않는 매개변수(explain intervening variables)를 통제하고 설명하는 것이 그 능력이 된다.

과학적 방법(scientific method)을 통하여 경영을 연구할 수 있다. 즉 기대되는 결과에 대한 가설(hypotheses)을 설정하고, 이를 검정하기 위하여 데이터를 수집하고 표를 만들며 분석하여 가설과 비교한다. 그리고는 가설을 채택하거나 기각하게 된다. 그러므로 정확한 과학이 하는 것과 똑같이 과학적인 방법을 적용할 수 있는 것이다. 그러나 사회과학은 물리학과 같은 정확한 과학처럼 엄격한 실험을 행할 수 없다는 문제점을 지닌다.

이와 대조적으로 경영학은 약품이나 회계계산, 야구와 같은 하나의 기술로 간주될 수도 있다. 왜냐하면 기술이란 지식을 현실에 적용하여 좋은 결과를 얻게 하는 것이기 때문이다. 그러면 결국 경영학이란 무엇인가? 우리의 결론은 경영이란 바로 과학이면서 동시에 기술이라는 것이다.

이 경영학의 강의에서 여러분들은 과학을 배우게 될 것이다. 이 교재를 통하여 여러분들은 의사결정이 어떻게 이루어지느냐 하는 문제, 그리고 가장 좋은 목표(goal)의 수립, 최적의 조직구조 설계를 위해 고려하여야 할 요소들, 종업원들을 선발하는 방법, 그리고 종업원들의 동기부여 수준이 다른 이유, 서로 상충되는 잠재적 자원, 조직의 목표를 달성하기 위하여 행하는 업무의 진행사항을 확인하는 여러 가지 기법 등에 대하여 배우게 될 것이다. 여러 해에 걸쳐 효율적인 경영에 관한 문헌들이 수없이 많이 발행되었다. 이 교재는 경영자로서 여러분이 사용하게 될 다양한 도구들을 소개할 것이며, 앞으로 직면하게 될 문제와 기회를 인식하도록 할 것이다.

한 가지 명심해야 할 사항은 경영이란 기술이기도 하다는 것이다. 이론만으로는 경영의 여러 가지 도구들을 적절하게 적용할 수 없다. 많은 성공적인 경영자들은 경영에 대한 공식적인 코스를 밟은 적이 없다. 마찬가지로 경영학에서 A학점을 받았다 해서 미래의 성공을 보장받는 것은 아니다.

학부의 교과과목은 과학인 경영학을 가르칠 뿐이다. 그러므로 기술로서의 경영학을 배우기 위해서는 배운 이론들을 실제에 적용하도록 각자가 노력하여야 한다. 그리고 대부분의 경우 기술로서의 경영학은 직무를 통하여 배우게 된다는 점을 기억하시기 바란다.

## Ⅱ. 경영학, 왜 공부하는가

1980년대에 들어와 경영학에 대한 관심이 놀랍도록 증대되었다. 경영에 관한 서적이 로맨스를 다룬 소설이나 살 빼기에 관한 서적과 더불어 뉴욕타임지의 베스트셀러 리스트의 상위에 위치하고 있으며, 우리 나라의 경우도 이와 유사한 상황을 보이고 있다.

모든 사람들은 우리 사회에서 경영의 역할이 얼마나 중요하다는 것을 인식하게 되었다. 오늘날에는 경영학을 배우지 않더라도 누구나 다 무한경쟁시대를 맞아 모든 기업들이 비용을 절감하고 품질을 향상하지 않으면 살아남기 힘들다는 것을 알고 있다.

매일 신문에서 우리들은 기업들이 이러한 도전을 받고 있다는 것을 읽고 있다. 그러나 실제로 좋은 경영을 추구한다는 것은 이익을 추구하여 이익을 획득하였다는 차원을 넘어서는 것이다. 우리는 또한 비영리조직에서도 효율적이며 능률적인 경영을 기대하고 있다.

납세자로서 우리는 국방을 위해 세금을 낭비하지 않으면서 강한 군대를 만들 의사결정을 원한다. 우리는 가끔 국방예산이 낭비되고 있다는 신문기사를 보고 분노하기도 한다. 왜냐하면 그것은 비능률적이기 때문이며, 이 비능률이 제거되기를 원하기 때문이다. 이와 마찬가지로 우리는 초등학교에서 학생들에게 기본적인 기능, 즉 읽기, 쓰기, 셈하기 등을 가르쳐 생산적인 시민을 양성하기를 원하고 있다.

경영학을 공부하는 이유 중의 하나는 우리 사회에서 경영이 차지하는 비중이 크다는 점 때문이다. 잘 관리된 조직은 단골을 유지하고 성장하고 번영하게 될 것이다. 그러나 잘 관리되지 못한 조직은 존재의 위협을 받게 된다.

경영학을 배우는 두 번째 이유는 여러분이 대학을 졸업한 후에 관리하는 사람이 되거나, 관리를 받는 사람이 될 것이기 때문이다. 경영학을 공부하는 사람들이 모두 경영자가 된다고 가정하는 것은 무리이다. 어떤 사람의 경우는 원하는 학위를 받기 위해 필수과목인 경영학을 공부하지 않으면 안 될 경우도 있을 것이다.

그러나 그렇게 한다 해서 경영학을 공부하는 것이 부적절한 것은 아니다. 여러분이 살기 위해서는 일해야 한다고 가정하고 또 여러분 거의 모두가 어떤 조직에서 일해야 한다는 것을 인정한다면, 그것은 곧 여러분이 경영자가 되거나 경영자를 위해 일한다는 말이 된다.

만약 여러분이 경영자를 위해 일한다면 경영학공부를 통해 여러분의 상사가 행동하는 방법에 대해, 또 조직내부의 일들이 어떻게 이루어지고 있는가에 대해 많은 통찰력을 얻게 될 것이다. 그러므로 경영학의 학점을 딴다는 것은 경영자가 되어야 한다는 것을 의미하지는 않는다.

## 제 4 절 경영자의 자질은 타고 나는 것인가, 길러지는 것인가

경영자의 자질은 타고 나는 것인가, 아니면 훈련되어지는 것인가? 이에 대한 논의는 끝이 없는 주제에 속할지 모른다. 그러나 다음의 이야기는 이 주제에 대한 결론을 내리는 데 도움을 줄 것이다. 드럭커의 "경영-과업, 책임, 실천"의 일부를 간추린 것이다.

## Ⅰ. 포드의 성쇠와 부활

헨리 포드(Henry Ford)의 흥망과 성쇠, 그리고 손자 헨리 포드 2세에 의한 포드회사의 부활－이 이야기는 수없이 자주 들어 온 유명한 이야기로서 다음과 같은 내용을 포함하고 있다.

1) 1905년 적수공권으로 출발한 헨리 포드는 그로부터 15년 후에 세계 최대 규모의, 그리고 최고의 수익성을 기록하는 제조회사를 설립하였다.

2) 1920년대 포드자동차회사는 미국의 자동차시장을 거의 독점하였으며, 기타 세계 중요 자동차시장에서 지도적 지위를 확보하였다.

3) 포드는 그의 이익에서 10억 달러에 달하는 현금을 적립하였다.

4) 그러나 불과 몇 년 후인 1927년 이 난공불락의 기업제국에도 사양이 찾아와 포드사는 그의 지도적 지위를 상실하였고, 시장에서 간신히 명맥만 유지할 뿐이었다. 그리고 약 20년 후에는 매년 결손을 보았고, 2차 세계대전 중에도 경쟁력은 계속 약화되었다.

5) 1944년 그의 손자 헨리 포드 2세가 26세의 젊은 나이에 훈련이나 경험도 없이 회사를 인수받은 후 조부의 친구들을 경영진에서 퇴진시키고 새로운 경영진을 구성하여 회사를 부흥시켰다.

이 극적인 이야기 속에는 개인의 성공과 실패 이상의 의미가 담겨져 있다. 즉 "잘못된 경영관에 대한 실험보고서"라고 볼 수 있다는 점이다.

창설자인 헨리 포드는 기업에는 경영관리나 관리자가 필요하지 않다는 신념 때문에 실패하였다. 포드가 다른 실업가들과 다른 점의 한 가지는 자기의 신념을 끝까지 고집하면서 타협할 줄 몰랐다는 것이다. 그는 아무리 유력한 경영의 협력자라도 그가 경영관리자로서 행동하거나 의사결정을 내리거나 또는 자기의 명령 없이 행동하면 해고시키거나 좌천시켰다. 그가 가지고 있었던 그의 고집스러운 "경영관리자와 경영관리는 불필요하다"라는 신념을 하나의 가설로 간주한다면, 이 가설의 검증결과는 기각된다는 것을 포드의 경우로 검증되었다고 볼 수 있다.

사실 헨리 포드의 이야기가 진지하고 중요한 의미를 갖는 것은 그의 신념이 가설로서 검증될 수 있는 모든 여건을 갖추고 있었다는 점이다. 그는 장수하였을 뿐만 아니라 10억 달러의 현금을 보유하고 있었기 때문에 검증이 가능하였다. 포드의 실패는 그의 성격이나 기질에 기인한 것이 아니라 경영관리가 불필요하다는 잘못된 신념에 기인하였다. 이러한 신념은 포드 혼자만이 가진 것이 아니었다. 다른 예를 독일의 지멘스社(Siemens Co.)와 일본의 미쓰비시에서 찾아 볼 수 있다.

## Ⅱ. 지멘스社의 경우

베르 폰 지멘스(Werner von Siemens)는 포드와 전혀 다른 성격의 사람이었다. 19세기의 가장 유명한 발명가의 한 사람이었던 지멘스는 노동자이거나 동료학자이거나 가리지 않고 종업원에 대하여는 극진한 애정과 배려를 보이는 사람이었다. 그러나 지멘스는 경영관리자를 따로 데리고 있지 않았다. 다만, 조수와 보좌관만이 그를 도울 뿐이었다. 1870년대 후반까지 괄목할 정도로 성장한 지멘스사는 그 후 점차 성장이 둔화되고, 사내의 관리가 완만하게 되어 가다 드디어 관리불능상태를 지나 무관리상태에 이르게 되었다. 지멘스 그룹 중에서 가장 성공적이었던 영국 지멘스는 관리 잘못으로 붕괴되고, 1880 년대 후반에는 독일본국에서도 경쟁자의 도전을 받기 시작했다. 즉 독일의 제너럴 일렉트릭社(Allgemeine Elekkicitlits Gesellschaft)가 설립 된 이후 지멘스사는 장기간의 지도적 지위에도 불구하고 그가 지배해 오던 시장에서 그 기반을 급속히 상실해 갔다. 창설자인 베르너 폰 지멘스의 사후 5년째 되던 1897년 지멘스사는 자본시장에 의지하여야만 하게 되었고, 당시 도이취은행총재인 게오르그 지멘스(Georg Siemens)는 경영관리기구의 도입과 경영관리자의 초빙을 강요하였다. 1897년 조직개혁에 의해 창립자가족의 일시적 기분이나 희망에 따라 움직이지 않고 객관적인 과제와 직능에 근거를 둔 경영관리직을 두어 지멘스사를 운영하게 하였다. 그 결과 수년 이내에 활력을 되찾기 시작하였고, 금세기 초 독일이 전기공업계가 통합되어 재편을 완료하였을 때 새로운 산업구조는 지멘스사를 중심으로 형성되었다. 그리하여 지멘스사는 이후 계속 유럽의 전기공업계를 이끌어 가는 지도적 지위를 누리게 되었다.

## Ⅲ. 미쓰비시의 경우

미쓰비시(三菱)의 창립자인 이와사끼 야따로는 헨리 포드나 베르너 폰 지멘스와는 전혀 다른 성격을 가진 사람이었다. 그는 제 1 급의 우수한 인물을 모아 육성하여 활동하는 수완가이었다. 그러나 포드나 지멘스와 마찬가지로 경영관리자를 믿지 않았다. 그는 소유자 겸 경영자만이 권한과 책임을 가져야 한다고 주장하였다. 이러한 사고방식이 그에게는 진보적이며 서구적인 것이라고 생각되었다. 포드와 마찬가지로 이와사끼도 그의 회사를 법인조직으로 변경하지 않을 수 없었지만, 이러한 것은 단지 형식에 지나지 않는 것으로서 빨리 버려야 할 제도라고 생각하였다. 그리하여 그는 그 회사의 소유권을 가장인 어느 한 사람에게만 영구히 귀속시켜야 한다고 선언하였다. 그만이 모든 결정을 내려야 하며, 다른 사람은 다만 그의 조수로서 그의 명령을 수행할 뿐이라고 하였다. 이와사끼는 명치유신 직후인 1868년에 무일푼으로 사무라이에서 사업을 시작하였다. 15년 후 그의 회사는 일본산업계에서 지도적 위치에 서게 되었다. 그러나 그 때부터 성장률이 둔화되고 관리가 유효하게 행해지지 못하였기 때문에 표류하기 시작하였으며, 부패의 징후가 나타나기 시작하였다. 그는 1886년 50세로 세상을 떠났다. 그것은 기업으로서는 다행한 일이었다. 그의 동료들은 미쓰비시사의 조직개혁을 단행하였다. 그리하여 일본에서 가장 강력하고, 가장 자율적이며, 가장 순수한 전문경영진이 진을 치게 되었다. 이 새로운 조직 내에서 이와사끼家는 최대의 경의어린 예우를 받았지만, 경영진에서는 완전히 제외되었다. 미쓰비시의 흥륭과 성장은 이 때부터 시작되었다.

## Ⅳ. 제너럴 모터스(GM)社의 경우

1920년대 초 포드가 경영관리자의 불필요를 신념으로 하고 이를 증명하려고 시도할 즈음, 제너럴 모터스(GM)의 사장으로 임명된 알프레드 피 슬론 주니어(Allfred P. Sloan, Jr.)는 포드와 정반대되는 가설을 검증하기 시작하였다. GM은 당시 포드자동차회사의 거대한 힘에 눌려 겨우 2위의 자리를 지탱하고 있었다. 포드사와의 경쟁에 견딜 수 없어 팔려고 내놓은 소규모 자동차회사를 한데 모아 합병하여 이루어진 회사가 바로 GM사였다. 당시 GM의 생산라인에는 포드에 이길 수 있는 차종이 하나도 없었을 뿐 아니라, 판매대리점조직도 없었고 재무상태는 대단히 취약하였다. 당시 GM에서는 합병된 옛날 소유자들에게 자치권을 허용하고 있었기 때문에 사실상 옛날 소유주는 그의 이전 사업을 자기의 방식대로 잘못 관리하도록 내버려 두는 것이나 다름 없었다. 그러나 슬론은 GM의 사업과 구조가 어떻게 되어야 할 것인지 충분히 검토하고 난 후 그들 규율 없는 실업가들을 하나의 매니지먼트 팀으로 재편성하였다. 그로부터 5년이 지나지 않아 GM은 미국 자동차산업의 지도적 위치에 서게 되었고, 그 후 계속해서 그 지위를 잃지 않고 있다.

그로부터 20년 후 헨리 포드의 손자가 슬론의 가설을 다시 한번 검증하였다. 당시의 포드자동차회사는 파산의 위기에 놓여 있었으며, 보유하고 있던 10억 달러의 현금은 모두 그 이후의 결손을 메우는 데 사용하였다. 1946년 약관의 헨리 포드 2세는 포드의 경영권을 인수하고 즉시 슬론이 20년 전에 GM에서 행했던 것과 동일한 일을 그의 회사에 적용하였다. 그는 경영기구와 매니지먼트 팀을 창설하였다. 6년도 안 되어 포드자동차회사는 국내외에서 모두 성장력과 수익력을 되찾았다. 포드사는 GM사에 대해 제일의 경쟁자가 되었으며, 급성장한 유럽의 자동차시장에서는 GM을 앞지르게 되었다.

## 〈경영의 실천〉 성공하는 경영자의 특징

성공하는 최고경영자(최고경영자)는 어떤 사람일까? 미국의 「포춘지」 최신호는 "왜, 최고경영자가 실패하는가" 기사에서 성공하는 경영자와 실패하는 경영자의 특징을 다뤘다. 다음은 「포춘지」가 정리한 성공한 경영자의 8가지 특징이다.

(1) 청렴 · 성숙 · 정열: 모든 것의 토대가 되는 덕목이다.

(2) 돈(사업)에 대한 기민성: 돈벌이에 대해 깊이 이해하고 있으며, 모든 행동은 이윤을 남기겠다는 생각에서 나온다.

(3) 사람을 보는 눈: 사람을 판단하고 키우고 지도하는 능력이 뛰어나 팀을 이끌 수 있다.

(4) 조직의 파악능력: 신뢰를 쌓으며 정보를 잘 나눈다. 또 잘 들을 줄 안다. 조직이 잠재력을 최대한 발휘하고 있는지를 진단할 수 있다. 단지 '운영'하는 것이 아니라 '변화'시킨다. 결단력과 예리함을 갖췄다.

(5) 호기심과 지적 능력, 그리고 글로벌한 사고: 외향적이며 세상을 알려는 지적 욕구가 마르지 않는다.

(6) 뛰어난 판단력

(7) '채워지지 않는' 성취욕: 성취결과에 만족하는 법이 없다.

(8) 성장하고 싶어하는 마음과 배운 것을 실행하려는 동기

— 동아일보 1999/06/13(일)에서 인용 —

제 2 장

# 경영학은 어떻게 발전하여 왔는가

That which has been is that which will be. And that which has been done is that which will be done. So, there is nothing new under the sun. —Ecclesiastes 1 : 9—

## 제 1 절 경영학의 발전

### Ⅰ. 역사적 배경

수천 년의 오랜 역사 동안 계획, 조직, 지휘 및 통제라는 일련의 경영활동을 위한 노력이 지속되어 왔다. 이집트의 피라밋과 중국의 만리장성은 수만 명이 동원된 엄청난 프로젝트로서 오늘날의 현대문명에서도 감탄할 수밖에 없는 불가사이이다. 피라밋은 특히 관심을 끄는 예에 속한다. 한 개의 무게가 수 톤이 나가는 2백만 개 이상의 돌로 구성되어 있다. 이 돌들이 채취된 장소는 피라밋이 건설된 곳에서 수 마일이나 떨어져 있다. 어느 누군가가 구조를 설계하였을 것이며, 채취한 돌은 자르고 깎아 육지와 강을 건너 운반하였음이 틀림없다. 하나의 피라밋을 건설하기 위해서는 20년의 세월과 연 10만 명 이상이 동원되어야 했을 것이다. 각 작업자들이 해야 할 일을 분담하고 지시한 것은 누구이며, 각 작업자들이 끊임없이 작업할 만큼의 그 많은 양의 돌을 누가 공급했는가? 이와 같은 물음들은 그들의 경영이 우수하였다는 것을 말하고 있다. 그 당시의 어느 경영자가 해야 할 일을 계획하고, 이를 실천하기 위해 사람과 원자재를 조직화하고 작업자를 지휘하며, 모든 것이 계획대로 이루어지도록 통제를 실시하였을 것이다.

성경(bible)에도 경영개념이 잘 나타나 있다. 예를 들면 다음의 구절은 큰 조직에서는 경영자가 권한을 부하들에게 위임하고, 그들이 해결할 수 없는 특수하고 예외적인 문제만 경영자가 검토해야 한다는 것을 극적으로 묘사하고 있다.

모세의 장인은 모세에게 다음과 같이 말한다.

> "모세의 장인이 그에게 이르되 그대의 하는 것이 선하지 못하도다. 그대와 그대와 함께 한 이 백성이 필연 기력이 쇠하리니, 이 일이 그대에게 너무 중함이라. 그대가 혼자 할 수 없으리라. 이제 내 말을 들어 내가 그대에게 방침을 가르

> 치리니 하나님이 그대와 함께 계실지로다. 그대는 백성을 위하여 하나님 앞에 있어서 소송을 하나님께 베풀며, 그들에게 율례와 법도를 가르쳐서 마땅히 갈 길과 할 일을 그대에게 보이고, 그대는 또 온 백성 가운데서 재덕이 겸전한 자 곧 하나님을 두려워하며 진실무망하며 불의한 의를 미워하는 자를 빼서 백성 위에 세워 천부장과 백부장과 오십부장을 삼아 그들로 때를 따라 백성을 재판하게 하라. 무릇 큰 일이면 그대에게 베풀 것이고 무릇 작은 일이면 그들이 스스로 재판할 것이니, 그리하면 그들이 그대와 함께 담당할 것인즉 그 일이 그대에게 쉬우리라"(출애굽기 18 : 17-22).

로마 카톨릭교회는 경영실천에 관한 좋은 본보기가 된다. 오늘날의 교회구조는 A. D. 2 세기에 이미 확립된 것이다. 그 당시에 벌써 교회의 목적과 교리들이 엄격하게 규정되었고, 최종권한이 로마에 집중되도록 되어 있다. 단순화한 권한의 계층은 〈그림 2-1〉과 같은데, 이 구조는 거의 2000년 가까운 오랜 세월 동안 그 기본구조가 변하지 않고 있다.

과거의 이러한 예들은 조직이 수천 년 동안 우리와 함께 있었고, 이 기간 동안 경영이 실천되고 있었음을 보여 주고 있다. 그러나 지난 수백 년간 특히 지난 19세기에 경영에 대해 체계적으로 조사 · 연구되고, 지식의 공동적인 체계가 얻어지고, 오늘날에는 공식적인 학문이 되었다.

아담 스미스가 저술한 1776년의 「국부론」(*The Wealth of Nations*)은 경

〈그림 2-1〉 로마 카톨릭교회의 계층구조

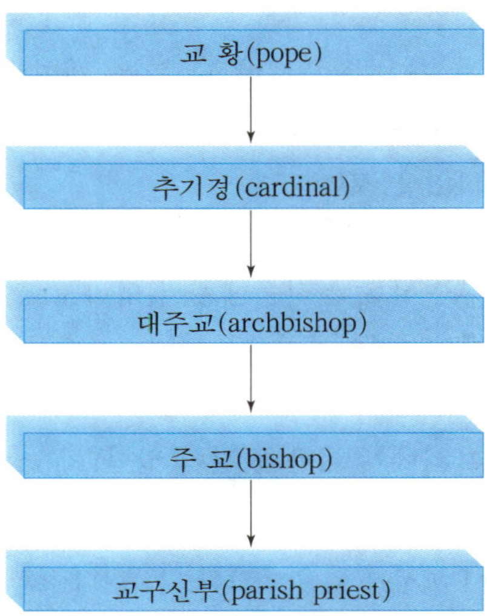

제학에 큰 공적을 남기었는데, 이 책에서 그는 조직과 사회는 분업(division of labor)에 의해 경제적 이점을 얻을 수 있다는 뛰어난 주장을 하였다. 이를 증명하기 위하여 그는 핀(pin) 제조산업을 예로 들어 설명하였다. 전문화한 작업을 수행하는 10명의 작업자는 하루에 약 4만8천 개의 핀을 생산할 수 있으나, 분업으로 작업을 하지 않고 제각기 개별적으로 작업할 경우에는 10명의 작업자가 하루 10개에서 200개 정도의 핀밖에 생산하지 못한다고 계산하였다. 작업자가 혼자서 철사를 펴고 자르고, 각 핀의 머리를 갈고 끝을 날카롭게 다듬고, 머리와 핀, 굴대를 납땜한다면 하루에 10개 만드는 것도 무리일 것이다. 아담 스미스는 분업은 작업변경에 따른 시간을 절약시킬 뿐 아니라 노동력을 감소시키는 기계를 발명함으로써 작업자의 기술(skill)과 민첩성(dexterity)을 증가시키고, 이것으로 인해 생산성(productivity)이 증가한다고 결론을 내렸다.

오늘날 직무의 전문화(job specialization)가 널리 인기를 끌고 있는데, 이것은 200년도 더 지난 아담 스미스에 의해 주장된 것임은 두 말할 필요 없다.

20세기에 앞서 경영에 가장 중요한 영향을 미친 것은 산업혁명(industrial revolution)일 것이다. 18세기에 영국에서 시작된 산업혁명은 대서양을 건너 미국으로 퍼져 나갔다. 그리하여 기계가 인간노동력을 급격히 대체하였다. 이로 인해 공장에서는 제품을 더욱 경제적으로 생산할 수 있게 되었다.

기계동력의 출현으로 대량생산이 가능하게 되었고, 철로의 급속한 확장으로 수송비가 크게 감소되었으며, 정부규제가 없어지면서 거대한 조직의 발달이 촉진되었다. Rockefeller는 Standard Oil社를 독점하였으며, Carnegie는 미국 철강산업의 2/3를 장악하였다. 다른 기업들도 이와 같은 방식으로 거대한 조직을 만들었는데, 이는 공식화된 경영을 실천하게 하였다. 따라서 조직을 운영하는 경영자들은 경영이론의 필요성을 느끼기 시작하였다. 그러나 경영이론을 개발하기 위한 첫번째의 중요한 계기는 1900년대 초에 들어서이다.

## Ⅱ. 다양성의 시기

20세기 전반기는 경영학이 다양하게 전개된 시기이었다. 과학적 경영(scientific management)은 작업자의 생산성을 어떻게 개선할 것인가 하는 관점에서 작업현장에 대해 연구하였다. 일반 경영이론가들은 조직전반 및 조직효율성에 관심을 두었다. 어떤 집단의 연구자들은 경영의 행동이나 인간적 측면을 강조한 반면, 다른 집단은 계량적 모형을 개발하고 이를 적용하는 데 초점을 맞추었다.

이 장에서는 이러한 네 가지 접근법에 대해 설명하려고 한다. 이들 이론들은 장님과 코끼리의 우화에서 보는 바와 같이 주장하는 각 이론들을 제 각기 그 이론을 전개하는 사람들의 배경과 흥미를 반영하고 있다는 점이 흥미롭다. 장님과 코끼리의 우화는 다음과 같다. 첫번째 사람은 코끼리의 옆면을 만지면서 "코끼리는 벽과 같다"고 설명하였고, 두 번째 사람은 코를 만지면서 "코끼리는 뱀과 같다"고 말하였다. 세 번째 사람은 코끼리의 이빨을 하나 만지면서 "코끼리는 창"과 같다고 생각했다. 그러나 네 번째 사람은 코끼리의 꼬리를 만지면서 "코끼리는 줄과 같다"고 주장하였다.

물론 이 장님들은 모두 같은 코끼리를 만졌지만, 그가 서 있는 자리가 달랐기 때문에 코끼리를 다르게 이해한 것이다. 이와 같이 다음에 설명하는 각 이론들은 다른 관점을 지니고 있지만, 이들 모두가 경영을 이해하는 데 중요한 공헌을 하고 있다.

## 1. 과학적 경영

만약 누가 현대경영이론이 어느 시점에서 시작되었느냐고 묻는다면 1911년이라고 말할 수 있을 것이다. 이 해는 Frederick Winslow Taylor의 「과학적 경영의 원리」(*Principles of Scientific Management*)가 간행된 연도이다. 이 책의 내용이 전세계의 경영자들에게 널리 알려지게 되었다. 이 책의 핵심은 과학적 경영(scientific management)의 이론에 관한 것으로서 최선의 방법을 과학적으로 정의하는 것이다. 1911년 전후에 수행된 연구들 때문에 그는 '과학적 경영의 아버지'라 불린다.

Frederick Taylor는 펜실바니아에 있는 Midvale & Bethlehem Steel社에 오랜 동안 근무하였다. 기계기술자인 그는 작업자들이 행하는 작업의 비효율성에 대해 의아해 하였다. 작업자들은 동일한 직무를 수행하는데도 불구하고 작업방법이 서로 달랐다. 그들은 직무를 안일하게 하는 경향이 있었다. Taylor는 작업자들이 실제 생산하는 수량은 가능한 생산량의 1/3에 지나지 않는다고 믿고 있었다. 그러므로 과학적 방법을 적용함으로써 생산량을 크게 증가시킬 수 있다고 믿었다. 그는 '최선의 방법'(one best way)을 찾는 데 20년 이상을 소비하였다.

Midvale社에서 Taylor가 작업방법을 개선한 내용은 다음과 같다. 그 당시 그 공장에는 작업자와 경영자에 대한 책임개념이 분명하지 않았다. 작업표준도 물론 없었다. 작업자들은 고의적으로 느린 속도로 작업하였다. 경영자들은 육감과 경험에 기초하여 작업량을 결정하였다. 작업자들은 작업을 수행하기 위하여 그들이 지닌 능력과 자질을 사용하지 않았을 뿐 아니라 이에 대해 무관심하였다.

무엇보다도 경영자들과 작업자들은 그들 서로가 계속적인 갈등상태에 있다고 믿고 있었다는 점이다. 그들은 서로간의 이해를 조정하기보다는 그들의 관계가 뺏고 빼앗기는 영합게임(zero-sum game)으로 인식하고 있었다. 영합게임에서는 한편에서의 획득은 다른 한편의 손실을 의미하므로, 경영자의 이익은 작업자의 손실을 의미하고 그 역도 성립한다.

Taylor는 생산의 능률을 개선시키기 위한 지침을 분명히 규정함으로써 작업자와 경영자간에 정신적인 변혁을 얻어 내려고 시도하였다. 그는 〈표 2-1〉과 같이 경영의 4원칙을 정의하고, 이러한 원칙들이 지켜지기만 하면 경영자와 작업자 모두에게 이익이 된다고 주장하였다. 즉 작업자들에게는 더 많은 보수가, 그리고 경영자에게는 더 많은 이익이 주어진다는 것이다.

과학적 경영에 관해 가장 널리 알려진 이야기는 선철공장에서 행한 실험이다. 짐차에 선철을 선적하는 작업에서 작업자가 하루 선적하는 양은 12.5톤이었다. Taylor는 선철선적을 위한 최선의 방법을 알아 내기 위해 작업을 과학적으로 분석하였다. 그리고 이 방법을 시행하여 하루의 선적량을 47~48톤으로 끌어 올렸다.

Taylor는 또한 키가 크고 힘이 센 독일에서 이민 온 Schmidt를 대상으로 실험을 시작하였다. Schmidt는 하루 1.15달러의 임금을 받았는데, 이 돈은 한

〈표 2-1〉 Taylor의 경영원리

1) 작업자의 각 작업요소에 대해 주먹구구식 대신 과학을 적용시킨다
2) 과학적으로 작업자를 선발하여 훈련시키고 가르치고 개발한다(전에는 작업자 자신이 작업을 선택하여 자기가 좋다고 생각하는 방법으로 작업하였다)
3) 개발된 과학원리에 일치하고 작업되고 있음을 확인하기 위하여 진정으로 작업자와 협조한다
4) 작업자와 관리자간에 동등하게 작업과 책임을 나눈다. 경영자는 작업자에게 적합한 작업을 맡긴다(전에는 거의 모든 작업과 책임이 작업자에게 맡겨졌다)

사람이 생활하기에 부족한 금액이었다. Taylor가 어떻게 Schmidt와 같은 작업자들이 하루에 1.85달러를 벌 수 있게 하였는가를 Taylor의 글에서 인용하기로 한다.

> "Schmidt, 당신은 대단히 가치 있는 사람이지요?"
> 
> "아니, 나는 무슨 말인지 모르겠는데요."
> 
> "아마 그럴지도 모르지요. 다만, 내가 알고 싶은 것은 당신이 대단히 가치가 있는 사람이냐 아니냐 하는 것이지요."
> 
> "저는 당신이 말한 의미를 모르겠는데요."
> 
> "그렇다면 이제 내 질문을 답하여 주시오. 내가 알고 싶은 것은 당신이 가치 있는 인물인지, 아니면 저기 있는 가치 없는 인물들 중의 한 사람에 지나지 않는지를 알고 싶습니다. 다시 말씀드리면 나는 당신이 하루에 1.85달러를 벌고 싶은지, 아니면 다른 사람들처럼 하루 1.15달러로 만족하는지 알고 싶습니다."
> 
> "내가 하루 1.85달러를 벌 수 있단 말입니까? 대단히 가치 있는 사람이라? 그렇지, 저는 대단히 가치 있는 사람이라고 봅니다."

Schmidt에게 동기를 부여하기 위하여 임금을 지급하면서 Taylor는 그가 선철의 운반작업량에 여러 가지 요인들이 어떻게 영향을 미치는가를 분석하였다. 예를 들면 어느 날에는 Schmidt가 무릎을 굽혀 선철을 선적하였고, 다른 날에는 다리를 쭉 편 채 선철을 선적하였다.

Taylor는 그의 걷는 속도, 운반위치 및 기타의 변수들에 대해 관찰하였다. 오래 동안 절차 · 기법 · 도구 등을 조합한 다양한 방식에 대해 과학적인 검토를 거쳐 드디어 원하는 생산성의 수준에 도달하는 데 성공하였다. 정확한 도구와 설비와 적정한 작업자를 작업에 배치하고, 작업자가 작업지시에 정확히 따르게 하고, 임금을 높게 지불하는 금전적 인센티브를 사용하여 작업자들에게 동기를 부여하였다. 그 결과 Taylor는 그가 목표한 48톤의 선적을 달성할 수 있었다.

Taylor의 또 다른 실험은 삽의 크기를 조절하는 것이었다. 그는 공장의 모든 작업자들이 동일한 크기의 삽을 사용하는 것을 발견하였다. 이것이 그에게는 이해되지 않았다. 한 작업자가 하루에 행할 최적의 양을 삽질하기 위해서는 최적의 무게가 표준으로 정해져야 하며, 삽질하는 자재의 무게에 따라 삽의 크기도 달라져야 한다고 그는 생각하였다. 최적의 무게를 삽질하기 위해서는 광석과 같은 무거운 자재를 위한 삽은 작아야 하고, 코크스와 같은 가벼운 자재를 위해서는 큰 삽을 사용하는 것이 좋다는 것을 알았다. 이 사실에 근거하여 감독자들은 더 이상 작업자들에게 "거기에 쌓여 있는 것을 삽질하라"라고 말할 필요가 없었다. 운반될 자재에 따라 감독자는 적당한 크기의 삽을 사용하게 하였다. 물론 그 결과 작업생산량은 크게 증가하였다.

다른 직무에서도 Taylor는 유사한 접근법을 사용하여 각 직무의 수행을 위한 최선의 방법을 정의하였다. 그는 직무에 알맞은 사람을 선택하고, 그들에게 정해진 최선의 방법을 사용하도록 훈련시켰다. 작업자들에게 동기를 부여하기 위해 인센티브 임금제도를 사용하였다. 그 결과 Taylor는 생산성을 200%까지 향상시킬 수 있었다. 그는 경영자가 어떻게 계획하고 통제하는가를 확인시켰고, 작업을 수행하는 작업자들이 무엇을 해야 할지 알게 하였다. Taylor가 저술하고 발표한 다른 연구들과 더불어 그의 '과학적 경영원리'는 미국뿐만 아니라 프랑스 · 독일 · 러시아 · 일본에 이르기까지 널리 확산되었다.

Taylor의 아이디어는 다른 사람들에게 과학적 경영방법의 연구 및 개발을 촉진시켰다. 그의 가장 뛰어난 신봉자 중에는 Frank와 Lillian Gilbreth부부가 있다. 건축자의 경력을 지닌 Frank Gilbreth는 Taylor의 강연을 들은 후 과학적 경영을 연구하기 위해 1912년에 직업을 그만두었다. 심리학자인 그의 부인 Lillian과 함께 그는 불필요한 손동작과 몸동작을 제거함으로써 작업을 용이하게 하기 위해 작업방법을 연구하였다. 그들은 또한 작업성과를 최적화하기 위한 도구와 설비를 설계하고, 이를 사용하는 실험을 행하였다. Frnank는 벽돌 쌓는 동작의 수를 줄이는 실험 때문에 유명하게 된 분이다. Frank Gilbreth는 벽돌공의 작업을 자세히 분석하여 외벽을 쌓는 동작 수를 18개에서 4.5개로 줄였다. 내벽을 쌓는 작업에서는 동작 수를 18개에서 2개로 줄였다. 그는 벽돌을 쌓는 새로운 방법을 개발했으며, 몸을 굽히는 횟수를 줄이기 위해 발판을 고안하였고, 흙손으로 벽돌을 두드려 벽돌을 평평하게 맞추는 작업을 쉽게 하도록 회반죽(mortar)의 농도를 조절하기도 하였다.

Gilbreth 부부는 손 및 몸 동작을 연구하기 위해 활동사진필름(motion picture film)을 최초로 사용하였다. 또 1/2000초까지 시간을 기록할 수 있는 초시계(microchronometer)를 고안하여 작업현장에서 작업자의 모든 동작의 소요시간을 측정하도록 하였다. 이로 인해 육안으로 놓치기 쉬운 불필요한 동작이 무엇인지 확인하고 이를 제거하였다. 그들은 17가지의 기본적인 손동작을 분류하고 체계화하여 이를 Therblig이라고 불렀는데, 이것은 그들의 이름

Gilbreth를 거꾸로 표기한 것이다. 이것으로 작업자의 손동작요소를 정밀하게 분석하였다.

이상에서 본 것과 같이 어떻게 '과학적 경영자'가 큰 관심을 끌 수 있으며, Taylor가 경영관계 서적에서 명성을 얻게 되었는가?" 오늘날에는 그들이 제시한 여러 가지 지침들이 상식에 지나지 않는다. 예컨대 작업자들을 주의 깊게 심사하여 선발하고 훈련한다는 것은 당시의 경영자들에게도 의의가 없는 것이었다.

그러나 우리가 '과학적 경영'의 중요성을 이해하기 위해서는 Taylor, Gilbreth 부부 등이 살던 시대를 생각해야 한다. 그 당시는 삶의 표준이 낮았고, 생산은 고도의 노동집약적이었다.

Midvale 철강은 선철을 짐차에 실어 나르기 위해 20~30명의 작업자들을 고용하였지만, 오늘날에는 한 명의 사람과 한 대의 리프트 트럭만 있으면 몇 시간 안에 해치울 수 있는 양에 지나지 않는다. 그러나 당시에는 그러한 기계설비가 없었다. 마찬가지로 벽돌 쌓는 작업에 공헌한 Gilbreth의 시대에는 훌륭한 건물들이 벽돌로 건축되고, 땅값은 저렴하였기 때문에 주된 비용은 재료비와 인건비였다는 점을 감안하여야 한다. 예를 들면 20,000불짜리 건물의 원가 중 30%가 벽돌공의 노무비인데, 벽돌공의 생산성이 300% 개선된다면 그 건물의 원가는 16,000불로 감소할 것이다. 따라서 '과학적 경영'은 대단히 중요하게 인식될 수밖에 없었다. 또한 많은 작업자들이 동일한 작업을 수행하는 노동집약적 산업이었기 때문에 Taylor처럼 한 작업을 연구하기 위하여 6개월 이상을 소비한 것도 보람 있는 일이었다.

## 2. 일반관리론자들

일군의 다른 연구가들은 경영의 주제를 전체조직에 초점을 맞추었다. 이들을 우리는 일반관리론자(general administrative theorists)라 부른다.

다음에 소개하는 인물들은 오늘날의 경영 및 경영조직에 대한 뼈대(framework)를 설정하는 데 큰 영향을 미쳤다. 이들 중 Henri Fayol과 Max Weber가 특히 중요한 역할을 담당하였다.

우리는 앞에서 Henri Fayol은 계획 · 조직 · 지휘 · 조정 · 통계를 경영의 기능으로 정의하였다. Fayol은 Taylor와 같은 시대에 책을 저술하였다. 그러나 Taylor는 그의 저서에서 작업장에서의 작업관리에 관해 초점을 맞추어 과학적

〈표 2-2〉 경영관리의 14원칙

1) 작업의 분할(division of work): 이 원리는 아담 스미스의 분업과 동일한 개념이다. 전문화는 종업원을 더욱 능률적으로 만들기 때문에 생산량을 증가시킨다
2) 권 한(authority): 경영자는 명령을 내릴 수 있어야 한다. 권한은 경영자들에게 이를 위한 권리를 부여한다. 그러나 권한과 함께 책임이 뒤따른다. 권한이 높아지면 책임도 증대된다
3) 기 강(discipline): 종업원은 조직의 규칙을 존경하고 따라야 한다. 좋은 규칙은 효율적인 리더십, 조직의 규정 및 규정의 위반에 대한 합법적인 벌칙에 관하여 작업자와 경영자간의 명확한 이해에서 생긴다
4) 명령의 일원화(unity of command): 모든 종업원은 한 사람의 상사로부터만 명령을 받는다
5) 지휘의 일원화(unity of direction): 동일한 목적을 갖는 조직활동을 하는 각 집단은 한 가지 계획을 사용한 관리자에 의해 지휘를 받아야 된다
6) 개인이익의 종속성(subordinate of individual interests): 어떠한 종업원이나 종업원집단도 전체로서의 조직의 이익에 우선하여서는 안 된다
7) 보 상(remuneration): 작업자는 그들의 일에 대해 공정한 임금을 지불받아야 한다
8) 집중화(centralization): 집중화란 작업자가 의사결정에 참여하는 정도를 가리킨다. 의사결정이 경영자에 집중되었느냐, 아니면 부하에게 분산되었느냐 하는 것은 비율이 적절한가의 문제이다. 문제는 상황에 따라 집중화의 정도가 최적이 되어야 한다는 것이다
9) 의사전달통로(scalar chain): 의사전달통로란 최고경영자에게서부터 최하위의 종업원까지의 권한의 라인을 말한다. 의사전달은 이 통로를 따른다. 그러나 이 통로가 지연되는 경우는 상사의 동의를 얻어 이중적인 통로를 만들 수 있다
10) 질 서(order): 사람과 물질은 적재적소에 있어야 한다
11) 공평성(equity): 경영자는 친절하고 부하에 대하여 공평하여야 한다
12) 신분보장(stability tenure of personnel): 종업원의 전직이 높으면 비능률적이다. 경영자들은 종업원들에게 개별적인 계획이 가능하도록 해야 하며, 빈자리를 채우기 위해서만 전근시킨다는 것을 확인시켜야 한다
13) 주도권(initiative): 계획을 작성하고 수행하도록 허락을 받은 종업원은 많은 노력을 기울여야 한다
14) 팀정신의 고취(esprit de corps): 팀정신을 고취시키면 조직내부에 조화와 통일성이 이루어진다

방법을 전개하였지만, Fayol은 경영자들의 모든 활동에 초점을 맞추고 그의 개인적인 경험을 근거로 하여 책을 저술하였다. Taylor는 기술자이었으나, Fayol은 프랑스의 큰 탄광회사의 경영실무자이었다.

Fayol은 회계, 세무, 생산, 분배 기타의 일반적인 경영기능에 관한 경영

실무를 기술하였다. 그는 경영이란 기업, 정부 심지어 가정 등 인간의 모든 활동에 공통되는 활동이라고 주장하고 14가지 관리원칙을 제시하였다. 이들 원칙들은 〈표 2-2〉에 제시되었다.

Max Weber는 독일의 사회학자로서 20세기 초 그의 저서에서 권한구조이론(the theory of authority structures)을 전개하고, 권한관계(authority relations)를 기초로 하여 조직활동을 기술하였다. 그는 조직의 이상적인 형태를 관료제(bureaucracy)라 부르고 이를 설명하였다. 그에 비하면 관료제는 노동의 분업, 분명하게 정의된 계층(hierachy), 상세한 규칙과 규정, 비인적 관계(impersonal relationships)들로 특징지워지는 시스템이다. 그것은 오늘날의 거의 모든 대규모 조직을 위한 설계원형이 되고 있다. Weber의 이상적인 관료제구조의 상세한 특징은 〈표 2-3〉에 설명되어 있다.

Weber에 의하여 설명된 관료제는 그 이념에서 볼 때 과학적 경영과 다르지 않다. 양자는 모두 합리성(rationality) · 예측가능성(predictability) · 비인격성(impersonality) · 기술적 능력(technical competence) · 권한주의(authoritarianism)를 강조한다. Weber의 저서가 Taylor의 저서에 비해 활용적인 점에서 부족하지만, 그의 '이상적 유형'(ideal type)이 오늘날의 거의 모든 조직들을 잘 묘사하고 있다는 점을 고려하면 그의 연구가 얼마나 영향이 컸는가를 잘 확인시켜 주고 있다.

〈표 2-3〉 Weber의 이상적 관료제

1) 노동의 분업(division of labor): 직무는 단순하며 상규화되고, 잘 정의된 과업으로 분할된다
2) 권한계층(authority hierarchy): 사무(office)나 지위(position)는 계층으로 조직되는데, 이로 인해 부하는 그의 상사에 의하여 통제되고 감독된다
3) 공식적 선발(formal selection): 모든 조직구성원은 훈련, 교육 또는 공식적인 시험 등으로 나타난 기술면허에 근거하여 선발된다
4) 공식적 룰과 규정(formal rules and regulation): 종업원의 행동을 규제하고 동일성을 확보하기 위하여 경영자는 공식적인 조직의 룰이나 규정에 크게 의존한다
5) 비인격성(impersonality): 룰과 통제는 종업원의 개인적인 선호와 성격에 관계 없이 통일되게 적용되어야 한다
6) 전문성지향(career orientation): 경영자는 그가 관리하고 있는 단위(unit)의 소유자이기보다는 전문적인 관리자이므로, 고정급을 받고 일하며 조직 내에서 전문성을 추구하여야 한다

현재의 많은 경영이론과 실무들은 지금까지 설명한 일반관리론자들의 공헌에 의한 것이라 볼 수 있다. 경영자의 실무에 대한 기능적 견해는 Henri Fayol에서 처음 시작되었다고 볼 수 있다.

### 3. 행동적 접근

경영자들은 사람들과 함께 그 업무를 수행한다. 이것은 왜 어떤 학자들이 인간행동에 초점을 맞추어 경영을 설명하는가 하는 이유이다. 인사관리나 인적 자원분야에서의 경영연구는 인간의 행동접근(behavioral approach)을 바탕으로 하고 있다.

Hug Munsterberg는 산업심리학 분야의 창시자이다. 그의 저서 「심리 및 산업능률」(*Psychology and Industrial Efficiency*)은 1913년에 발행되었다. 여기서 그는 행동의 일반적 유형을 확인하고 개인적 차이를 설명하기 위해 인간행동의 과학적 연구를 주장하였다. 그는 과학적 경영과 산업심리학(industrial psychology)간에 연관관계가 있음을 밝혔다. 두 가지 모두가 과학적인 작업분석을 통하여, 그리고 개인적 숙련과 능력을 디양한 욕구와 조화시킴으로써 능률성을 증가시키려 하였다.

Munsterberg는 종업원의 선발을 개선시키기 위해 심리테스트를 사용할 것을 제안하였고, 훈련방법의 개발을 위해 학습이론의 가치(the value of learning theory)를 제시하였으며, 작업자의 동기유발을 위해 무슨 기법이 가장 효과적인가를 알기 위해 인간행동에 대한 연구를 제시하였다. 선발기법 · 종업원훈련 · 작업설계 · 동기유발에 대한 오늘날의 많은 지식들은 Munsterberg의 연구를 근거로 한 것이다.

조직이 개인과 집단행동의 관점에서 고찰되어야 한다는 것을 최초로 인식한 학자 중의 한 사람이 Mary Parker Follett이다. 그녀의 시대는 과학적 경영의 시대이었으나 사회철학자인 그는 인간지향적인 사고를 제시하였지만, 그녀의 사고는 경영실무에 커다란 의미를 지닌 것이다.

Follett는 조직이란 개인주의에 근거하기보다는 집단윤리(group ethic)에 근거해야 한다고 생각하였다. 그녀는 개인의 잠재력은 집단관계를 통하여만 나타난다고 주장하였다. 경영자의 임무는 집단노력을 조화시키고 조정하는 것이다. 경영자와 작업자들은 그들 스스로 파트너, 다시 말해 공통집단의 한 부분으로 보아야 한다. 역시 경영자들은 부하를 지도하기 위해서는 그들 지위가 갖는 공식적 권한에 의존할 것이 아니라 그들이 지닌 전문성과 지식에 의존해야 한다. 그녀의 인본주의적 사고는 동기유발 · 리더십 · 권력 · 권한을 보는 우리의 시각에 영향을 미쳤다. 사실 오늘날 북아메리카에서 많은 관심을 받고 있는 일본의 조직과 경영스타일은 Follett의 아이디어를 따른 것으로서 집단단결(group togetherness)과 팀노력(team efforts)을 강조한다.

Barnard의 아이디어는 전통적인 관점과 행동적인 관점을 잇고 있다. Fayol과 마찬가지로 그는 실무가로서 New Jersey의 Bell 전화회사 사장이었다. 그는 Weber를 읽고 그의 영향을 받았다. 그러나 그는 조직이 기계적이며 비인간적이라는 Weber의 견해와는 달리 조직을 인간의 협력을 필요로 하는 사회적 시스템(social systems)으로 보았다. 1938년에 저술한 그의 저서 「최고경영자의 기능」(*The Functions of the Executive*)에는 그의 이러한 견해가 잘 설명되고 있다.

Barnard는 조직이란 사회적 관계를 주고받는 사람들로 구성된다는 견해를 갖고 있다. 따라서 경영자의 주요 역할은 부하들이 높은 수준의 노력을 하도록 그들과 의사전달을 원만히 하고 자극하는 것이 된다. 그는 조직성공의 중요한 부분은 조직원들로부터 협조를 얻어 내는 데 달렸다고 보았다. Barnard는 성공은 규칙적으로 그 조직과 거래하는 조직외부의 기관이나 사람들과 좋은 관계를 유지하는 데 달려 있다고 주장하였다. 투자자, 공급자, 고객 및 기타 구매자에 대한 조직의 의존성을 인식하여 Barnard는 경영자들이 환경에 대해 연구하고, 그 다음에는 환경과 균형상태를 유지할 수 있도록 조직을 조정해야 한다는 아이디어를 도입하였다. 조직의 생산이 능률적이라 하더라도 만약 자재와 공급자의 계속적인 투입이나 산출물시장을 찾아 내지 못한다면 조직의 생존은 위협받게 될 것이다.

경영학의 행동적 접근에 관하여 가장 큰 공헌을 한 것은 Illinois의 Cicero에 있는 서부전기회사의 호손공장(Western Electronic Company's Hawthorne Work)에서 수행된 호손연구이다. 1924년에 처음 시작되어 1930년대 초까지 계속 수행된 이 연구들은 처음에는 서부전기회사의 기술자들을 대상으로 여러 가지 조명수준이 작업자의 생산성에 미치는 효과를 실험하기 위해 시작된 것이다. 집단을 통제집단과 실험집단으로 구분하고 실험집단에 대해서는 작업장의 조도를 변화시킨 반면, 통제집단은 일정한 조도 하에서 작업하도록 하였다. 작업자의 생산은 조도와 직접적인 관계를 가질 것이라고 예상되었으나 그 결과는 반대였다. 실험집단에서 조도의 수준이 높아짐에 따라 집단의 산출이 증가하였다. 그러나 놀랍게도 그 집단에서 조도수준을 낮추었음에도 생산성은 감소되기는커녕 오히려 계속 증가하였다. 생산성은 조도가 달빛 정도로 희미하게 어두워졌을 때 비로소 감소되었다. 따라서 조도는 집단의 생산성과 직접적인 관계가 없다는 결론을 내릴 수밖에 없었다.

서부전기회사에서는 1927년에 Harvard 대학의 Elton Mayo 교수에게 이 연구에 가담하도록 요청했고, 이 연구는 1932년까지 계속되었다. 이 연구에서 직무의 재설계, 작업시간의 장단, 휴가시간, 개인 및 집단의 임금계획 등을 포함한 수많은 실험을 행하였다. 이러한 호손연구는 경영이론의 발전에 엄청난 영향을 미쳤다.

Mayo의 결론은 행동은 감정과 밀접한 관계를 가지며, 집단은 개인의 행동에 큰 영향을 미친다. 그리고 집단표준(group standard)이 개인작업자의 생산량을 결정하며, 금전은 작업량의 결정에 집단표준 · 집단감정 · 안정성보다 중요도가 떨어진다는 것 등이다. 이러한 결론들은 조직의 기능과 목표달성에서 인적 요인의 중요성을 다시금 강조하게 하였다. 이러한 결론들은 경영자에 의한 가부장적 태도(paternalism)를 조장하였고, 행복한 종업원이 생산적인 작업자라는 소박한 가정을 이끌어 내었다.

호손연구에 대한 비판이 없는 것은 아니다. 그것은 실험의 절차, 조사결과의 분석, 도출된 결론 등에 관한 것들이다. 그러나 역사적 관점에서 볼 때 이 연구가 학문적으로 견실하였으며, 타당한 결론을 도출하였는가의 여부가 중요한 것이 아니라 이 연구가 인적 요인에 대한 관심을 크게 높였다는 점이다. 호손연구는 경영이 종업원의 직무만족과 높은 사기를 추구하는 인간관계의 연구를 시작하도록 하는 계기를 만들어 주었다. 호손연구는 작업자가 기계와 다를 바 없다는 그 당시의 지배적인 견해를 바꾸어 놓았다. 이 연구는 작업자가 기계가 아니라는 것과 과학적 경영에서 주장하는 '최선의 방법'이라는 접근법에서 집단행동의 효과를 인식하는 방향으로 돌아서도록 만들었다.

### 4. 계량적 접근

경영학에 대한 다양한 접근법 중에서 계량적 접근에 의한 공헌을 살펴보기로 한다. 이 접근법을 우리는 운용과학(Operations Research : OR) 또는 경영과학(Management Science : MS)이라 부른다.

경영에 대한 계량적 접근법은 2차 대전 중 군대에서 해결하여야 하는 다양한 군사작전의 문제를 해결하기 위하여 수학적 · 통계학적 해법을 개발하고 작용한 데서 비롯되었다. 예를 들면 영국군이 독일의 대군에 대항하기 위해 어떻게 제한된 항공능력을 최대로 활용할 것인가 하는 문제를 해결하기 위하여 수학자에게 최적할당모델을 연구하도록 의뢰하였다.

그러나 2차 대전 후에는 군대문제에서 적용되던 많은 계량적 기법들을 기업에서 이용하게 되었다. "Whiz Kids"라는 군장교집단은 1940년대 중반에 Ford 자동차회사에 참여하여 그 회사의 의사결정을 위해 통계적 방법을 사용하기 시작하였다. 이 Whiz Kids 중 한 명인 Robert McNamara는 후에 Ford 사의 사장이 되었다가 미국 국방장관이 되었다. 국방장관시절에 그는 비용-효익분석(cost-benefits analyses)을 통하여 Pentagon에서의 자원배분결정 문제를 계량화하여 해결하였다. 그는 World Bank의 대표까지 되었다.

경영에 대한 계량적 기법에는 통계학 · 최적화모형(optimization models) · 정보모형(information models) · 컴퓨터 시뮬레이션(computer simulation) 등이 포함된다. 예컨대 선형계획법(linear programming)은 자원배분문제를 해결하기 위해 이용되고 있으며, 작업일정작성(work scheduling)은 주요경로분석(critical path analysis)을 적용하여 효과적인 계획을 세울 수 있고, 재고수준은 경제적 주문량(economic order quantity)모형에 의해 크게 개선되고 있다. 계량적 접근은 경영의사결정에 직접적으로 공헌하여 왔다.

## 제 2 절 통합지향의 현대경영학

앞에서 우리는 경영에 대한 4가지 관점을 설명하였다. 각 관점은 나름대로 타당성을 지니고 있으나, 어떤 하나의 접근법으로는 문제가 해결되지 못한다. 그러므로 이러한 여러 가지 관점을 통합하려는 많은 노력들이 있었다. 예컨대 1940년대 초에 Lyndall Urwick은 「경영관리의 요소」(*The Elements of Administration*)라는 저서에서 과학적 경영과 일반경영이론가들 간에는 사고와 용어에 유사성이 많음을 지적하였다. 그러나 경영학을 통합하는 틀(framework)을 개발하기 위한 노력은 1960년대 초에 비로소 시작되었다. 대부분의 연구영역에서와 같이 경영학이 성숙기에 접어들었기 때문에 이러한 통합적인 접근법을 지향하게 된 것이다. 이제 이들에 대해 설명한다.

## Ⅰ. 과정접근(process approach)

1961년 12월에 Harold Koontz 교수는 그의 논문에서 경영학연구의 접근법들을 고찰하고는 '경영이론정글'(management theory jungle)이 존재한다는 결론을 내리고, 이들 다양한 접근들은 각기 경영이론에 이바지하고 있다고 동의하였다.

그러나 그는 다음 두 가지를 언급하였다. 즉

1) 행동과학적(behavioral science) 접근법과 계량적(quantitative) 접근법은 경영현장과 상응하지 않으며, 단지 경영자가 사용하는 도구로 이용될 뿐이다.
2) 과정접근법(process approach)은 오늘날의 다양성을 포괄하고 결합할 수 있는 접근법이다.

원래 Henry Fayol에 의해 도입된 과정접근법은 경영이란 조직된 집단의 사람들을 통해, 그리고 그들과 더불어 일을 해나가는 하나의 과정이라고 간주하고 있다. 경영자들은 계획(planning), 조직(organizing), 지휘(leading) 및 통제(control)라는 4가지 기능을 수행하며, 이 과정은 순환적이다. 즉 통제에서 다시 계획으로 이어지며, 통제기능이란 조직이 계획된 목적을 실제로 달성하고 있는지의 여부를 확인하는 과정이다.

Koontz의 논문은 상당한 논쟁을 불러 일으켰다. 1962년 Koontz는 뛰어난 경영학교수들과 경영실무자집단을 모아 경영의 다양한 접근법들을 검토하고 일반이론들을 도출할 수 있는지 검토하게 하였다. Koontz의 아이디어는 과정접근법을 통해 일반접근법을 수용할 수 있을 것이란 것이었다. 이 회의에 참석한 사람들이 제출한 그들의 논문을 검토한 후 그 논문들에 대한 개인적인 의견을 제시하였다. Koontz는 과정접근법의 가능성을 확인하고는 그것이 경영이론의 정글(jungle)을 벗어날 수 있는 방법이 될 수 있다고 주장하였다. 오늘날의 인기 있는 경영학교재들은 대부분 이 과정지향적 접근법을 따르고 있다는 사실을 볼 때, 이 과정접근이 앞으로도 경영학이론의 통합적인 틀이 될 수 있음을 보여 주고 있다(〈그림 2-2〉 참조).

〈그림 2-2〉 과정접근

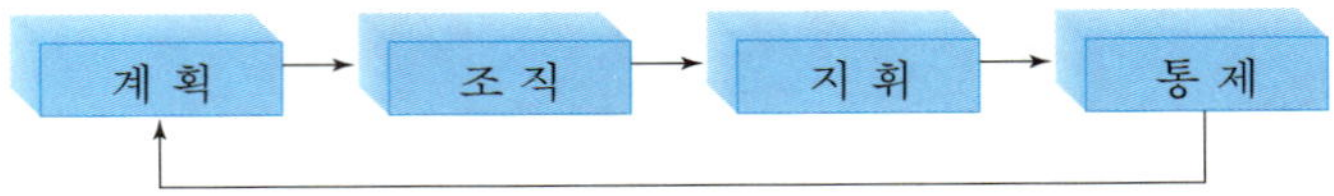


## Ⅱ. 시스템접근법

1960년대 중반에 시작된 시스템접근법(systems approach)은 조직은 시스템 구조(systems framework)로 분석될 수 있다는 사고이다. 시스템접근법에서는 시스템이란 상호관련되고 의존적인 부분으로 구성된다고 정의한다. 사회 · 자동차 · 동물 · 인체들은 모두 시스템이다. 시스템접근법은 심리학자들이 동물들이 투입과 산출을 통해 어떻게 균형상태를 유지하는가를 설명하기 위해 사용한 방법이었다. 시스템에는 두 가지의 기본적 유형이 있다. 즉 폐쇄시스템(closed systems)과 개방시스템(open systems)이다.

폐쇄시스템이란 환경의 영향을 받지 않으며, 환경과 상호작용을 하지 않는다. 인간과 조직에 대한 Frederick Taylor의 기계적인 견해는 본질적으로 폐쇄시스템의 관점이다. 그러나 이와 반대로 개방시스템접근이란 환경과의 역동적인 상호작용을 하는 시스템이다. Barnard는 1930년대에 이미 조직을 개방시스템이라고 주장한 바 있었으나, 1960년이 되어서야 비로소 이 주장을 받아들이게 된 것이다. 오늘날에는 조직을 시스템이라 할 때, 이는 개방시스템이라는 것을 전제로 한다. 즉 조직은 그 환경과 계속적으로 상호작용을 하고 있는 것으로 인식하고 있다.

〈그림 2-3〉은 개방시스템관점에서 본 조직이다. 기업은 원자재 · 노동력 · 자본들을 투입한다. 여기서 변형과정(transformation process)이란 투입물(inputs)을 완성된 제품이나 서비스인 산출물로 전환하는 과정을 의미한다. 시스템의 성공은 그 환경과 성공적으로 상호작용을 잘 하고 있는가에 의해 판단할 수 있다. 즉 기업이 의존하고 있는 집단인 공급자 · 노동조합 · 금융기관 · 정부기관 · 고객들을 포함한 다양한 환경과 상호작용을 얼마나 잘 하고 있는가에 따라 기업의 성공여부가 결정된다. 산출된 서비스나 제품의 매출은 수익을 낳고, 이것으로 임금과 세금을 지불하며, 투입물을 구입하고 대출금을 갚는데 사용되며, 또 주주의 이익을 생성하게 된다. 만약 수익이 환경의 요구를 충

〈그림 2-3〉 시스템접근

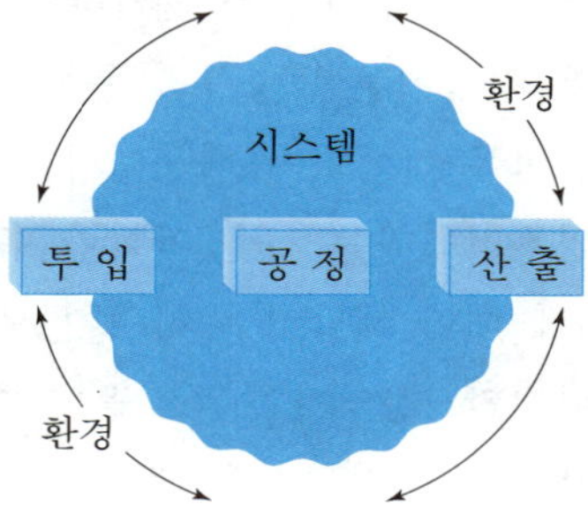


분히 만족시키지 못한다면 조직은 침몰하거나 사라질 것이다.

그러면 어떻게 시스템접근법이 다양한 경영접근법들을 통합하는 데 이용될 수 있는가? 시스템주창자들은 조직이란 개인 · 집단 · 태도 · 동기 · 공식적 구조 · 상호작용 · 목표 · 상태 · 권한 등과 같은 상호의존적인 요인들로 구성된다고 본다. 이 접근법에 따르면 경영자의 직무는 조직의 모든 요소들이 조직목표달성을 위해 내부적으로 조정되어지게 하는 것이다. 예컨대 경영의 시스템관점(systems view of management)에서는 생산부문이 아주 능률적이었다 하더라도 그에 관계 없이 만약 마케팅부문이 고객의 욕구변화를 예측하지 못하였고 제품개발부서와 협조하여 고객이 원하는 것을 창출하지 못했다고 하면, 조직 전체의 성과는 손상을 입는다는 것은 두 말할 필요가 없다. 이와 마찬가지로 만약 구매부서가 적당한 품질의 투입물량을 구매하지 못하였다면, 이와 관련을 갖는 생산부서는 작업을 효과적으로 수행할 수 없다는 것을 알 수 있다. 그러므로 시스템접근법은 조직 내에서 다양한 활동들이 상호의존성을 갖는다는 것을 인식한다.

뿐만 아니라 개방시스템접근법(open systems approach)은 조직이란 자기충족적(self-contained)인 것이 아니라 조직의 외부에 의존하지 않으면 충족될 수 없는 의존적이라는 것을 인식한다. 개방시스템은 생명유지를 위한 투입물을 외부에서 조달하여야 하며, 조직에서 산출된 제품이나 서비스를 수요하는 수용원천인 환경에 의존하게 된다. 어떠한 조직도 정부의 규제, 공급자관계 및 조직이 의존하고 있는 수많은 외부상황을 무시하고서는 오래 동안 생존할 수 없다. 그러므로 경영은 환경과 그 환경이 부과하는 제약을 전제로 하여야 올바르게 이해될 수 있다.

1960년대 중반에서 1970년대에 이르기까지 경영학자들에게는 개방시스템구조(open systems framework)의 개념을 논의하는 것이 인기 있는 화제였다. 그러나 개방시스템접근은 경영이론을 충분히 통합하지는 못하였다. 그것은 접근법 자체가 운용하기에 힘든 것이었기 때문이다. 조직 내의 활동이 상호의존적이며 조직 또한 환경의존적이라는 것을 인식한 후 경영자는 그 다음 무엇을 어떻게 해야 하는가? 이에 대한 해답이 주어지지 않는다. 이 접근법은 개념적으로 대단히 정교한 것이지만, 경영자가 조직을 보다 효과적으로 만들기 위해 어떻게 해야 하는가? 개방시스템접근법은 내적 활동에 영향을 미치는 주요 변수들이 무엇인가를 정의하지도 않으며, 조직의 성과에 영향을 미치는 환경요인들이 무엇인지에 대해서도 정의하지도 않는다. 따라서 시스템접근법, 특히 개방시스템접근법은 유용한 통합적인 틀을 제공할 만큼 충분히 개발되지 못한 개념적 접근법이라 할 수 있다.

## Ⅲ. 상황적합접근법(contingency approach)

경영이론을 통합하기 위한 가장 최근의 연구는 상황적합접근법(contingency approach or situational approach)이다. 모호한 시스템접근법과는 달리 상황적 구조에서는 경영행동과 함께 조직성과에 영향을 미치는 내적·외적 변수를 상세히 정의한다. 따라서 경영자들에게 특정한 지침을 제공해 주는 능력이 있기 때문에 이 접근법이 널리 확산되었다.

경영은 그 자체가 하나의 생명체인 양 단순한 원칙들에만 의존하는 것이 아니다. 양질의 자동차를 좋아하는 사람들이라 해서 반드시 볼보(volvo)를 선택하는 것은 아니다. 나이·성별·결혼여부·소득 등과 같은 요인들이 자동차 선호도에 영향을 미치는 상황적합(contingencies)을 구성한다. 타자는 언제나 홈런을 치려고 노력하지 않는다는 것을 야구팬들은 잘 알고 있다. 타자는 주자가 몇 루(base)에 있는가, 점수와 횟수(inning)는 어떤가, 또 이와 유사한 상황적합변수에 따라 홈런을 칠 것인가, 번터를 칠 것인가를 결정한다. 이와 마찬가지로 학생들은 학생들이 강의실의 규모에 따라 학습성과가 다르다고 말할 수 없다. 많은 연구들은 강의내용과 교수의 강의스타일과 같은 여러 상황적합요인들이 클래스의 크기와 학습의 효과간의 관계에 영향을 미친다는 것을 밝히고 있다.

앞에서 인용한 예들은 생명체란 단순한 원리로 이루어지지 않음을 강조하는 것이다. 그러나 많은 경영학이론들은 상황에 관계 없이 어떤 원칙이 보편적으로 적용될 수 있는 것처럼 제시되어 왔다. 분업은 많은 상황에서 가치있는 것임에 틀림없으나 지나친 직무의 세분화는 바람직하지 않다. 종업원생산성은 작업의 범위를 좁히기보다는 오히려 넓힘으로써 증가될 수 있다. 관료제가 많은 여러 상황에서 바람직한 조직구조라고 생각되지만, 이것과 다른 조직구조를 설계하는 것이 더 효과적인 경우가 많다. 의사결정에 종업원참여를 허용하는 것이 선호되는 리더십 스타일이지만 반드시 그렇지는 않다. 리더가 독자적으로 결정한 후 종업원에게 이를 설득하는 것이 더 나은 상황도 있다.

〈그림 2-4〉는 단순한 원리를 설명하고 있다. 즉 "만약 X이면 Y이다." 그러나 만약 더 높은 생산성을 원한다면, 그 때는 분업을 시행하는 것이 좋다. 그러나 이보다 생산성이 높아지기를 원한다면, 작업자를 행복하게 하는 것이 좋을 것이다. 이러한 원리들은 Taylor, Fayol 및 Mayo와 같은 사람들이 제시한 것이지만, 불행하게도 어느 상황에서도 적용될 수 있는 것은 없다. 상황적합접근법은 경영개념을 상황의 틀(situational framework)에 통합함으로써 현실의 문제를 다루려 한다. 〈그림 2-5〉는 상황명제, 즉 "X이면 Y이다. 그러나 Z라는 조건 하에서 그렇다"를 보여 주고 있다. 상황적합접근법에서 Z가 상황변수이다. 상황이론의 최근 연구들은 이 'Z 변수', 혹은 상황결정요인(situational determinants)을 밝혀 내려고 노력하고 있다.

〈그림 2-4〉 원리적 접근법

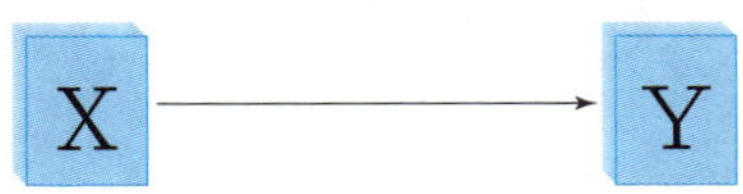


〈그림 2-5〉 상황적합접근법

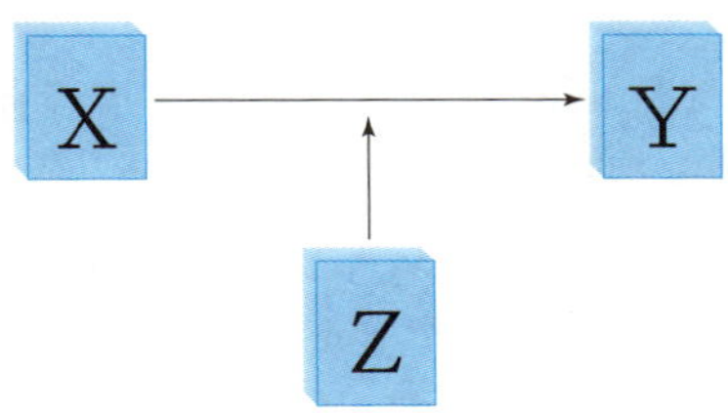

〈표 2-4〉 네 가지 상황변수

1) 조직의 규모(organization size): 조직의 구성원 수가 경영자가 하는 일에 가장 큰 영향을 미친다. 규모가 증가할수록 조정(coordinate)의 문제도 증가한다. 5만 명의 종업원을 지닌 조직의 구조형태는 500명의 종업원을 거느린 조직에는 비효율적이므로 적합하지 않다
2) 상규화한 과업기술(routineness in task technology): 조직이 그 목적을 달성하기 위하여 기술을 사용한다. 즉 투입물을 산출물로 변형하기 위한 기술이 필요하다. 상규화한 기술은 조직구조, 리더십의 스타일, 통제시스템을 요구하는데, 이 기술은 주문형이냐 아니면 비상규화(non-routine)에 따라 달라진다
3) 환경의 불확실성(environmental uncertainty): 정치 · 기술 · 사회문화 · 경제변화 등으로 인한 불확실성은 경영과정에 영향을 미친다. 안정적이며 예측가능한 환경에서 가장 좋은 작업이라도 예측불가능하며, 급변하는 환경에서는 부적절한 것이 된다
4) 개인적 차이(individual differences): 개인은 그들의 욕구 · 성장 · 자치능력 · 인내력 · 기대수준 등에서 차이를 보인다. 이러한 요인들의 차이는 경영자가 동기부여방법 · 리더십 스타일 · 직무설계 등을 행할 때에 중요한 영향을 미친다

경영학연구에 대한 상황적합접근법은 직관적이며 논리적이다. 조직은 규모 · 목적 · 수행과정 · 선호면 등에서 다양하므로, 모든 상황에 적합한 보편적인 적용가능원리를 찾아 낼 수 없다. "그것은 모두 의존적이다"라고 말하는 것과 "그것은 어떤 것에 의존한다"라고 말하는 것은 서로 다른 것이다. 그러므로 경영학자들은 이 '어떤' 변수를 확인하기 위해 노력하여 왔다. 〈표 2-4〉는 널리 알려진 네 가지 상황변수들을 설명하고 있다. 이 리스트는 포괄적이지는 못하지만, 가장 널리 사용되는 것으로서 상황적합변수가 어떤 것이라는 것을 알 수 있게 하는 것들이다. 참고로 확인된 상황변수만도 100개 이상이다.

### 〈경영의 실천〉 **21세기의 경제키워드**

일본 소니社의 경영혁신을 주도해 온 이데이 노부유키(出井伸之)사장은 '21세기 경제의 5가지 키워드'(key words)를 제시했다.

(1) 디지털경제 : 미국에서 인터넷사업의 성장에 놀라는 시대는 완전히 끝났다. 이미 새로운 단계에 들어갔다. 미국의 인터넷 이용자는 1995년의 1,000만 명에서 1999년에 1억 명으로 늘었다. 이용자가 5,000만 명에 달할 때까지 걸린 기간은 라디

오가 38년, TV가 13년인 반면, 인터넷은 5년밖에 안 된다. 미국 인터넷산업 시장규모는 약 3,000억 달러로 에너지산업(2,200억 달러)를 제치고 자동차산업(3,500억 달러)에 육박한다. 일본이 디지털경제에서 뒤떨어진 것이 현재 미일경제격차의 중요한 원인이다. 디지털경제는 더 확산될 것 이다.

(2) 주식시가총액주의 : 인터넷경제의 부상은 기존의 상식을 깼다. 가장 두드러지는 것이 기업가치의 변화이다. 일본기업은 매출액에 비해 보유주식시가총액이 극히 낮다. 소니의 매출액은 약 6조 7,000억엔이지만, 주식시가총액은 6조엔 정도다. 반면 미국의 아메리칸 온 라인(AOL)은 매출액이 소니의 10%도 안 되지만, 주식시가총액은 엔화로 환산해 16조엔이나 된다. 앞으로 기업은 매출액이 아니라 주식시가총액에 신경을 써야 한다.

(3) 수확폭발의 법칙 : 제조업시대에는 규모가 커지면 단위당 이익률이 낮아진다는 '수확체감의 법칙'이 지배했다. TV 판매량을 3배로 늘리려면 공장도 3배로 늘려야 했다. 그러나 컴퓨터와 반도체로 대표되는 디지털경제에서는 다르다. 반도체메모리는 규모가 커질수록 가격이 낮아진다. '수확체증의 법칙'이 지배한다. 앞으로는 '수확폭발의 법칙'이 지배할 것이다.

(4) 규칙파괴자 : 경제법칙이 바뀌면 룰 브레이커(rule breaker; 규칙파괴자)가 반드시 생겨난다. 소니도 과거 경쟁사가 진공관라디오를 만드는 시대에 트랜지스터 라디오를 개발, 비약의 첫계기를 만들었다. 앞으로 서비스 · 금융 · 음악 · 출판 · 운수 등 정보네트워크가 영향을 미치는 사업에는 대혁명이 일어난다.

(5) 가치창조경영 : 일본경영자는 매출액만 생각했지 이익에는 관심이 없었다. 그러나 21세기에는 투자비용에 맞는 이익을 낳는 경영이 무엇보다 요구된다. 앞으로 경영자는 고객과 종업원은 물론 주주를 만족시켜야 한다. 자기 회사의 주가수준을 더 의식해야 한다. 소니에서는 이를 가치창조경영(Value Creation Management : VCM)이라고 부른다.

— 동아일보 1999/08/08 —

## 제 3 장

# 의사결정은 어떻게 하는가

And Jesus said to them, "beware, and be on your guard against every form of greed; for not even when one has abundance does his life consist of his possessing. — Luck 12 : 15 —

# 제 1 절 의사결정이란 무엇인가

## Ⅰ. 경영의사결정

경영자의 직무에서 가장 중요한 것은 의사결정에 관한 것이다. 〈표 3-1〉에서 보는 바와 같이 의사결정은 네 가지 경영기능의 모두에 스며들어 있다. 사실상 이것은 경영자들이 계획하고 조직하고 지휘하며 통제할 때, 왜 그들을

〈표 3-1〉 경영기능에서의 의사결정의 예

**계 획**

조직의 장기적 목적은 무엇인가?
이러한 목적을 달성하기 위한 가장 좋은 전략은 무엇인가?
조직의 단기적 목적은 무엇이어야 하는가?
개별적인 목표를 달성하는 데 따른 어려움은 무엇인가?

**조 직**

내가 직접 보고받을 부하들의 수는 몇 명이어야 하는가?
조직에서의 집중화를 어느 정도 할 것인가?
직무를 어떻게 설계할 것인가?
조직의 구조를 언제 개편할 것인가?

**지 휘**

동기부여가 잘 안 된 종업원들을 어떻게 다루어야 할 것인가?
현재의 여건 하에서 가장 효과 있는 리더십의 스타일은 무엇인가?
계획 중인 변화는 종업원들의 생산성에 얼마나 영향을 미칠 것인가?
언제 갈등을 해결해 주는 것이 좋은가?

**통 제**

조직에서 어떤 활동이 중점적으로 통제되어야 하는가?
이러한 활동들이 어떻게 통제되어야 하는가?
성과가 크게 미달하는 때가 언제로 예상되는가?

의사결정자라고 부르는지 짐작하게 한다.

경영자가 행하는 거의 모든 일들이 의사결정과 관련되어 있다고 해서 모든 의사결정이 오랜 시간이 걸리거나, 그 일에 몰두해야 하거나, 또는 외부인에게 명백하거나 한 것은 아니다. 경영자의 의사결정 활동의 대부분은 일상적(routine)인 성질의 것이 많다. 그것은 마치 여러분이 매일처럼 점심을 무엇으로 먹을까 하고 결정해야 되지만, 그것이 큰 짐이 되지 않는 것과 같다. 왜냐하면 여러분은 수천 번 이상 그러한 결정을 해 왔기 때문이다. 그렇기 때문에 점심을 무엇으로 할까 하는 것이 문제가 되는 일은 거의 없으며, 또 신속하게 결정할 수 있는 것이다.

경영자는 매일처럼 수십 번의 의사결정을 하지만, 그것들은 대부분 일상적인 것이기 때문에 큰 문제가 되지 않는다. 그렇다 하더라도 그것이 의사결정이란 사실은 의심의 여지가 없다.

## Ⅱ. 의사결정과 그 단계

경영의 핵심과제는 의사결정이다. Simon은 경영이란 바로 의사결정 그 자체라고 말하고 있다. 우리가 앞에서 경영을 계획 · 조직 · 지휘 · 통제라는 하나의 순환과정으로 파악할 수 있음을 설명하였는데, 경영을 분야별로 구분한다면 생산 · 마케팅 · 재무 · 인사 · 회계 · 정보 등으로 나눌 수 있을 것이다. 경영을 하나의 순환과정으로 파악하든, 아니면 경영을 분야별로 구분하여 파악하든간에 그 핵심은 의사결정이다. 이 장에서는 의사결정에 관하여 여러 측면에서 살펴보기로 한다.

의사결정(decision making)은 전형적으로 '대체안(alternatives)에 대한 선

〈그림 3-1〉 의사결정의 단계

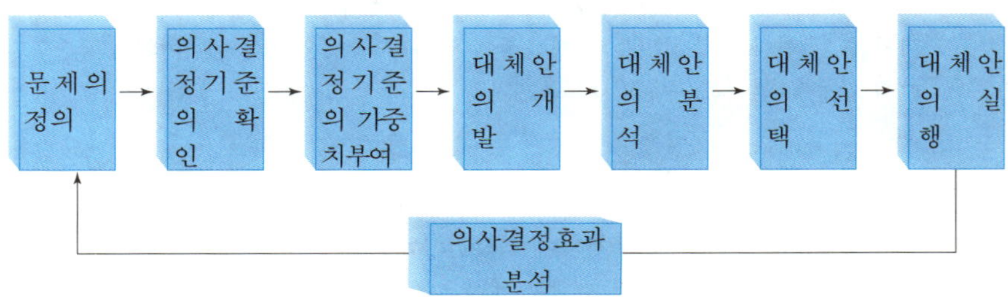

택'(selection)이라고 일컬어진다. 그러나 이러한 시각은 지나치게 단순화한 것이라고 볼 수 있다. 왜냐하면 의사결정은 단순히 여러 대체안 중에서 하나를 선택하는 것이라기보다는 일련의 과정으로 보는 것이 타당하기 때문이다. 그리고 이 과정 자체가 올바른 의사결정을 가능하게 한다. 〈그림 3-1〉은 의사결정의 과정을 8가지 단계로 나타내고 있다. 이 과정은 개인적 의사결정이나 그룹의사결정 모두에 적용될 수 있는 것이다. 각 단계에 대해 설명하기로 한다.

### 단계 1: 문제의 정형화(formulation of a problem)

의사결정과정은 문제가 있다는 데서 시작된다. 더 자세하게 말하자면 현실과 이상의 차이를 인식함으로써 시작된다. 다음의 예를 살펴보자. 간단히 설명하기 위해 자동차구입 의사결정문제와 연관시키기로 한다. 고장난 회사의 자동차의 경우를 보자. 단순화하기 위해 이 자동차를 수리하는 데는 돈이 너무 많이 들기 때문에 구입하려고 한다고 가정하자.

담당자는 자동차구입이라는 문제와 직면하고 있다. 그것은 차를 필요로 하는 경영자의 욕구와 실제 고장난 차 사이의 불일치(discrepancy) 바로 그것이다. 이 문제상황에서는 경영자가 어떻게 문제를 확인하는가에 대해서는 언급하고 있지는 않다. 어떤 일이 문제로서 불거지기 전에 경영자는 미리 불일치의 발생을 인식하고, 그 문제에 대해 어떠한 조치를 취하도록 하는 것이 그의 임무이다.

경영자는 어떻게 그러한 불일치를 인식할 수 있는가? 그것은 어떤 일의 현재 상황을 특정한 표준과 비교할 때 가능해진다. 그러면 그 표준이란 무엇인가? 그것은 과거의 행위, 이전에 설정된 목표 혹은 자기 조직이나 다른 조직에서의 행위 등을 검토하여 얻어진다. 이 자동차구입문제에서의 표준은 달릴 수 있는 자동차를 구입하는 것이며, 이것이 목표(goal)가 된다.

그러나 당장 해결의 필요성을 느끼지 못하는 불일치는 미래의 시점으로 미루어진다. 의사결정의 과정이 시작되기 위해서 문제가 경영자에게 어떠한 조치를 요구하는 압력의 형태로 나타나게 된다. 이러한 압력에는 조직의 정책, 기한만료, 재무상의 위기, 상사의 기대 또는 다가오는 성과의 평가 등이 포함된다.

마지막으로 경영자들은 그들의 문제해결을 위해 필요한 권한 · 자금 · 정보 등을 가지고 있지 못하다고 인식할 때에는 그것을 문제로 다루지 않으려

하는 경향이 있다. 바꾸어 말하면 어떤 사항을 문제를 인식하고 있고 또 그것을 해결하도록 압력을 받고 있다 하더라도 해결을 위한 적절한 자원을 갖고 있지 않을 때는 그 상황을 현실할 수 없는 비현실적인 것으로 간주하고 문제해결을 기피하는 경향이 있다.

### 단계 2: 의사결정기준의 확인(identifying decision criteria)

경영자는 주의를 필요로 하는 문제를 확인한 후에는 그 문제를 해결하는데 매우 중요한 의사결정기준(decision criteria)을 확인하여야 한다. 즉 의사결정에서 무엇이 적절한 것인가 하는 것이다.

자동차구매의 예에서 경영자는 그의 의사결정시 무슨 요소가 적절한가를 저울질해야 한다. 이 요소에는 자동차의 가격 · 모델 · 크기 · 제조회사 · 옵션장치 · 에어컨 등과 같은 기준이 포함될 수 있을 것이다. 이러한 기준은 의사결정에서 그가 무엇이 적절한 요소라고 생각하고 있는가를 반영하는 것이다. 이 기준은 의사결정자가 의식적이든 무의식적이든간에 그의 의사결정을 이끌어 가는 기준이 된다. 이 단계에서 고려하지 않은 중요한 기준이 누락되는 경우가 있을 수 있고, 따라서 올바른 의사결정이 이루어지지 못하는 수가 있다.

### 단계 3: 기준에 대한 가중치할당(allocating weights to the criteria)

앞 단계에서 선정된 의사결정기준들은 그 중요도가 동일하지 않는 것이 일반적이다. 따라서 그 중요도에 따라 우선권을 부여하기 위하여 가중치를 부여하게 된다.

그러면 의사결정자는 그들 기준에 가중치를 어떻게 부여하는가? 가장 간단한 방법은 가장 중요한 기준에 10점을 부여하고, 그 기준과 비교하여 다른

〈표 3-2〉 의사결정기준의 가중치

| 판정기준 | 가중치 |
|---|---|
| 가 격 | 10 |
| 내부의 안락함 | 8 |
| 내구성 | 5 |
| 보수횟수 | 5 |
| 성 능 | 3 |
| 핸들링 | 1 |

기준에 점수를 배당하는 방법이다. 물론 10점 대신 100점이나 1,000점을 측도로 정할 수 있다. 〈표 3-2〉는 자동차선택을 위한 판정기준에 가중치가 부여한 예로서, 이에 따르면 가장 중요한 기준이 비용임을 알 수 있다.

### 단계 4: 대체안의 개발(developing alternatives)

네 번째 단계는 문제의 해결을 위한 실행가능한 대체안(alternatives)의 목록을 작성하는 것이다. 이 단계에서는 각 대체안들을 평가하지 아니하고 단지 목록만 작성하는 것이다. 앞의 자동차구입의 예에서는 6가지의 실행가능한 대체안이 있다고 가정한다. 즉 구입할 수 있는 자동차종류가 6종이라고 하자.

### 단계 5: 대체안의 분석(analyzing alternatives)

대체안들을 확인한 후에 의사결정자는 각 대체안을 분석해야 한다. 각 대체안의 장점과 단점을 앞의 단계 2 및 단계 3에서 정한 기준과 가중치에 근거하여 분석한다. 각 대체안을 기준에 따라 평가하여 분석한다.

〈표 3-3〉은 공장장이 각 자동차를 시승하고 자료를 검토한 후 6가지 기

〈표 3-3〉 의사결정기준에 따른 대체안의 평가

| 대체안 | 가격 | 안락함 | 내구성 | 보수횟수 | 성능 | 핸들링 |
|---|---|---|---|---|---|---|
| A | 8 | 7 | 3 | 5 | 6 | 7 |
| B | 7 | 10 | 6 | 6 | 8 | 10 |
| C | 8 | 6 | 8 | 10 | 8 | 8 |
| D | 1 | 8 | 10 | 10 | 10 | 10 |
| E | 5 | 7 | 6 | 9 | 10 | 8 |
| F | 10 | 5 | 2 | 3 | 3 | 3 |

〈표 3-4〉 가중치를 반영한 각 대안의 평가

| 대체안 | 가격 * 가중치 | 안락함 * 가중치 | 내구성 * 가중치 | 보수 * 가중치 | 성능 * 가중치 | 핸들링 * 가중치 | 총점 |
|---|---|---|---|---|---|---|---|
| A | 8 * 10 | 7 * 8 | 3 * 5 | 5 * 5 | 6 * 3 | 7 * 1 | 201 |
| B | 7 * 10 | 10 * 8 | 6 * 5 | 6 * 5 | 8 * 3 | 10 * 1 | 244 |
| C | 8 * 10 | 6 * 8 | 8 * 5 | 10 * 5 | 8 * 3 | 8 * 1 | 250 |
| D | 1 * 10 | 8 * 8 | 10 * 5 | 10 * 5 | 10 * 3 | 10 * 1 | 214 |
| E | 5 * 10 | 7 * 8 | 6 * 5 | 9 * 5 | 10 * 3 | 8 * 1 | 219 |
| F | 10 * 10 | 5 * 8 | 2 * 5 | 3 * 5 | 3 * 3 | 3 * 1 | 177 |

준에 대해 평가한 결과를 보여 주고 있다. 물론 이 평가는 한 경영자에 의해 이루어졌기 때문에 완전히 객관적인 것은 아님을 명심할 필요가 있다. 평가는 10점 측도를 사용하고 있다. 이 기준들 중 어떤 것은 객관적 자료에 의해 얻어질 수 있다. 예를 들어 가격은 현재의 판매원을 통해, 보수횟수에 대한 평가는 전문잡지에 의해 얻어질 수 있다. 그러나 핸들링에 대한 평가는 개인에 의한 주관적인 것이다. 이런 것들은 전 단계에서 설정된 기준과 기준에 부여된 가중치와 각 대체안에 대한 평가점수 등을 고려하여 점수로 나타낸다.

이 표에서는 각 기준에 가중치를 부여하지 않고 있다. 그러나 〈표 3-2〉의 가중치를 〈표 3-3〉에 붕하여 계산하면 〈표 3-4〉와 같이 된다. 각 대체안의 총점은 설정된 각 기준에 대한 점수에 가중치를 곱하여 얻어진 값을 다 합한 것이다. 이 분석에 따르면 대안 C가 250점으로 가장 높다.

### 단계 6: 대체안의 선택(selecting an alternative)

이 단계에서는 평가된 각 대체안들 중에서 가장 좋은 것을 선택한다. 의사결정의 모든 적절한 기준을 정하고, 거기에 적절한 가중치를 부여하여 평가하는 단계를 거쳐 평가결과 가장 우수하다고 판정된 대체안을 선정하는 단계가 바로 이 단계이다. 자동차선택의 예에서 의사결정자는 당연히 평가점수가 가장 좋은 대체안 C를 선택하게 된다.

### 단계 7: 선택된 대체안의 실행(implementing the alternative)

앞의 단계에서 대체안이 선택되면 다음 단계는 이를 실행에 옮기는 것이다. 아무리 우수한 대체안을 선택하였다 하더라도 적절한 실행이 뒷받침되지 않는다면 앞의 모든 단계는 무의미한 것이며, 따라서 의사결정은 실패한 것이라고 할 수밖에 없다. 따라서 단계 7은 결정된 대체안의 실행에 초점이 맞추어진다. 실행에는 결정된 대체안을 위원회 등에 제출하여 실행하도록 승인을 받는 모든 절차까지 포함된다.

### 단계 8: 의사결정의 효과성평가(evaluating decision effectiveness)

의사결정과정의 마지막 단계는 의사결정으로 인해 문제가 해결되었음을 확인하기 위한 평가의 단계이다. 선택된 대체안이 실행된 결과가 과연 원하던 그러한 효과를 가져왔는가에 대한 평가단계는 통제기능과 밀접한 관련을 갖고 있으므로, 자세한 내용은 통제기능에서 자세히 설명하게 될 것이다.

실행의 결과를 평가한 후에 해결하고자 한 문제가 해결되지 아니하고 여전히 문제로 존재한다면, 어떠한 일이 발생할 것인가? 의사결정자인 경영자는 잘못된 것이 무엇이었는가를 주의 깊게 세밀히 분석하게 된다. 문제의 정의가 잘못이었는가? 다양한 대체안에 대한 평가가 잘못되었는가? 아니면 대체안은 바르게 선택되었지만 잘못된 실행과정을 거친 것은 아닌가? 이러한 검토의 결과는 경영자에게 전달되어지고, 잘못된 단계로 거슬러 올라가 그 과정을 다시 되밟아 오게 된다.

## Ⅲ. 합리적 의사결정

### 1. 합리적 의사결정의 가정

경영의 의사결정은 합리적이라야 한다. 이 합리성이라는 의미는 경영자가 주어진 상황에서 일관성 있게, 그리고 가치극대화(value-maximizing)의 선택을 행한다는 것을 말한다. 이 절에서는 합리성가정(assumptions of rationality)에 대하여 살펴본 후에 이러한 가정들이 정당화되는가를 알아보기로 한다.

#### (1) 합리성가정(assumptions of rationality)

만약 의사결정자가 완벽하게 합리적이라 하다면, 그는 전적으로 객관적이고 논리적이어야 할 것이다. 그는 문제를 신중하게 정의하고, 명확하고 분명한 목표를 가져야 할 것이다. 더욱이 의사결정과정의 각 단계들이 목표를 최대화하는 대체안을 선택할 수 있도록 계속적인 노력을 기울일 것이다. 〈그림 3-2〉는 합리성의 가정을 나타내 보인 것이다.

이를 설명하면 다음과 같다.

(1) 문제의 명확성(problem clarity): 합리적인 의사결정에서는 문제가 명확하고 애매하지 않아야 한다. 의사결정자는 의사결정상황에 대한 완전한 정보를 가지고 있다고 가정한다.

(2) 목표의 판정기준(goal criterion): 합리적 의사결정에서는 목표에 대해 상충(conflict)하는 것이 없다. 새 차의 구입에 관한 의사결정, 입학을 할 대학의 선택, 신제품의 가격결정 등의 의사결정에서 의사결정자는 그가 달성하려는 단 하나의 잘 정의된 목표를 가지고 있다고 가정한다.

(3) 알려진 선택사항(known options): 의사결정자는 창의적이며, 모든 적절

〈그림 3-2〉 합리성의 가정

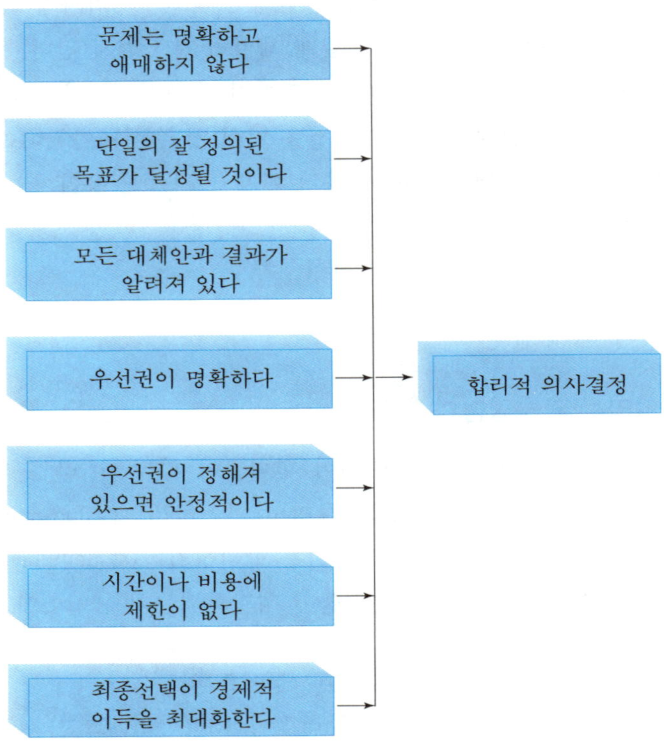


한 판정기준을 확인할 수 있으며, 모든 대체안을 나열할 수 있고, 각 대체안을 선택하였을 때 어떤 결과가 얻어진다는 것을 알고 있다고 가정한다.

(4) 명확한 우선권(clear preferences): 합리성은 판정기준과 대체안들이 그 중요도에 따라 순위가 정해질 수 있다고 가정한다.

(5) 고정된 우선권(constant preferences): 명확한 목표와 우선권과 함께 의사결정을 위한 판정기준들이 고정되어 있고, 각 기준에 부여된 가중치가 시간이 경과하여도 안정적이라고 가정한다.

(6) 무제약적인 시간이나 비용(no time or cost constraints): 합리적 의사결정자는 시간이나 비용에 제약을 받지 않기 때문에 판정기준과 대체안에 대한 모든 정보를 가질 수 있다고 전제한다.

(7) 최대이득(maximum payoff): 합리적 의사결정자는 항상 최대의 경제적 이득을 갖는 대체안을 선택한다.

이러한 합리성가정들은 어떠한 결정에도 적용된다. 그러나 우리는 조직에서의 경영의사 결정에 관심을 갖고 있으므로 하나의 가정을 더 추가할 필요가 있다. 그것은 합리적 경영의사결정은 조직이 경제적으로 최선의 이익을 얻기 위해 의사결정을 한다고 가정한다. 이것은 의사결정자는 자신의 이익이 아니라 조직의 이익을 최대화한다는 것을 가정하고 있다.

## 2. 합리성 가정의 한계

경영의사결정은 합리적 가정들을 따를 수 있을 것이다. 만약 경영자가 목표가 명확하고 대체안의 수가 적으며 시간적인 제약이 적고 대체안을 조사하고 평가하는 비용이 낮은 그러한 문제에 직면하였고 또 조직문화가 혁신적이며 위험에 대해서도 지원을 아끼지 않는다면, 의사결정자는 의사결정과정에서 합리성의 가정들을 따를 것이다. 그러나 경영자들이 직면하는 대부분의 문제들은 그렇지 않다.

수많은 학자들이 경영의사결정의 이해를 개선하기 위한 연구를 행하였다. 또 개별적으로 앞에서 언급한 하나 혹은 그 이상의 합리성에 대한 가정들에 도전하였다. 그러나 이러한 연구들을 종합해 보면, 실제의 의사결정들이 논리적이며 일관성 있고 시스템적 과정을 따른 것이 아니라 이와 다르게 이루어지고 있다고 조사되었다.

연구자들이 의사결정과정에 대해 발견한 몇 가지 중요한 사항을 살펴보기로 하자.

(1) 개인의 정보처리 능력에 한계가 있다: 대부분의 사람들은 일곱 가지 정도의 단편적 정보에 대한 기억력을 단기간에 지니고 있다고 알려져 있다. 따라서 의사결정내용이 복잡해질 때는 문제를 이해할 수 있을 정도로 단순화한 모델을 스스로 만드는 경우가 있다.

(2) 의사결정자는 문제와 해법을 혼동하는 경향이 있다: 문제에 대한 정의가 자주 해법을 염두에 두고 이루어지는 경향이 많다. 이것은 대체안의 준비단계와 대체안의 평가단계의 객관성을 흐리게 한다.

(3) 편견적인 인식이 문제를 왜곡시킬 수 있다: 의사결정자의 배경이나 조직에서의 위치, 그의 이해관계 · 과거경험들이 직면한 문제들을 왜곡시킬 뿐만 아니라 조직문화 또한 경영자의 인식을 왜곡시킨다.

(4) 많은 의사결정자들은 접근가능성을 정보에 의존한다: 의사결정자들은 정

보의 질이 중요함을 알면서도 질보다는 접근가능한 정보에 의지하기 때문에 질 좋은 정보를 구하려는 노력보다는 이미 획득된 정보에 근거하여 의사결정을 행하기 때문에 의사결정의 합리성이 제약을 받는다.

(5) 의사결정자는 의사결정과정 초기단계에서 특정한 대체안을 미리 수용하는 경향이 있다: 이러한 현상은 특정한 대체안을 선택하는 쪽으로 기울어지게 하는 오류를 범하게 된다.

(6) 이전의 해결책이 도움이 되지 못했다고 해서 그것을 곧 버리려 하지 않는다: 이전의 해결책이 잘못되었다는 것을 알게 되면 새로운 대체안을 찾아야 하지만, 실제로는 이전의 해결책에 미련을 두고 이를 적용하기 위해 더욱 노력하는 경향이 많다. 이것은 초기의 해결책이 잘못되었다는 것을 인정하는 것이 두렵기 때문이다.

(7) 이전의 의사결정 관례들이 현재의 선택을 제한한다: 의사결정은 단순하고 단속적인 사건인 경우는 드물다. 다시 말하면 의사결정은 연속적인 선택으로 묘사될 수 있다. 따라서 대부분 의사결정은 오랜 동안 관례를 만들어 왔으며, 그렇기 때문에 과거의 관례와 무관하게 독립적으로 이루어지지 못하는 경우가 있을 수 있다.

(8) 조직은 다양한 이해관계로 얽혀져 있다: 그렇기 때문에 단 하나의 목표를 향해 공동의 노력을 기울이도록 하는 일은 대단히 어렵다. 따라서 의사결정은 전체적인 조직목표를 성취하는 방향으로 나아가지 못하는 경우가 많다. "당신의 입장은 당신이 지금 어디에 앉아 있느냐에 따라 달라진다"는 말이 그대로 맞을 때가 많다.

(9) 조직의 의사결정자에게는 시간과 비용에 대한 압력이 있다: 경영자가 사용할 수 있는 시간과 비용에는 한계가 있다. 따라서 해결책은 기존의 대체안에서 찾는 경향이 많다.

(10) 변화를 기피하는 보수적 편의주의자가 대부분의 조직문화에서 만연하다: 대부분의 조직문화들은 혁신이나 위험을 피하려는 경향이 있다. 이러한 문화에서 종업원들은 변화를 추구하기보다는 단체행동을 통해 보상을 받는다. 또 실패를 수용하지 못하는 조직문화에서는 의사결정자가 새로운 아이디어의 개발보다는 실패를 최대한 피하려고만 한다.

### 3. 제한된 합리성

이러한 합리성의 한계 때문에 앞에서 언급한 8단계의 의사결정 과정을 무시해도 되는가? 물론 그렇지 않다. 왜냐하면 완전한 합리성의 한계에도 불구하고 의사결정자들은 합리적 과정을 따르려 하기 때문이다. 경영자들은 훌륭한 의사결정자란 어떠한 일을 해야 할 것인지 잘 알고 있다. 문제의 제기, 대체안의 고려, 정보의 수집, 단호하게 그러나 신중하게 실천하는 것. 이러한 것들을 경영자들은 그의 의사결정 행위에서 보여 주어야 한다. 그럴 때만 경영자들은 다른 경영자들이나 동료경영자, 그리고 부하직원들에게 그들이 경쟁력이 있으며, 의사결정이 합리적으로 이루어졌으며, 따라서 이 결정은 따를 만한 가치가 있는 것이라는 것을 보여 주기 때문이다.

〈표 3-5〉는 완전하게 합리적인 경영자가 어떻게 8단계의 의사결정 과정

〈표 3-5〉 의사결정과정에 대한 두 가지 관점

| 의사결정단계 | 완전한 합리성 | 제한된 합리성 |
|---|---|---|
| 1. 문제의 명확화 | 모든 중요하고 적절한 조직의 문제들이 확인된다 | 경영자의 관심과 배경을 반영하는 가시적인 문제만 확인된다 |
| 2. 의사결정기준의 확인 | 모든 결정기준이 확인된다 | 일련의 제한된 기준만 확인된다 |
| 3. 의사결정기준에 대해 가중치할당 | 조직의 목적에 따라 모든 기준이 평가되고 중요도가 정해진다 | 기준을 평가하여 중요도를 정하는 단순한 모형이 구축된다. 의사결정자의 관심이 중요도의 결정에 크게 영향을 미친다 |
| 4. 대체안의 개발 | 창조적으로 개발된 모든 대체안들이 열거된다 | 제한적인 유사한 대체안만 확인된다 |
| 5. 대체안의 분석 | 모든 대체안들이 기준과 중요도에 따라 평가된다. 각 대체안의 결과는 다 알려져 있다 | 선호되는 대체안부터 하나씩 평가되며, 기준에 어긋나게 평가될 수 있다 |
| 6. 대체안의 선택 | 경제적으로 가장 좋은 결과를 갖는 대체안이 선택된다 | 만족할 만한 대체안이 선택되면 조사가 끝난다 |
| 7. 대체안의 실행 | 단일의 잘 정의된 목표를 달성하는 대체안이 선정되기 때문에 전폭적인 지지를 받으며 실행된다 | 정치와 힘에 따라 선택된 대체안을 수용하게 된다 |
| 8. 의사결정의 효과성평가 | 의사결정의 결과가 객관적으로 평가된다 | 의사결정의 결과에 대한 평가는 흔히 생략된다 |

을 추진해야 하는지를 요약하고 있는데, 이것은 또한 제한된 합리성의 가정 하에서 경영자가 어떻게 의사결정단계를 추진하는가를 보여 주고 있다.

제한된 합리성에서는 경영자는 문제의 복잡한 특성을 다 반영하지 않고 본질적인 특성만을 고려하여 단순화한 모델을 구축한 다음, 이 단순한 모델에 의해 부과되는 주어진 정보처리의 한계와 제약 하에서 합리적으로 의사결정을 하려 한다. 그 결과는 최적의사결정(optimal decision) 대신 만족한 의사결정(satisfying)이 되는 것을 목표로 하게 된다.

경영자가 직무를 수행함에 있어서 이 제한된 합리성을 과소평가하여서는 안 된다. 완전한 합리성의 가정이 적용될 수 없는 상황에서는 자세한 의사결정의 모든 과정에서 의사결정자가 자신의 관심, 조직문화, 내부적인 정책, 힘 등이 강하게 영향을 미치게 된다.

## 제 2 절 의사결정을 위한 분석

### Ⅰ. 상황적합적 의사결정

경영자가 의사결정상황에서 직면하는 문제의 형태에 따라 그 문제가 어떻게 다루어질 것인가 결정된다. 이 장에서는 문제와 의사결정형태의 분류체계에 대해 설명하고, 경영자가 사용하는 의사결정형태들이 문제의 특성에 어떻게 반영되는지에 대해서 알아보기로 한다.

#### 1. 문제의 형태

어떤 문제들은 단순하다. 즉 의사결정자의 목표가 분명하며, 문제가 의사결정자에게 친숙하며, 문제에 관한 정보가 쉽게 정의되고 정보도 완전하다. 예컨대 고객이 구입한 물품을 소매점에 반환하기를 원하는 문제, 공급자가 납기일을 크게 어긴 문제, 예기치 못한 사건이 터진 경우에 신문사가 어떻게 대처해야 할 것인가 하는 문제 혹은 전공학점이 1학점 미달하여 졸업하지 못하는 불행한 일을 당하는 졸업예정자의 문제 등이 이러한 문제유형들에 속한다. 이러한 상황의 문제유형을 우리는 구조화된 문제(well-structured problems)라고 한다. 이 유형의 문제들은 완전한 합리성의 가정에 가까운 것들이다.

그러나 경영자들이 직면하는 많은 상황의 문제들은 구조화가 잘 안 된 비구조화문제들(unstructured problems)이다. 이 유형의 문제들은 전에 없었던 새로운 것이거나 색다른 문제들이다. 따라서 문제에 관한 정보가 애매하거나 완전하지 못하다. 신축본관을 설계하기 위해 건축가를 선정하거나, 새로운 아직 확인되지 않은 기술에 투자하는 문제 등이 이 유형에 속한다.

## 2. 의사결정의 형태

문제가 두 가지의 유형으로 분류되는데, 이에 대응하여 의사결정도 두 가지로 분류될 수 있다. 프로그램화 의사결정(programmed decision or routine decision)은 구조화된 문제를 해결하는 가장 능률적인 방법이다. 그러나 비구조화문제에 대해서는 비프로그램화(non-programed) 의사결정에 의존하는 것이 좋다.

### (1) 프로그램화 의사결정

레스토랑의 여종업원이 손님의 코트에 음료수를 엎질렀기 때문에 관리자는 매우 화가 났다. 이 문제를 어떻게 처리해야 하는가? 이러한 일은 자주 발생하지는 않는다 하더라도 이 문제를 해결하기 위한 표준적인 절차는 마련되어 있는 것이 보통이다. 만약 종업원의 실수로 손님이 피해를 입었고 또 손님이 배상을 요구한다면, 관리자는 손님의 코트를 세탁해 주겠다고 제안하게 될 것이다. 바로 이러한 것이 프로그램화 의사결정(programed decision)인 것이다.

이러한 유형의 의사결정은 반복적이고 일상적인 범위에서 문제를 해결할 수 있는 확실한 접근법이다. 문제가 구조화된 상황이기 때문에 경영자는 그 의사결정에 고통을 느끼거나 비용을 걱정할 필요가 없다. 정형화의사결정은 비교적 단순하며, 이전에 하던 방식에 의존하는 경향이 매우 많다. 의사결정과정에서 대체안을 개발하는 단계는 아예 존재하지 않거나 무시해도 별 상관이 없다. 왜냐하면 한번 문제가 구조화하여 정의되고 나면, 그 해법은 명백하거나 아니면 과거에 수행된 몇 개의 유사한 대체안들이 이미 개발되어 있기 때문이다. 정형화의사결정은 선례에 의해 만들어지는 것이 대부분이다. 경영자들은 동일한 상황에 직면하게 되면 과거의 방식대로 행하면 된다. 손님의 코트에 음료수를 엎지른 상황에 대하여 다시 문제를 정의한다거나, 가중치를 부여한다거나, 가능한 대체안들을 일일이 나열하는 목록을 작성할 필요가 전혀 없다. 경영자는 시스템적인 절차, 규칙 또는 정책을 따르면 되는 것이다.

절차(procedure)란 구조화문제를 해결하는 데 사용할 수 있는 일련의 상호 관련된 단계이다. 여기서 정말 어려운 일은 문제를 확인하는 것이다. 일단 문제가 확인되면 절차도 그렇게 확인될 수 있다. 예를 들면 구매담당자가 어떠한 기능을 수행할 수 있는 데스크탑 컴퓨터를 5대 구입해 줄 것을 다른 부서에서 요청받았다면, 구매담당자는 이 문제를 해결하기 위한 일련의 절차가 무엇인지를 알고 있다. 따라서 그는 이러한 요청서가 적절하게 기재되어 있고 승인된 것인가를 확인한다. 그렇지 않다면 그 요청에서 무엇이 잘못되었다는 설명과 함께 요청서를 반환할 것이다. 그러나 적절한 요청이라면 대략의 금액이 추산되고, 이 금액이 5,000달러를 초과하면 입찰방식을 택할 것이지만, 그 금액 이하이면 한 회사에 주문을 할 것이다. 이러한 의사결정과정은 일련의 연속적인 단계로 이루어진다.

규칙(rule)이란 경영자가 해야 할 일과 하지 말아야 할 일을 명백하게 서술한 것을 가리킨다. 규칙들은 구조화문제에 직면할 때 주로 이용되는데, 그 이유는 문제가 단순하여 따르기 쉽고 일관성을 보증해 주기 때문이다. 앞에서 설명한 바와 같이 가격에 대한 규칙에 따라 컴퓨터가 입찰 혹은 수의계약으로 구입되도록 의사결정을 제약한다.

정형화의사결정을 위한 세 번째 가이드는 정책(policy)이다. 이것은 경영자의 사고를 특정한 방향으로 향하도록 하는 가이드 라인이 된다. 규칙과 다른 점은 규칙이 경영자가 해야 할 일과 하지 않아야 할 일을 세부적으로 기술하는 데 비해서, 정책은 의사결정자를 위한 매개변수(parameters)를 세운다. 예컨대 기독교의 십계명(10 commandments)은 규칙이지만, 한국의 헌법은 정책에 해당한다. 정책은 판단과 해석을 요구하지만, 규칙은 그렇지 않다.

정책은 애매한 용어들을 포함하는 것이 전형적이기 때문에 경영자가 이를 해석하여야 한다. 예를 들면 "고객을 항상 만족시켜야 한다," "가능하면 외부에서가 아니라 내부에서 승진이 된다," 혹은 "종업원의 임금은 우리의 공장이 위치하고 있는 지역사회에서 충분한 경쟁력을 가져야 한다" 하는 정책에서 보는 바와 같이 고객만족이나 가능하면 혹은 충분한 경쟁력 등의 단어들은 애매한 표현들이기 때문에 해석을 필요로 한다.

### (2) 비프로그램화 의사결정

다른 기업과 합병할 것인가 말 것인가의 의사결정이나, 능률을 개선하기 위해 조직을 어떻게 재편성할 것인가에 관한 의사결정 혹은 적자를 보이는 지점을 폐쇄할 것인가 말 것인가의 의사결정들은 모두 비프로그램화 의사결정(non-programed dicision)의 예에 속한다. 이러한 의사결정은 유일한 것이며, 되풀이되지 않는다는 특징을 가진다. 경영자들은 이러한 잘 구조화되지 않은 문제(ill-structured problem)에 직면하게 되면, 미리 마련된 해가 존재하지 않으므로 상황에 따라 다른 해를 구할 수밖에 없다.

새로운 상품에 대한 마케팅전략의 수립은 비프로그램화 의사결정의 예이다. 이 문제는 기존의 의사결정과는 다른 면을 가진다. 왜냐하면 상품이 새로운 것이기 때문에 경쟁자가 다르고 기존의 상품이 시장에 진출할 때와 조건이 다르기 때문이다.

1980년대에 처음으로 시장에 소개된 IBM의 PC는 이전의 다른 회사들이 수립한 전략과 다른 마케팅전략을 수립하지 않으면 안 되었다. IBM은 컴퓨터 판매에 풍부한 경험을 갖고 있었고, 중소기업과 일반고객들에게 사무용 타자기를 판매하는 부서도 있었다. 그러나 상대적으로 저가인 개인용 컴퓨터판매를 대량으로 시장에 판매한 경험을 갖지 못한 IBM은 Apple, Hewlette-Packard 및 Digital Equipment와 같은 공격적인 경쟁자와 직면하게 되었다. PC 고객의 욕구와 정교성은 회사본부에 설치하는 수백만 달러의 대형 컴퓨터를 구매하는 사람들의 것과 전혀 달랐다. PC를 위해 수립된 수백 가지의 마케팅전략들은 전에 한 적이 없는 의사결정들이었다. 물론 이러한 의사결정들은 모두 비정형의사결정에 속하는 것이다.

## Ⅱ. 통 합(integration)

〈그림 3-3〉은 문제유형과 의사결정형태 및 조직수준간의 관계를 나타내 보이고 있다. 구조화문제는 프로그램화 의사결정으로 해결되고, 비구조화문제는 비프로그램화 의사결정을 요구한다. 하위수준의 경영자들은 유사한 반복적인 문제들에 직면하게 된다. 따라서 그들은 표준작업절차와 같은 프로그램화 의사결정에 의존하게 된다. 그러나 경영자들이 직면하는 문제들은 잘 구조화되지 않은 문제와 직면하게 된다. 왜냐하면 하위의 경영자들은 프로그램화 의사결정을 통해 문제를 해결하고, 그것이 불가능한 문제들만 상위경영자들에게 넘기기 때문이다. 마찬가지로 상위경영자들은 시간을 절약하기 위해 상식적인

〈그림 3-3〉 문제의 유형, 의사결정형태 및 조직수준

문제들은 하위경영자들에게 넘겨 주는 경향이 있다.

현실적으로는 전적인 프로그램화이거나 비프로그램화 의사결정은 드물다. 한 쪽 끝에 위치한 프로그램화 의사결정인 경우도 전적으로 개인의 판단을 배제하는 형태인 경우도 드물며, 다른 한 쪽 끝에 위치한 비프로그램화 의사결정에도 프로그램화 의사결정의 도움을 받을 수 있다는 사실을 잊지 않아야 한다.

마지막으로 조직적 능률성(organizational efficiency)은 프로그램화 의사결정에 의해 촉진되기 때문에 많은 지지를 받고 있다는 점을 밝혀 둔다. 가능하다면 경영의사결정은 프로그램화하는 것이 좋다. 조직의 최고경영자들이 다루는 문제들은 대부분 비반복적인 특성을 갖고 있기 때문에 그들의 문제를 프로그램화한다는 것은 비현실적이다. 그러나 표준작업절차 · 규칙 · 정책들을 개발한다면, 최고경영자들에게 큰 경제적 이점을 줄 수 있을 것이다.

프로그램화 의사결정은 경영자들의 시행착오를 최소화한다. 이러한 시행착오는 비용을 증가시키기 때문에 시행착오를 줄이는 것이 중요하다. 비프로그램화 의사결정일수록 더욱 정확한 판단을 경영자에게 요구한다. 건전한 판단을 하는 것이 일반적으로는 쉬운 일이 아니기 때문에 능력 있는 경영자의 서비스가 필요하고, 따라서 그만큼 더 많은 비용을 들여야 한다.

다음과 같은 상황을 생각해 보자. 자본금이 수십억 달러의 어떤 거대한 기업은 전국에 30여 개의 지점에 각각의 재무담당 경영자들을 두고 있다. 이들은 보통 보고서를 제출해야 할 3 명 내지 6 명의 감독관들이 있고, 또 25명 내지 50명에 이르는 참모진을 거느리고 있다. 그러면 이러한 재무담당경영자들의 수입이 어느 정도라고 생각되는가? 미국의 경우 이들은 보통 연간

30,000달러당 1,000달러 정도의 수익을 올리고 있다. 이 액수는 그들의 책임에 비해 극히 낮은 보상이라고 생각되지만, 이 기업은 재무담당자들이 고도로 프로그램화된 의사결정을 하도록 함으로써 성공적으로 운영되고 있다. 대부분의 재무담당자들은 고졸의 학력이며 뛰어난 재능을 가진 것도 아니다. 그러나 그들은 프로그램화된 지침을 잘 따르기 때문에 성공이 가능한 것이다. 이 기업은 4,000쪽에 달하는 재무지침서를 발간하고 있는데, 그 지침서에는 재무담당자들이 직면할 문제점들에 대해서 상세히 기술하고 있다. 그러나 지침서에 제시되어 있지 않는 문제와 절차들은 그들의 상위경영자들의 지시를 따르게 된다. 이 기업에서는 학력이 높고 재능이 뛰어난 사람들은 본부에서 비프로그램화문제들을 담당한다. 새로운 문제점들이 발생하게 되면 그들은 표준작업절차에 기록하고, 모든 지점의 재무담당자들에게 처리방법을 알려 주게 된다. 이러한 방식으로 이 기업은 각 개인에게 드는 비용을 절감하면서 효과적인 의사결정을 행한다. 이러한 방식은 재무뿐 아니라 구매 · 인사 · 품질관리 등의 부서에 적용된다.

## Ⅲ. 의사결정대체안의 분석

경영자에게 도전적인 과업 중의 하나는 바로 의사결정대체안을 분석하는 것이다. 이것은 의사결정과정의 다섯째 단계에 속한다. 이 절에서는 세 가지의 다른 상황, 즉 확실성(certainty) · 위험성(risk) · 불확실성(uncertainty) 하에서 대체안을 분석하는 방법을 다루기로 한다.

### 1. 확 실 성

의사결정을 위한 이상적 상황이 바로 확실성(certainty)이다. 이것은 대체안에서 얻어지는 결과가 알려져 있기 때문에 의사결정자가 완전하게 정확한 의사결정을 할 수 있는 상황을 말한다. 물론 이러한 상황은 현실에서는 존재하기 어렵다. 이 상황은 실제적이기보다는 이상적인 상황을 나타낸다.

### 2. 위 험 성

보다 현실적인 상황이 바로 위험성(risk)이다. 이것은 의사결정자가 어떠한 대체안이나 그 결과의 가능성을 추측할 수 있다는 것을 의미한다. 결과(outcomes)에 확률(probabilities)을 할당하는 능력은 개인적인 경험이나 이차적인 정보(secondary information)에서 얻어진다. 그러나 위험성상황 하에서는 경영자가 역사적 자료(historical data)에 의해 상이한 대체안에 확률을 할당하게 된다. 다음의 예를 살펴보자.

어느 회사에서 공장을 세우고자 한다. 공장확장을 검토하고 있다. 공장건설은 1년 이상의 기간이 소요되기 때문에 미래를 내다보면서 계획을 세우지 않으면 안 된다. 공장확장을 위해 세 가지 대체안, 즉 공장의 신설, 공장의 확장, 그리고 현상유지를 검토하고 있다. 그리고 이러한 대체안들은 미래의 수요가 어떠한가에 따라 그 결과가 달라지므로 이를 고려하여야 한다. 〈표 3-6〉은 대체안과 수요의 높낮이를 예측한 확률을 내 보이고 있다. 이 표에서 수요의 상태에 대한 확률은 전문기관의 발표를 참고하여 작성한 것이며, 각 대체안에 대한 수요의 높낮이에 대응한 추가이익을 보여 주고 있다. 예컨대 공장이 신설되어 있을 때 수요가 높다면 200,000의 이익을 얻을 수 있으나, 수요가 보통이거나 낮으면 이익은 이에 대응하여 각각 50,000 및 －180,000이 된다. 이 표에서 우리는 수요가 높은 경우는 공장신설(a1)을, 수요가 보통이면 공장확장(a2)을, 그리고 수요가 낮으면 현상유지가 최선임을 알 수 있다. 그러나 미래의 수요상태가 어떠한지를 확실히 알 수 없기 때문에 전문기관에서 발표한 2차 자료를 사용하고 있다.

위험성 하에서의 의사결정은 상태들에 확률들이 할당되고 있다는 점이 특징이다. 이 문제는 각 대체안에 대한 기대화폐가치(expected monetary value)를 계산함으로써 쉽게 해결된다.

대체안 a1의 기대화폐가치＝200,000×0.3＋50,000×0.5
＋(－180,000)×0.2＝49,000

〈표 3-6〉 공장대체안의 이득표

| 대체안 \ 상태 | 수요상태(예측) | | |
|---|---|---|---|
| | 높다(0.3) | 보통(0.5) | 낮다(0.2) |
| 공장신설(a1) | 200,000 | 50,000 | －180,000 |
| 공장확장(a2) | 100,000 | 70,000 | －20,000 |
| 현상유지(a3) | 20,000 | 10,000 | 0 |

대체안 a2의 기대화폐가치＝100,000×0.3＋70,000×0.5
＋(−20,000)×0.2＝61,000
대체안 a3의 기대화폐가치＝20,000×0.3＋10,000×0.5＋0×0.2
＝6＋5＝11,000

이 분석에 따르면 대체안 a2의 공장을 확장하는 것이 가장 좋은 대체안이 된다.

### 3. 불확실성

확실성이나 합리적인 확률할당이 불가능하다면 어떻게 될 것인가? 우리는 이러한 상황을 불확실성(uncertainty)이라고 부른다. 이 상황에서는 의사결정자의 대체안선택은 의사결정자의 심리적인 인식에 따라 영향을 받게 된다. 낙관적 경영자(optimistic manager)는 각 대체안에서 얻어질 수 있는 최대의 이득 중에서 가장 큰 이득을 얻을 수 있는 대체안을 선택하게 될 것이다(이를 maximax 선택방식이라 한다). 반면에 비관적 경영자(pessimistic manager)는 각 대체안에서 얻어질 수 있는 최악의 이득 중에서 가장 큰 이득을 얻을 수 있는 대체안을 선택하려 할 것이다(이것을 minimax 선택방식이라 한다).

앞의 〈표 3-6〉에서는 확률이 할당되어 있으나, 만약 이 확률들이 주어져 있지 않다면 낙관적 경영자는 각 대체안 a1, a2, a3에서 얻을 수 있는 최대의 이득인 200,000, 100,000 및 20,000 중에서 가장 큰 이득을 얻을 수 있는 a1안, 즉 공장신설을 선택할 것이다. 그러나 비관적 경영자는 각 대체안에서 얻어질 수 있는 가장 나쁜 이득인 −180,000, −20,000 및 0에서 가장 큰 이득인 0, 즉 a3인 현상유지란 대체안을 선택할 것이다.

또 어떤 경영자들은 각 대체안에서 얻어질 수 있는 이득 중에서 최대인 것과 최소인 것을 함께 고려하여 의사결정을 할 것이며, 또 다른 의사결정자들은 각 상태의 확률을 동일하다고 보아 의사결정을 행하기도 할 것이다.

# 제 3 절 그룹의사결정

## Ⅰ. 그룹에 의한 의사결정

조직의 활동에 조직구성원에게 큰 영향을 미치는 중요한 많은 의사결정들은 개인이 아닌 집단에 의해 이루어진다. 이러한 의사결정을 그룹의사결정(group decision)이라 한다. 중요한 의사결정들은 대부분 위원회 · 패널 · 태스크 포스(task forces) · 연구팀 등을 거치지 않는 경우는 드물다. 어떤 연구결과에 의하면 경영자들은 그들 근무시간의 40% 이상을 회의로 보낸다고 한다. 의심할 것 없이 그러한 시간의 많은 부분이 문제를 정형화하고, 해(solution)를 찾고, 이 해를 실행하는 수단(means)을 결정하는 데 사용한다. 실제로는 그룹의사결정은 앞에서 설명한 의사결정의 8 단계 중 어느 곳에도 할당할 수 있다.

이 장에서는 그룹의사결정과 개인의사결정의 장단점과 어떠한 경우에 그룹의사결정을 선호하는가, 그리고 그룹의사결정을 개선하기 위한 방법들에 대해서 간단히 설명하기로 한다.

개별의사결정과 그룹의사결정은 각각 장단점을 가지고 있다. 〈그림 3-4〉는 그룹의사결정의 장점과 단점간을 저울질 할 필요성이 있음을 보여 주고 있다.

다음은 그룹의사결정의 장점들이다.

(1) 보다 완전한 정보를 제공한다: 두 명이 한 명보다 낫다는 것은 자명한 이치이다. 그룹은 의사결정과정에서 개인이 제공하지 못하는 다양한 경험과

〈그림 3-4〉 집단의사결정의 장단점

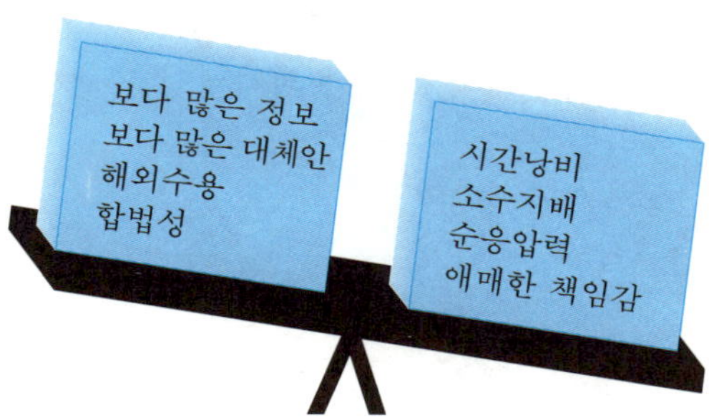

다양한 관점을 제시한다.

(2) 더 많은 대체안을 생성한다: 그룹은 더 많고 다양한 정보를 갖기 때문에 개인이 하는 것보다는 더 많은 대체안을 생성할 수 있다. 그룹의 구성원이 다양한 분야의 전문가일 경우는 더욱 그러하다. 공학 · 재무 · 마케팅 · 생산 · 인사 등의 다양한 부서의 전문가들이 모이게 되면, 더욱 다양한 대체안을 마련할 수 있을 것이다.

(3) 해가 수락될 가능성이 높아진다: 많은 의사결정들이 이루어지지만, 실무자들이 해를 수락하지 않기 때문에 적용의 단계에서 실패하는 경우가 많다. 그러나 도출된 해와 관련된 사람들과 그 해를 적용하도록 지원할 사람들이 의사결정에 참여시키는 경우, 실무자들이 해를 받아들여 적용하는 데 거부감을 적게 가질 것이다. 의사결정과정에 참여한 사람들에게는 해를 실행할 동기를 부여받게 될 것이다.

(4) 적법성을 증가시킨다: 우리 사회는 민주주의적 방법을 즐겨 한다. 그룹의사결정 과정은 민주적인 이상과 일치하며, 따라서 한 사람이 내린 결론보다는 다수의 의사결정을 통한 방법이 더욱 적법할 것이다. 의사결정자가 절대적인 힘을 가지고 남의 의견을 수렴하지 않는다면, 이것은 의사결정이 독재적이고 제멋대로 이루어졌다는 인식을 주게 될 것이다.

다음은 그룹의사결정의 단점들을 나타낸 것이다.

(1) 시간이 오래 걸린다: 그룹을 만드는 데는 많은 시간이 소요되며, 그룹이 소집되어 서로간에 격의 없이 의사소통이 원활하게 이루어지기 위해서는 상당한 비능률적 요소들을 견디어야 한다. 결론에 도달하기 위해서는 개인적 의사결정보다 상당히 많은 시간이 소요되어야 한다.

(2) 소수가 그룹을 지배한다: 그룹의 멤버들은 항상 동등하지는 않다. 그들은 조직 내에서의 위치 · 경험 · 지식 · 영향력 · 설득능력 등이 다르기 때문에 그룹 내의 모든 구성원이 동일한 영향력을 갖지 못한다. 따라서 소수의 사람들이 그룹을 지배하게 되고, 이것은 최종결정에 중대한 영향을 미치게 된다.

(3) 순응하도록 압력을 받는다: 그룹 내에서는 사회적 압력(social pressures)이 존재한다. 그 중의 하나는 의견이 하나로 모아져야 한다는 것이다. 그렇기 때문에 회사에 대단히 유리한 결정들이 그룹구성원들간에 의견불일치 때문에 묵살되고, 일치되는 견해만이 옳은 것으로 인정되어 결정되는 경향이 있다.

(4) 책임소재가 애매하다: 그룹구성원들이 책임을 공유한다. 그러므로 그

결정에 대해 책임을 질 사람이 없어진다. 그러나 개인적인 의사결정에서는 책임의 소재가 보다 분명하다.

## Ⅱ. 효율성과 능률성

그룹이 개인보다 더 효과적인지, 그렇지 않는지의 여부는 효과성을 정의하는 기준에 달려 있다. 정확성을 기준으로 한다면 그룹의사결정이 더 정확한 결과를 가져다 주는 경향이 있다. 증거를 기준으로 한다면 그룹의사결정이 개인적인 경우보다 더 나은 결과를 가져올 수 있을 것이다. 물론 이것은 모든 그룹의사결정이 개인적 의사결정보다 낫다는 것을 뜻하지는 않는다. 속도를 기준으로 한다면 개인적 의사결정이 그룹의 의사결정보다 훨씬 우수할 것이다.

또 창조성(creativity)을 기준으로 한다면 그룹의 의사결정이 개인적인 의사결정보다 우수한 경향을 보일 것이다. 그러나 사회적인 압력이 존재하는 경우에는 그룹의 사고가 제약을 받을 수 있다. 그룹의사결정의 효과성은 그룹의 크기에 의해도 영향을 받을 수 있다. 규모가 큰 그룹에서는 의견이 상이할 경우가 더 많고, 또 구성원들의 공헌과 협력을 얻어 내는데는 오랜 시간이 소요될 것이다. 보통 한 그룹은 5명에서 15명 사이가 보통이지만, 5명, 6명, 7명으로 구성되는 것이 가장 효과적이라고 알려져 있다. 왜냐하면 구성원의 수가 홀수이면 가부동수인 경우가 나오지 않기 때문이다.

효율성이란 측면에서 의사결정의 성과를 평가할 수 있다. 효율성(effectiveness)의 측면에서 본다면 개인의사결정이 그룹의사결정보다 대부분 우수하다. 예외적인 경우는 다양한 의사결정의 경우인데, 이 때는 그룹의사결정이 개인의사결정보다 시간이 적게 걸린다. 그룹의사결정은 다양한 결정을 내려야 할 경우에 더욱 유리하다. 다양한 방면의 전문가들이 모이면, 그에 대한 자료검색이나 정리에 많은 시간을 할애할 필요가 없기 때문이다. 그러나 일반적인 경우 개별적 의사결정이 효율적이다.

## Ⅲ. 집단의사결정 개선기법

그룹구성원들이 서로 만나 상호작용이 이루어지게 되면, 그룹사고(groupthink)를 위한 잠재적인 방법들이 도출된다. 다음은 아주 창의적인 그룹의사결정의 3가지 방법, 즉 브레인 스토밍(brain storming) · 명목그룹기법(nominal group techniques) · 델파이기법(Delphi techniques)을 살펴보도록 하자.

(1) 브레인 스토밍(brain storming): 이 방법은 의사결정자들 간의 창조적인 발상을 아무런 견제나 압력 없이 얻어 내려는 시도이다. 이 방법을 통하여 해결할 문제를 해결하기 위한 아이디어를 얻게 된다. 여러 사람이 원탁에 둘러앉아 브레인 스토밍을 실시한다. 그룹의 리더가 기본주제를 내놓으면 다른 사람들은 그에 대해 아무 거리낌 없이 아이디어를 말하기 시작한다. 그 아이디어에 대한 비판은 절대 허용되지 않는다. 다른 사람이 말한 아이디어에 편승하여 더 좋은 아이디어를 내놓은 것이 권장된다. 이렇게 쌓인 아이디어를 조합하여 새로운 방법을 도출하는 것이다.

브레인 스토밍은 아이디어를 도출하기 위한 방법이지만, 다음의 두 방법은 더욱 나은 해를 찾기 위해 사용할 수 있는 방법이다.

(2) 명목그룹기법(nominal group technique): 이 방법에서는 의사결정을 행하는 과정에서 특정한 시간 이외에는 어떠한 토론도 못하게 한다. 그룹의 구성원들은 물리적으로 볼 때 모두 한 자리에 앉아 있지만, 각자의 아이디어는 남의 방해 없이 독자적으로 개발한다는 점이 특이하다. 보통 다음과 같은 절차에 따라 진행된다.

1) 구성원들은 그룹으로서 함께 만난다. 그러나 토론에 앞서 미리 각 구성원들은 독자적으로 문제에 대한 아이디어를 각각 기술한다.

2) 그 다음 각 개인이 돌아가면서 그 문제에 대한 아이디어를 순서대로 발표한다. 그리고 아이디어들은 중복되지 않게 칠판 같은 곳에 기록한다. 아이디어들이 다 기록될 때까지 토론을 허락하지 않는다.

3) 구성원들은 새로운 아이디어에 대해 평가를 한다.

4) 각 구성원들은 토론한 바를 토대로 각 아이디어에 대한 순위를 각자 매긴다.

이 순위가 가장 높은 아이디어를 우수한 것으로 결정한다.

이 방법의 장점은 그룹의 구성원들에게 독자적이고 개인적인 판단권을 부여함으로써 어떠한 압력도 받지 않는다는 점이다.

(3) 델파이기법(Delphi techniques): 앞에서 설명한 방법보다 복잡하고 시간이 많이 소요되는 기법이 델파이기법이다. 이 기법에서는 구성원들간 서로 만나 의논하는 것을 허락하지 않는다. 다음의 과정은 델파이기법의 특징들을 나

타내고 있다.

1) 문제가 정의되면 각 구성원들에게 설문지에 각자의 의견을 답하도록 한다.

2) 구성원들은 이름을 밝히지 않고 그 설문지에 답한다.

3) 첫번째 설문지의 답을 본부에서 모아 분석하고 이를 재구성한다.

4) 그 결과를 각 구성원들에게 통보한다.

5) 각 구성원들은 그 결과에 대해 각자의 의견을 제출한다. 제출된 결과는 새로운 문제의 해가 되거나 처음의 견해를 바꾸는 촉매제의 역할을 하게 된다.

6) 더 나은 해를 구하기 위해 단계 4)와 5)를 필요한 만큼 반복한다.

명목그룹기법과 같이 델파이기법도 다른 사람들로부터 개인이 받는 영향을 배제하려고 한다. 이 방법은 또한 직접 구성원들이 함께 만나지 않는다는 특징을 갖는다.

## 〈경영의 실천〉 가장 위대한 의사결정

예수는 인류역사상 가장 위대한 의사결정을 행하기 위해 겟세마네동산으로 갔다. 거기서 그는 밤을 지세우며 온 인류를 위해 십자가를 질 것인가, 아니면 십자가를 잠시 뒤로 미루고 어리석은 백성들에게 진리를 계속 가르칠 것인가를 결정하기 위해 그는 피땀을 흘리며 고뇌하며 기도했다. 십자가를 진다는 것은 자신의 죽음을 의미하며, 동시에 모든 사람들의 조소와 멸시를 홀로 담당하는 것을 의미하는 것이다. 그러나 예수는 인류구원이란 더 큰 뜻을 위해 자신을 희생하는 것이 보다 먼저 해야 할 일이라는 것을 깨닫는다. 그래서 큰 뜻(하나님의 뜻)을 따라 모든 인류를 구원하기 위해 십자가를 지기로 결정한다. 희생 없는 사랑은 참되지 못하다는 것을 알기 때문이다. 그의 올바른 의사결정으로 인해 그가 달린 치욕의 십자가는 영광의 십자가로 바뀌었고, 인류의 구원은 가능하게 되었다. 오늘날 예수의 이름을 이 세상에서 제거한다면 인류가 쌓은 모든 것들은 무의미하게 되고, 무너져 내릴 만큼 그의 영향력은 크고 위대하다. 그것은 그의 위대한 의사결정 때문에 기인한 것이다. 십자가를 앞에 둔 그의 고뇌는 다음 문장에 잘 나타나 있다.

Then Jesus brought them to a garden grove, Gethsemane, and told them to sit down and wait while he went on ahead to pray.

He took Peter with him and Zebedee's two sons James and John, and began to be filled with anguish and despair.

Then he told them, "My soul is crushed with horror and sadness to the point of death stay here, stay awake with me."

He went forward a little, and fell face downward on the ground, and prayed, "My Father! If it is possible, let this cup be taken away from me. But I want Your will, not mine."

Then he returned to the three disciples and found them asleep. "Peter," he called, "couldn' t you even stay awake with me one hour?

Keep alert and pray. Otherwise temptation will overpower you. For the spirit indeed is willing, but how weak the body is!"

Again he left them and prayed, "My Father! If this cup cannot go away until I drink it all, your will be done."

— Mathew 26 : 36-42 —

제 4 장

# 기업의 사회적 책임은 무엇인가

But let justice roll down like waters. And righteousness like an ever-flowing stream. —Amos 5 : 24—

## 제 1 절 기업의 사회적 책임이란 무엇인가

### Ⅰ. 기업의 사회적 책임

기업의 사회적 책임에 관한 논의는 1960년대 이전에는 큰 주의를 끌지 못했다. 그러나 1960년대 들어 그 당시 행동주의자들의 운동은 기업의 유일한 경제적 목적에 대해 의문을 제기하기 시작했다. Down화학사가 베트남전쟁에 사용한 네이팜(napalm)의 생산은 그 회사 자체에는 이익이되었다 하더라도 책임이 있다는 주장이었다. 그 당시 대기업에서 여성이나 소수인종의 경영자가 없었다는 것은 여성이나 소수인종을 차별하는 것이며, 이는 대기업이 책임을 져야 할 일이 아닌가? Kennecott Coppignore社가 아리조나주의 수백 평방마일 이상의 지역에 걸쳐 공기를 오염시킨 것은 기업의 사회적 책임을 다 한 것인가? Seattle에서 가장 종업원을 많이 거느리고 있는 Boeing사가 그 지역에 대해 어느 정도의 책임을 져야 하는가? 1960년대 이전에는 이러한 질문을 하는 사람은 거의 없었다. 그러나 이제 세월이 바뀐 것이다.

이제 경영자는 사회적 책임이라는 차원 ― 자선행위, 가격책정, 종업원관리, 자원보존, 제품품질 및 인권탄압 정부에서의 운영 등 ― 을 고려하면서 의사결정을 하지 않으면 안 된다는 것이 명확하게 되었다.

경영자들이 그러한 의사결정을 할 수 있도록 하기 위해 먼저 사회적 책임이 무엇인가를 정의하도록 하자.

#### 1. 두 가지 견해

사회적 책임(social responsibility)이란 용어처럼 다양하게 정의되는 용어는 잘 없다. 사회적 책임에 대해 자주 이용되고 있는 해석들은 다음과 같다. "이익획득만이 유일한 책임이다." "이익 그 이상의 책임이 있다." "자발적인 행동으로 봉사해야 한다." "광범위한 사회시스템에 대한 관심이 있어야 한다."

"사회의 요청에 응답해야 한다" 등이다.

기업의 사회적 책임에 대한 대부분의 논의는 극단적인 것에 초점이 맞추어져 왔다. 한편에서는 고전적인 순수한 경제적 관점에서 선 것으로서 "경영의 유일한 책임은 이익을 최대화하는 것이다"라는 입장이다. 그러나 다른 한편에서는 사회경제적(socioeconomic) 입장에 선 것으로서 "경영이란 이익을 얻는 것 이외에 사회의 복지(welfare)를 보호하고 증진시키는 것"이라고 하는 입장이다.

### (1) 고전적 견해

고전적인 견해에 대해 가장 거리낌 없이 주장하는 사람은 경제학자이며 노벨상을 받은 Milton Friedman이다. 그는 오늘날 대부분의 경영자는 그들 스스로 기업을 소유하지 않은 전문경영인(professional managers)이며 그들은 피고용인이며 주주(stockholders)에게 책임을 지므로, 그들의 주요한 책임은 주주의 이익을 위해 사업을 행하는 것이라고 주장한다. 주주의 이익이란 무엇인가? Friedman은 주주는 단 하나의 관심을 가질 뿐이며, 그것은 재정적 수익(financial return)이라고 주장한다.

경영자들이 사회의 선(social good)을 위해 조직의 자원을 사용한다면, 그것은 시장메커니즘(market mechanism)을 위태롭게 하는 것이다. 그렇게 한다면 어떤 사람이 자산의 재분배를 위해 비용을 지불해야 한다. 사회적으로 책임 있는 행동이 이익이나 배당을 감소시킨다면 주주들이 손실을 입는다. 만일, 종업원의 임금과 혜택들이 사회행동(social action)을 위해 지불된다면 종업원들이 손실을 입는다. 만일, 사회행동을 위한 비용 때문에 가격이 오른다면 고객이 손실을 입는다. 높은 가격 때문에 시장에서 배척을 받고 매출액이 떨어진다면 사업이 살아남지 못하게 될 것이다. 그러한 경우 모든 조직의 고객들이 손실을 입는다.

Friedman은 전문경영인이 이익 이외의 것을 추구한다면, 그들은 그들 스스로 자신을 선출되지 않은 정책입안자로 임명하는 것이라 항변하면서 기업의 경영자는 사회가 어떻게 되어야 할지를 결정하는 전문지식을 가졌는지 묻는다. 이를 위해 우리는 국회의원을 뽑고 있지 않느냐고 반문한다. 그의 주장은 아마 미시경제(microeconomics)의 관점에서 가장 잘 이해될 수 있다.

만일 사회적으로 책임 있는 행동이 사업비용을 추가하는 것이라면, 이러한 비용은 고객에게 더 높은 가격을 부담시키거나 낮은 이익으로 인해 주주의 몫을 흡수하게 된다. 경쟁적인 시장에서 경영자가 가격을 인상한다면 매출액이 감소할 것이다.

순수경쟁시장에서 그리고 경쟁이 사회적 책임의 비용을 가정하지 않는다고 한다면, 가격을 인상할 때 전체시장을 잃게 된다. 이 같은 상황은 비용은 사업에 의해 흡수되어야 하며, 낮은 이익을 얻게 된다는 것을 의미한다.

### (2) 사회경제적 견해

사회경제적 입장에서는 때가 바뀌었다는 것과 기업에 대한 사회의 기대를 고려하고 있다. 이것은 기업의 법적인 형성에서 잘 설명되고 있다. 기업은 국가에 의해 승인을 받아 왔다. 승인한 동일한 정부가 승인을 취소할 수 있다. 그러므로 기업은 주주에게만 책임을 지는 독립적인 실체(entities)가 아니다. 기업은 기업을 만들고 유지하는 더 큰 사회에 대해 책임을 져야 한다. 어떤 학자들은 사회경제적 견해를 지지하면서 이익최대화란 첫번째 우선순위가 아니라 두 번째이며, 첫 우선순위는 생존하는 것이라는 것을 기억해야 한다고 주장한다. Manville社의 경우를 생각해 보자. 40여 년 이상 최고경영자는 그 회사의 제품 중 하나인 석면(asbestos)이 폐에 치명적인 질환을 일으킨다는 증거를 가지고 있었다. 그러나 정책상의 문제로 그들은 종업원들로부터 얻었던 이 정보를 숨기기로 결정했다. 그 이유는 회사의 이익 때문이었다. 재판과정에서 한 변호사는 1940년대 중반에 이 회사가 종업원들의 흉부 X-ray검사결과를 감추기로 한 정책에 대해 질문했다. 그 변호사는 "종업원들이 죽어 넘어질 때까지 일하도록 하려고 했습니까?" 하고 물었다. 그 질문에 대한 답은 "예, 우리는 그 때문에 돈을 많이 벌었지요"이었다. 그들은 단기간에는 이익을 얻을지 모르지만, 장기적으로 이익을 얻지 못할 것이 확실하다. 이 회사는 1982년 잠재적인 석면사용에 관한 소송으로 수백억 달러의 손실을 두려워하여 자진하여 파산신청을 하였다. Manville社는 자신의 80% 이상을 이 회사를 상대로 석면관련소송을 제기하였거나 제기할 사람들의 변제금으로 전환하고 있다. 이것은 경영자가 단기적인 관점만을 고려하는 경우에 어떤 일이 발생할 수 있는가를 보여 주는 하나의 극적인 예이다.

많은 작업자들은 제 수명대로 살지 못하며, 주주들은 큰 손실을 입으며, 기업의 생존 또한 불확실하다. 고전적인 견해가 갖고 있는 가장 큰 단점은 사회경제적 현상에서 본 바와 같이 시간구도(time frame)이다. 그들은 경영자는 장기에 걸친 재무적인 수익을 최대화하는 데 관심을 기울여야 한다고 주장한다. 이를 위해서 그들은 사회적인 의무(obligation)와 이에 따른 비용을 수용해야 한다. 그들은 공해를 일으키지 않으며, 차별하지 않으며, 허위광고에 개입하지 않음으로써 사회의 복지를 보호해야 한다. 그들은 또한 그들의 지역사회에 참여함으로써 사회를 개선하는 데 확고한 능동적 역할을 담당해야 하며, 자선단체에 공헌하여야 한다.

사회경제적 입장을 취하는 사람들의 마지막 요점인 고전적 견해는 현실을 외면하고 있다는 것이다. 현대의 기업은 이미 단순한 경제적 기관이 아니란 것이다. 그들은 로비를 행하며, 정치적 행동위원회를 구성하며, 그들의 이익을 위해 정치적인 과정에 영향을 미치기 위해 다른 활동에 간여하고 있다는 것이다. 사회는 기업이 사회적·정치적 및 법적 환경에 참여하게 된 것을 인정하고 오히려 격려하기도 한다. 그것은 30~40년 전에는 생각하기 힘든 일이었다. 그러나 그것이 오늘의 현실이다.

## Ⅱ. 사회적 책임에 대한 찬반논쟁

기업의 사회적 책임에 대해 이를 찬성하거나 반대하는 특별한 주장은 무엇인가? 이 절에서는 우리가 앞으로 다루어야 할 주요 점을 요약하기로 한다.

### 1. 찬 성 론

기업의 사회적 책임을 주장하는 주요한 주장들을 요약하면 〈표 4-1〉과 같다.

이제 이들에 대해 간단히 설명하기로 한다.

(1) 공중의 기대: 1960년대부터 기업에 대한 공중의 사회적 기대는 극적으로 증가하였다. 기업이 경제적인 것과 함께 사회적 목표를 추구하는 것을 지지하는 여론이 확고하게 되었다.

(2) 장기적인 이익: 사회적으로 책임이 있는 사업들은 더욱 안전한 장기간의 이윤들을 갖고 있는 경향을 갖게 되었다. 이것은 보다 나은 지역사회 관계에서 얻어진 정상적인 결과이며 기업의 책임 있는 행동이 기업의 이미지를 개선한다.

(3) 윤리적 의무: 기업은 양심을 가질 수 있으며 또 당연히 가져야 한다.

〈표 4-1〉 사회적 책임에 대한 주장

| |
|---|
| 1) 공중의 기대(public expectations) |
| 2) 장기적 이익(long-term profits) |
| 3) 윤리적 의무(ethical obligation) |
| 4) 공중의 이미지(public image) |
| 5) 보다 나은 환경(better environment) |
| 6) 더욱 심해지는 정부규제의 차단(discouragement of further government regulation) |
| 7) 책임과 권력의 균형(balance of responsibility and power) |
| 8) 주주의 이익(stockholder interests) |
| 9) 자원의 소유(possession of resources) |
| 10) 치료보다는 예방의 우월성(superiority of prevention over cures) |

그러므로 책임 있는 행동은 자신에 대해 엄격하여야 하기 때문에 기업은 사회적으로 책임감이 있어야 한다.

(4) 공중의 이미지: 기업은 보다 많은 효과로 더 좋은 종업원을 얻고, 자금시장에 접근하고, 다른 이들을 얻기 위해 공중의 이미지를 개선하려고 노력하여야 한다. 공중은 사회적 목표가 중요한 것으로 생각하고 있기 때문에 기업은 사회적 목표를 추구함으로써 호의적인 공중이미지를 만들어 나가야 한다.

(5) 보다 나은 환경: 기업이 참여할 경우 어려운 사회문제가 해결될 수 있으므로 숙련된 종업원을 끌어들이고 확보하기 위하여 보다 나은 삶의 질(quality of life)과 바람직한 사회를 만들기 위하여 나가는 데 앞장서야 한다.

(6) 정부규제의 차단: 각종 정부의 규제는 경제적 비용을 부가하고 경영의 사결정의 유연성을 제약하게 된다. 사회적 책임을 가짐으로써 기업은 정부의 규제를 줄일 수 있게 될 것이다.

(7) 책임과 권력의 균형: 기업은 사회에서 큰 권력을 갖고 있으므로 이에 비례해서 그만한 책임을 가져야 한다. 권력이 책임보다 크게 되면, 이 불균형은 공중의 선에 어긋나게 무책임한 행동을 조장하게 된다.

(8) 주주의 이익: 사회적 책임은 장기적으로는 기업의 주가를 높이게 될 것이다. 주식시장은 사회적으로 책임 있는 기업을 위험이 적으며, 공중의 공격을 적게 받는 것으로 생각하고 있다. 그러므로 그것은 주주에게 보다 높은 주가수익률을 올리게 될 것이다.

(9) 자원의 소유: 기업은 도움을 필요로 하는 공중과 자선프로젝트를 지원

하기 위한 재정적인 자원, 기술전문가, 경영재능을 소유하고 있다.

(10) 예방의 우월성: 가끔 사회의 문제가 다루어져야 한다. 기업은 문제들이 더욱 심각하게 되어 이를 교정하는 데 많은 비용이 들며, 제품이나 서비스를 산출하는 목표를 달성하는 데 필요한 에너지를 빼앗아 가기 전에 이러한 문제를 해결하여야 한다.

## 2. 반 대 론

기업의 사회적 책임에 대해 반대적인 주요 주장을 요약하면 〈표 4-2〉와 같다.

이제 이에 대하여 간단히 설명하기로 한다.

(1) 이익최대화의 장애: 이익최대화는 전통적 견해의 핵심이다. 기업은 엄격하게 경제적인 것에만 관심을 두고, 다른 활동들은 다른 기관에 맡기는 것만이 사회적 책임을 다 하는 것이 된다.

(2) 목적의 희석화: 사회적인 목표를 추구하게 되면 기업의 주요 목표인 경제적 생산성을 상실할 가능성이 있다. 사회는 경제적인 목표와 사회적인 목표를 모두 성공적으로 달성하지 못하게 되면 고통을 당하게 된다.

(3) 비 용(costs): 사회적으로 책임 있는 활동들이 스스로 비용을 감당하지 못하기 때문에 그 비용을 다른 사람들이 물고 있다. 기업이 사회적으로 책임 있는 활동을 할 경우, 그 비용을 스스로 감당하지 못하고 높은 가격을 통해 고객에게 이를 떠맡기게 된다.

(4) 지나친 권력: 기업은 우리 사회에서 이미 가장 권력이 있는 기관 중의 하나가 되었다. 만일 기업이 사회적인 목적을 추구한다면, 그 권력은 더욱 커질 것이다. 사회는 기업에 충분한 권력을 주어 왔다. 더 이상의 권력을 주어서

〈표 4-2〉 사회적 책임에 대한 반대근거

1) 이익최대화의 장애(violation of profit maximization)
2) 목적의 희석화(dilution of purpose)
3) 비 용(costs)
4) 지나친 권력(too much power)
5) 기능의 결여(lack of skill)
6) 책임감의 결여(lack of accountability)
7) 광범위한 공중의 지지결여(lack of broad public support)

는 안 된다.

(5) 기능의 부족: 기업의 리더가 지닌 견해나 능력은 주로 경제에 관한 것이다. 그들은 사회의 이슈들을 다룰 만한 자격을 갖지 못하고 있다.

(6) 책임감의 결여: 국회의원과 같은 정치적 대표자들은 사회적 목표를 추구하며, 그들의 행동에 대해서는 책임을 진다. 그러나 기업가의 경우는 전혀 그렇지 못하다. 기업분야에서 공중에게로 가는 직접적인 사회적 책임라인이 없다.

(7) 광범위한 공중의 지지결여: 기업이 사회의 이슈에 참여한 것에 대해 사회로부터 광범위한 위임을 받은 적이 없다. 공중은 이슈에 대하여 의견이 나누어진다. 실제로 하나의 토픽은 뜨거운 토론을 이끌어 내는 것이 일반적이기 때문에, 그러나 나누어진 의견 하에서 기업이 어떤 행동을 취하는 것은 바람직하지 못하다.

## Ⅲ. 의무에서 응답으로

이제 우리는 사회적 책임에 대하여 논할 때 그것이 무엇을 의미하는가를 우리는 보다 분명히 할 때가 되었다. 사회를 위해 선한 장기적 목표를 추구하는 것은 기업의 사회적 의무(social obligation)이며, 이것은 법이나 경제가 요구하는 이상의 것이다. 그러나 이것은 법을 따르면서 기업의 이익을 추구한다는 것을 가정하고 있다. 우리는 사회적 책임을 지는 기업이거나 그렇지 않은 기업이거나간에 모든 기업은 사회가 부여하는 책임을 따라야 한다는 것을 인정하고 있다. 또한 기업이란 도덕적인 기관이라고 가정하고 있다. 사회의 선을 행하기 위해 기업이 노력할 때 기업은 옳은 것과 잘못된 것을 구분하여야 한다. 우리는 사회적 의무(social obligation)와 사회에 대한 응답(social responsiveness)이라는 두 개념을 비교하게 되면, 사회의 책임이 무엇인가를 보다 잘 이해할 수 있을 것이다.

〈그림 4-1〉에서 보는 바와 같이 사회적 책임은 사회적 의무에서 사회에

〈그림 4-1〉 기업의 사회참여의 진화

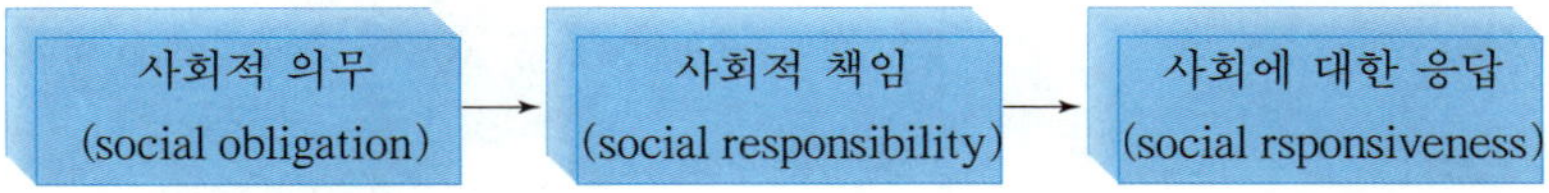

대한 응답으로 진화하여 가는 과정의 가운데 위치하고 있다.

기업은 그의 경제적 · 법적인 책임을 다 한다고 하면 그 의무는 끝난 것이며, 더 이상 아무것도 요구되지 않는다. 다시 말하면 사회적 의무(social obligation)란 법이 요구하는 최소한의 것을 행하는 것이다. 기업은 그의 경제적 목표에 공헌하는 범위에서만 사회적 목표를 추구한다. 사회적 책임(social responsibility)이란 앞에서 말한 사회적 의무에다 사회를 보다 좋게 만들기 위해, 그리고 사회를 나쁘게 만들지 않기 위해 윤리적인 의무를 행하는 것을 추가한 것이다. 그러나 사회에 대한 응답(social responsiveness)이란 사회의 압력(social pressures)에 대해 응답하기 위한 기업의 능력을 말한다. 〈표 4-3〉은 사회적 책임과 기업의 응답을 비교한 것이다.

사회적 책임은 기업으로 하여금 무엇이 옳으며 무엇이 그른가를 결정할 것을 요구하며, 따라서 기본적으로 윤리적인 진리를 추구하도록 한다. 그러나 사회에 대한 응답은 사회적 규범(social norms)에 따라 행하도록 인도한다. 사회적 규범의 가치관은 경영자에게 의사결정을 위한 보다 의미 있는 지침을 제공한다. 이를 구분하기 위해 다음의 예를 살펴보자. 다수의 제품을 생산하는 기업의 사회적 책임은 안전한 제품을 합리적으로 생산하는 것이다. 마찬가지로 그 기업이 안전하지 못한 제품을 만들 때마다 그 기업은 응답하게 된다. 즉 시장에서 그 제품이 안전하지 못한 것을 발견하면 곧 그 제품을 시장에서 거두어들인다.

예컨대 10번을 거두어들인 후에 그 기업은 사회적 책임을 졌다고 인식하는가, 아니면 사회에 응답하였다고 인식하는가? 그 대답은 첫번째 물음에 대해서는 "아니다"이며, 두 번째 물음에 대해서는 "그렇다"이다.

사회에 대한 응답을 주창하는 사람들은 개념이 철학적인 변론에서 실용주의(pragmatism)로 대신 되었다고 믿는다. 그들은 사회적 책임보다는 보다 가

〈표 4-3〉 사회적 책임과 응답

| | 사회적 책임 | 사회에 대한 응답 |
|---|---|---|
| 주요 고려사항 | 윤리적 측면(ethic) | 실용적 측면(pragmatic) |
| 초 점 | 목 적(ends) | 수 단(means) |
| 강조점 | 의 무(obligation) | 응 답(responsiveness) |
| 의사결정의 구조 | 장기적(long-term) | 중기 및 단기적(medium & short-term) |

시적이며 달성할 수 있는 목표를 선호한다. 장기적으로 사회에 선을 행하기보다는 사회에 책임 있는 경영이란 사회에 팽배한 규범이 무엇인가를 확인하고 변화하는 사회에 응답하는 데 참여하는 것을 선호한다.

사회적 의무, 사회적 책임 및 사회에 대한 응답이라는 세 가지 개념 중 어느 것이 더 선호되어야 할 것인가? 어떤 사람들은 사회에 대한 응답이 기업의 사회참여에 대해 진일보한 사고방식이라고 주장하지만, 본서에서는 단순히 기업은 사회적 목표를 추구해야 한다는 사회의 요구가 점차 증가하고 있기 때문에 이를 기준으로 구분한것뿐이다.

# 제 2 절 전략과 사회참여

## Ⅰ. 사회참여를 위한 전략

우리는 앞에서 전략적 계획(strategic planning)이란 경영자가 기업의 환경을 평가하고, 조직의 강점과 약점을 평가한 후 조직이 경쟁적 이점을 가진 틈새시장을 공격하기 위한 정보를 융합하는 과정이라고 설명한 바 있다. 통찰력 있는 경영자는 이러한 동일한 구조를 이용하여 사회적 참여의사결정을 유효하게 만든다.

사회참여(social involvement)를 위한 전략적인 접근은 다음의 단계를 따라 개발할 수 있다.

1) 기업은 고립하여 존재할 수 없고, 단 하나의 목적이나 단 하나의 이해관계자만을 위해 존재할 수 없다.

2) 기업이 직면하는 주요한 위협이나 기회는 환경에, 그리고 조직과 환경의 상호작용에서 생기는 것이다. 그러므로 기업은 위협과 기회를 가장 잘 다룰 수 있는 위치를 발견하도록 노력해야 한다. 위협과 기회는 제품에서만 오는 것이 아니고, 전통적인 다른 변수들로부터도 온다. 즉 그것들은 조직의 환경인 사회적·정치적 차원에서 올 수 있다.

## Ⅱ. 전략적 반응의 형태

연구결과에 의하면 기업은 변화하는 사회환경에 반응하기 위하여 다음의 세 가지 전략, 즉 적응전략(adaptive strategy), 사전전략(proactive strategy) 및 상호전략(interactive strategy) 중 어느 하나를 사용하게 된다.

## 1. 적응전략

적응전략(adaptive strategy)이란 일반적으로 사후에 채용되는 전략이다. 환경이 변화고, 그에 따라 경영은 스스로를 방어하기 위해 반응하게 된다. 많은 기업들은 남아프리카에 투자한 기업에 점차 많은 관심을 가지게 되면서 이 접근법을 따르게 되었다. 예컨대 Bell & Howell사는 미국에서 불매위협에 직면하자 그 곳에 이익이 많이 남는 시청각제품 및 우편물분류기를 판매했다. 그리고 Citibank는 남아프리카 정부기관과 기업에 대해 흑백인종차별 정책이 철회될 때까지 새로운 차관을 중지했다.

## 2. 사전전략

사전전략(proactive strategy)을 따르는 기업은 단순히 반응하여 적용하는 이상의 것을 해야 한다. 그들은 그들의 장점을 잘 활용할 수 있으며 환경을 다룰 수 있도록 노력해야 한다. 예컨대 그들은 그들에게 호의적인 입법을 지원하도록 정치후보들에게 기부금을 주기도 한다. 이 접근법은 부동산개발업자들이 지역개발과 관련하여 정책이나 정치적 후보들을 지지하면서 지역환경에 대해 이득을 얻으려 할 때 널리 사용된다.

## 3. 상호전략

상호전략(interactive strategy)이란 환경의 변화를 예상하고, 그에 따라 행동을 적응하는 기업은 상호전략(interactive strategy)을 구사한다. 1960년대 미국에서 공기 및 수질오염에 대한 규제법이 인기를 얻고 있을 때 대부분의 기업은 새로운 표준에 맞추어 공해물질을 감축하는 장비들을 도입함으로써 사회에 반응하였다. 그러나 극소수의 기업은 상호작용전략을 추구하였다. 그들은 미래에 더욱 엄한 규제를 예상하고, 그 당시 법이 요구하는 기준보다 더 낮은 수준으로 공해를 감소시키는 정교한 장치를 설치하였다.

경영자는 그의 환경이 되는 사회적 · 정치적 힘을 예상하고 조정할 만큼 적응할 수 있다. 그들이 무엇을 선택하는가는 경영자들이 어떻게 기업이 사회적 목표를 추구하여야 한다고 생각하느냐에 달려 있다.

기업을 경제적 기관으로만 보는 고전적인 견해를 취하는 경영자들은 적응적 접근법을 따른다고 볼 수 있다. 반면에 상호전략은 사회경제적 견해와 기업은 사회의 요구에 응해야 한다는 견해와 일치한다.

### Ⅲ. 사회적 이슈경영

깨달음을 얻은 경영자들은 점차 사회 및 정치적 환경에 대한 적응적인 반응을 넘어서고 있다. 그들은 그들의 환경에 대하여 사회적 이슈경영(social issues management)을 통해 환경에 대해 능동적으로 행동하고 있다. 그들은 기업에 도움이 되는 사회정책을 강화하고 갑작스러운 변화를 최소화하기 위하여 이슈를 확인하고 분석하며 반응한다. 그들은 기술, 경제 및 경쟁이라는 전통적인 관심사뿐만 아니라 정치적 · 법적 · 사회적 변화를 확인하기 위해 예측의 범위를 확장해 가고 있다. 그들은 충격으로부터 조직을 보호하기 위해 법률과 사회규범에서의 정치적 변화를 찾아내려고 노력한다. 그들은 사회에 대한 조직의 긍정적인 이미지를 창출하고, 정부의 호의적인 대우를 얻음으로써 환경에 영향을 미치려 한다.

그들은 공중관계(Public Relations : PR) 운동을 전개한다. 즉 광고나 신문을 통해 회사의 사회적 참여를 촉진하며, 법제정자들에게 회사의 사례를 설득시키기 위해 로비스트들을 고용하기도 하며, 또 입후보한 사람들에게 재정적인 후원을 하기도 한다.

## 제 3 절 사회참여행동

### Ⅰ. 사회적 책임과 경제적 성과

어떤 비평가들은 경영자들의 위선적인 행동을 비난한다. 경영자들은 사회적 목표추구에 대해 큰 소리를 내며 사회적 책임의 중요성을 역설하기도 하지만, 그러나 그들의 중요 목표를 열거할 때는 사회적 책임을 포함시키지 않기 때문이다. 더욱이 경영자들의 행위를 살펴보면 그들은 단 하나의 목표, 즉 이익만을 추구한다.

이러한 비난들은 실제적인 근거가 있는 것이다. 그러나 사회적 양심을 가졌기 때문에 명성을 얻은 기업들이 많이 있음을 부인할 수는 없다. 〈표 4-4〉는 미국에서 가장 칭송을 듣는 10개의 기업을 열거한 것이다. 이들 기업들은 경제적인 목표와 사회적인 목표를 적절하게 배합함으로써 이러한 위치에 서게 된 것이다.

여기서 우리는 기업의 사회의 참여에 대한 주제를 살펴보기로 한다. 특별히 우리는 다음 질문에 대한 답을 얻으려 한다. "기업이 사회적인 책임을 위해 행동하게 되면 기업의 경제적 성과가 낮아지는가?" 이 물음에 대한 연구가 10여 가지 발표되었다. 그러나 이러한 연구들은 모두 사회적 책임과 경제적 성과의 측정에 한계점을 지니고 있다. 이들 연구의 대부분은 연간보고서의 내용, 회사의 사회적 행동에 대한 강조 혹은 대중들의 명성 등을 분석하여 기업의 사회적 성과를 확인하였다. 그러한 기준은 사회적 책임의 측도로서 객관적이며 신뢰할 만한 것인가에 대해 문제점을 갖고 있다. 순이익 · 수익률 · 주당주가 등과 같은 경제적인 성과의 측도는 보다 객관적이지만, 기간을 어떻게 잡느냐 하는 문제점을 가지고 있으나 대부분의 연구들은 단기적 재무성과를 사용하였다. 사회적 책임이 기업의 이익에 긍정적이거나 부정적인 영향을 미칠 것인가를 확인하기 위해서는 여러 해를 대상으로 조사하는 것이 타당할 것이다. 그러므로 이러한 연구들은 다 문제점을 지니고 있는 것은 사실이다. 어떻든 이들 연구들의 대부분은 기업의 사회참여는 경제적 성과와 양의 상관관

〈표 4-4〉 미국에서 칭송받는 10대 기업

1) IBM
2) Dow Jones
3) 3M
4) Coca-Cola
5) Merck
6) Boeing
7) Rubbermaid
8) Proctor & Gamble
9) Exxon
10) J.P. Morgan

〈표 4-5〉 사회를 의식한 자금의 12개월간의 성과

| 자 금 | 수익률(%) |
|---|---|
| Dreyfus Third Century | 18.1 |
| Pax World | 27.9 |
| Pioneer Fund | 24.2 |
| Pioneer Ⅱ | 26.2 |
| Pioneer Three | 30.3 |
| Standard & Poor's 500-stock average | 35.8 |
| Forbes's stock fund composite | 32.4 |

계를 가지고 있는 것으로 연구되었다.

이 주제에 대해 고찰하는 다른 방법이 있다. 최근 개발되기 시작한 사회의 책임을 의식한 상호주식자금(mutual stock funds)의 성과를 일반시장의 성과와 비교할 수 있을 것이다. 〈표 4-5〉는 이러한 자금 중 가장 인기 있는 자금을 열거한 것으로서, 이들 회사들은 남아프리카 지역이나 무기, 술, 도박 혹은 담배와 같은 업종에는 전혀 투자하지 않고 있다.

표에서 보듯 모든 펀드들이 시장의 수익률(35.8%)보다 낮음을 보이고 있다. 다른 분석에 의하면 9개의 사회적 책임을 지는 자금들을 분석한 결과 4개의 펀드는 상호자금(mutual fund)의 평균을 넘어서지만, 다른 4개는 0.26에도 미치지 못하였다. 이 분석에 따르면 결과는 우열을 가리기 어렵다. 개별적인 주식에 대한 연구는 사회책임을 의식하는 기업이 경제적인 측면에서 뛰어났다. 상호자금에 관한 연구들은 사회적 양심을 가지는 것은 대가를 부담해야 하지만, 그 대가라는 것이 극히 적었다는 것이다. 아마도 가장 의미 있는 결론을 내린다면 회사의 사회적 책임을 진 행동은 장기적인 경제성과를 감소시킨다고 결정적으로 말하기 어렵다는 것이다. 사회적 목표를 추구하기 위하여 기업에 정치적 · 사회적 압력이 주어진다면, 이것은 경영의사결정에 큰 의미를 갖게 될 것이다.

## Ⅱ. 이익최대화가 사회적 책임인가

만일 사회적 책임이 경제적 성과에 부정적인 영향을 미치지 않는다면 아마도 사회책임의 개념은 환상적인 공중관계(PR)의 개념이 될 것이고, 따라서 그의 이익목표를 추구하면서 사회를 의식하는 경영을 하게 될 것이다. 이러한 형태의 질문들은 냉소적인 것으로 보여지지만, 경영과 미디어 및 다른 집단들은 기업의 사회적 목표추구가 남을 이롭게 하도록 동기를 부여받을 수 있게 될 것이다.

기업이 행하는 어떤 사회적 행동은 주로 이익에 의해서 동기를 부여받는다는 것은 의문의 여지가 없다. 실제로 American Express, Coca-Cola 및 General Foods와 같은 회사들은 '공중의 사회적 양심'(public's social conscience)을 자본화한 것에 대해 아무런 사죄를 하지 않고 있다. American Express社의 한 간부는 그것을 이렇게 말한다. "사회적 책임이 좋은 마케팅의 고리(marketing hook)이다." 1986년에 American Express社는 자유의 여신상(Statue of liberty)과 엘리스섬(Ellis Island)을 복원하는 데 큰 기여를 하였다. 이 회사는 고객이 새로운 카드를 발급받을 때마다, 그리고 이 회사의 여행자수표를 사고 5,500달러 이상의 여행패키지를 구입할 때마다 상당한 기금을 내기로 약속하였다. 이 회사는 카드보유자가 이 캠페인 동안 30% 증가하였다. 그리고 이 회사는 그들의 약속을 광고하는 데 5,500만 달러를 소비하였다.

Coca-Cola社는 5,500만 달러를 현금으로 내어 놓고 5,200만 달러를 들여 미국의 굶주리는 사람과 집 없는 사람들(homeless)을 위한 기금을 모으는 '사랑의 손잡기(Hands Across America) 운동'의 지원자가 되었다. 코카콜라의 공중문제의 관리자는 그 당시에 "미국의 사랑의 손잡기운동은 Coke의 브랜드전략과 자연스럽게 맞아 떨어졌으며, 가족 · 대규모 행사 등과 같은 함께 한다는 미국의 전통에 잘 맞는 것이었다"라고 술회하였다.

General Foods社는 MADD(mothers against drink driving ; 음주운전을 반대하는 어머니회)를 위한 미국전역에 걸친 행진운동을 후원함으로써 Tang breakfast drink mix의 판매를 촉진했다. GF사는 소비자들이 구입한 Tang의 뚜껑 하나에 대해 10센트씩 MADD에 주기로 했다. 4개월의 판촉기간에 Tang의 판매량은 13% 증가하였고, 소매상의 판매대를 Tang이 차지하였다.

그러면 우리는 사회적 책임이 이익을 극대화시키는 행위라고 결론을 내릴 수 있는가? 기업의 모든 '사회적' 행동의 동기를 말할 수 없지만, 이 중 일부는 이익동기 때문에 이루어진 것이고 고전적인 목표인 경제적 이익극대와 맞아떨어진다는 것은 분명한다.

〈그림 4-2〉 경영은 누구에게 책임을 지는가

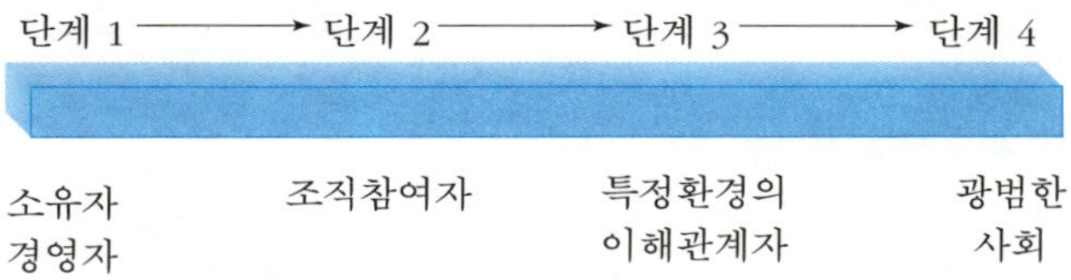


〈그림 4-2〉는 기업경영의 사회적 책임이 지속적으로 확장되어 가는 과정을 4 단계로 보여 주고 있다.

1 단계에서는 소유주와 경영자만 포함되고, 2 단계에서는 모든 종업원들이 포함되며, 3 단계에서는 조직의 특정환경에 있는 이해관계자들을 포함하고 있다. 마지막의 4 단계에서는 경영이 사회 모두에 대해 책임이 있다는 것을 보여 주고 있다.

1 단계의 경영자는 비용을 최소화하고 이익을 극대화함으로써 주주들의 이익을 증대시키는 것을 책임으로 인식하고 있다. 2 단계의 경영자는 그들의 종업원들에 대한 책임을 수용하고 인적 자원문제에 초점을 맞춘다. 양질의 종업원들을 고용하여 이를 유지하고, 동기를 부여하기를 원하기 때문에 작업환경을 개선하고, 종업원의 권리를 증대시키고, 직무의 안전을 증대시키게 된다. 그러나 3 단계의 경영자들은 적정가격, 고품질의 제품과 서비스, 안전한 제품, 공급자들과의 좋은 관계 및 이와 유사한 것들을 실행한다. 이 단계에서는 주주에 대한 경영자들의 책임이란 다른 이해관계자들의 요구를 조화시킴으로써 간접적으로 충족시킬 수 있다고 인식한다.

마지막 4 단계에서는 사회적 책임이란 사회경제적 정의까지 확장된다. 이 단계의 경영자들은 사회에 대해 총체적으로 책임을 갖고 있다고 인식한다. 그들은 기업이란 공공의 자산이며 사회적 이익을 증진시키는 데에 책임을 져야 한다고 생각한다. 그러한 책임을 받아들인다는 것은 경영자들이 적극적으로 사회정의를 촉진시키고, 환경을 보존하고, 사회적 · 문화적 활동을 지원하고, 심지어 이러한 활동들이 이익에 부정적인 영향을 끼친다 하더라도 이와 비슷한 자세를 가져야 한다는 것을 의미한다.

〈그림 4-2〉에서 보는 바와 같이 오른쪽으로 이동함에 따라 경영자들의 사회적 책임을 더 광범하게 인식하게 된다.

# 제 4 절 경영윤리

## Ⅰ. 윤리적인 이슈

윤리란 일반적으로 '어떤 행위의 옳고 그름을 정하는 규율이나 원리'를 가리킨다. 오늘날 경영자들이 당면한 윤리의 메뉴는 크고 다양하며 증가하고 있는 추세에 있다. 우리는 이 모든 윤리적 문제를 다 다룰 수 없으나, 많은 경영자들이 직면하는 문제들이 어떤 것인가를 이해할 필요가 있다.

### 1. 개인의 가치와 조직목표간의 갈등

경영자들이 직면하는 가장 어려운 갈등은 커뮤니케이션에서의 정직성(honesty)에 관한 것이라고 보고되고 있다. 즉 선물, 접대, 상납, 종업원차별, 계약과 합의에서의 정직성, 퇴출과 정리해고, 그리고 가격담합과 가격조작 등이다.

성과에 대한 압력이 개인과 조직목표간의 갈등을 야기하는 주된 원인이 된다. 책임자들은 목표를 달성하기 위해 노력해야 하지만, 이를 달성하지 못할 경우의 벌칙 때문에 그들은 비윤리적인 것과 타협하게 되는 유혹에 빠지게 된다.

### 2. 조직목표와 사회가치간의 갈등

가끔 조직은 그의 목표에 집착하게 되면 사회적 규범을 어기게 된다. Firestone Tire & Rudder社의 레디얼(radial) 500 타이어는 펑크가 나기 쉽고, 착지가 잘 되지 않으며, 그 외에 위험한 결함이 있었다. 그 타이어 때문에 수백 건의 사고와 수십 명의 사상자가 발생했다. 이 회사의 내부보고서에서는 이 타이어에 문제가 있다고 지적되었다. 그러나 경영진들은 이를 부정하고 잘못은 소비자의 무지와 남용 때문이라는 주장을 펴기로 했다. 그러나 마침내 모든 사실이 밝혀졌을 때 회사는 그 타이어를 회수하게 되었고, 값비싼 대가를 치르게 되었다. 운전자의 생명에 관한 사회적 책임을 과소평가한 결과이다.

### 3. 위험하지만 인기 있는 제품

소비자들은 항상 그들에게 좋은 것만 원하는 것은 아니다. 그렇다 하더라도 경영자들은 소비자들이 원하는 제품을 공급하여야 하는가? 예컨대 담배나

술, 가공식품과 같은 위해식품에서 경영자들이 흔히 직면하는 윤리적 문제에 관한 것이다. 영양보고서에 의하면 대부분의 음식물들에는 소금이나 설탕이 적정량보다 약 두 배 정도 더 많이 들어 있다고 한다. 건강에는 해로우나 소비자들이 찾는 맛 때문에 그러한 결과가 생긴 것이다.

### 4. 어떤 집단에 대한 착취

고객, 공급자, 그리고 종업원들은 어떤 환경 하에서 경영자들이 조직의 이익을 위해 이용될 수 있는 집단들이다. 어떤 제약회사가 수십만 명에게 도움되는 새로운 약품의 특허를 얻었다 하자. 이 약품의 가격을 책정할 때 그 약품으로 치료를 받게 될 환자들의 치료에 초점을 맞출 것인가, 아니면 회사의 이익에 초점을 맞출 것인가?

부품의 주된 공급자 중 한 회사가 경제적인 어려움을 겪고 있으며, 거래회사와의 거래가 끊어지면 그 부품회사는 파산하게 될 것이다. 그런데 그 부품회사와의 계약이 만료되어 재계약을 할 때 부품업자의 약점을 이용하여 낮은 가격으로 공급해 주도록 강요할 수 있을 것이며, 또 쉽게 목적을 달성할 수 있을 것이다.

## Ⅱ. 경영윤리에 영향을 미치는 요소들

어떤 경영자가 윤리적으로 행동하느냐, 비윤리적으로 행동하느냐 하는 것은 그 경영자의 개인적인 특성, 조직의 구조설계 및 조직문화들의 복잡한 상호작용에서 얻어지는 결과로 볼 수 있다(〈그림 4-3〉을 보라).

〈그림 4-3〉 윤리적 행동에 미치는 요소

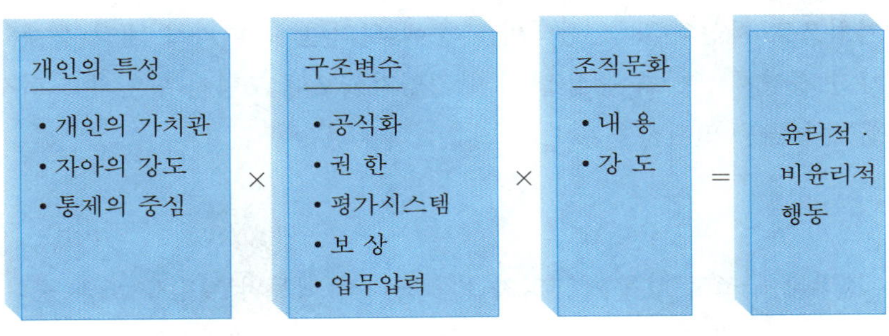

도덕의식이 부족한 사람들은 규칙, 정책, 직무기술 또는 비윤리적 행동을 좋아하지 않는 강한 문화적 규범에 의해 제약을 받는 경우, 이를 하지 않으려는 경향이 있다. 역으로 매우 도덕적인 개인들도 비윤리적인 관행을 허용하거나 조장하는 조직의 구조와 문화에 의해 부패할 수 있다.

### 1. 개인의 특성

모든 사람들은 상대적으로 확립된 일련의 가치관을 가지고 조직에 들어간다. 어린 시절에 부모님, 선생님, 친구들, 그리고 다른 사람들로부터 개발된 이러한 가치관은 무엇이 옳고, 무엇이 그른가에 대한 기본적인 신념을 나타낸다. 따라서 조직의 경영자들은 종종 매우 다른 개인적인 가치를 가지고 있다. 무엇이 옳고, 무엇이 그른가에 대한 믿음에 따라 두 개의 개성(personality)변수가 개인행동에 영향을 미칠 수 있다는 것이 밝혀졌다. 그것은 자아의 강도(ego stength)와 통제의 중심(locus of control)이다.

자아의 강도는 한 사람의 신념의 강도를 측정할 수 있는 개성이라 할 수 있다. 자아의 강도가 높은 사람은 충동을 거부하고 자신의 신념을 따르려는 경향이 있다. 즉 자아의 강도가 높은 경영자가 자아의 강도가 낮은 경영자보다 도덕적 판단과 도덕적 행동간에 더 높은 일관성을 보여 준다고 기대할 수 있다.

내적 통제의 중심(internal locus of control)을 가진 사람들은 그들이 자신의 운명을 통제한다고 믿는 반면, 외적 통제의 중심(internal locus of control)을 가진 사람들은 인생에서 일어나는 일들이 행운이나 우연에 의한 것이라고 믿는다.

윤리적인 관점에서 볼 때 외적 중심을 가진 사람들은 그들의 행동결과에 대한 개인적인 책임을 회피하려 하며, 외적 힘에 의존하려는 경향이 강하다. 반면 내적 중심을 가진 사람들은 결과에 대해 책임을 지려 하며, 그들의 행동의 지침으로 자신의 내적 선악의 기준에 의지한다. 따라서 내적 통제의 중심을 가진 경영자는 외적 중심을 가진 경영자들보다 도덕적 판단과 도덕적 행위간에 보다 높은 일관성을 갖는다.

### 2. 구조적 변수

조직의 구조적 설계는 경영자들의 윤리적 행동의 결정을 도와 준다. 어떤 구조들은 강한 길잡이가 되지만, 경영자들의 윤리행동을 모호하게 하는 구조도 있다. 이 모호함을 최소화하여 경영자들에게 무엇이 윤리적인가를 분명하게 일깨워 주는 구조적 설계는 윤리적 행동을 지원한다.

공식화의 정도가 높으면 모호함이 감소된다. 규칙, 직무기술, 그리고 성문화된 윤리규범들은 일관된 행동을 촉진하는 공식화의 도구들이다. 또 상위자의 행동이 한 개인의 윤리적 · 비윤리적 행동에 가장 강력한 영향을 미친다고 알려져 있다. 사람들은 상관들이 하는 행동이 바로 그들 자신들에게 기대하는 것이라 생각한다.

어떤 평가시스템(appraisal system)들은 결과에만 초점을 맞추고 있는 반면에, 다른 것들은 결과뿐만 아니라 그 과정에 평가의 무게를 두고 있다. 결과에 의해서만 평가를 받게 되면 좋은 결과를 위해 '필요하다고 생각하는 것은 무엇이라도' 하려는 압력을 받게 된다.

### 3. 조직문화

조직문화(organization culture)의 내용과 강도는 윤리적 행위에 영향을 미치는 중요한 요인이 된다. 높은 윤리적 기준을 형성한 문화는 높은 위험허용(risk tolerance), 방향 및 갈등허용(conflict tolerance)을 갖는다. 이러한 문화를 가진 조직의 책임자는 공격적이고 혁신적이 되도록 격려받을 것이며, 명확한 목표와 기대성과를 가질 것이기 때문에 비현실적이거나 개인적으로 좋아하지 않는 요구나 기대에 대해 공개적으로 의의를 제기하는 일이 어렵지 않을 것이다.

강한 문화는 약한 문화보다 경영자들에게 더 많은 영향을 끼친다. 그러므로 문화가 강하며 높은 윤리적 기준을 가진 조직에서는 경영자들의 윤리적 행위에 매우 힘 있고 긍정적인 영향을 끼칠 것이다.

## Ⅲ. 네 가지의 합리화

Saul Gellerman은 사람들이 윤리적으로 의심스러운 행동을 정당화하기 위해서 오래 전부터 사용하고 있는 4가지의 자기 합리화를 지적하였다.

이 네 가지의 합리화(rationalizations)는 왜 경영자들이 비윤리적인 선택을 하는지에 대해서, 그리고 기업들이 비윤리적인 행위를 줄이기 위해 무엇을 해야 하는가에 대한 통찰력을 제공해 준다.

(1) "그것은 진정으로 불법적이거나 비윤리적인 것이 아니다": 깔끔한 의사결

정과 부끄러운 의사결정, 그리고 창의성 있는 의사결정과 부도덕한 의사결정 간의 경계선은 무엇인가? 이 경계선이 모호하기 때문에 사람들은 그들이 행한 일이 잘못이 아니었다고 자신을 합리화하면서 잘못되지 않았다고 주장한다.

(2) "그것은 나 또는 조직에게 최선의 이익을 가져다 줄 것이다": Gellerman에 따르면 비윤리적 행위가 개인이나 조직에서 최선의 이익이 된다라는 믿음은 거의가 편협한 관점에서 본 이익에 관한 것이다. 구매계약을 얻기 위해 공무원에게 뇌물을 주게 되면, 그들의 조직성과가 개선될 수 있을 것이기 때문에 조직의 이익이란 미명 하에 뇌물이 정당화되기도 하며 각종의 회계장부들이 허위로 작성될 수 있다고 믿는다.

(3) "아무도 알아내지 못할 것이다": 잘못된 행위라는 것을 인정하면서도 이 행동이 발각되지 않을 것이라고 가정한다. "만일 비윤리적 행위가 행해졌더라도 아무도 모른다면, 이것이 잘못된 것인가?"라고 어떤 경영자들은 말한다. 이러한 합리화는 종종 부적절한 경영, 성과에 대한 강한 압박감, 과정을 무시한 최종결과에 국한된 평가, 그리고 이 평가에 의한 보상 및 비윤리적 행위에 대한 징계의 부재 등에 의해 촉진된다.

(4) "이 행동은 조직에 도움이 될 것이므로 조직은 이를 묵인할 것이며, 나를 보호해 줄 것이다": Gellerman은 이러한 반응을 충성심을 넘어선 광포라고 해석하였다. 경영자들은 조직의 이익이 법이나 사회의 가치보다 우위에 있을 뿐만 아니라 종업원들에게 무조건적인 충성을 보여야 한다고 믿게 되었다. 비윤리적인 행위가 적발되더라도 조직이 그의 충성심에 대해 지원과 보상을 해 줄 것이라고 믿는다. 그의 비윤리적 행동에 대한 이러한 자기 합리화를 하는 경영자들은 조직의 명성이 위험하게 될 것이라고 생각한다.

## Ⅳ. 윤리적 행동을 위한 개선

만일 최고경영층이 조직에서의 비윤리적 행위들을 줄이려 한다면, 여러 가지 방안들이 있을 수 있다. 아래의 몇 가지 제안들을 실행하면 조직의 윤리적 환경을 개선하는 데 기여할 수 있을 것이다.

(1) 선 발: 개인적 가치관이나 개성을 구성원의 선발절차, 즉 인터뷰·시험·성장배경 등을 통해 윤리적으로 바람직하지 못한 지원자들을 배제할 수 있을 것이다. 그러나 이것은 그리 쉬운 일은 아니다. 최상의 환경 하에서조차

도 옳고 그름에 대해 명백한 기준을 갖지 못한 사람들을 선발할 수 있다. 그러나 만일 다른 통제장치가 부가되어 있다면 그리 문제가 되지 않는다. 선발의 절차를 통해 개인의 가치관, 자아의 강도, 그리고 통제의 중심을 파악하도록 해야 한다. 그 사람의 윤리적 기준이 조직의 윤리적 기준과 갈등을 일으킬 수 있는지, 또는 정적인 외부의 영향에 취약성을 가진 사람들이 누구인지를 확인하는 데 도움이 될 것이다.

(2) 윤리헌장과 의사결정룰: 무엇이 윤리적인가에 대한 명확한 기준이 종업원들에게 문제가 된다. 윤리헌장(codes of ethic)은 이러한 기준을 명확하게 해준다. 윤리헌장은 조직의 주요한 가치와 조직이 기대하는 윤리적 규칙들을 서술한 공식적인 문서이다. 헌장은 종업원들이 행하려 하는 일에 대해 충분한 정신을 제시할 만큼 구체적이어야 하며, 그들에게 판단의 자유를 허용할 만큼 충분히 느슨해야 한다. 〈표 4-6〉은 미국의 281개의 기업체에 대한 윤리헌장을 조사하여 확인된 금지행위의 목록이다. 윤리헌장의 효과는 최고경영자가 이 헌장을 지지하고 있는지, 그리고 이 헌장을 위반할 경우 종업원들을 어떻게 처리하는지에 따라 달라진다. 경영자가 윤리헌장을 중시하고 정규적으로 그 내용을 재확인하며, 규칙을 어긴 사람에 대해 공식적으로 처벌을 하게 되면 윤리적 기반이 확립될 수 있다.

(3) 최고경영자의 리더십: 윤리헌장은 최고경영자의 전적인 지지를 필요로

〈표 4-6〉 금지된 행동들

| |
|---|
| 강요 · 선물 · 상납(kickback) |
| 이익갈등 |
| 불법적인 정치자금 |
| 일반법률의 위반 |
| 내부정보의 이용 |
| 뇌물공여 |
| 회계장부의 조작 |
| 반독점법의 위반 |
| 뒷거래 |
| 해외로의 불법자금 인출 |
| 회사비밀누설 |
| 일과 관련된 법의 무시 |
| 사기행위 · 기만 |

한다. 왜냐하면 조직의 문화적 기풍을 설정하는 사람들이 바로 최고경영자이기 때문이다. 그들의 말과 행동 모두가 중요한 역할모델이 된다. 최고경영자는 보상과 처벌의 실행을 통해 문화적 토대를 형성한다. 임금인상 · 승진과 함께 누가, 그리고 무엇이 보상되는가는 종업원들에게 강한 메시지로 전달된다. 잘못된 행위가 들어나면 경영자는 그 행위자를 처벌할 뿐 아니라 이 사실을 공표하고, 그 결과를 모두가 알 수 있도록 하여야 할 것이다.

(4) 직무목표: 종업원들은 유형적인 목표를 가져야 한다. 모든 목표는 명확성과 곤란성이라는 두 가지 차원을 가진다. 명확성목표는 종업원들에게 비현실적 요구로 비윤리적 문제를 발생시켜 목표달성을 어렵게 만든다. 목표가 명확하고 현실적일 때는 직무목표는 종업원들의 모호성을 감소시키며 동기를 부여하게 한다.

(5) 윤리적 훈련: 부적절한 종업원의 행동으로 문제를 지닌 조직들은 세미나 · 워크숍 등과 같은 훈련프로그램을 실시하고 있는 것이 일반적인 추세이다. 이러한 프로그램들은 경영자들의 의사결정에 윤리의식을 높이고, 가치우선적 평가를 하도록 하며, 윤리적 관심을 갖게 하며, 윤리적 측면을 의사결정과정에 통합하도록 도와 준다.

(6) 전반적인 성과: 성과의 평가가 경제적 목표에 대한 결과에만 초점을 맞추게 되면, 결과는 수단을 정당화하게 된다. 경영자들이 높은 윤리적 기준을 갖게 하려면, 조직은 결과뿐 아니라 그 과정에 대한 평가를 포함시켜야 한다. 경제적인 기준에는 성과가 훌륭하다 하더라도 윤리적 행위의 점수가 나쁘면 적절한 벌칙이 주어져야 한다.

(7) 독립적인 사회감사: 비윤리적 행위를 못하게 만들기 위해서는 이것이 발견될 것에 대한 두려움을 갖게 하는 것이다. 조직의 윤리헌장에 대한 관리와 결정에 대해 독립적인 감시를 실시함으로써 발견의 가능성을 높일 수 있다. 이들 감사는 회계감사처럼 정규적으로 실시하며, 필요한 경우 사전통보도 없이 무작위로 행할 수 있다.

(8) 공식적인 방어체제: 조직은 공식적인 체제를 마련하여 윤리적 딜레마에 빠진 종업원들이 처벌에 대한 두려움 없이 그들 스스로 어떤 대책을 강구할 수 있도록 하는 것이 중요하다. 윤리문제를 상담할 상담자를 임명하는 것도 좋은 방안이 된다. 종업원들이 윤리적 딜레마를 가질 때, 그들의 도움을 받을 수 있기 때문이다. 또 종업원들이 윤리적 문제를 일으킬 위험에 자신들을

노출되지 않으면서도 비윤리적인 행위에 대해 호각을 볼 수 있는 특별한 호소 절차를 마련할 수도 있을 것이다.

## 〈경영의 실천〉 뇌물방지법 회오리

1994년 미국 베데스다에 있는 록히드 마틴사가 C180 화물비행기 3대를 이집트에 판매하는 과정에서 이 회사 간부들이 이집트공무원에게 뇌물을 제공했다. 미국 법무부는 록히드사를 해외부패방지법(FCPA) 위반으로 제소했고, 재판에서 록히드 마틴사는 유죄선고를 받았다.

이 회사는 비행기를 팔아 챙긴 이득의 2배에 해당하는 2,180만 달러의 형사상의 벌금을 물었다. 아울러 300만 달러의 민사상 배상을 하지 않으면 안 되었다. 회사의 손실은 금전적 손해만이 아니었다. 2명의 록히드사직원이 유죄판결을 선고받았고, 1명은 수감됐다. 무엇보다 회사의 이미지실추가 엄청난 손실이었다.

이와 같은 소송은 한국기업들에도 남의 나라 일이 아니다. 경제협력개발기구(OECD)의 뇌물방지협약에 따라 한국에서도 1999년 2월부터 '국제상거래에서의 외국공무원에 대한 뇌물방지법'(해외뇌물방지법)이 제정·시행되고 있다. 국내경제질서도 국제적 법률기준에 맞춰야 하는 시대가 온 것이다. 뇌물수수관행은 단순한 한 나라의 문제가 아니다. 지구촌차원의 강력한 부패추방 움직임이 거세게 일고 있다.

세계무역기구(WTO)는 부패문제를 투자·경쟁·노동·환경과 함께 5대 이슈로 다룬다. 국제상거래에서 뇌물수수 관행이 왜 이처럼 중요한 문제로 떠오르게 됐을까? 뇌물 및 부패행위는 공무원과 정치가의 주머니만 살찌울 뿐 코스트를 높여 장기적으로 모든 기업과 소비자에게 손해를 끼치며, 국제무역 및 투자에서 장벽으로 작용하기 때문이다.

해외에서 기업활동을 하는 한국기업들이 과거의 뇌물수수 관행에서 벗어나지 못하면, 국제적인 뇌물추방의 표적이 될 수도 있다. 법인이 형사처벌을 모면하더라도 기업에서 일하는 임직원들이 징역형 등 처벌을 받을 수 있다. 이른바 '부패라운드'라고 불리는 OECD협약을 유도해 낸 미국은 외국공무원에 대한 뇌물행위를 해외부패방지법 제정 이전부터 독점금지법·증권거래법 등을 통해 규제했다. 그러다 워터게이트와 록히드뇌물사건을 겪으면서 1977년 해외부패방지법이 제정됐다. 워터게이트청문회를 통해 미국기업들이 닉슨대통령에게 불법선거자금을 지원한 것을 포함해 입찰과 관련해 외국정부의 고위공무원에게 뇌물을 제공한 사실이 공개됐다. 그 중 하나가 유명한 록히드사건이다. 록히드社가 이면계약을 통해 트라이스타 L1011항공기의 일본판매와 관련해 약 2,500만 달러를 리베이트로 제공했다는 사실이 드러났다. 여론의 압력으로 법무부가 미국기업에 의한 국제적 뇌물사건을 수사했고, 이를 계기로 해외부패방지법이 탄생했다. 미국에서 이러한 사실이 밝혀짐에 따라 일본검찰도 수사를 개시해 1976년 다나카 가쿠에이(田中角榮)총리를 구속 · 기소했다.

해외부패방지법 제정 이후 뇌물공여죄 위반으로 20여 건이 기소됐으며, 거의 모두가 유죄판결을 받았다. 일부 기업들은 재판과정에서 기업이미지 손상을 우려해 거액의 유무죄 흥정절차(plea bargaining)를 통하여 벌금에 합의한 뒤 사건을 종결했다. 이와 같은 배경에서 미국은 국제적인 뇌물관행을 근절시키고 국제상거래에서 공정한 경쟁을 보장하기 위해 OECD의 뇌물방지협약 제정을 주도하기에 이르렀다.

뇌물수수 관행은 해외상거래에서만 문제가 되는 것은 아니다. 한국의 외자유치 과정에서 외국인투자자들이 국내기업에 대해 강도 높게 요구하는 것 중 하나가 철저한 뇌물관행의 근절이다. 외국인투자자들은 뇌물관행이 한국투자를 제약하는 중요한 요인이라고 보고 있다.

미국 A社는 세계 각국에서 광범위하게 합작사업을 벌이는 다국적기업. 몇 해 전 아프리카의 한 합작회사직원이 현지공무원에게 뇌물을 준 것이 문제가 됐다. 그 직원의 이름조차 알지 못하는 본사의 간부가 미국의 해외부패관행법에 의해 처벌받을 뻔 한 사건을 겪었다. 얼마 전 이 A사는 한국에서 합작회사를 설립하기 위한 협상을 벌이는 현장에서 한국측 합작파트너에게 장차 설립된 합작회사의 임직원이 미국의 해외부패방지법에 위반되는 행위를 하지 않도록 보장해 달라고 집요하게 요구했다. 한국에 설립된 합작회사직원이 공무원에게 뇌물을 주다 적발된다면, 모회사 임직원까지 미국법에 의해 처벌받을 우려가 있다는 이유였다.

한국측 합작파트너는 한국법에 의해 운영될 합작회사직원이 미국법에 위반되는 행위를 하지 않겠다는 약정을 해야 하는지에 대해 의문을 표시했으나, 결국 미국측 파트너의 요구를 받아들일 수밖에 없었다.

세계표준(global standard)에 맞게 법을 만들어 놓고 장식물처럼 취급해서는 안 된다. 우리 스스로 법을 존중해야만 외국기업도 마음놓고 국내에 투자하고 사업할 수 있다는 신뢰감을 줄 수 있다. 지금 전세계에서 벌어지는 뇌물수수관행 퇴치운동은 하나의 법률이 지배하는 지구촌시장경제의 일원이 되기 위해 모든 국가가 반드시 지켜야 하는 기준이다.

— 동아일보 1999/09/22 —

# 제 5 장

# 계획은 어떻게 세우는가

For which of you, intending to build a tower, does not sit down first and count the cost, whether he has enough to finish it. —Luke 14 : 28—

# 제 1 절 계획이란 무엇인가

## Ⅰ. 계 획

### 1. 계획의 정의

계획(planning)이란 용어는 구체적으로 무엇을 뜻하고 있는가? 제 1 장에서 설명한 바와 같이 계획이란 조직의 목표(objectives)와 목적(goals)을 정의하고, 이러한 목표를 달성하기 위한 전반적인 전략을 수립하고 활동들을 통합하고 조정하기 위한 것이 계획이며, 여기에는 포괄적 계층(hierarchy)을 개발시키는 내용들을 포함된다. 그리고 무엇이 어떻게 이루어졌는가 하는 수단과 함께 무엇이 이루어졌는가 하는 목적에 관심을 갖는다.

계획은 그것이 공식적(formal)이냐, 아니면 비공식적(informal)이냐 하는 용어로 정의될 수 있다. 모든 경영자가 다 계획에 관여하지만, 그것은 다양한 형태의 비공식적인 경우일 수 있다. 계획이라 하지만 아무 기록도 없고 조직 내의 다른 사람들과 목적을 같이 하지 않을 수도 있다. 그러나 이것은 많은 소기업에서의 계획을 설명하는 것이다. 예를 들면 소기업에서 소유경영자(owner-manager)는 어디로 가며, 거기서 어떻게 얻으려고 하는지에 대한 비전(vision)을 가지고 있다. 그의 계획은 일반적이며 연속성을 갖지 못한다. 물론 대기업에서도 이러한 비공식적 계획이 존재하기도 하고, 소기업에서도 매우 정교한 공식적 계획이 존재하기도 한다.

본서에서는 계획이라 할 때 공식적인 계획을 의미하는 것으로 한다. 따라서 본서에서 계획이란 여러 해에 걸친 특정한 목적이 형성되며, 이러한 목적들이 기록되고 조직구성원들에게 알려진다. 그리고 이러한 목적들을 달성하기 위한 특정한 행동프로그램이 존재한다. 즉 경영진은 현재 자신들의 상황에서 그들이 원하는 상황으로 옮겨 가기 위한 경로(path)를 명백히 정의하고 있다는 것을 의미한다.

## 2. 계획의 목적

왜 경영자는 계획에 간여하여야 하는가? 계획은 방향을 제시하고, 변화의 충격을 줄이며, 낭비와 불필요한 것을 최소화하며, 통제를 촉진시키는 표준을 설정하는 데 도움이 되기 때문이다.

계획은 노력을 조정하도록 해준다. 계획은 경영자와 비경영자 모두에게 방향을 제시한다. 관련된 모든 사람들은 조직이 어디로 가고 있으며, 목적에 도달하기 위해서 무슨 공헌을 해야 할지를 아는 경우에는 그들의 활동을 조정하고 서로 협동하고 한 팀으로 일할 수 있다. 계획이 결여된 경우 갈지 자(之)처럼 꾸불꾸불하게 나아가기 때문에 조직이 목적을 능률적으로 달성할 수 없도록 만든다.

계획은 변화를 예상하기 때문에 불확실성(uncertainty)을 감소시킨다. 또한 변화에 대응하여 경영자가 취하여야 할 경영행동의 결과를 명확하게 한다. 계획은 경영자가 앞을 내다보게 하고, 변화를 예상하게 하고, 변화의 충격을 고려하게 하고, 적절한 반응을 하도록 만들어 준다.

계획은 또한 중복되거나 낭비적인 활동을 감소시키고 줄인다. 실제에 앞선 조정을 통하여 낭비적인 것과 중복되는 것을 발견하게 한다. 더욱이 수단과 목적이 분명한 경우, 비능률적인 것이 무엇인지 명백하게 된다.

마지막으로 계획은 통제를 촉진하는 목적 혹은 표준을 수립하게 한다. 만약 우리가 성취하려는 것이 무엇인지를 확실히 알지 못한다면, 우리가 그것을 달성할 수 있을지 어떻게 알 수 있을 것인가? 계획에서는 목적을 개발하며 통제기능에서 우리는 실제성과를 목적과 비교하며 유의한 편차(significant deviation)가 있다고 확인될 경우, 필요한 조치(corrective action)를 취하게 된다. 계획 없이는 아무런 통제도 할 수 없다.

## 3. 계획과 성과

계획을 수립하는 경영자나 조직은 그렇게 하지 않는 경영자나 조직보다 더 큰 성과를 얻어내는가? 그렇다고 본다. 이러한 것을 밝혀 주는 많은 자료들이 있다. 그러나 공식적인 계획이 더 나은 성과를 반드시 보장하는 것은 아니다. 즉 공식적 계획을 수립하는 조직은 언제나 그렇지 않은 조직보다 더 뛰어난 성과를 가져온다고 말할 수 없다.

계획과 성과의 관계에 관한 연구가 10가지 실시되었다. 이러한 연구들의 대부분은 계획을 수립하는 조직이 그렇지 않은 조직보다 ROI(return on investment ; 투자수익률)와 같은 전통적 재무척도(financial measures)에서 성과가 높았음을 보여 주었다. 그러나 증거들은 모두 일방적인 것은 아니다. 어떤 연구들은 그 수가 적다 하더라도 그 차이가 유의하지 않다는 것을 보여 주었다.

왜 그러한지 그 이유를 짐작할 수 있는가?

첫째, 일반적으로 말하면 공식적인 계획은 단기적인 결과보다는 더 높은 이익이나 다른 긍정적 재무결과와 관련되어 있기 때문이다.

둘째, 계획의 가치(the value of planning)에 한계가 있기 때문이다. 경영자가 계획을 수립해야 하느냐 마느냐에 대한 논쟁에서는 그 답이 "그렇다" 하는 것이어야 하지만, 계획이 많으면 많을수록 더 좋다고는 말할 수 없다.

셋째, 이러한 공식적인 계획이 더 나은 성과를 가져오지 않는다는 연구에서는 환경이 그 원인으로 작용하기 때문이다.

정부의 규제, 강력한 노조와 같은 환경의 힘 등이 경영자의 선택에 제한을 가하게 되면, 계획은 더 나은 조직성과를 가져오지 못하게 된다. 왜냐하면 경영자는 계획이 제공하는 가능한 대체안의 선택폭이 좁아지기 때문이다. 예를 들면 계획은 저비용의 외국경쟁업자와 대항하기 위해서는 임금이 싼 저개발국에서 부품들을 대량으로 생산하도록 제시하지만, 노조가 이를 반대한다면 회사가 수립한 계획의 가치는 크게 줄어들 것이다.

환경으로 인한 엄청난 쇼크는 잘 수립된 계획에서만 효과가 있다. 예를 들면 어떤 석유회사가 배럴당 30불로 석유를 판매한다는 가정 하에 공식계획을 세웠으나 실제 석유가격이 15불로 하락하였다면, 이 회사는 공식적인 계획을 세우지 않은 석유회사보다 더 나은 성과를 얻지 못할 것이다.

## 4. 계획에 대한 오해

계획에 대해서 많은 잘못된 개념이나 사고가 있다. 다음은 이 중 몇 가지를 열거하고, 이러한 잘못된 생각을 바로잡으려 한다.

1) 정확하지 못한 것으로 판명된 계획은 경영자의 시간만 낭비할 뿐이다. 계획의 최종결과는 그 목적의 하나일 뿐이다. 그 과정 자체는 계획의 결과가 목표를 명중시키지 못했다 하더라도 가치 있는 것이다. 계획이란 경영자가 무엇을 어떻

게 할 것인가를 생각하기 위해 필요하다. 이러한 명백함은 그 자체가, 그리고 그 것으로부터 얻어지는 것이 가치 있는 것이다. 계획이란 업무를 잘 수행하는 경영자는 방향과 목적을 가지며, 잘못된 방향으로 나가기 때문에 발생하는 에너지를 최소화한다. 비록 추구하는 목표가 달성되지 못한다 하더라도 그렇다.

2) 계획은 미래를 결정하는 것이다. 계획은 미래를 결정하는 것이 아니다. 그것은 현재의 의사결정이 미래에 미칠 영향에 관심을 두는 것이다. 그러므로 계획은 미래에 관심을 두는 것이지만, 계획의사결정은 현재에 이루어지는 것이다.

3) 계획은 변화를 제거할 수 있다. 계획은 변화를 제거하는 것이 아니다. 변화는 경영자가 무엇을 하는가에 아무런 관계없이 일어날 것이다. 경영자는 변화를 예측하고, 이러한 변화들에 가장 효과적으로 반응을 위해 계획하는 것이다.

4) 계획은 유연성을 감소시킨다. 계획은 약속을 의미하는 것이지만 경영자가 일단 계획을 한 후 중단할 때에만 그것은 하나의 제약이 될 뿐이다. 계획은 계속적인 활동이다. 공식적 계획이 검토되고, 이것이 강조되었다는 사실은 어떤 최고경영자를 둘러싸고 일어나는 애매한 어떤 방식보다는 더욱 용이하게 수정될 수 있게 한다. 어떤 계획은 다른 어떠한 것보다 더욱 유연성을 가질 수 있다.

## Ⅱ. 계획의 형태

계획을 설명하는 가장 인기 있는 방법은 계획의 폭(breadth ; 전략인가, 아니면 운영인가), 시기(time frame ; 장기인가, 단기인가), 특성(specificity ; 구체적인가, 방향지시적인가)이라는 세 가지 요소로 설명하는 것이다.

조직의 전반적 목표를 수립하며 환경과 관련지워 조직의 위치(position)를 추구하는 전조직에 적용되는 계획을 전략계획(strategic plan)이라 하고, 이러한 전반적인 목표가 어떻게 성취될 수 있는지를 구체화한 계획을 운영계획(operational plans)이라 한다.

장기 또는 단기로 언급되는 계획은 시기(time frame)로 분류한 것이다. 단기계획(short-term plan)은 1년 미만이고, 장기계획(long-term plans)은 기간이 5년을 초과한다.

계획은 또한 특성의 관점에서 구분될 수 있다. 계획이라 하면 대개의 경우는 구체적 계획(specific plans)을 의미한다. 이것은 명확하게 정의되기 때문에 따로 해석할 필요가 없다. 그러나 경영자가 유연성을 촉진하기 위해서 방향계획(directional plans)을 선호하는 경우가 있다.

이제 이들에 대하여 보다 자세히 설명하기로 한다.

### 1. 전략계획과 운영계획

전략계획(strategic planning)과 운영계획(operational planning)은 시기, 범위 및 조직의 목표를 포함하는 차원에서 상이하다. 운영계획은 보다 단기적인 계획이다. 예를 들면 조직의 월간 · 주간 · 일간 계획은 거의가 다 운영계획이다. 전략계획은 일반적으로 3년 이상의 보다 긴 기간을 대상으로 하며, 그 범위도 광범위하지만 구체적이지 못하다. 전략계획과 운영계획의 가장 큰 차이점은 목표에 관한 것이다. 전략계획은 목표의 형성(formulation)을 포함하지만, 운영계획은 목표가 이미 존재한다고 가정한다. 운영계획은 주어진 목표를 달성하는 방법을 제공하게 된다. 전략계획과 운영계획의 중요성은 다음 두 장에 걸쳐 자세히 설명한 것이다.

### 2. 단기계획과 장기계획

전통적으로 재무분석은 장기, 중기 및 단기의 투자수익을 기술한다. 단기는 1년 미만의 기간을 가리키고, 5년 이상의 기간은 장기라고 본다. 중기는 그 사이의 기간을 말한다. 경영자는 이러한 용어를 계획에 적용시켜 장기, 중기 및 단기계획으로 구분한다. 명확히 하기 위하여 우리들은 단기와 장기를 강조할 것이다.

그런데 이러한 계획의 분류는 서로 독립적인 것이 아님을 명심하여야 한다. 예를 들면 단기와 장기, 그리고 전략계획과 운영계획은 서로 밀접한 관련을 갖고 있다. 이러한 특성 때문에 전략계획은 장기와 단기를 다 포함하지만, 그러나 전략계획은 큰 그림과 장기를 강조하나 운영계획은 대부분 단기적인 것이다.

### 3. 구체적 계획과 방향계획

구체적 계획이 항상 방향계획보다 선호할 만한 것이 아니란 것은 직관적으로 옳은 것 같다. 구체적 계획은 명백하게 목표를 정의한다. 이해를 잘못하게 하는 애매함이 없다. 예를 들면 만약 경영자가 1년 안에 매출액을 20% 증가하려 한다면, 그는 구체적으로 구체적인 절차 · 예산배분 · 목표를 달성하기 위한 활동의 일정 등을 수립한다. 이러한 것들이 구체적 계획이다.

그러나 구체적 계획은 약점을 지니고 있다. 구체적 계획을 수립하기 위해서는 명확성과 예측력을 가지고 있어야 한다. 예를 들면 건설하려는 원자력발전소계획은 미래의 동력사용에 대한 정확한 예측 없이는 올바른 구체적 계획을 수립할 수 없다. 점차 더 엄격한 안전기준을 적용하는 정부 및 국제적인 규제들을 정확하게 예측하여 계획한다는 것은 실제 불가능하다. 또 환경조건의 불확실성이 너무나 크기 때문에 구체적 목표나 예산을 세우기는 정말 어렵다. 불확실성이 높으면 경영자는 예상하지 못하는 변화에 대응하기 위해서 유연성을 유지해야 할 필요가 있다. 따라서 구체적 계획보다는 방향계획이 보다 선호될 수밖에 없다.

방향계획은 일반적 지침을 확인한다. 이것은 초점을 어디에 맞추어야 할 것인지를 알려 주지만, 경영자가 구체적인 목표나 행동의 방향을 지정함으로써 이에 매이게 하지 않는다. 6개월 이내에 4%의 비용절감과 6%의 수익증대라는 구체적 계획을 수립하는 대신에 방향계획은 6개월 이내에 5~10%의 법인이익을 개선하도록 목표를 세우게 한다. 방향계획은 유연성을 유지한다. 이것은 구체적 계획이 지닌 명료성에서 얻어지는 손실과 비교되어야 하는 것이다.

## Ⅲ. 계획에서의 상황적 요소

확실한 상황에서는 전략계획이 선호된다. 어떤 경우에는 장기계획이 전략계획으로 이해되기도 하지만, 그렇지 않는 경우도 있다. 또 어떤 경우에는 방향계획이 구체적 계획보다 더 효과적이다. 이러한 조건들은 무엇인가? 이 장에서 계획에 영향을 미치는 상황적 요인(contingency factors)에 대해 설명한다.

### 1. 조직의 크기

공식적 장기전략계획은 시간과 자본이란 측면에서 많은 비용을 필요로 한다. 따라서 이러한 비용을 충분히 정당화할 수 있는 조직을 필요로 한다. 조직의 크기는 공식계획의 채택이나 계획에 포함될 기간을 얼마로 할 것인가가 고려하여야 할 중요한 요소가 된다. 모든 다른 조건이 같다고 하면, 조직의 크기가 커짐에 따라 점차로 5년의 기간을 넘어서는 기간과 공식적인 계획을 이용하는 경향이 있다.

## 2. 조직의 수준

〈그림 5-1〉은 조직에서의 경영수준과 계획의 형태 사이의 일반적인 관계를 나타내 보이고 있다. 대부분의 경우 운영계획은 낮은 계층수준에 있는 경영자들의 계획활동이다. 경영자의 계층이 높아질수록 계획의 역할은 보다 전략적으로 된다. 대규모 조직에서는 최고경영자의 계획은 본질적으로 전략적이다. 물론 소규모 기업에서는 소유경영자가 운영계획과 전략계획의 모두를 담당하게 된다.

## 3. 조직의 수명주기

조직도 수명주기(life cycle)를 가진다. 형성단계에서 시작하여 조직이 성장하고, 성숙하며, 그리고 쇠퇴한다. 이들 각 단계에서의 계획은 그 내용이 동질적이지 않다. 〈그림 5-2〉에서 보는 바와 같이 계획의 기간과 구체성(specificity)은 각 단계마다 달라진다.

만약 모든 것이 동일하다면 경영자는 구체적인 계획을 개발하고 이를 이용함으로써 가장 큰 이익을 얻을 수 있을 것이다. 이것은 가장 분명한 방향을 제공할 뿐만 아니라 실제 성과를 비교하기 위한 가장 상세한 벤치마크(benchmark)를 제공할 수 있을 것이다. 그러나 모든 것이 동일하지 않기 때문에 이러한 일은 불가능한 것이다.

경영자는 조직의 초기단계에서 방향계획(directional plans)에 더 무게를 두게 된다. 이 단계에서는 높은 유연성(flexibility)이 요구되기 때문이다. 목표는 잠정적이며, 이용가능한 자원도 불확실하다. 그리고 고객도 명확히 확인되지 않는다. 방향계획은 이 단계에서 경영자가 필요한 경우 자유롭게 바뀌어질 수

〈그림 5-1〉 의사결정과 조직계층

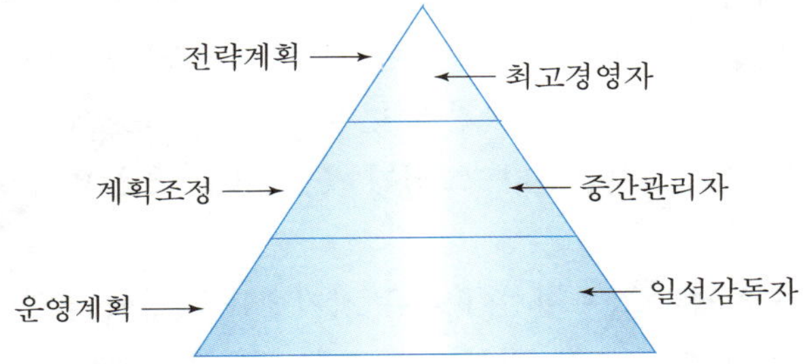

〈그림 5-2〉 계획과 조직의 수명주기

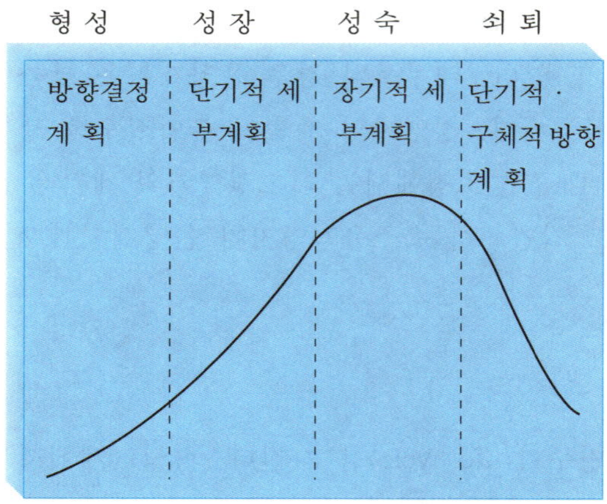


있다. 성장기에 접어들면 목표는 더욱 명확하게 되고, 자원은 더욱 많이 투자되고, 고객의 충성도(loyalty)가 개발되어 계획이 더욱 구체화한다. 그러나 주기가 하향적인 경향을 띄게 되면, 이러한 형상들은 반대가 된다.

성숙기에서부터 쇠퇴기까지의 단계에서는 계획은 구체적인 계획에서 방향계획으로 옮겨 간다. 목표가 다시 고려되고, 자원이 재할당되며, 다른 것들도 조정된다.

계획기간의 길이 또한 수명주기와 관련을 갖는다. 형성기와 쇠퇴기에서는 단기계획이 최대의 유연성을 제공하며, 널리 이용되어야 한다. 성숙기에서는 안정성이 가장 높고, 장기계획이 가장 큰 이득을 가져올 수 있는 시기이다.

## 4. 환경불확실성의 정도

환경의 불확실성(environmental uncertainty)이 클수록 계획은 방향설정적이 되고 단기계획에 치중하게 된다. 만일 중요한 기술적 · 사회적 · 법적 변화가 급속하게 일어나게 되면, 잘 정의된 상세하고 계획된 루트가 조직의 성과를 더 방해하는 경향이 있다. 환경의 변화가 높을수록 구체적인 방향은 변화를 수용하도록 변화되어야 한다. 그렇지 못한 경우 높은 비용과 효율성감소를 경험하게 된다.

이와 같이 환경의 불확실성이 높은 시기에는 조직에 영향을 미치는 더 많은 변화가 일어난다. 그리고 변화가 클수록 계획은 정확성을 상실하게 된다.

그러므로 조직이 급격한 환경변화에 직면하게 될 것이라 판단되면 경영자는 유연성을 추구해야 하고, 따라서 단기계획에 무게를 실어야 한다.

### 5. 미래위탁의 길이

마지막 상황요소는 다시 계획의 시기와 연관된 것이다. 현재의 계획이 미래와 얼마나 많이 관련되었는가 하는 위탁(commitment) 기간이 길수록 계획의 기간은 더욱 길어진다. 이 위탁의 개념은 현재 작성된 계획이 위탁을 통해 얼마나 먼 기간을 충분히 내다 볼 수 있는가를 의미한다. 따라서 계획의 기간이 너무 길거나 너무 짧으면 무의미하다.

앞에서 우리는 계획의 신화에 대해 토론하면서 경영자는 미래의 의사결정을 계획하는 것이 아니라 현재 의사결정이 미래에 미치는 영향을 계획하는 것이라고 지적하였는데, 오늘의 의사결정이 미래에 미치는 영향에 대한 계획이라 볼 수 있다. 오늘의 의사결정은 어떤 미래의 행동이나 지출에 대한 위탁이 된다. 대학교수들의 정년보장 의사결정(tenure decision)은 위탁의 개념을 이해하는 좋은 예에 속한다. 대학당국이 어떤 교수의 정년을 보장했다면, 이것은 그 교수가 정년퇴직할 때까지 학생들을 가르치고 연구해도 된다는 것을 보장하는 것이면서 동시에 그의 전문지식에 대한 수요가 있을 것이라는 대학당국의 확신을 반영하는 것이다.

# 제 2 절 계획의 목적

## Ⅰ. 계획의 근거인 목적

목적(objectives)이란 용어는 목표(goal)라는 용어와 사용할 수 있다. 이 용어는 경영자가 추구하는 바람직한 미래의 결과를 가리킨다. 이것은 의사결정의 방향을 제공하며, 실제의 결과를 측정하는 기준이 된다. 이러한 이유 때문에 목적은 계획의 근거라 볼 수 있다.

### 1. 목적의 다양성

얼른 보면 조직은 단 하나의 목적만을 가진 것처럼 보인다. 즉 기업은 이

〈표 5-1〉 미국 8대 기업의 기업목적의 인식정도

| 목 적 | 목적의 인식정도(%) |
|---|---|
| 수익성(profitability) | 89 |
| 성 장(growth) | 82 |
| 시장점유율(market share) | 66 |
| 사회적 책임(social responsibility) | 665 |
| 종업원의 복지(employee welfare) | 63 |
| 제품의 품질과 서비스(product quality and service) | 60 |
| 연구개발(research & development) | 54 |
| 사업다각화(diversification) | 51 |
| 능률성(efficiency) | 50 |
| 재무안정성(financial stability) | 49 |

익을 획득하는 것을 목적으로 하고, 비영리조직은 서비스의 능률성(efficiency)을 제공하는 것을 목적으로 하는 것 같아 보인다. 그러나 자세히 들여다 보면 모든 조직이 각기 다양한 목적들을 가지고 있다는 것을 알 수 있다. 기업은 시장점유율을 증가시키며, 근로자의 복지를 만족시키고자 한다. 교회는 죄의 용서를 받아 천국에 가는 길을 인도하는 반면, 사회에서 버림받고 있는 사람들을 돕고 신자들의 모임장소를 제공한다. 어떠한 측도에 의해서도 조직이 성공적이냐 아니냐를 효과적으로 측정할 수 없다. 이익과 같이 하나의 목적만 지니고 있다면 이 목적을 달성할 수 있을지 모르지만, 다양한 목적이 있을 때는 이들 목적들을 다 달성할 수 없다.

〈표 5-1〉은 미국에서 8대 기업에 대해 목적의 중요성을 물어 등급으로 나타낸 것이다. 각 기업들의 목적이 한 가지에서 열여덟 가지까지 다양하게 제시되었으며, 평균 5~6가지의 목적을 들고 있었다. 수익성(profitability)을 제외한 다른 목적들은 기업뿐만 아니라 비영리기업에도 적용될 수 있는 것이다. 생존이라는 목적은 특별히 언급되지는 않았지만, 모든 조직에서 중요한 최고의 목적이다. 〈표 5-1〉에 나열된 몇 가지의 기준들은 이익에 직접 공헌한다.

## Ⅱ. 실제목적(real objectives)과 기술된 목적(stated objectives)

〈표 5-1〉은 기술된 목적들의 목록이다. 기술한 목적이란 조직이 공식적으

로 공포하고, 또 다양한 공중(publics)들이 믿어주기를 바라는 목적을 말한다. 그러나 조직의 각종 도표나 연간보고서, PR을 위해 발표된 것이나 경영자에 의해 공포된 설명서 등에서 뽑아 낸 목적들은 가끔 상충할 뿐 아니라, 사회가 기업이 그렇게 하여야만 한다고 믿는 것에 의해 큰 영향을 받는다.

공인된 목적간의 갈등은 조직이 광범위한 이해관계자들의 요구에 응해야 하기 때문에 존재한다. 불행하게도 이해관계자들은 자주 서로 다른 기준으로 조직을 평가한다. 그러므로 경영자들은 이들 다양한 이해관계자들에 따라 다르게 그들의 성과를 설명해야 한다.

예를 들면 1986년 봄 TWA社의 경영진은 승무원조합과 임금협상을 하고 있었다. 조합은 자기들의 주장을 고집하며, 아무 것도 양보하지 않으면서 파업의 위협으로 맞서고 있었다. 경영자들은 조합대표에게 “만약 당신들이 파업을 한다면 우리는 항공회사의 문을 닫고 비행기와 항로를 팔게 될 것이며, 이렇게 할 경우 회사는 더 많은 이익을 얻게 될 것이요”라고 말하였다. 그러면서 경영자들은 여행사와 고객들에게는 파업이 일어나도 정상적으로 항공기를 운행할 것이며, 회사를 계속 존속시킬 것을 결정했다고 안심시켰다. 그리고 이를 뒷받침하기 위해 경영진은 동맹파업이 일어날 경우를 대비해서 1,500명을 투입하기 위해 훈련을 시키고 있다고 발표했다. TWA社의 경영들은 조합과 공중에게 다르게 그들의 결정을 발표한 것이었다. 하나는 참말이고, 다른 하나는 거짓말인가? 아니다. 두 가지 모두가 다 참이다. 그러나 서로 상충하고 있는 것이다. 회사를 소개하는 책자에 명시된 조직의 목적을 읽어 본 적이 있는가?

다음은 전형적인 조직의 목적이다.

> “우리의 고객들에게 가능한 가장 큰 가치의 재화와 용역을 제공하는 것이다.”
> “조직을 공동체로 만들기 위해.”
> “근로자가 최선을 다하도록 격려한다.”
> “우리는 국가와 민족의 발전을 위해 우리의 혜택을 사회에 환원한다.”

이러한 애매한 문장들은 실제 조직이 달성하기 위해 추구하는 것에 대한 의미 있는 지침이라기보다는 공중관계(public relation)를 위한 것일 뿐이다. 그렇기 때문에 조직의 명시된 목적들이 실제 조직에서 진행되는 것과 무관하다는 사실에 대해 놀랠 필요가 없다. 예를 들면 기업에서 주주에게, 고객에게,

종업원들에게, 그리고 공중에게 그들의 목적을 다르게 발표하는 것이 일반적이다. 경영자들은 이와 같이 다양한 집단들에게 그들이 바라는 것을 조직의 목적으로 제시하고 있는 것이다. 기업의 경영자는 그들의 의사결정에서 기업의 사회적 책임에 대하여 크게 비중을 두고 있다는 증거가 전혀 없는 것은 아니지만, 기업이 장애자고용과 공기오염의 정화 및 쾌적한 작업환경의 제공 등과 같은 일을 통하여 사회적 목적을 감당하고 있음을 밝히도록 압력을 받고 있다. 그러므로 그들은 사회적 책임을 하나의 목적으로 기술함으로써 이러한 요구에 응하고 있다.

최고경영자가 기술하는 기업의 전반적인 목적은 목적의 명확하고도 신뢰할 만한 지침이라 보기보다 특정한 집단에게 설명하거나 설득하거나 합리화하기 위해 조직에 의해 생성된 허구(fiction)로 취급되어야 한다.

목적의 내용은 본질적으로 집단이 무엇을 듣기 원하느냐에 의해 결정된다. 실제 조직의 목적이 무엇인가를 알기 원한다면, 조직의 구성원들이 실제로 무엇을 하고 있는가를 관찰하면 된다. 우선 순위를 결정하는 것은 행동이기 때문이다. 학급의 크기를 줄여 학생과 교수간에 관계를 밀접하게 하여 학생들을 적극적으로 학습과정에 참여시킬 것을 선언한 대학이 300명 이상의 학생들은 한 강의실에 몰아 넣는다고 하면, 그 대학이 공언하는 목표가 실제의 목표와 다르다는 것을 곧 알 수 있다. 또 신속하게 저가격으로 자동차를 수리하는 것이 목표라고 주장하는 자동차서비스 회사가 높은 가격으로 중간정도의 서비스를 하는 것도 이러한 예에 속한다. 포괄적이며 일관성 있는 계획수립을 위해서는 기술되는 목적과 실제 목적을 구별하는 것이 중요하다.

## Ⅲ. 전통적인 목적설정

전통적인 목적은 조직의 최고경영자에 의해 부과되는 통제의 수단으로서 역할을 담당한다. 제조회사의 사장은 그가 올해의 기대되는 제조비용이 얼마인가를 제조부문담당자에게 말한다. 사장은 마케팅부문담당에게 올해 기대되는 매출액이 얼마인가를 말한다. 그리고 나중에 부과된 목적이 달성되었는지를 결정하기 위해 성과가 평가된다. 이와 같이 전통적인 목적설정에서는 중심되는 주제가 맨 위에 올라오고, 그 다음에 이 목적이 조직의 각 수준에 부분목적(sub-goals)으로 분할되어진다. 그것은 일방적 과정(one-way process)이다. 즉

〈그림 5-3〉 전통적 조직목적설정

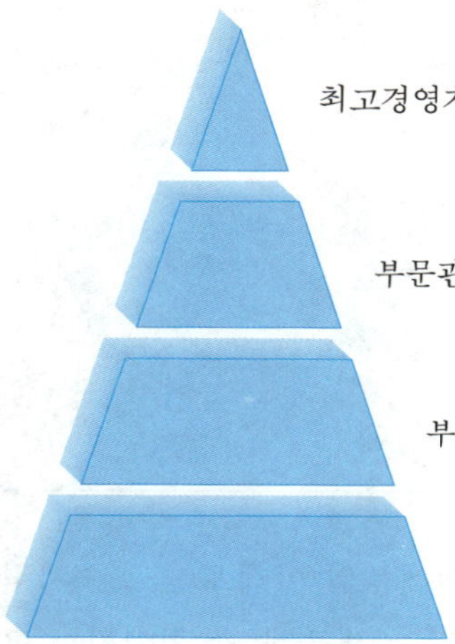


최고경영자는 그 아래의 사람들에게 표준을 부여하게 되는데, 이러한 전통적인 관점은 최고경영자는 큰 그림을 볼 수 있기 때문에 무엇이 최선인지 안다는 것을 가정하고 있다.

위에서부터 아래쪽으로의 하향적인 부여에 덧붙여 전통적인 목적설정은 제대로 운영되지 못하는 경우가 많다. 만약 경영자가 그들의 목적을 '충분한 이익'이나 '시장리더십' 같은 용어로 광범위하게 정의하고 있다면, 이러한 애매한 목적을 조직의 각 수준에서 보다 구체적인 것으로 바뀌어야 한다. 조직의 각 수준에 경영자는 목적의 운영상의 의미를 제공하여야 한다. 구체적이라는 것은 경영자의 해석과 성향을 적용함으로써 달성된다는 것을 의미한다. 따라서 결과적으로 조직의 목적이 아래로 내려오면서 명료성과 통일성을 잃기 쉽다. 이를 나타내 보인 것이 〈그림 5-3〉이다.

## Ⅳ. 목표에 의한 경영(MBO)

전통적인 접근법의 대체안으로서 목표에 의한 경영(Management by Objectives : MBO)이 있다. 이 개념은 1954년 Peter B. Drucker의 경영의 실천(the practice of management)에 처음 등장하였다. 이 개념은 전반적인 조직목적을 조직의 각 단위와 조직의 구성원 개인에 대한 특정목적으로 변환시키는 데

〈그림 5-4〉 계단식 목적

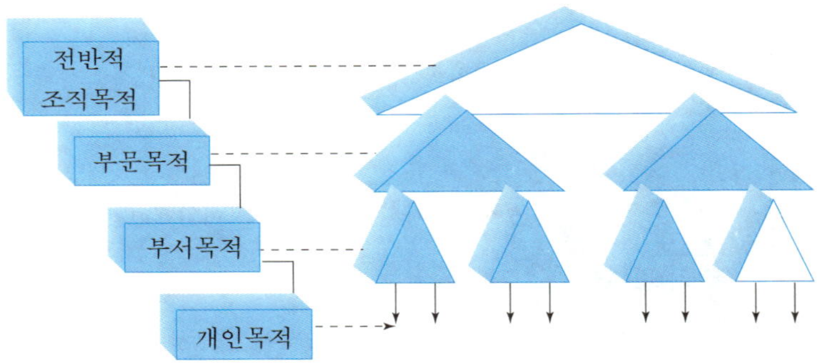


있다. MBO에서는 목적이 조직을 통하여 위에서부터 아래로 폭포수처럼 떨어지는 그러한 과정을 수정함으로써 목적의 개념을 새롭게 한 것이다. 〈그림 5-4〉에서 보는 바와 같이 조직의 전반적 목적이 각 그 다음 수준, 즉 부문 · 부서 · 개인 등에 대한 특정목적으로 변환된다. 낮은 수준의 관리자들은 그들 자신의 목적의 설정에 함께 참여하기 때문에 MBO는 하향식(top-down)과 함께 상향식(bottom-up)으로 작동한다. 그 결과는 각 수준의 목적을 그 다음 수준의 목적과 연계시키므로 하나의 목적계층(hierarchy of objectives)을 이룬다. 종업원 개인에 관하여 MBO는 특정한 개인의 성과목적을 제공한다. 그러므로 개인은 그의 부서를 위해 그가 이룩해야 할 확인된 공헌을 가지게 된다. 만약 모든 개인들이 그 목적을 다 달성한다고 하면, 그들 부서의 목적이 달성될 것이며 조직 전반의 목적도 실현될 수 있을 것이다.

## 1. MBO 프로그램의 요소

MBO 프로그램에는 공통적인 네 가지 요소가 있다. 즉 목표의 설정(goal specificity), 참여적 의사결정(participative decision making), 명백한 기간(explicit time period), 성과의 피드백(performance feed-back)이다.

MBO에서의 목적들은 기대되는 달성의 내용이 명백히 서술되어야 한다. 예컨대 비용절감이나 서비스의 개선, 품질의 향상과 같은 것을 단순히 설명하는 것만으로는 부족하다. 그러한 욕구들이 축적될 수 있고, 평가될 수 있는 유형적 목적(tangible objectives)으로 전환되어야 한다. 부서의 비용을 7%로 절감하거나, 모든 전화주문이 24시간 내에 처리되게 함으로써 서비스를 개선하거나, 불량률을 1% 이내로 줄이기 위한 품질개선 등은 목표를 구체적으로 서술한 예들이다.

MBO에서의 목표는 상사에 의해 일반적으로 설정된 다음 부하직원에게 할당하는 방식을 취하지 않는다. 이러한 것은 전통적인 방식이 지닌 특성이다. 이와는 달리 MBO에서는 부하직원들이 참여하여 각자의 목표를 부여받게 된다. 상사와 부하직원들은 함께 목표를 선정하고, 그 목표들을 어떻게 측정할 것인가에 대하여 합의하게 된다. 각각의 목적은 달성되어야 할 기한을 가진다. 3달 · 6달 · 1년의 기한이 전형적이다. 경영자와 부하직원들은 특정한 목적뿐만 아니라 그 목적들을 성취할 기간을 약정하게 된다.

MBO의 마지막 요소는 성과의 피드백이다. MBO는 목표로 향하여 나가는 과정을 계속적으로 피드백(feed-back)하려 한다. 이상적인 것은 계속적으로 개인에게 피드백함으로써 목표를 달성하게 된다. 따라서 각 개인은 그 자신의 행동을 모니터하고 수정할 수 있다. 그리고 이것은 진도가 체크될 때 주기적인 경영자의 평가에 의해 보완된다. 이것은 조직의 상부뿐만 아니라 하부에도 적용된다. 예를 들면 매출부문담당자는 총매출 및 주요 제품의 각각에 대한 매출목표를 가진다. 그는 각 부서의 매출목표의 진척상황을 알기 위하여 계속적으로 매출보고서를 모니터한다. 이와 같은 방식으로 그 하위의 매출담당자는 외판원들이 목표를 가지듯 그도 목표를 가진다. 매출액과 성과자료들이 그들 각자에게 피드백되면, 자신들의 하는 일들이 어떻게 되어가고 있는지 알 수 있게 된다. 공식적인 평가모임에서는 감독자와 부하직원들이 모여 목적의 달성정도를 검토하기 때문에 더 많은 피드백을 제공받을 수 있게 된다.

MBO는 통제를 위한 것이 아니라 목표달성을 위한 동기를 부여하기 위한 것이다. 각 개인은 그에게 기대되고 있는 것이 무엇인지 정확하게 알 때, 목표설정에 참여할 때, 그리고 그가 하고 있는 것에 대한 계속적인 피드백이 이루어질 때보다 더 동기부여가 잘 된다는 아이디어에 바탕을 둔 것이다.

### 2. MBO 과정

MBO 과정(MBO process)에는 네 가지 요소가 포함된다. 즉 목적설정(goal setting), 활동계획(action planning), 자기통제(self-control), 주기적인 검토(periodic reviews)가 그것이다. 이들 각 요소들은 특정한 단계로 변환된다. 이

요소들에 대하여 설명한다.

(1) 목표설정(goal setting): 조직의 장기목적과 전략을 수립에서 시작하여 이어지는 조직수준으로 내려가면서 각 수준의 목적들을 개발하게 된다. 이 하향적 접근법은 조직 내의 여러 수준들이 공통의 방향을 가지고 있는지 확인한다. 예를 들어 시립병원이 1년간 생산성을 그대로 유지하면서 비용을 7% 삭감하려고 한다. 이 목표를 달성하기 위해 관련된 부서들이 하부로 내려가면서 그 목표를 새로이 정하지 않으면 안 된다. 이러기 위해서는 이 기간 동안 이 병원의 접수창구는 환자의 병원접수기간을 23분에서 19분으로 단축시키고, 환자들의 공식적인 불만수준을 70%로 줄이며, 3시간 내에 입원환자에 대한 서류를 회계부서로 넘겨 주며, 환자에 관한 입력처리시간을 23분에서 19분으로 줄여야 한다. 또 접수창구의 직원은 그 부서의 목적을 달성하기 위하여 불만수준을 낮추도록 모든 의료관계서류들을 매일 정오와 오후 4 : 30에 회계부서로 넘겨야 목적을 달성할 수 있다. 조직의 수준이 어떠하든 관계 없이 처리과정은 부하직원들과 상사들의 노력이 함께 결합된 것이다.

(2) 활동계획(action planning): 목표로 설정된 것을 달성하기 위한 수단들은 함께 개발되어야 한다. 이것은 목표가 어떻게 달성되는가를 확인하는 것이다. 이를 위해 목적달성을 위해 필요한 활동들을 확인하여야 하며, 활동들간의 중요한 관계를 수립하고, 각 활동에 대한 책임을 할당하고, 각 활동에 소요되는 시간을 추정하고, 각 활동을 완료하기 위해 소요되는 자원이 무엇인지를 결정하게 된다.

(3) 자기통제(self-control): 자기통제란 스스로 체계적인 모니터를 행하고 성과를 측정하게 한다는 것을 의미한다. 전통적인 방식의 목적설정과는 달리 MBO에서는 개개인은 책임감 있고, 자발적이며, 외적인 통제를 바라지 않으며, 조직목적달성을 위해 처벌로 위협할 필요가 없다고 가정하고 있다.

(4) 주기적 과정검토(periodic progress review): 이것은 행동이 설정된 목적에서 빗나가는지를 평가하고, 잘못된 것을 시정하기 위한 조치가 이루어지게 하는 것을 말한다. 이것은 종업원의 잘못을 찾아내거나 그의 지위를 약화시키려는 것이 아니다. 이 검토는 건설적인 것이어야 하며, 전의 잘못을 책잡으려는 것이 아니라 앞으로의 성과를 개선할 수 있도록 도와 주려는 것이다. 이 과정은 1년에 두세 번 행하는 것이 보통이다.

### 3. MBO는 효과적인가

MBO는 효과적인가를 평가하는 일은 대단히 어렵다. 그러나 여기서는 간단히 목적과 성과와의 관계에 대한 문헌들의 결론을 소개하기로 한다.

많은 연구결과에 따르면 개별적인 성과는 어렵거나 곤란한 목표가 쉬운 목표보다 높은 수준이며, 구체적인 목표를 가진 것이 목표가 없거나 "최선을 다 하라"는 식의 일반적인 목표보다 높은 성과를 가져오며, 성과에 대한 피드백이 있는 경우가 피드백이 없는 경우보다 높은 성과를 가져온다는 데 일치하고 있다.

만약 개인능력과 목표의 수용과 같은 요소들이 고정적이라고 하면, 보다 어려운 목표가 더 높은 성과를 가져온다는 것을 여러 가지 증거에 의해 확인되고 있다. 비록 대단히 어려운 목적을 가진 개인이 쉬운 목적을 가진 사람보다 그 목표를 성취하지 못하는 경우가 있기는 하지만, 어려운 목표를 가진 사람이 더 높은 수준을 달성한다는 것이 일관적인 연구결과이다. 개인이 그의 목표를 달성하기 위해 도전하기 어려운 불가능한 것으로 인식하는 경우는 목표를 달성하려는 욕구가 감퇴하고, 이를 포기할 확률이 높아질 것이다.

더욱이 연구에 따르면 일관적으로 구체적인 어려운 목적이 보다 높은 수준의 성과를 낳는다는 것을 뒷받침하여 주고 있다. 피드백 또한 성과에 영향을 준다. 피드백은 그가 자신의 노력이 충분한지, 아니면 더 노력해야 하는지를 알게 해 준다. 이것은 그가 목적을 달성한 후 목적수준을 더 높이도록 하며, 자신의 성과를 높이는 방법을 알게 해 준다.

위에서 인용한 결과는 결국 MBO가 효과적이라는 것을 말하고 있다. 왜냐하면 MBO는 구체적인 목적과 피드백을 주창하고 있기 때문이다. MBO에서는 목표가 가능한 것으로 인식되어야 한다는 것을 전제로 한다. 목적설정에 관한 연구들은 MBO가 가장 효과적이라고 지적하고 있다. 왜냐하면 MBO에서의 목표는 손을 뻗어야만 닿을 수 있을 정도의 어려움을 지니기 때문이다.

그러면 참여(participation)에 대해서는 어떠한가? MBO에서는 목표를 설정하기 위하여 모든 사람들이 참여하여야 한다고 강하게 주창하고 있다. 연구에 의하면 참여적인 목표설정은 감독자가 부과한 목표보다 더 성과가 더 높게 설정된다. 참여적인 목표설정과 감독의 설정목표가 서로 일치하는지, 아니면 어떤 상관관계가 있는지에 대한 연구는 아직 없다. MBO의 이념과 달리 목적의 곤란도가 고정되어 있을 경우에는 부과된 목표가 참여적인 목표설정과 같은 성과를 가져오는 경우도 있다. 결과적으로 MBO의 지지자들이 주장하는 것처럼 참여적 목표설정이 더 우수하다고 주장하는 것은 무리일 것이다. 그러나 참여적 목표설정에서부터 얻어지는 이점 중의 하나는 개개인에게 더 높은 목표를 설정하도록 하는 것이다. 그러므로 참여적 목표설정은 그의 목표에 대한 열망수준을 증대시킴으로써 성과에 긍정적인 영향을 미치게 한다.

MBO가 종업원들의 성과에 미치는 영향에 관한 연구로 다시 돌아가면 MBO의 결과는 혼합적임을 발견할 수 있다. 185개의 MBO에 대한 연구들을 살펴본 결과에 따르면, 연구의 방법과 결과 모두가 대단히 광범하다는 것이다. 이들 연구의 결과를 분석한 바에 따르면 연구의 접근법이 섬세하지 않으면 않을수록 MBO가 더 효과적이라는 결론을 내리고 있다. 즉 MBO가 장려할 만큼 추천될 수 없고, 따라서 현재까지의 연구결과로는 MBO를 열렬하게 지지하는 것도, 이를 부적합한 것으로 거부하는 것도 불가능하다.

MBO를 적용하고 있는 135개의 기관들을 조사한 한 연구에 의하면 MBO는 많은 이점을 가지고 있지만, 이 이점은 기대수준에 못미치는 것들이다. 또 이 연구는 아무런 문제점을 발견하지 못했다고 한다.

우리는 여기서 MBO의 성공이나 실패를 결정하는 것은 조직문화(organizational culture), 최고경영진의 헌신(commitment) 및 조직형태(organization type)와 같은 상황변수(contingency variables)라는 결론을 내리고자 한다. 만약 MBO가 성공하지 못하고 실패했다면, 이것은 MBO를 지지하지 않는 문화, 최고경영자의 인식의 결여 혹은 MBO의 이념을 결정하는 조직의 제약 때문이라고 설명할 수 있을 것이다.

만약 MBO가 성공한다면 이것은 조직문화가 개인의 주도권을 허락하며, 다양한 경영방침을 제공하며, 위험감수를 지원하며, 성과에 따른 적절한 보상이 주어지는 높은 수준이기 때문이라고 설명하는 것이 타당할 것이다.

개인이 주도적인 역할을 하도록 북돋아 주고 높은 방향으로 이끌어 주는 조직문화는 MBO의 이념과 일치하는 것이다. 이러한 문화는 종업원들이 책임있는 인간이라고 간주되어지며, 분명한 목표와 성과에 대한 기대감을 갖는다. 특정한 목적달성에 책임을 져야 한다는 것은 종업원이 볼 때는 위험한 것이므로 위험을 지지해 주는 문화가 필요하다. 위험회피적(risk-aversive)인 문화는 높은 목표수준보다는 쉽게 달성될 수 있는 낮은 수준의 목표를 수립하도록 압력을 가하는 것과 같다. 아마도 MBO를 성공으로 이끄는 가장 중요한 문화적 요소는 성과에 대해 적절하게 보상하는 헌신(commitment)이라고 본다. 따라서 MBO에서는 목표가 달성되면 이를 보상하도록 설계된다. 가장 성과가 좋은 사람을 경영자가 선호하지 아니할 수 있다. 이와는 반대로 쾌활하고 충성스럽고 우호적인 종업원이 목표의 성과기준에는 잘 맞지 않을 수도 있다. MBO는 결과지향적 시스템이기 때문에 보상이 성과의 결과에 기초하지 않는다면 실패할 것이다.

최고경영자의 헌신(commitment)과 몰입(involvement)의 부족은 어떠한 MBO 프로그램에도 해를 미치게 된다. 낮은 수준의 부서에 MBO를 적용하려는 하위 관리자의 노력은 지지받지 못하는 경향이 있고, MBO를 효과적인 것으로 만드는 데 필요한 계속적인 노력을 하지 못하게 하는 경우도 있다. 이 중 어느 것이든 MBO를 효과 없는 것으로 만들든가, 아니면 전적으로 실패하게 만든다.

## 〈경영의 실천〉 세계 최강기업의 최고경영자들의 21세기 전망

21세기를 맞으며 세계 최강기업의 최고경영자들은 다음과 같은 전망과 포부를 밝혔다.

* IBM의 루이스 거스너 회장: 앞으로 신발 속에도 칩이 들어가는 e-비즈니스 세상으로 변한다. 컴퓨터와 통신이 결합된 네트워크사회의 생활 속에 뿌리깊이 파고드는 컴퓨터시대에 견인차역할을 하겠다. 미래에는 '네트워크화한 경제', '디지털경제와 글로벌 미디어'가 판을 칠 것이다.
* GM의 잭 스미스 회장: 미래자동차는 '이동하는 오피스 시스템'이다. 자동차에 항공산업과 정보통신산업을 포함한 모든 관련비즈니스를 포함시켜야 한다. 전세계 어디서나 사업부문끼리 한 팀으로 운영될 수 있도록 공통운영체계를 도입해야 한다.
* 모토로라의 크리스토퍼 갤빈 회장: 21세기에는 무선인터넷기술이 세계통신판도를 바꾸게 될 것이다. 핵심비즈니스에서 세계적인 리더십을 달성하는 데 일차적인 목표를 두고 있다. 앞으로는 비즈니스세계를 함께 번영하거나 쇠퇴하는 하나의 생태계로 인식하는 회사에게만 성공적인 미래가 있을 것이다.
* 코닥의 조지 피셔 회장: 미래결정요소는 크게 기술과 제품, 시장, 소비자 등 4가지다. 세계 곳곳에서 시장을 개척하고 신규부가가치를 창출해야 생존경쟁

에서 이길 수 있다. 디지털시대에는 가장 큰 회사들도 기술력과 창의력이 있는 회사들과 같이 협력해야만 살아남을 수 있다.

* 텍사스 인스트루먼트의 톰 엔지버스 회장: 고객이 원하는 제품을 개발해 내고, 고객에게 가치를 부여하는 차별화정책을 펼쳐야 한다. 전문화만이 살 길이다. 경쟁력 없는 제품을 위해 국내업체와 불필요한 과당경쟁을 벌이는 일에는 탈피해야 한다. 경쟁업체들보다 기술적으로 우수하고 부가가치가 높은 비메모리사업에 집중하는 것이 핵심전략이다.
* 브리티시텔레콤의 피터 본필드 사장: 21세기 비전은 가장 성공적인, 그리고 세계적인 통신그룹이 되는 것이다. 데이터 인터넷과 이동통신사업, 고부가솔루션즈 비즈니스를 비롯한 고성장분야에 집중투자할 계획이다. 인터넷과 전자상거래방식의 경제환경에서 모든 산업이 완전한 리스트럭처링을 하게 될 것이다.
* 네슬레의 헬무트 마우허 회장: 네슬레제품은 언제, 어디서, 어떤 식으로든 소비자에게 활용될 수 있어야 한다. 전략이란 곧 융통성이다. 네슬레의 융통성은 분권화된 조직으로부터 나온다. 최고경영진부터 다국적화되지 않으면 진정한 다국적기업이 아니다.
* 로레알의 린제이 오웬-존스 회장: 세계 젊은 여성들의 '미(美)의 욕구'가 나에겐 새로 개척해야 할 신대륙과 같다. 남들은 화장품사업이 포화상태에 달했다고 말한다. 그러나 우리는 끊임없이 새로운 소비자수요를 발견해 내는 데 성공하고 있다. 우리에겐 남들이 흉내내지 못하는 톱 10 브랜드가 있다.
* 미쓰비시종합상사의 사사키 미키오 사장: 정보혁명이 공업화로 대변되는 기존 자본주의를 탈바꿈시킬 것이다. 글로벌 비즈니스와 네트워크화 국제분업을 진행시켜야 한다. 전세계적인 규제완화·민영화추세에 맞춰 멀티미디어와 인프라정비사업에 참여할 예정이다. 앞으로 종합상사맨들은 컨설턴트로 위상이 바뀔 것이다. 비즈니스를 창출하는 역할을 종합상사가 해야 한다.
* 히타치의 쇼야마 에츠히코 사장: 신경영이념은 신뢰와 스피드다. 글로벌화에 필요한 계획수립이나 집행을 하는 단위도 사업부다. 장사 안 되는 분야는 과감히 처분하고 있다. 효율과 스피드에 부합되지 않는 사업은 더 이상 지속하지 않겠다. 지금 투자가들은 히타치의 공룡과 같은 규모가 아니라 수익이 얼마나 올라갈지에 관심이 있다.
* 소니의 이데이 노부유키 사장: 기업가치를 올리는 것이 경영이념이다. 경영성취여부는 주가가 결정한다. 소사업부가 주주들에게 책임을 갖고 영업활동을 한다. 본사는 경영전략에 필요한 최소한의 조건으로 축소한다. 경영과 업무집행을 분리해 업무집행이사를 신설하고, 사외이사를 선임함으로써 일본기업에 새 바람을 불어 넣고 있다.
* 나이키의 필 나이트 회장: 스포츠에는 국경도 나이도 없다. 끊임없이 신상품과 신기술을 개발해야 한다. 제품다각화는 '집중경영' 원칙에 의해 추진한다. 철저히 스포츠에 관련된 제품만 개발할 계획이다. 기회비용을 줄이고 생산의

유동성을 원활하게 하기 위해 아웃소싱을 추진할 예정이다.

* 질레트의 마이클 홀리 회장: 신상품개발과 시장개척에 미래전략이 집중되어 있다. 총판매액의 78%가 품목별로 시장점유율 1위 상품들에서 나온다. 공격적인 기업인수·합병과 신제품개발을 계속할 것이다. 단순히 국제화된 기업이 아니라 진정으로 세계화된 기업이 되어야 한다.
* GE의 잭 웰치 회장: 끊임없이 사업구조조정을 통해 고부가가치의 사업포트폴리오를 유지해야 한다. 업계 1~2위 사업만을 영위하는 것이 경영방침이다. 전방위경영혁신을 통해 대기업병을 극복하고 유연성과 스피드를 확보해야 한다. 사원 개개인의 잠재능력을 발휘하게 하기 위해서는 '활력이 넘치는 열린 기업'으로 만들 필요가 있다.
* 마이크로소프트의 빌 게이츠 회장: 우리의 미래비전은 디지털세계이다. 디지털신경망은 단순근로자를 지식근로자로 바꾸고 정보의 흐름이 세상을 바꾼다. 정보흐름을 관리하는 자가 승리한다. 미래를 개척하는 사람은 항상 새로운 기술로 독점시장을 형성할 수밖에 없다.
* 노바티스의 다니엘 바셀라 사장: 새 천년의 화두는 '생명'이다. 21세기 최고의 부가가치는 생명공학산업에서 나온다. 노바티스는 21세기 세계인의 풍요로운 삶을 위한 최선의 선택이 될 것이다. 농업과 의약부문의 혁신과 창조는 생명공학지식의 경계를 새로운 차원으로까지 넓혀 줄 것이다.
* ABB의 괴란 린달 회장: 문화적 다양성은 ABB의 본질이 됐다. 우리는 크면서도 작고, 세계적이면서도 현지적인 두 개의 세계에서 모두 최고가 되기 위해 노력해야 한다. 우리는 융통성과 속도, 그리고 변화하는 환경과 새로운 도전에 대한 신속한 적응면에서 고유의 능력을 갖고 있다. 세계화전략의 핵심은 '현장주의'다. ABB의 브레인은 본사가 아닌 현장에 있다.
* 머크의 한스 랑만 회장: 머크의 경쟁력은 팀 스피리트(team spirit)에서 나온다. 2000년대 진입과 함께 머크는 175년간의 가족경영을 포기하기로 했다. 공식적인 모임보다 개인적으로 서로 경험과 노하우를 교환하는 공동체의식이 경쟁력의 기반이다.
* 아코르의 장마르크 에스팔리우 회장: 호텔그룹 아코르가 경쟁력으로 무장하는 길은 고객만족을 넘어 고객과 '일체화'하는 것뿐이다. 성공을 위해서는 변화를 기다릴 것이 아니라 스스로 변화를 만들어 내야 한다. 우리에게 가장 중요한 가치는 프로정신, 책임감, 혁신적 구상, 신뢰, 모범적 행동, 그리고 개인과 환경에 대한 존중이다.
* 시세이도의 후쿠하라 요시하루 회장: 화장품과 위생용품을 중심으로 핵심사업전문화를 추진하겠다. 스킨케어 하우스로서의 시세이도를 만들겠다. 세계경영을 통해 각 지역의 역사와 가치를 따라가는 현지화전략을 추진한다. 국내외 판매노하우를 교환하는 마케팅융합사업도 펼친다. 널리 알려진 복수의 브랜드를 갖지 않으면 어렵다.
* 캐논의 미타라이 후지오 사장: 벤치마킹은 중요하지 않은 개념이다. 기존의

경쟁력을 유지하면 21세기에도 국제경쟁력을 가질 수 있다. 고유한 장점을 키워 나가다 보면 미래가 열린다. 다만, 제품개발속도를 가속화하고 시장영향력 확대에 전력을 경주해야 한다. 균형잡힌 판매에서 글로벌전략도 나온다. 상호연관성이 높은 제품을 생산하는 것이 첩경이다.

* 해상화재보험의 고토 야스오 야스다 회장: 환경소비자를 무시할 수 없는 시대가 열린다. 환경소비자들의 욕구를 만족시키지 않으면 안 된다. 비정부기구들과의 관계도 중요하다. 기업과 상호보완적인 관계라는 점을 주시해야 한다. 기업은 이익을 추구할 수밖에 없다. 그러나 기업의 사회적 기여에 전력을 투구한다는 내용을 기업이념에 포함시켰다.

— 매일경제 1999/08/22 —

# 제 6 장

# 전략계획이란 무엇인가

or what king, going to make war against another king, does not sit down first and consider whether he is able with ten thousand to meet him who comes against him with twenty thousand? or else, while the other is still a great way off, he sends a delegation and asks conditions of peace. — Luke 14 : 31-32 —

## 제 1 절　전략계획이란 무엇인가

### Ⅰ. 전략계획의 중요성

이 책에서 조직은 서로 상이한 전략을 추구하며, 더 우수한 전략이 좋은 성과를 가져온다는 것을 전제로 하고 있다. 그런데 전략계획(strategic planning)이 조직의 성공에 있어서 중요한 역할을 한다는 것이 널리 인식된 것은 채 20년도 되지 않는다.

1970년대 초기까지는 장기계획(long-range planning)을 수립하는 경영자들은 앞으로 좋은 시대가 열린다고 가정하였다. 미래의 계획이란 단지 조직이 과거에 수행하여 왔던 것을 미래로 연장한 것에 지나지 않았다. 그러나 수많은 환경적 충격, 예컨대 에너지위기, 기술의 급속한 발전, 특정시장의 성장이나 침체, 점증하는 국제경쟁력은 이러한 장기계획이 옳지 못하다는 것을 분명하게 밝혀 주었다. '게임의 규칙'(rules of game)에서의 이러한 환경적 충격이 가져다 준 변화는 경영자로 하여금 환경을 분석하는 체계적인 수단을 개발하고, 조직의 강점과 약점들을 평가하며, 조직이 경쟁력 이점을 가져다 줄 수 있는 기회가 어디에 있는가를 확인하도록 강요하였다.

오늘날 전략계획은 기업에 국한되지 않고 정부기관 · 병원 · 교육기관에 이르기까지 널리 적용되고 있다. 예를 들어 대학교육의 치솟는 원가상승, 정부의 교육재정 삭감, 고등학교 졸업생의 절대적인 수의 감소 등은 대학본부로 하여금 대학의 생존을 위한 구조조정과 살아남고 번성하기 위한 틈새시장을 찾도록 강요하고 있다.

### Ⅱ. 전략경영과 전략계획

전략계획을 더 큰 개념인 전략적 경영(strategic management)과 어떻게 다른가를 먼저 구분하기로 한다. 〈그림 6-1〉은 전략적 경영과정을 8 단계로 구분하여 나타낸 것이다.

전략계획은 그림의 8 단계 중 앞의 일곱 단계, 즉 조직의 사명을 정의하고 기회를 확인하기 위해 환경을 살펴본 다음, 조직이 경쟁상의 이점을 가질 수 있는 개발가능한 틈새시장을 정의하기 위해 조직의 강점과 약점을 환경평가와 조합하는 데 그 초점을 맞춘다. 전략계획에는 전략의 실행(implementation)을 제외하는 것으로 정의한다. 물론 이것이 전략의 실행에 대한 중요성을 과소평가한다는 뜻은 아니다. 최선의 전략이라 하더라도 경영자가 만약 전략을 정책, 운영계획, 구조설계(structural designs), 통제시스템(control systems) 및 이를 실행하기 위한 필요한 수단으로 전환시키는 데 실패한다면, 아무런 도움이 되지 않는다. 그러나 실행에 관한 설명은 뒤에 다시 다루기로 하고, 이 장에서는 〈그림 6-1〉의 8 단계 중에서 앞의 일곱 단계를 다루기로 한다.

단계 1: 조직의 사명을 정의한다. 모든 조직은 그 목적을 정의하고, 다음 질문에 답할 수 있는 사명(mission)을 가져야 한다. 즉 우리는 어떠한 사업을 해야 하는가?

조직의 사명을 정의하는 것은 경영자가 그 제품이나 서비스의 범위를 주의 깊게 확인하도록 강요한다. 예컨대 철도산업의 쇠퇴는 그들이 속한 사업을 잘못 정의한 것 때문에 일어났다고 주장되고 있다. 1930년대와 1940년대에 그들은 그들의 사업이 철도(railroad)가 아니라 수송업(transportation business)으로

〈그림 6-1〉 전략적 경영의 과정

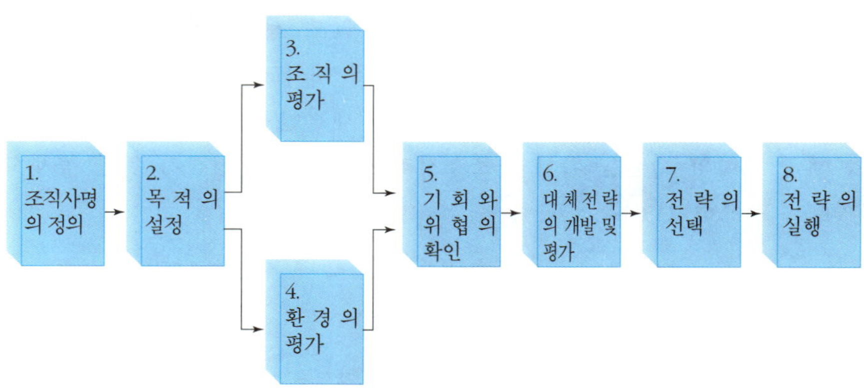

잘못 정의했기 때문에 그들의 운명은 전혀 달라졌던 것이다.

사업성격의 결정은 비영리기업에서도 역시 중요하다. 병원 · 정부기관 · 대학 등은 그들의 사명을 정의하지 않으면 안 된다. 대학의 경우 학생들을 전문가가 되게 교육시킬 것인가? 아니면 특정업에 적합하도록 교육시킬 것인가? 혹은 자유로운 교육을 통해 전인적인 학생이 되도록 교육시킬 것인가? 이러한 질문에 대답은 조직의 목적(purpose)을 명확하게 경영자로 하여금 그 목적(objectives)을 수립할 수 있도록 한다.

단계 2: 목적을 수립한다. 조직의 목적은 어떠한 계획의 프로그램을 짜든 그 바탕이 된다. 사명은 경영자에게 조직의 목적을 명확하게 밝혀 준다. 목적(objectives)이란 사명(mission)을 구체적인 용어로 해석한 것이다. 항공회사의 경우 사람을 수송하는 것을 그 사명이라고 정의할 수 있으며, 그 목적(objectives)의 하나는 오는 3년간 수익을 40% 증가시키는 것으로 정의할 수 있을 것이다. 목적에 대해서는 이미 자세히 설명하였기 때문에 여기서 생략하기로 하고 다음 단계로 넘어가자.

단계 3~단계 5: 기회를 분석한다. 기회분석(opportunity analysis)이란 환경에 존재하는 기회가 무엇인지를 결정하고, 이러한 기회에 응답하기 위하여 조직의 능력(ability)을 평가하는 것이다.

단계 3에서는 조직내부를 검토하는 데 관심을 갖는다. 조직의 강점과 약점은 무엇인가? 종업원들은 어떤 기술과 능력을 보유하고 있는가? 조직의 재정상태는 어떠한가? 추가자본(additional capital)의 도입이 가능한가? 새로운 혁신적 제품을 개발하는 데 성공적이었는가? 공장의 기계설비가 현대적이며 능률적인가? 대중이 조직 및 제품이나 서비스의 질을 어떻게 인식하고 있는가? 이러한 질문에 대한 답은 조직의 차별적 역량(distinctive competence)을 나타내 준다. 즉 조직의 강점과 약점에 대한 내적 분석(internal analysis)은 경쟁적 시장에서 조직이 구사할 수 있는 기술이 무엇인가를 확인해 준다. 단계 3은 조직의 규모와 경쟁력이 어떠하든간에 경영자에게 그 조직이 사용가능한 자원과 기술 어느 면으로든 제약을 받는다는 것을 깨닫게 해 준다. 예컨대 농기구 제조사는 경영자들이 기회를 발견했다 해서 컴퓨터 소프트웨어 사업에 뛰어들 수는 없다는 것을 의미한다.

단계 4는 조직외부, 즉 환경을 검토하는 데 관한 것이다. 우리는 앞에서 조직의 환경에 대해 자세히 설명하였다. 그 때 우리는 환경이 조직의 방향을 어떻게 제약하는가를 살펴보았다. 조직이 직면한 환경의 불확실성이 크면 클수록 환경이 경영자의 선택범위(option)와 나아갈 방향의 설정에 더 많이 제한을 가한다는 결론을 내렸었다. 여기서는 조직의 특정환경이 어떠하든간에 기회는 수적으로 제한되며, 이것은 경영자의 선택범위를 좁힌다는 것을 밝혀둔다.

단계 5에서는 기회와 위협을 정의하기 위해 단계 3과 단계 4에서 모아진 정보를 결합한다. 이것을 나타낸 것이 〈그림 6-2〉이다.

동일한 환경이라도 조직이 지닌 자원의 차이 때문에 같은 산업에서 한 조직에는 위기가 되고, 다른 조직에는 위협이 될 수 있다는 점을 명심하여야 한다.

단계 6～단계 7: 전략적 의사결정을 행한다. 단계 6과 단계 7은 전략수립을 위한 주요 의사결정요소에 속한다. 이 단계에서는 대체안들(alternatives)이 개발되고 분석된다. 대체안들의 분석에 의해 경영자는 조직에 경쟁적인 이점을 가져다 줄 전략이 무엇인지를 발견하고자 한다. 즉 경영자는 경쟁자를 이길 수 있는 상대적인 이점을 얻기 위해 조직을 어떻게 할 것인가를 알려고 한다. 이 장의 끝 부분에서 논의하게 될 것이지만, 이 단계에서 경영자는 그 조직이 운영되고 있는 산업의 경쟁 룰(rule)을 따르면서 어떻게 경쟁세력들을 이길 수 있는가 주의 깊게 평가하여야 한다.

경영자가 경쟁적 이점을 얻기 위한 방법에는 다음의 세 가지 본질적인 전략이 있다. 즉 원가우위(cost leaderships), 차별화(differentiation), 세분화시장에

〈그림 6-2〉 조직의 기회확인

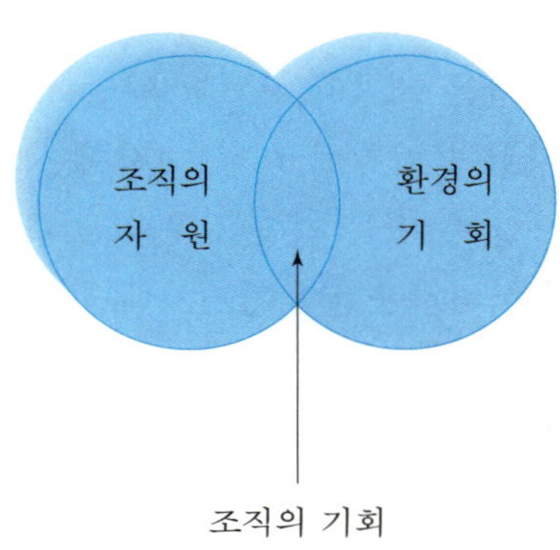

의 집중(focusing on a narrow market segmentation)이다. 성공적인 경영자는 그 조직에 가장 호의적인 경쟁적 이점을 제공하는 전략을 선택한 후 그 이점을 오랫동안 유지하려고 노력한다.

# 제 2 절 전략계획에 대한 상황적합관점

## Ⅰ. 전사수준 및 사업수준의 전략

우리는 지난 10년 전에 비해 효과적인 전략계획에 대해 더 많이 알고 이를 이용하고 있다. 우리는 "성장률이 높은 시장 혹은 시장점유율이 높거나 그렇게 될 잠재력이 많은 시장에 투자하라"는 대단히 단순한 전략적 지침수준에서 정교한 상황접근적 구조를 갖는 전략을 이용하는 수준으로 발전하였다. 이 절에서는 현대 전략계획개념의 발전에 대해 설명하기로 한다. 먼저 두 가지의 전략수준을 구분함으로써 이 설명을 하기로 한다.

모든 조직이 단 하나의 제품이나 서비스만을 생산한다면, 어떠한 조직의 경영자라도 조직이 행하는 모든 것을 포함하는 단일의 전략계획을 개발할 수 있을 것이다. 그러나 많은 조직들은 거의 관계가 없는 다양한 사업라인을 갖고 있다. 예를 들어 GE社와 같은 회사는 마이크로웨이브 오븐과 전구와 같은 소비자제품을 생산할 뿐 아니라 수백 달러의 수력발전댐에 사용하는 전력시스

〈그림 6-3〉 전략의 수준

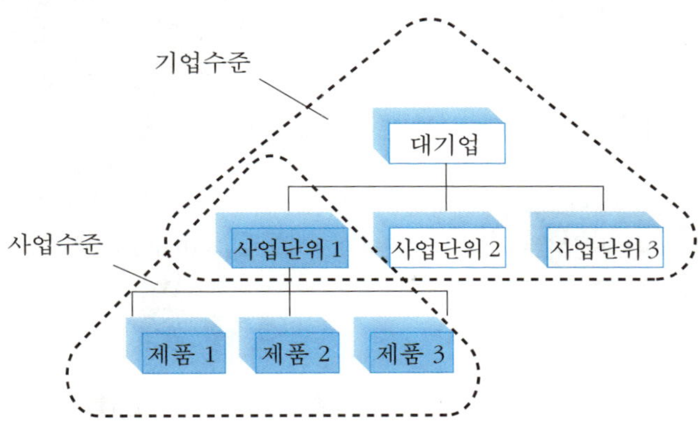

템을 생산하기로 한다. 그러므로 여러 사업을 하고 있는 조직들은 각 활동에 따라 다른 전략을 수립할 필요가 있는 것이다. 따라서 전사수준의 전략(corporate-level strategy)과 사업수준의 전략(business-level strategy)을 서로 구별할 필요가 있다(〈그림 6-3〉을 보라).

만약 조직이 하나 이상의 사업부를 가지고 있다면 전사수준의 전략이 필요하다. 이 전략은 다음 질문에 답하기 위한 것이다. "우리가 어떤 사업조합(set of business)을 가지는 것이 좋은가?" 전사수준의 전략은 조직에서 각 사업의 역할을 결정하는 것이다. 어떤 회사에서는 최고경영자의 전사수준의 전략으로 오락업, 재무서비스업 및 출판업 등의 다양한 사업을 통합한 전략을 세우고 있다.

사업수준의 전략은 다음 질문에 답하도록 요구한다. 각 사업에서의 경쟁은 어떠 해야 하는가? 하나의 사업라인만 있는 작은 조직이나 다각화를 피하고 있는 큰 조직에서는 사업수준의 전략이란 조직의 전사적 전략과 같아진다.

다양한 사업라인이 있는 조직에서는 각 사업라인이 어떠한 제품과 서비스를 제공할 것인지, 대상소비자를 누구로 할 것인지 등을 정해 주는 고유한 전략이 필요하다. 여러 사업라인을 가진 조직에서는 사업별로 전략을 수립하여야 조직이 제공하는 제품이나 서비스를 정의하고, 만나야 할 고객 등을 정의하기가 용이하다.

조직이 많은 사업부를 거느리고 있는 경우는 전략적 사업단위(Strategic Business Unit : SBU)로 계획을 수립하는 것이 좋다. SBU란 단일사업이나 관련 사업을 모아 놓은 것이라 볼 수 있다. 각 SBU는 명확한 사명(mission)과 경쟁자를 갖는다. 각 SBU는 조직의 다른 SBU로부터 독립된 전략을 가지게 된다. GE 같은 회사는 너무나 많은 다양한 사업부가 있기 때문에 경영자는 40개 이상의 SBU를 만들고 있다.

계획에서 SBU의 개념은 다음의 원칙에 의하여 사업단위를 나누게 된다.

1) 조직은 전략으로 명확하게 정의되고 세분화된 제품시장에서 활동을 하는 각 사업단위로 구성되는 사업포트폴리오(business portfolio)로 관리된다.

2) 포트폴리오를 구성하는 SBU의 능력(capability)과 경쟁적인 요구에도 부합하는 전략을 개발하여야 하지만, 전반적인 조직의 능력 및 요구와 일치하여야 한다.

3) 전체의 포트폴리오는 조직 전체의 이익을 위한 것이어야 한다. 즉 위험수

준은 받아들일만 하고, 통제가능하여야 하며, 매출성장 · 이익 · 자산혼합(asset mix)이 균형을 이루어야 한다.

전사수준의 전략과 사업수준의 전략을 차별화하는 가장 중요한 것은 무엇인가? 1970년대의 전략계획은 대부분 조직의 사업포트폴리오를 극대화하기 위한 전사수준의 전략에 초점을 맞추어졌었다. 그러나 최근에 들어와서는 사업수준의 전략으로 초점이 이동되었다. 사업수준의 전략에 초점을 맞추는 것은 전략개념을 적용하기 위한 보다 의미 있고 일반화할 수 있는 지침서를 제공해 준다.

## Ⅱ. 전사적 포트폴리오 매트릭스

전사수준의 전략으로 가장 인기 있는 접근법은 기업포트폴리오 매트릭스(corporate portfolio matrix)이다. 1970년대 초에 보스턴 컨설팅 그룹(Boston Consulting Group)에 의해 개발된 이 접근법은 어느 SBU가 잠재력이 있고, 어느 조직자원이 고갈되어 있는가를 확인하기 위해 조직의 각 SBU를 2x2 행렬에 표시하도록 하고 있다.

〈그림 6-4〉는 BCG 매트릭스를 보여 주고 있다. 수평선이 시장점유율(market share)이고, 수직선이 예측성장률(anticipated growth rate)이다. 이 매트릭스에서 높은 시장점유율이란 한 사업이 이 산업 내에서 리더(leader)라는 것을 의미한다. 높은 시장성장률과 낮은 시장성장률은 매출액의 연간성장률 10%(인플레이션감안)로 구분짓는다. 매트릭스는 다음과 같은 4가지로 구분될

〈그림 6-4〉 BCG 매트릭스

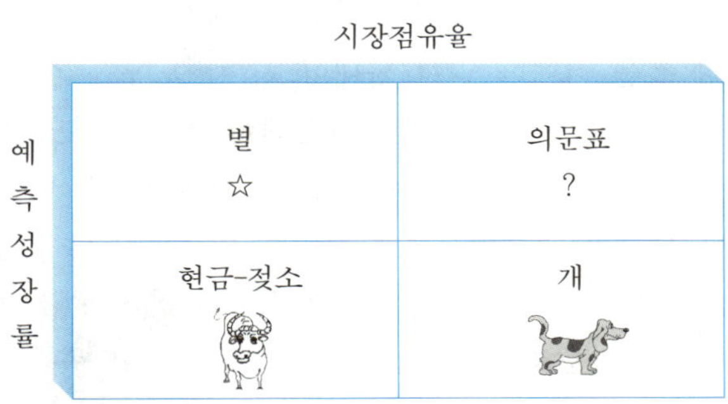

수 있음을 보여 주고 있다.

(1) 현금-젖소(cash-cows: 낮은 성장률, 높은 시장점유율): 이 부류의 제품은 많은 양의 현금을 가져다 주지만 미래성장에 대한 전망은 제한적이다.

(2) 별(stars: 높은 성장률, 높은 시장점유율): 이 제품은 급성장시장에 속하며, 그 시장에서 지배적인 점유율을 가지고 있다. 그러나 제품개발을 위한 새 공장이나 설비에 대한 투자의 필요성에 따라 적극적인 현금흐름을 가져올 수도 있고, 그렇지 않을 수도 있다.

(3) 의문표(question mark: 높은 성장률, 낮은 시장점유율): 이는 높은 위험을 가진 투기적 제품을 가리킨다. 이러한 제품은 수익성이 높으나 시장점유율이 낮을 수 있다.

(4) 개(dogs: 낮은 성장률, 낮은 시장점유율): 이 부류에 속한 제품은 많은 현금을 창출하지도 않으며, 많은 현금을 필요로 하지 않는다. 이 제품은 업적을 개선할 전망이 없다.

BCG 매트릭스는 누적학습곡선(cumulative learning curve)이 존재한다는 것을 가정하고 있다는 것을 이해할 필요가 있다. 이것은 회사가 하나의 제품을 생산하고 있고, 또 그 생산과정을 적절하게 관리하고 있다면 생산된 제품의 누적량이 크게 증가할 때마다 단위당 생산원가가 감소할 것이라고 가정한 것이다. 특히 보스턴 컨설팅 그룹은 생산량이 두 배가 되면 단위원가는 20~30% 감소한다고 주장한다. 그러므로 가장 큰 시장점유율을 가진 사업이 가장 낮은 원가를 가진다는 것은 당연한 결론이다.

이제 전략을 위한 BCG 매트릭스의 실행에 관해 알아보자. 각 그룹에 대해 경영자는 어떤 전략을 추구해야 하는가?

BCG에 대한 연구는 시장점유율을 얻기 위해 단기이익을 희생하는 조직은 높은 장기이익을 얻게 된다는 것을 알았다. 그러므로 경영자는 될 수 있는 한 젖소(cows)의 젖을 최대한 많이 짜내야 하며, 보유를 최소수준으로 유지함으로써 소에 대한 새로운 투자를 제한해야 하고, 전망이 보이는 기회(opportunity)에다 많은 현금을 투자해야 한다. 별(stars)이 바로 '전망이 보이는 기회'에 해당한다. 별(stars)에 대해 상당한 액수의 투자가 높은 배당을 가져다 준다. 물론 시장이 성숙하고 성장이 감소하면 별은 현금-젖소(cash cows)로 진행된다. 가장 어려운 의사결정은 의문표(?)에 속한 부류이다. 얼마는 정리되거나 별(stars)로 나아가게 된다. 그러나 의문표는 위험을 부담하며, 경영자는 이러한 투기적 모험의 수를 줄이고자 한다. 개(dogs)는 아무런 전략적 문제를 제공하지 않는다. 그들은 처분되거나 최초의 기회에 정리된다. 개에 대해서는 이를 보유하거나 이것에 대해 투자할 것을 권하지 않는다. 개를 정리하여 얻어진 돈은 물음표(?)를 사거나 물음표의 자금조달을 위해 사용된다. GE사의 경우 BCG 매트릭스는 경영자에게 핵관련장비업을 정리하는 것이 낫다고 충고한다. 왜냐하면 그것은 개에 해당되기 때문이다. 세탁기사업은 현금-젖소에 해당되기 때문에 젖을 짜내야 하고, 전자레인지사업 같은 별이나 병원진단장비 사업과 같은 물음표에는 투자해야 한다고 주장한다.

최근에 들어 기업포트폴리오(corporate portfolio)개념, 특히 BCG 매트릭스는 빛을 잃어가고 있다. 그 이유는 다음의 네 가지 원인 때문이다. ① 경험이 축적된다 해서 비용이 자동적으로 감소되는 것이 아니다. 비용곡선을 성공적으로 아래로 내려가도록 하기 위해서는 경영자가 비용을 철저히 통제하지 않으면 안 된다. 불행히도 모든 경영자가 이렇게 할 수 있는 것은 아니다. ② 포트폴리오개념은 조직이 독립적인 단위의 수를 적당하게 분리한다는 것을 가정하고 있다. 대기업의 경우 이론으로는 간단하나 실제는 대단히 복잡하다. ③ 예상과는 달리 많은 개(dogs)들은 지배적인 시장점유율을 가진 성장하는 경쟁자보다 수익성은 지속적으로 높게 나타났다. ④ 최근 경제성장률이 정해져 있고 하나의 시장에는 하나의 리더(leader)만 있다는 사실은 정의에 따르면, 사업의 절반 이상이 개(dogs)의 부류에 속하게 된다. 따라서 기업전략의 개념에 따르면 대부분 조직의 사업들은 현금-젖소와 개의 부류에 속하고, 별이나 물음표의 부류에 속하는 사업은 거의 없게 된다.

그러나 이러한 문제점에도 불구하고 기업포트폴리오 매트릭스는 불필요한 개념이 아니라 공통점이 없는 사업을 이해하고, 전략자원의 할당을 결정할 때 우선순위를 부여하는 틀을 제공해 주기 때문에 유용한 것이다. 더욱이 모든 조직에 최선의 전략이란 존재하지 않는다. 그것은 시장점유율과 성장이 중요한 변수들이 되기 때문에 기업포트폴리오 매트릭스는 상황적합적 관점(contingency perspective)에서 볼 때 초기의 기업전략 수립의 노력으로 인식되어져야 한다. 그러나 기업전략수립에서 경영자에 대한 지침으로 사용하기에는 한계점을 지니고 있다.

## Ⅲ. 전략의 세 가지의 형태

상황적합적인 틀에서의 전략수립을 위한 초기노력 중의 다른 하나는 Henry Mintzberg의 이론이다. 그에 따르면 사업수준전략은 조직의 크기와 연령 및 주요 의사결정자의 파워(power)와 같은 변수에 따라 세 가지 전략형태 중 하나에 속하게 된다.

〈그림 6-5〉는 이 세 가지 전략, 즉 계획(planning), 기업가적(entrepreneurial) 및 적응적(adaptive) 형태의 전략을 보여 주고 있다.

(1) 계획형태(planning mode): 이 형태는 목적과 조직과 환경의 체계적인 분석 및 목적의 달성을 위한 행동계획을 분명히 서술하는데, 이것은 이 장의 앞 부분에서 설명한 전략계획과 동일하다.

(2) 기업가적 형태(entrepreneurial mode): 이 형태에서는 강력한 지도자, 일반적으로는 조직의 설립자가 그가 지향하는 방향으로 직관적인 상(image)을 형성하기 위하여 개인의 판단과 경험에 따라 행동한다. 이 전략은 의사결정자의 용기 있는 결정에 따라 특징지워지는데, 의사결정자는 얼마간의 휴식기간 동안 의사결정을 하고, 전력을 다하여 힘을 쏟고, 휴식을 취하고 또 의사결정을 하는 식이다.

(3) 적응적 형태(adaptive mode): 조직의 목적과 목적을 달성하기 위한 수단이 모두 계속적으로 조절된다. 조직은 일련의 조금씩 해체(disjoint)의 단계들을 거치면서 서서히 나아간다.

Mintzberg의 이 세 가지 전략형태에 대한 주장의 공헌은 체계적이며 구조적인 계획형태는 모든 상황에 적절하다는 신념과 만나게 된다는 것이다. 계획형태의 전략은 특정계획을 보완한다. 즉 조직이 성숙하고 잘 설립되어 있으며, 기회분석에 투입될 자원이 충분하고 고위경영자가 조직의 목적에 동의하며, 환경의 불확실성이 낮으면 경영자는 계획형태의 전략을 따라야 한다. 이

〈그림 6-5〉 Mintzberg의 전략형태

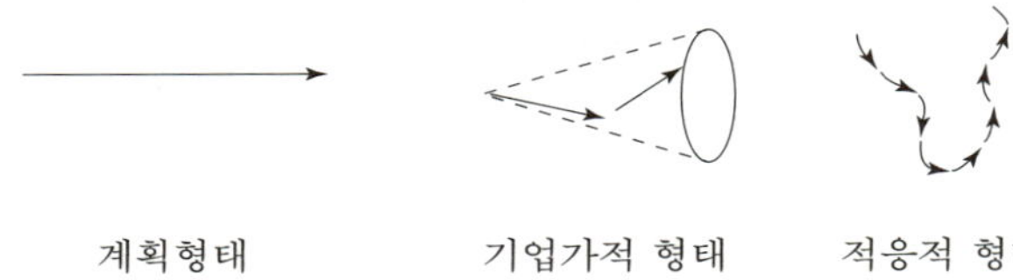

와는 달리 조건이 다르면 다른 형태의 전략을 선택하여야 한다. 기업가적 형태는 조직이 젊고 작을 경우, 한 사람의 강력한 리더가 사업의 지식이 많거나 위기가 발생할 때 효과적이다. 지휘적 계획(directional planning)과 같이 적응적 전략수립의 형태는 환경의 불확실성이 매우 높고, 경영자의 관점이 단기적인 것에 맞추어진 경우 및 고위경영자가 조직이 가야 할 방향에 대해 이견이 있을 때 가장 효과적이다.

## Ⅳ. 경쟁적 우위에 관한 연구

전략계획에 관한 가장 중요한 아이디어는 하바드 경영대학원의 Michael Porter의 연구에서 나왔다. Porter는 세 가지의 포괄적인 전략 중에서 하나의 전략을 선택한다고 주장했다. 그러나 성공은 올바른 전략, 즉 조직의 경쟁적 자세(competitive posture)와 그 조직이 속한 산업과 맞는 전략을 선택할 때 가능하다고 주장한다. Porter의 공헌은 경영자가 그가 속한 산업평균 이상의 수익성을 달성할 수 있는 경쟁적 우위를 창출하고 유지할 수 있는가를 자세히 설명하였다는 것이다.

### 1. 산업분석(industry analysis)

Porter는 어떤 산업은 다른 산업보다 더 수익성이 높다는 것을 인정하므로 그의 이론을 주장한다. 예를 들면 제약산업은 모든 경쟁자가 극히 높은 이윤을 갖는 산업이다. 그러나 이것은 사양산업이 이익을 많이 남길 수 없다는 것을 의미하는 것이 아니다. 열쇠는 경쟁적 우위를 얻어 내는 것이다. 이러한 논리와 일치하는 것으로는 개인컴퓨터나 케이블 텔레비전 같은 소위 매혹적인 산업에서도 손실을 입을 수 있고, 소방차생산업이나 폐자동차부품 판매업과 같은 별 것 아니라 생각되는 산업에서도 많은 이익을 남길 수 있다는 것을 의미한다. Porter는 성공은 대부분의 산업에서 성취될 수 있으며, 그 비결은 바른 전략을 찾아내는 것이라고 주장한다.

Porter는 어떠한 산업에서도 경쟁력은 다음의 5가지 경쟁법칙을 규정하고 있다.

(1) 진입장벽(barrier to entry): 규모의 경제, 브랜드 및 자본소요량이 새로운 경쟁자의 사업진입을 용이하게 하거나 곤란하게 한다.

(2) 대체제의 위협(threats of substitutes): 전환비용(switching cost), 구매자의 충성도(buyer loyalty)와 같은 요인들에 의해 고객이 경쟁자의 사업으로 대체하게 된다.

(3) 구매자의 협상능력(bargaining power of buyers): 구매자의 수량, 정보, 대체상품의 이용가능성과 같은 요소들은 한 산업에서의 구매자의 능력(power)을 결정한다.

(4) 공급자의 협상능력(bargaining power of supplier): 공급자의 집중(concentration) 정도, 대체투입물의 이용가능성과 같은 요소들은 공급자가 그 산업의 기업들에 대해 가지는 능력을 결정한다.

(5) 현경쟁자간의 경쟁(rivalry among existing competitors): 산업성장률 · 제품차이와 같은 요소들은 그 산업에 속한 기업들간의 경쟁정도를 결정한다.

위의 다섯 가지 경쟁력은 한 기업의 가격, 그것의 비용구조, 그것의 투자요구에 직접 영향을 미치기 때문에 산업수익성을 결정하게 된다. 따라서 경영자는 이러한 다섯 가지 경쟁력의 관점에서 산업을 평가하여 그 산업의 매력의 정도를 평가해야 한다.

이러한 틀을 사용하면서 Porter는 철강과 비디오게임산업을 매력이 낮은 산업으로, 청량음료업 · 데이터베이스업 · 출판업 등은 매력이 높은 산업이라 평가하였다. 물론 산업의 동태성 때문에 이러한 매력의 평가는 오늘날 그대로 적용되지 않는다. 왜냐하면 오늘 우호적인 산업이라도 내일 비우호적일 수 있기 때문이다. 그러므로 경영자는 정기적으로 산업의 상태를 재평가하여야 한다.

## 2. 경쟁적 우위의 선택

Porter에 따르면 어떠한 기업이라도 모든 사람을 다 만족시키려 한다면, 평균수준 이상의 성과를 얻어 낼 수 없게 된다. 그러므로 경영자는 그의 조직에서 경쟁적 우위를 가져다 줄 전략을 선택해야 한다. 경영자는 세 가지 전략, 즉 비용우위(cost-leadership) · 차별화(differentiation) · 집중화(focus) 전략 중의 어느 하나를 선택하게 된다. 어느 것을 선택할지는 조직의 강점과 경쟁자의 약점에 달려 있다. 경영자는 산업의 모든 사람과 승부를 하는 위치에 있어서는 안 된다. 그보다는 그들의 강점을 경쟁자가 가지지 않는 곳을 선택하여 투입해야 한다.

어떤 조직이 그 산업에서 저비용생산자라면 그는 저비용전략을 선택해야 한다. 이 전략으로 성공하기 위해서는 조직이 비용주도자이어야 하며, 그 지위를 차지하려고 하는 경쟁자 중의 하나라는 것으로는 안 된다. 이에 추가하여 제공된 제품이나 서비스는 경쟁자에 의해 제공되는 것과 비교할 만하거나 적어도 구매자가 받아들일 만한 것으로 인식되어져야 한다.

기업은 어떻게 비용우위를 갖게 되는가? 전형적인 수단으로는 능률적 운용(efficiency of operations), 규모의 경제(economies of scales), 기술혁신(technological innovation), 저비용의 노동력, 원자재의 용이한 접근 등을 들 수 있다. 비용우위전략을 추구했던 기업으로는 Wal-mart, MCI, Gallo wines, 현대자동차 등을 들 수 있다.

구매자에 의하여 매우 가치를 지닌 기업으로 널리 평가받으며, 그 산업에서 유일한 기업이 되기를 추구하는 기업은 차별화전략(differentiation strategy)을 채택한다. 이 전략에서는 높은 품질(high quality), 특별서비스(extra-ordinary service), 혁신적 디자인(innovative design), 기술적 능력(technolo-gical capability) 혹은 독특한 브랜드 이미지(brand image)를 강조한다. 핵심은 선택된 속성이 경쟁자가 제공하는 것과 달라야 하며, 차별화비용을 상쇄하는 가격프리미엄을 충분히 정당화할 수 있어야 한다는 것이다.

기업이라면 모두 다 경쟁사와 차별되는 속성은 적어도 하나 이상은 가지고 있다. Cray 슈퍼컴퓨터는 기술을, Honda는 신뢰성을, IBM은 뛰어난 훈련된 인적 자원을, Mary Kay 화장품은 분배를, 그리고 Porsche는 성능을 그의 차별화한 특성으로 지니고 있다.

위의 두 전략은 광범한 산업부분에서 경쟁적인 우위를 추구한다. 그러나 집중화전략(focus strategy)은 좁은 산업분야에서 비용집중(cost focus)에 의한 비용우위 또는 차별화집중(differentiation focus)에 의한 차별우위에 목표를 둔다. 즉 경영자는 제품의 다양성, 최종구매자의 형태, 판매망 또는 구매자의 위치와 같은 한 산업 내에서 한 분야나 일련의 그룹을 선택하여 다른 경쟁자들은 제외되도록 한 후 고객을 서비스하도록 전략을 세우게 된다. 그 목적은 시장의 한 분야만을 탐색하기 위한 것이다. 물론 집중화전략이 가능한지는 분야의 크기에 의존하고, 집중화에 따른 추가적인 비용을 뒷받침할 수 있는지의 여부에 달려 있다. 어떤 대학들은 직장을 가진 사람들을 위해 야간강의를 함으로써 차별화집중전략을 추구하여 다른 경쟁대학들에 대해 경쟁적 우위를 얻고 있다.

Porter는 이러한 전략의 하나를 사용하여 경쟁적 우위를 얻을 수 없는 조직을 서술하기 위하여 "어정쩡한 상태"(stuck in the middle)라는 용어를 사용하였다. 그러한 조직은 장기적인 성공을 달성하기가 어렵다. 성공을 한다면 이것은 매우 호의적인 산업에서 경쟁한 결과이거나, 아니면 그들의 경쟁자들도 비슷하게 중간에서 막혀 버렸기 때문일 것이다.

Porter는 경쟁적 우위를 넘어섬으로써 스스로 어려움에 직면하는 수가 많고, 더 나가지 못하고 중간에서 머물러 오도 가도 못하는 경우가 있음을 지적하였다. Laker 항공사가 바로 그런 예에 속한다. 1977년 런던과 뉴욕간을 최저가격으로 단순하게 비행하였다. 이것은 비용우위(cost-leadership)전략으로서 성공을 가져왔다. 1979년 이 회사는 새로운 항로를 개설하였고, 평균 이상의 서비스를 제공하였다. 이것은 Laker社의 대외적인 이미지를 흐리게 하였고, 경쟁자의 진입을 허용하게 되었고, 드디어는 1982년에 파산하였다.

### 3. 경쟁적 우위의 유지

세 가지 전략 중 어느 하나를 구사함으로써 장기적인 성공을 얻기 위해서는 우위가 계속 유지되지 않으면 안 된다. 즉 경쟁자의 행동이나 산업에서의 진화적인 변화에 의해 경쟁우위가 잠식되지 않도록 막아야 한다. 이것은 그리 간단한 문제가 아니다. 고객의 취향이 변하듯 기술도 변화한다. 가장 중요한 것은 어떠한 우위든간에 경쟁자들이 이를 모방할 수 있다는 것이다. 경영자는 모방이 어렵게 하거나 또는 경쟁적 기회가 줄어들도록 장벽을 쌓을 필요가 있다. 특허권이나 저작권은 모방의 기회를 줄인다. 규모의 경제가 실현되도록 주문량을 늘여 나감으로써 가격을 낮추는 것도 유용한 기술이 된다. 공급자와 배타적인 계약을 함으로써 경쟁자에 공급하지 못하도록 제한할 수 있으며, 관세를 부과하는 정부의 정책을 지원함으로써 외국의 경쟁자를 막을 수 있다. 그러나 경쟁적 우위를 유지하기 위해 경영자가 무슨 조치를 취하든간에 경영자는 흡족할 수 없다. 경쟁적 우위를 유지하는 것은 경쟁에서 한발 앞서기 위해 계속적인 행동을 요구하기 때문이다.

### 4. 문화와 전략의 적합

우리는 앞에서 조직된 문화란 경영자의 재량권을 제한함을 설명하였다.

어떠한 분야보다 전략계획에서 이러한 제한이 가장 분명하게 드러난다. 전략결정에 대한 현대적 분석은 경영자가 선택하는 전략에 가장 큰 영향을 미치는 상황변수로서 문화(culture)를 강조하고 있다.

문화는 위험감수 · 혁신 · 성과보상의 정도에 따라 다르다. 전략적 선택은 그와 같은 요소들을 포함하기 때문에 문화적 가치는 어떤 전략에 대한 경영적 선호에 영향을 미치게 된다. 예를 들면 위험회피적(risk-aversive) 문화에서 경영자는 방어적인 전략을 선호하며, 재정적 지출을 최소화하고 환경의 변화를 예상하기보다는 이러한 변화에 수동적으로 반응하려고 한다. 위험을 피하려 할 경우 경영자는 비용절감을 강조하고, 기존 제품라인의 개선에 치중하게 된다. 그러나 혁신을 매우 가치 있는 것으로 보는 문화에서는 경영자가 더 많은 서비스창구나 뛰어난 판매자 대신에 제품개발이나 새로운 기술을 선호한다.

경영자가 조직의 문화와 일치하지 않는 전략을 선택하는 일이 있는가? 물론 있다. 그러나 그렇게 많지는 않다. 일반적으로 외부에서 영입되어 아직 조직의 문화를 잘 모르는 새로운 경영자의 경우에 그러하다. 이러한 경우 전략은 흔히 도입단계에서부터 실패할 가능성이 많다. 다행하게도 조직의 문화를 이해하는 경영자는 조직문화와 일치한 전략을 선호하고, 또 그러한 전략이 가장 성공할 확률이 높다.

## 제 3 절 시간을 어떻게 경영할 것인가

### Ⅰ. 시간경영

당신의 모습은 다음 중 어디에 해당되는가?

나는 흥미 없는 일보다는 흥미 있는 일을 먼저 한다.
나는 어려운 일보다는 쉬운 일을 먼저 한다.
나는 중요한 일보다 급한 일을 먼저 한다.
나는 도착한 순서에 따라 일을 처리한다.
나는 마감시간에 임박할 때까지 기다리다 맡은 그 일을 한다.

만약 당신이 위의 질문에 대해 한 가지 이상 "예"라고 답한다면, 당신은 시간경영에서 이득을 얻고 있다고 볼 수 있다.

이 절에서는 시간을 보다 잘 관리하는 데 도움이 될 몇 가지 제안을 하기로 한다. 시간경영(time management)는 개인의 일정관리를 위한 것임을 먼저 밝혀 둔다. 효율적으로 시간을 이용하는 경영자는 달성해야 할 활동이 무엇인지, 그리고 활동들을 행하는 가장 좋은 순서가 어떠하며, 이러한 활동들을 완성할 시기가 언제라는 것을 알고 있다.

### 1. 희소자원으로서의 시간

시간이란 유일한 자원으로서 이를 낭비하면 이를 대신할 다른 것이 없다. 사람들은 시간절약이란 말을 하지만 시간을 실제로는 절약할 수 없는 것이다. 그것은 미래에 사용하기 위해 비축할 수 있는 성질의 것이 아니다. 그리고 시간은 한번 낭비되면 결코 다시는 찾을 수 없는 것이다. 1분이 지나갔다면 그것은 영원히 사라지고 없어진 것이다. 이 자원의 긍정적인 측면은 모든 경영자가 동일하게 가지고 있다는 점이다. 돈이나 노동력 혹은 다른 자원들은 이 세상에 골고루 분포되어 있지 않기 때문에 어떤 경영자는 불이익을 당하고 있다. 그러나 모든 경영자는 하루에 24시간, 일주일에 7일이라는 시간을 가지고 있다. 다만, 어떤 사람들은 다른 사람들보다 자기몫을 더 잘 사용하고 있을 뿐이다.

### 2. 자유재량시간

경영자는 그들의 시간을 모두 통제할 수 없다. 그들은 일상적으로 방해를 받기도 하고, 기대하지 못한 위기에 대처하기 위해 시간을 빼앗기기도 한다. 그러므로 응답시간(response time)과 자유재량시간(discretionary time)을 구분할 필요가 있다. 경영자의 시간 중에 상당한 시간은 다른 사람의 요구, 수요 및 문제에 응답하는 데 소비되고 있다. 이것을 응답시간이라 하는데, 이것은 통제불가능한 것이다. 경영자가 통제할 수 있는 시간을 자유재량요소(discretionary component)이라 부른다. 이 장에서 설명하는 시간경영을 개선하기 위한 대부분의 제안들은 자유재량시간에 적용되는 것들이다. 왜냐하면 이 시간만이 관리가능하기 때문이다. 불행하게도 대부분의 경영자들, 특히 조직에서 중간 및 하위관리층에 있는 경영자들에게 있어 그들 시간의 25% 정도만 자유재량시간이다. 더욱이 이 자유재량시간은 여기서 5분, 저기서 5분과 같은 부스러기시간들이다. 그렇기 때문에 이러한 시간을 효율적으로 사용한다는 것은 대단히 어려운 것이다.

이에 대한 도전은 무슨 시간이 자유재량시간인가를 알아서 사용할 만큼 긴 시간으로 모을 수 있도록 활동들을 조직화하는 것이다. 자유재량시간을 확인하고 조직화하는 일을 잘 하는 사람들이 더 큰 것을 달성할 수 있고, 또 그들이 달성하는 일들은 더 높은 우선순위를 갖는 활동들이 되는 것 같다.

## Ⅱ. 시간을 어떻게 사용하는가

### 1. 중요도와 긴급도

문제를 행하는 방법이 시간을 잘 사용하는 방법을 결정한다. 매일의 활동일지를 기록하고 모여진 자료를 평가하는 것이 그 요체이다.

가장 좋은 일지는 일기 또는 15분 간격으로 구분된 카렌더를 이용하는 것이다. 일반화하기 위한 충분한 정보를 얻기 위해서는 약 2 주간의 기록이 필요하다. 이 2 주간에 15분 간격으로 모든 활동을 기록한다. 메모리의 손실을 최소화하기 위하여 활동할 때마다 기록하여야 하고, 정직하게 기록하는 것이 중요하다. 그렇기 때문에 시간을 실제로 어떻게 소비하였는가를 기록하여야 하며, 어떻게 소비하기를 원하였는가를 기록하는 것이 아님을 명심해야 한다. 기록이 완성되면 그것은 당신이 행한 자세한 시간 및 활동일지가 된다. 이제는 소비한 시간이 얼마나 효율적으로 사용되었는가를 분석할 준비가 다된 것이다. 중요도와 긴급정도에 따라 각 활동을 평가하여야 한다(〈표 6-1〉을 보라). 이에 대하여 설명한다.

### 2. 시간경영을 위한 5 단계

시간경영의 요체는 시간을 효율적으로 사용하는 것이다. 이를 위해서는 달성하려고 하는 목적, 이 목적을 달성하기 위한 활동 및 각 활동의 중요도를 알아야 한다. 이것을 다음의 5 단계로 나누어 정리한다.

1) 목적들을 기술하라. 특정한 목적이 자신을 위한 것과 관리하는 부서를 위한 것인가?

2) 중요도에 따라 목적을 평가하라. 모든 목적들이 동일한 중요도를 갖는 것이 아니다. 시간은 유한하게 주어져 있기 때문에 가장 중요한 목적에 높은 우선순위를 부여하도록 한다.

〈표 6-1〉 중요도와 긴급정도의 분석

* 각 활동의 중요도는 다음과 같이 평가한다
  A. 매우 중요하다—하지 않으면 안 되는 경우
  B. 중요하다—해야 하는 경우
  C. 그렇게 중요하지 않다—유용한 것이지만 필요한 것은 아니다
  D. 중요하지 않다—아무 것도 달성하지 않은 경우
* 각 활동의 긴급정도는 다음과 같이 평가한다
  A. 매우 긴급하다—지금 하지 않으면 안 되는 경우
  B. 긴급하다—지금 해야 하는 경우
  C. 그렇게 긴급하지 않다—나중에 할 수 있는 경우
  D. 중요하지 않다—시간과 관련 없는 경우

3) 목적을 달성하기 위해 필요한 활동들을 열거하라. 목적들을 달성하기 위해 필요한 특정활동들은 무엇인가?

4) 각 목적에 대해 목적달성을 위해 요구되는 여러 가지 활동에 우선순위를 부여하라. 이 단계는 이차적인 우선순위를 부여하는 것이다. 여기서도 중요도와 긴급정도를 모두 고려하여야 한다.

활동이 중요하지 않으면 그것을 당신의 부하에게 위임할 수 있는지 고려하라. 만약 긴급하지 않는 활동이라면 그것은 기다려도 되는 것이다. 이 단계는 활동들이 반드시 해야 되는 것인가, 하여야 하는 것인가, 할 수 있을 때 하면 되는 것인가, 아니면 다른 사람에게 위임할 수 있을 것인가를 확인하는 것이다.

5) 정해진 우선순위에 따라 활동에 대한 일정계획을 세워라. 마지막 단계는 매일의 계획을 준비하는 것이다. 매일 아침이나 전날 일을 마쳤을 때 하루에 그날 해야 할 중요한 일 5가지 정도에 대한 목록을 만들어라. 그 목록이 10가지 이상이면 귀찮은 일이 되고 비효율적이 된다. 그 때는 중요도와 긴급정도에 근거하여 활동들에 대한 우선순위를 세워라.

## Ⅲ. 추가적인 고려사항

### 1. 10~90의 원리를 좇아라

경영자의 시간 중 10%가 결과의 90%를 만들어 낸다. 경영자가 활동의 올가미(trap)에 사로잡히게 되면, 달성과 행동을 혼동하게 되기 쉽다. 시간을 잘 활용하는 사람은 활동 중 10%에만 가장 높은 우선순위를 둔다.

### 2. 생산성의 사이클(productivity cycle)을 고려하라

모든 사람은 하루 중 하나의 사이클을 갖고 있다. 어떤 사람은 아침에 높은 생산성을 갖고, 다른 사람은 오후 혹은 저녁에 높은 성과를 가진다. 이 사이클을 알고, 이에 따라 일정계획을 세우는 사람은 높은 효과를 가질 수 있다. 이들은 사이클이 최고조에 이르렀을 때가 주의력이 높고 생산적인 때이기 때문에 요구하는 대부분의 일을 처리한다. 이들은 일상적인 일과 중요하지 않는 일은 사이클이 낮은 지점에서 행한다.

### 3. 파킨스의 법칙(Parkinson's law)을 기억하라

파킨스의 법칙에 따르면 일은 모든 시간을 다 뺏을 때까지 확장된다. 이 법칙이 시간경영에서 의미하는 바는 일을 위해 시간을 지나치게 많이 할당할 수 있다는 것이다. 만약 하나의 활동을 수행하기 위해 스스로 지나치게 많은 시간을 할당하게 되면, 스스로 거기에 맞추어 시간을 보내기 때문에 모든 시간을 다소비하게 되고 말 것이다.

### 4. 중요하지 않은 일들은 하나로 묶어라

매일 전화를 하기 위해 매일 정규시간을 따로 두고 그 시간에 전화를 하며, 다른 종류의 바쁘지만 성과 없는 일들을 하라. 이상적인 것은 이러한 일들은 사이클이 낮아질 때 하도록 하는 것이다. 이렇게 하면 중복이나 낭비, 과잉을 피할 수 있고, 우선순위가 높은 작업이 방해되지 않도록 막아 준다.

### 5. 중단을 최소화하라

가능하면 하루 중 가장 생산적인 시간대를 자유재량시간으로 만들어 놓음으로써 중단을 최소화하도록 하라. 그리고는 자신을 다른 것으로부터 격리시켜라. 이 시간대에는 일에 접근하거나 방해를 받지 않도록 제한해야 한다. 또 전화나 다른 사람의 방문을 거절하라. 다른 시간대에서는 예기치 않았던 방문자를 위해 문을 열고 전화를 걸거나 전화에 답해 줄 수 있을 것이다.

자신을 다른 것과 격리시키는 능력은 조직문화, 상사 및 부하에 대한 믿음에 달려 있다. 그러나 가장 중요한 것은 조직에서의 당신의 위치이다.

일반적으로 조직에서 차지하는 위치가 높으면 높을수록 모든 긴급한 일에 간여하지 않아도 될 것이다. 이와 반대로 대부분의 감독자들은 그들이 감독하는 일의 영역에서 벗어나는 시간은 짧은 시간뿐이다.

### 6. 잘못 운영되는 회의는 시간을 낭비한다

경영자는 많은 시간을 회의로 빼앗긴다. 회의는 또한 길어지는 경향이 있다. 회의를 이끄는 위치에 있다면 마칠 시간을 미리 정해라. 미리 회의안건을 문서화해서 그 안건만 다루어라. 매력이 있지만 회의시간을 끌 만한 다른 안건은 다른 회의 참석자들을 오래 붙잡아 둘 뿐이다. 사람들은 자리에 앉자 편안함을 느끼게 되면, 바로 주제에 집중하여 토론할 동기를 잃어버리는 것이 일반적이다. 어떤 경영자는 그의 사무실에 그가 앉는 의자 외에 다른 의자를 두지 않는다. 그렇기 때문에 방문자들은 경영자의 시간을 낭비시키지 않고 빨리 나가게 된다.

## 〈경영의 실천〉 블루 오션(Blue Ocean) 전략과 성공 사례

다음은 중앙일보의 중앙일보 미디어마케팅연구소 송명석 님의 글입니다.

＊프랑스 경영대학원 김위찬 교수 등이 정립한 경영 전략

요즘 프랑스 인시아드(INSEAD) 경영대학원의 김위찬 · 르네 마보안 두 교수가 공동 저술한 '블루 오션 전략'(Blue Ocean Strategy)이 불안한 경쟁 상황을 벗어나는 새로운 전략으로 주목을 받고 있습니다. 국내 기업의 경우, LG그룹 등이 최근 '블루 오션 전략'을 도입해 자사의 사업 모델이나 제품 개발에 활용할 방침인 것으로 알려졌습니다.

이번 이메일에서는 '블루 오션'의 개념과 기업의 성공 사례를 다루겠습니다. 더 구체적인 내용을 알고 싶은 분은 김위찬 · 르네 마보안 교수의 홈페이지(www.blueoceanstrategy.com)와 LG경제연구원의 주간경제(6월 3일자)를 참고하십시오.

블루 오션은 경쟁사가 도저히 발을 들여 놓을 수 없는 '나만의 시장'

'블루 오션' 전략은 남과 경쟁하지 않는 시장을 새로 창출하는 것을 뜻합니다. 저자에 따르면, 너무 많은 기업이 성장 가능성이 없는 시장에서 피튀기는 경쟁을 하는 '레드 오션'(Red Ocean)에서 허우적거리고 있습니다. 이에 반해, 블루 오션 전략은 이익과 무한한 성장 가능성을 보장하는 경영 전략입니다. 한마디로, 월등한 서비스 품질로 경쟁사가 도저히 발을 들여놓을 수 없는 시장이 '블루 오션'입니다.

그럼 어떻게 해야 블루 오션을 만들 수 있는 것일까요? 이와 관련, LG 경제연구원은 세 가지 방법과 기업의 성공 사례를 제시합니다.

* 벤치마킹하지 말고 절대 가치를 추구하라

남이 발을 들여 놓을 수 없는 '블루 오션'을 창출하기 위해서는 우선 벤치마킹을 하지 말아야 합니다. 벤치마킹이란 타 기업과 자사를 비교하는 것으로, 결국 상대적인 가치를 추구하는 것이라고 할 수 있습니다. 그러나 '블루 오션'은 벤치마킹 대신에 '왜 우리 회사는 존재하는가'에 대한 본질적인 문제에 고민하는 것과 같은 절대가치를 추구합니다. 절대가치 추구의 대표적 사례가 '비타 500'입니다. 비타 500은 구입과 소비가 간편하고 맛있는 비타민제를 만들어야 한다는 획기적인 개념을 가지고 개발됐습니다. 따라서 약국이 아닌 슈퍼마켓을 통한 판매, 기존의 정제나 과립제가 아닌 드링크류의 개발과 같은 혁신이 가능했습니다. 만약 벤치마킹을 했더라면 이같은 혁신은 불가능했을 것입니다.

* Input 관리에 매진하라

'블루 오션'은 하루 아침에 이루어지지 않습니다. 장기적인 안목을 가지고 특정 분야에 대해 투자하는 'Input 관리'가 중요합니다. 대표적인 사례가 최근 온라인 게임시장의 판도 변화를 몰고 온 넥슨사입니다. 넥슨사는 작년에 '카트라이트'라는 히트작을 내놓아 철옹성으로 여겨지던 '스타크래프트'를 제쳤습니다. 이같은 넬슨의 성공은 10년 동안 꾸준하게 캐주얼 게임이라는 한 가지 장르를 연구 · 개발하고 우수한 인재를 확보한 데 따른 것입니다. 캐주얼 게임은 배우기 쉽고 짧은 시간을 활용해 가볍게 즐길 수 있는 컴퓨터 게임입니다.

* 트렌드와의 적합성을 높여라

블루 오션은 절대가치의 추구와 Input 관리만으로는 충분하지 않습니다. 바로 트렌드와의 적합성이 있어야 블루 오션을 창출할 수 있습니다. 대표적 사례가 Apple사입니다. Apple사는 1998년 불법 음악파일 교류가 활성화하는 상황을 지켜보며 향후 Internet을 기반으로 하는 디지털 컨텐츠가 새 영역으로 등장할 것이라고 예견했습니다. 그리고 곧바로 개발에 착수, iMovie, iDVD, iPhoto, iTunes 등 i시리즈의 소프트웨어 개발에 착수했습니다. 그 결과 20년에 걸친 암울한 세월을 떨쳐 낼 수 있었습니다.

이번 '블루 오션' 전략을 접하면서, 저는 영한사전과 영영사전에서 blue ocean을 찾아보았습니다. 그러나 blue ocean을 찾을 수 없었습니다. 따라서 아직 일반화된 영어라고 볼 수 없고, 김위찬 교수들이 만든 신용어라고 할 수 있습니다. 이같은 이치는 현대정유의 'oil bank'에도 적용됩니다. 한 대학 수험생이 주유소를 영어로 무엇이라고 하느냐는 질문에 oil bank라고 자신 있게 대답했다가 보기 좋게 낙방했습니다. oil bank는 현대정유의 브랜드고, 주유소는 영어로 gas station입니다.

# 제 7 장

# 조직을 어떻게 구성할 것인가

For even as the body is one and yet has many members and all the members of the body, though they are many, are one body, so also is Christ. — Corinthians 12 : 12 —

## 제 1 절 조직이란 무엇인가

### Ⅰ. 조직화의 주요 개념

조직에 대한 자세한 설명에 앞서 조직과 관련하여 사용되는 세 가지 용어, 즉 조직화 · 조직구조 · 조직설계에 관하여 먼저 설명하기로 하는데, 이들 용어들은 서로 관련성을 지니고 있지만 의미가 같지는 않다.

#### 1. 조직화(organizing)

조직화(organizing)란 경영의 기능 중 하나로서 해야 할 일이 무엇인가(what tasks are to be done), 그 일을 누가 할 것인가(who is to do them), 그 일들을 어떻게 집단화할 것인가(how the tasks are to be grouped), 누가 누구에게 보고할 것인가(who is to report to whom), 그리고 의사결정이 어디에서 이루어져야 하는가(where decisions are to be made)에 대한 선택에 관한 것이다.

계획화기능(planning function)은 목표를 설정하고 이러한 목표를 달성하기 위한 전략과 목표에 대한 계획을 수립하지만, 이러한 목표달성은 사람들을 통해서 이루어진다. 따라서 각 사람에게 임무를 할당하고, 이것들을 조정하여야 한다. 본서에서는 이 장과 다음 장에 걸쳐 경영자들이 조직구조설계에 의하여 사람들이 수행하는 여러 가지 업무들을 어떻게 조정하는가, 조정에서 권한의 역할이 무엇인가, 종업원들이 보다 높은 생산성과 만족을 얻도록 하기 위하여 어떻게 특정업무를 설계하는가에 관하여 설명하기로 한다.

#### 2. 조직구조

조직구조(organization structure)란 조직의 기본구조를 서술하는 것이다. 인간은 조직의 매개변수(parameters)를 정의할 수 있는 골격을 지니고 있다. 조직구조는 복잡성, 공식화 및 집중화의 3가지 부분으로 나눌 수 있다.

〈그림 7-1〉 조직구조정의

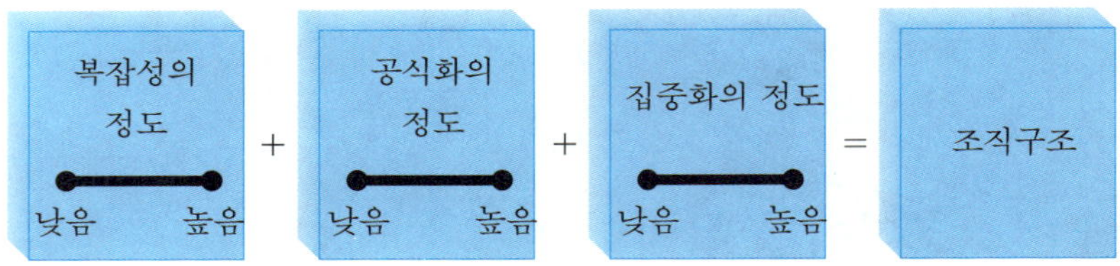


복잡성이란 조직 내에 얼마나 많은 차별성(differentiation)이 있는가에 관한 것이다. 분업이 많으면 많을수록, 계층에서 수직적 수준이 많으면 많을수록, 조직단위가 지역적으로 넓게 퍼져 있으면 있을수록 사람과 그들의 활동의 조정이 어렵게 된다. 이를 나타내기 위해 우리는 복잡성이란 용어를 사용한다.

공식화(formalization)란 조직이 종업원의 직접적인 행동들을 지휘하기 위하여 규정과 절차에 얼마나 의존하는가의 정도를 말한다. 어떤 조직들은 표준화된 가이드 라인을 최소한 가지고 있으나, 어떤 조직들은 종업원들을 지휘하기 위해 온갖 규정들을 다 가지고 있다. 물론 조직에서는 이러한 규정과 절차들이 많으면 많을수록 조직구조는 더 많이 공식화되었다고 말한다.

한편 집중화(centralization)란 의사결정의 권한이 어디에 있는가에 관한 것이다. 어떤 조직에서는 의사결정이 한 곳에 집중화되어 있어 문제들에 대한 적절한 행동을 취하기 위해서는 상급자들에게로 올라가야 한다. 그러나 다른 조직에서는 의사결정의 권한이 낮은 수준으로 내려가 있다. 이것을 우리는 분권화(decentralization)라 한다. 이를 나타낸 것이 〈그림 7-1〉이다.

## 3. 조직설계(organization design)

경영자들이 조직구조를 만들거나 변화시키려 한다면, 이것은 조직설계에 간여하는 것이 된다. 경영자들이 조직구조를 결정하려고 할 때 어느 수준에서 의사결정이 이루어질 것인가, 종업원들이 따라야 할 표준화된 규정을 얼마나 많이 만들 것인가 등을 논의한다면, 이러한 것들은 바로 조직설계에 관한 것이다.

## Ⅱ. 전통적인 조직설계원리

조직설계의 전통적인 원리들은 경영이론가들이 제안한 것으로서 조직의 형태와 규모에 관계 없이 적용될 수 있는 원리이므로, 경영자들은 대부분 이 원리에 따라 조직을 설계하고 있다. 이 일반적 원리들이 어떤 조직에서는 더 이상 적용되고 있지 않지만, 오늘날 조직설계를 이해하는 데에는 대단히 중요하다.

### 1. 명령일원화

명령일원화(unity of command)의 원리에 따르면 하급자는 단 한 사람의 상급자에 대해서만 직접적인 책임을 져야 한다는 것이다. 누구든지 두 사람이나 그 이상의 상급자에게 보고할 필요가 없다. 그렇지 않으면 한 사람이 여러 상급자로부터 상충되는 수요나 우선권에 직면할 것이기 때문이다. 극히 드문 경우이기는 하지만 명령일원화의 원리가 위반되는 경우에는 활동들을 명백하게 분리하고, 각각에 대해 책임자를 따로 정하여야 한다는 것이 전통적인 관점이다.

조직이 비교적 단순할 때에는 명령일원화의 원리가 논리적이며, 대부분의 상황에서는 이 원리가 유효하다고 본다. 그러나 이 원리에 지나치게 집착하는 경우, 조직의 성과를 저해하는 경직성을 발생시킬 수도 있음에 주의하여야 한다.

### 2. 통제의 범위

경영자가 하위자를 효율적이고 효과적으로 지휘할 수 있기 위하여서는 그 수를 얼마로 하여야 하는가? 통제의 범위(span of control)에 관한 질문은 초기의 경영학자들에게 상당한 관심을 갖게 하였다. 그러나 어떤 범위가 최적인가에 대한 합의를 이끌어 낼 수 없었으나 조직의 수준이 높을수록 적어야 한다는 데 동의하였다. 예를 들어 Ralph Davis는 최고경영층에서의 통제범위는 3인에서 9인이고, 중간관리층에서는 10인에서 30인 사이라고 말하였다. 한편 Lyndall Urwick은 이상적인 최고경영층의 통제범위는 4인이지만, 다른 층의 경영자는 8인에서 12인이라고 보았다. 이러한 내용들은 논리적인가? 간단히 말하면 조직의 수준이 높을수록 많은 비구조화문제(ill-structured problems)

를 다루어야 하므로, 최고경영층은 하위자와 많은 시간을 보내면서 많은 수의 하위자를 지휘하기 어렵다.

통제범위개념에서는 조직의 단계나 경영자수를 결정하는 것이 중요하다. 모든 조건이 같다면 통제의 범위가 더 넓거나 더 크면 조직설계는 더 능률적이 된다.

## 3. 분 업

분업(division of labor)이란 한 사람이 모든 작업을 행하는 것이 아니라 그 작업을 여러 단계로 분리하고 각기 다른 사람들이 한 단계씩 일하도록 하는 것을 의미한다. 특히 한 사람이 모든 작업을 하는 것이 아니라 작업의 일부분을 하도록 함으로써 그 작업은 전문화된다. 개개의 작업자가 지속적으로 표준화된 작업을 반복하는 조립라인(assembly line) 생산방식은 대표적인 분업의 예에 속한다.

조직은 높은 수준의 분업이 가능하도록 설계되어져야 한다는 것이 전통적 원칙이다. 분업의 장점은 경제적 효율성에 집중되어 있다. 분업은 작업자들이 보유하고 있는 다양한 기술을 능률적으로 사용할 수 있게 한다. 대부분의 조직에서 몇몇 작업들은 높은 기술을 요구하지만, 다른 작업들은 비숙련자라도 할 수 있는 쉬운 일이다. 모든 작업자들이 생산과정의 각 단계에 투입된다면, 모든 작업자들은 숙련을 요하는 작업과 그렇지 않은 작업을 모두 담당하여야 한다. 이 경우 작업자들은 평균적으로 그들의 기능수준 이하에서 작업하는 결과를 가져온다. 숙련된 작업자는 비숙련작업자보다 더 많은 임금을 받으며, 이 임금이 그들의 숙련정도를 반영한다. 그러나 숙련공이 쉬운 작업을 하게 된다면, 이것은 자원의 비능률을 의미하는 것이 된다.

분업을 통해 높은 능률성이 달성된다. 반복을 통해 작업자의 숙련도는 증가된다. 또 분업은 앞 작업단계에서의 작업도구나 장비이동이나 다음 작업을 위한 준비시간을 단축시킨다. 이런 의미에서 전문화를 위한 훈련은 조직의 측면에서 볼 때도 보다 능률적이다. 이것은 정밀하고 복잡한 작업에 대하여 더욱 그러하다. 만약 한 사람이 혼자서 비행기를 만들어야 한다면, 얼마나 많은 시간과 노력이 요구될 것인가를 생각해 보면 알 수 있을 것이다. 뿐만 아니라 분업은 특수한 발명이나 기계를 제작함으로써 능률성과 생산성을 증가시킨다.

20세기 초에 이르기 전까지는 분업이 생산성을 증가시키는 것은 틀림없는 사실이었다. 그러나 좋은 것은 오래가지 않는 법이다. 분업으로부터 야기된 권태, 피로, 스트레스, 낮은 생산성, 저품질, 증가한 장기결근, 그리고 잦은 실수 등과 같은 인간의 비경제성이 분업에 의한 경제적 장점을 능가하게 되었다. 오늘날 조립라인에서 일하는 작업자나 사무실의 사무원이 하는 수많은 작업들은 의심 없이 이를 인정하고 있다. 분업의 증가는 조직의 직무설계에 가치 있는 목표임에는 틀림없으나 더 이상 보편적인 원칙이 되지 못한다.

### 4. 부문화(departmentalization)

전통적인 경영학자들은 조직의 활동은 전문화되어야 하고, 부서별로 집단화되어야 한다고 주장하였다. 분업은 조정을 필요로 하는 전문가들을 만들었다. 이 조정은 경영자의 지휘 하에 전문가들을 부서별로 배치함으로써 촉진된다. 이런 부서들은 수행되는 작업의 기능, 제공되는 제품이나 서비스, 표적고객이나 단골, 지역 혹은 투입물을 산출물로 전환시키는 공정 등에 근거하고 있다. 전통적인 경영학자들은 여러 가지 부문화방법을 사용한다. 지금까지 사용되어 온 방법들은 조직의 목표나 단위의 목표획득에 가장 공헌을 많이 하는 집단화(grouping)를 반영하도록 하는 것이다.

(1) 기능에 따른 부문화 : 집단화의 가장 일반적인 방법은 수행되는 기능에 따라 부문화하는 것이다. 이것을 기능별 부문화(functional departmentalization)라 한다. 제조업에서는 〈그림 7-2〉에서 보는 바와 같이 기술, 회계, 제조, 인사 및 구매라는 기능에 따라 공장을 부문화한다.

물론 기능별 부문화는 어떠한 조직형태에도 적용될 수 있으나, 기능이 조직의 목적과 활동을 반영하도록 변화하여야 한다.

〈그림 7-2〉 기능에 따른 부문화

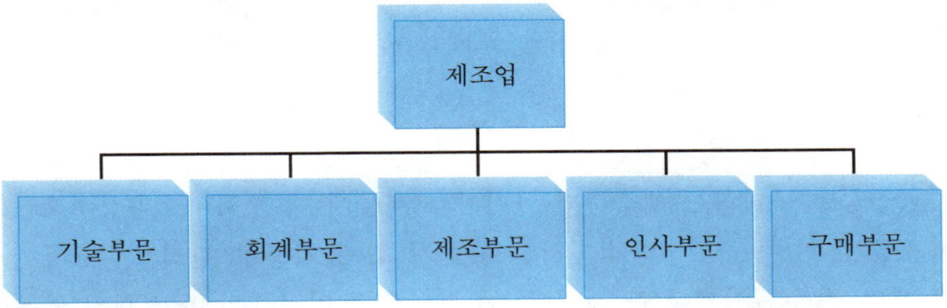

(2) 제품 및 서비스에 따른 부문화 : 제품별 부문화는 회사의 주요 제품에 따라 부문화가 이루어진다. 사장 밑의 제품별 부사장은 그 제품분야의 전문가이면서 그 제품에 관련된 모든 활동을 책임진다. 제품별 부문화는 기능별 부문화와는 달리 그 제품의 제조와 기타의 중요한 활동들이 자치권과 통제가 그 관리자에게 주어지도록 분화되어 있다. 만약 조직의 활동이 제품이 아니라 서비스와 관련된 것이라면, 각 서비스는 자치적으로 집단화될 것이다. 예컨대 회계회사인 경우 세금, 경영컨설팅, 회계감사 및 그 밖의 것들에 관한 부서를 갖게 되는 것처럼 제품이나 서비스경영자의 지휘 아래 서비스가 배열될 것이다.

(3) 고객별 부문화 : 고객의 특별한 형태에 따라 부문화를 할 수 있다. 예를 들면 사무실공급회사에서는 고객의 특성에 따라 그 판매활동을 소매상, 도매상 및 정부고객이라는 세 가지 부류로 나눌 수 있다. 큰 법률회사인 경우는 그들의 고객이 회사인가 아니면 개인인가에 따라 스탭을 구분할 수 있을 것이다. 고객별 부문화는 각 부문이 공동의 문제를 가진 고객으로 집단화하고, 이들의 요구를 가장 잘 충족할 수 있는 전문가를 갖게 하도록 하기 위한 것이다.

(4) 지역별 부문화 : 지역에 기반을 두고 부문화를 하는 방안이 있다. 이것을 지역별 부문화(geographic departmentalization)라 한다. 판매기능을 동 · 서 · 남 · 북 등으로 구분하여 각 지역별로 부문화하는 방식이다. 고객들이 넓은 지역에 흩어져 있다면, 이러한 방식의 부문화가 바람직할 것이다.

(5) 공정별 부문화 : 공장의 공정에 따라 부문화를 행하는 것이 여러 면에서유리한 경우가 있다. 이것을 공정별 부문화(process departementalization)라 부른다. 예컨대 대형 알루미늄공장은 다양한 생산부서를 갖는다. 이들 부서들은 각각 알루미늄관생산의 한 공정을 전문화하고 있다. 알루미늄은 거대한 노에서 주조되어 프레스부서로 보내어지고, 거기에서 알루미늄 파이프가 만들어진다. 그 다음에는 배관광장으로 보내어져 다양한 크기와 형태를 가진 배관으로 변형된 후 마무리 작업장으로 보내져 절삭되고 깨끗하게 다듬어진다. 그리고는 검사 · 포장을 거친 후 출고부서로 보내어진다. 이들 각 공정들은 다양한 기술을 요구하기 때문에 작업내용들에 따라 몇 개로 구분되는데, 이것을 토대로 하여 부분이 나누어진다.

공정별 부문화는 제품뿐만 아니라 고객들에 대한 서비스과정에도 그대로 적용될 수 있다. 만약 운전면허증을 받기 위해 자동차 관리사무소에 간다면 몇 개의 부서를 거쳐야 할 것이다. 이 부서들은 면허증을 받기 위한 몇 단계의 절차에 따라 나누어진 것들이다.

## 제 2 절 조직설계

### Ⅰ. 고전적 접근법

전통적인 조직설계원리들을 결합한다면 경영학의 초창기학자들의 대부분이 가장 이상적인 조직구조로 믿어 왔던 관료제(bureaucracy)에 도달할 것이다. 명령일원화의 원리(the unity of command principle)는 권한의 공식적 계층구조, 즉 한 사람의 상급자에 의해 통제되고 감독되는 것이 옳다는 결론을 가져오게 한다. 또한 조직의 수준이 높을수록 통제의 폭을 적게 하는 것이 거대한 비인적(impersonal)인 조직을 만들 수 있게 한다. 조직의 최고경영층과 하위경영층의 거리가 멀어질수록 최고경영층은 실행할 표준적 행동을 규제하기 위해 규칙과 규정을 더욱 많이 부과하게 된다. 최고경영층이 하위층의 활동을 직접 관찰할 수 없기 때문에, 그리고 하위수준의 조직활동을 통제하기 어렵기 때문에 규칙과 규정이 필요한 것이다. 분업의 수준이 높은 경우는 단순하고 일상적이며 표준화된 작업이 되어야 하고, 부문화를 통하여 전문화가 이루어지면 비인격성(impersonality)과 경영자들의 전문화된 부문을 조정할 필요성이 증가된다.

앞의 조직구조에 대한 설명에서 모든 조직은 복잡성 · 공식성 · 집중화가 높다는 전통적인 견해를 살펴본 바 있다. 구조는 규칙과 규정과 상규화(routinization)에 의해 능률이 향상될 것이며, 경영자의 개성과 사업판단력은 비능률적이며 일관되지 못할 경우가 많으므로 이것들은 최소화되어져야 할 것으로 알려져 있다. 그리고 표준화(standardization)는 안정성(stability)과 예측가능성(predictability)을 높여 줄 것이며, 혼란과 애매성은 제거되어야 할 것이라고 주장된다.

### Ⅱ. 상황적합적 접근

'관료제만능'(bureaucracy-for-all-occasions)이란 관점은 조직설계에서 제한된 시각에 지나지 않는다. 물론 관료제는 광범위하게 적용할 수 있는 중요한 구조적 형태인 것임에는 틀림이 없다. 그러나 보편적으로 적용가능한 형태가 아니다. 관료제가 우월하지 못한 상황이 있을 수 있다. 그러한 상황은 어떤 것인가? 또 관료제가 적합하지 않다면 그 대안은 무엇인가? 이에 대하여 설명한다.

## 1. 유기적 구조 : 관료제의 대안

관료제는 극단적인 구조적 형태이다. 이것은 세 가지 구조요소에서 모두 높은 점수를 갖는다. 개념적으로 이를 이해하기 위하여 다른 단적인 구조형태를 생각해 보자. 이 형태는 세 요소 모두 낮은 점수를 갖는 것으로서 이것이 바로 애드호크러시(adhocracy) 또는 유기적 조직(organic structure)이란 것이다. 관료제조직은 경직되고 안정적이지만, 유기적 조직은 느슨하며 유연한 조직이다. 표준화된 작업이나 규정이 없는 이 조직에서는 그의 느슨한 구조 때문에 필요성이 요구될 때는 신속하게 조직이 변화될 수 있다. 이 조직은 분업이 되어 있지만, 작업은 표준화되지 않는다. 구성원은 기술적으로 능숙하고 다양한 문제들을 처리할 수 있도록 훈련된 전문가들이다. 그들은 일련의 문제들을 다루기 위해 공식적인 훈련을 받는다. 그들은 공식적인 규칙이나 직접적인 감독을 거의 필요로 하지 않는다. 훈련을 통해 전문적인 행동기준이 몸에 베어 있기 때문이다. 예를 들어 컴퓨터기술자에게 작업이 주어지면, 그는 어떻게 작업해야 할 절차에 관하여 따로 지시를 받을 필요가 없다. 대부분의 문제는 스스로 해결하거나 동료들과 의논해서 해결된다. 전문적 표준이 그의 행동을 가르쳐 주기 때문이다. 유기적 조직은 중앙집중성이 낮기 때문에 전문가가 신속하게 문제에 응답할 수 있고, 또 최고경영층은 필요한 의사결정을 위하여 전문적인 지식을 따로 소유하지 않아도 된다.

애드호크러시 혹은 유기적 조직은 프로젝트를 달리 할 때마다 임무와 책임이 달라지는 종업원들의 일시적 팀이라고 볼 수 있다. 따라서 애드호크러시는 컨설팅회사나 재난구조기관 또는 정부지원의 우주항공사 등에서 흔히 발견되는 조직이다.

〈그림 7-3〉이 보여 주듯 관료조직과 유기조직의 연속체(continuum)에서 이들 두 조직은 양 끝에 위치하고 있는 상반된 구조를 갖는다. 이 두 조직 사이에는 수많은 형태의 조직들이 존재한다. 관료조직이 모든 경우에 적합한 것이 아니며, 애드호크러시라는 조직도 그렇다. 한 조직이 다른 조직보다 우월

〈그림 7-3〉 관료조직과 유기조직의 연속체

하기 위해서는 상황적합요소(contingency factors)를 확인하는 것이다. 가장 중요한 네 가지 요소는 전략, 규모, 기술 및 환경이다.

### (1) 전 략(strategy)

조직구조는 경영자가 조직목표를 달성할 수 있도록 도와 주는 수단이다. 목표는 조직의 전반적 전략에서 도출되는 것이기 때문에 전략과 구조는 상호 긴밀하게 연결될 때만 논리적이 된다. 보다 구체적으로 말하면 구조란 전략에 따라야 한다. 만약 경영이 조직의 전략에 중요한 변화를 일으킨다면, 구조는 이 변화를 수용하고 지원하기 위하여 변화되어야 한다.

이러한 전략-구조관계를 지지하는 연구가 Alfred Chandler에 의하여 미국 100대 기업을 대상으로 심층적으로 조사되었다. 1950년에 이러한 조직의 개발을 추진하고 있던 듀퐁(DuPont), GM, 뉴저지의 스탠다드 오일, Sears, Roebuck과 같은 회사들의 광범위한 사례들을 정리하면서 Chandler는 기업전략의 변화가 조직구조의 변화를 촉진하고 유도한다는 결론을 내렸다. Chandler는 조직이 보통 하나의 제품이나 라인에서 시작한다는 것을 발견하였다. 조직은 생산이나 판매, 저장과 같은 단 한 가지의 일만 행한다. 전략이 단순하면 이를 실행하는 구조의 형태가 단순하고 느슨하며, 의사결정은 최고경영층의 한 사람에게 집중되고 복잡성과 공식화정도가 낮다. 그러나 조직이 성장함에 따라 전략은 좀더 의욕적이 되며 정교해진다. 하나의 제품생산라인에서 시작하여 회사는 그의 활동을 동종산업으로 그 범위를 확장시켜 나간다. 이러한 수직통합전략(vertical integration strategy)은 조직단위들간의 상호의존을 증대시키고 보다 복잡한 조정장치의 필요성을 갖게 한다. 이러한 필요성은 수행되는 기능에 근거하여 전문화된 부문을 형성하도록 조직구조를 재설계함으로써 달성된다.

만약 성장이 제품다양화(product diversification)로 진행되면, 마침내 구조는 능률성(efficiency)을 얻기 위하여 다시 조정되어진다. 제품다양화전략은 자원의 능률적 배치와 작업의 책임, 그리고 단위들 사이의 조정을 가능케 하는 구조적 형태를 요구한다. 이것은 많은 독립된 부서를 만들고, 개별 제품라인에 책임을 부과함으로써 가장 잘 획득되어진다.

요약하면 구조기인전략(structure-follow-strategy) 이론은 전략이 단일생산에서 수직통합으로 다시 제품다양화로 옮겨 감에 따라, 관리는 효율성유지를 위한 보다 정교한 구조를 발전시킬 필요를 가진다는 것이다. 보통 애드호크러시와 닮은 형태에서 시간이 지날수록 좀더 구조화된 관료제로 이행한다.

### (2) 조직의 규모(organization size)

조직의 규모가 조직 구조에 큰 영향을 준다는 데에는 상당한 근거가 있다. 예를 들어 이런 시나리오를 가정해 보자. 조직에 종업원이 증가함에 따라 전문화와 수평적 분화가 심화된다. 협력을 촉진하기 위해 더 많은 경영자가 필요해진다. 이것이 수직적 분화를 증가시킨다. 복잡성의 증가는 최고경영자가 조직전반을 직접 관리하는 것을 더욱 어렵게 만든다. 그래서 직접감독에 공식화된 규범과 규제가 추가된다. 최고경영자는 실무진과의 거리가 멀어져 마침내는 신속하고, 정보에 입각한 결정을 내리기가 힘들어진다. 그리하여 의사결정은 더욱 분권화된다. 결론적으로 조직이 종업원을 늘임으로써 규모가 커지면, 더욱 분권화된 관료제가 된다는 것이다.

이 시나리오는 사실일까, 허구일까? 우리는 조직규모의 확대가 항상 복잡성과 공식성, 분권화의 증가를 야기한다고 말할 수 있을까? 증거를 살펴보도록 하자.

조직구조결정에 있어 규모의 중요성을 이야기할 때, 가장 크게 제기된 논점은 Blau와 Schoenherr에 의한 것이다. 정부기관과 대학, 백화점에 대한 조사를 바탕으로 그들은 “규모가 조직의 구조에 영향을 주는 가장 중요한 조건이다"라는 결론을 내렸다. 특히 Blau와 Schoenherr는 규모의 증가가 복잡성을 증가시킨다는 사실을 발견하였다. 영국 Aston 대학의 조사는 규모가 구조결정의 핵심임을 발견하였다. Aston 그룹은 46개 조직을 연구해서 규모의 증가가 전문성과 공식성의 증가와 밀접히 관련되어 있음을 발견하였다. 그들은 활동규모의 증거가 동일사건재발과 결정의 반복빈도를 높여서 표준화를 선호하게 만든다는 것이다. 규모와 구조의 관계에서 이와 같은 논리를 지지하는 연구가 몇 가지 더 있다. 그러나 이러한 연구들은 규모가 조직의 구조에 일정 비율은 영향을 미치지 않는다는 것을 증명하였다.

최상의 증거는 규모조직에 반비례하여 영향을 미쳤다는 것이다. 특히 규모가 커짐에 따라 전문화 · 공식화 · 수직분화 · 분권화가 심화된다. "더 큰 조직은 전문화가 심화되고, 많은 규정과 서류, 확장된 계급조직과 증가된 분권화로 의사결정단계가 낮아진다." 그러나 감소비율에 대한 증거는 규모의 영향이 조직의 확장만큼 중요하지 않다는 것을 의미한다. 10,000명의 종업원을 가진 조직에 1,000명이 추가되어 구조에 미치는 영향은 500명의 조직에 1,000명이 추가될 때보다 훨씬 적다.

### (3) 기 술(technology)

모든 조직은 투입물을 산출물로 변환시키는 어떤 형태의 기술을 가지고 있다. 목표를 달성하기 위해서 조직도 장비, 재료, 지식, 그리고 숙련가를 어떤 형태의 활동에 함께 투입한다. 모든 조직은 한 가지나 그 이상의 기술을 목표달성을 위해 사용한다. 예를 들어 대학의 교수는 학생을 가르치는 데 다양한 도구를 사용한다. 공식적인 강의, 집단토의, 사례연구, 프로그램화된 학습방법 등 각각의 수단이 기술의 한 형태이다.

1960년대 초반에 Joan Woodward는 기술에 적합한 조직구조를 연구하였다. 비록 기술이 구조결정의 유일한 요소라고 주장하는 사람들은 오늘날 별로 없지만 중요한 요소임에는 분명하다. 이제 Woodward의 연구와 여러 형태의 기술을 분류하는 최근의 작업을 살펴보자.

구조의 결정요소로서 기술에 대한 최초의 관심은 Joan Woodward의 연구에서 비롯된다. 그녀는 영국남부의 약 100개의 중소 제조업체를 조사하여 명령의 일원화, 통제기간과 같은 전통적 요소들이 회사성공에 미치는 범위를 밝혔다. 그녀는 대상회사를 생산이 이루어지는 규모에 근거하여 세 가지 범주로 구분하기 전에는 어떠한 일관된 형태도 도출할 수 없었다. 그러나 뚜렷한 기술에 따라 세 범주로 나눈 후에는 복잡성과 정교성의 수준이 증가되었다. 첫 번째 범주인 단위생산(unit production)은 맞춤양복이나 수력발전댐의 터빈처럼 전통적 제품을 생산하는 데 사용하는 단위가 일괄(batch) 생산방식이며, 두 번째 범주인 대량생산(mass production)은 냉장고나 자동차생산처럼 대량의 일괄생산이나 대량생산방식이며, 세 번째인 공정생산(process production)방식은 석유나 화학정제처럼 연속공정생산을 하게 된다.

Woodward는 다음 사실을 발견하였다.

1) 이렇게 분류된 기술들과 여기에 수반되는 회사의 구조간에는 독특한 관계가 있다.

2) 조직의 효율성은 기술과 구조의 적합성에 관련된다.

예를 들어 수직분권화정도는 기술의 복잡성과 함께 증가한다. 단위, 대량, 공정범주의 중간단계의 회사는 각각 셋 · 넷 · 여섯이다. 효율성의 관점에서 더 중요할수록 각각의 범주에서 더 중요한 회사가 생산단계의 가운데에 밀집한다.

그러나 모든 관계가 직선은 아니다. 대량생산회사는 전반적인 복잡성과 공식화의 측면에서 높은 점수를 얻는 반면에, 단위나 공정생산회사는 이러한 구조적인 차원에서는 낮은 관계가 있다. 예를 들어 엄격한 규제와 규범은 단위생산의 비일상적인 기술에서는 불가능하고, 고도로 표준화된 공정기술에서는 불필요하다. 그녀의 연구결과는 〈표 7-1〉과 같다.

그녀의 연구결과를 주의깊게 분석하면, Woodward는 독특한 구조가 세 가지 범주의 각각과 결합한다는 것과 성공적인 회사는 적절한 구조적 배치를 채택함으로써 기술적 요구를 충족시킨다는 결론을 내렸다. 각각의 범주 안에

〈표 7-1〉 Woodward의 기술, 구조 및 효과성에 대한 연구결과

| | 단위생산 | 대량생산 | 공정생산 |
|---|---|---|---|
| 구조적 특성 | 낮은 수직적 차별화<br>낮은 수평적 차별화<br>낮은 기초 | 보통의 수직적 차별화<br>높은 수평적 차별화<br>높은 기초 | 높은 수직적 차별화<br>낮은 수직적 차별화<br>낮은 기초 |
| 가장 효과적인 구 조 | 유기적 구조 | 관료적 구조 | 유기적 구조 |

서 구조적 구성요소를 궁리하는 중간지점에 가장 근접하게 되었을 때 회사는 가장 효과적이다. 그녀는 제조회사를 조직화하는 최상의 방법은 없다는 것을 알았다. 단위와 공정생산은 유기적 구조와 결합할 때 가장 효과적이며, 대량생산은 관료제와 결합될 때 가장 효과적이다.

Woodward 기술분류 구조의 주요한 단점 중 하나는 단지 제조업조직에만 적용된다는 것이다. 제조업체는 모든 조직의 절반도 대표하지 못하기 때문에 그 기념이 모든 조직에 걸쳐 의미를 가지려면 좀더 일반적인 방법으로 조작되어질 수 있는 기술이 필요하다. Charles Perrow가 그런 대안을 제안하였다.

Perrow는 그의 관심을 제조기술보다는 지식기술에 돌렸다. 그는 두 차원으로 볼 수 있는 기술을 제안하였다. ① 종업원들이 그들의 작업에서 부딪히게 되는 예외적인 사건의 수와 ② 이러한 예외적인 사건에 적절하게 반응하는 성공적인 방법을 발견하는 데 따르는 조사절차의 형태이다. 첫번째 차원을 과업의 다양성(task variability)라고 하고, 두 번째 차원을 문제분석가능성(problem analyzability)이라고 부른다.

작업이 높은 일상성을 나타낼 때는 과업다양성에서 예외적인 사건은 드물다. 하루 하루의 작업에서 예외적인 사건이 거의 발생하지 않는 직무의 예로는 제조업의 조립라인에 있는 작업자나 맥도날드의 튀김요리사이다. 스펙트럼의 다른 끝에서 만약 직무가 많은 다양성을 가지고 있다면, 그것은 많은 예외적인 사건을 가지고 있다. 이것은 최고경영자의 위치와 직무컨설팅, 해양석유탐사에서 불을 끄는 일과 같은 작업을 특징지워 준다.

두 번째 차원인 문제분석가능성은 조사절차를 평가한다. 극단적으로 조사는 정의될 수도 있고, 설명되어질 수도 있다. 한 개인은 문제해결을 위한 조사과정에서 논리적이고 분석적인 추리를 이용할 수 있다. 만약 당신이 기본적으로 높은 B학점을 받는 학생이고 첫번째 시험에서 갑자기 성적이 떨어졌다면, 문제를 논리적으로 분석하고 해결책을 발견할 것이다. 당신은 시험을 위해 충분한 시간 동안 공부를 하였는가? 적절한 도구를 가지고 공부를 하였는가? 시험은 공정하였는가? 다른 우수한 학생들은 어떻게 공부하였는가? 이런 종류의 논리를 이용해서 문제의 원인을 발견하고 그것을 수정할 수 있다. 다른 극단적인 경우에는 잘못 정의된 문제가 있을 수 있다. 만약 당신이 이제껏 한번도 본 적이 없고 책에서 읽어 본 적도 없는 표준과 제약을 가진 건물을 설계하라는 요구를 받은 건축사라면, 당신은 어떠한 이용가능한 공식적인 조사기법을 가지고 있지 않을 것이다. 당신은 해결방법을 찾기 위해 선임자의 경험, 판단, 그리고 직관에 의지해야만 한다. 어림짐작이나 시행착오를 통해 받아들일 수 있는 선택을 하게 될 것이다.

Perrow는 〈그림 7-4〉에서 보는 바와 같이 2×2 매트릭스를 구성하기 위해 이 두 가지 차원 — 과업의 다양성과 문제분석가능성 — 을 이용하였다. 이 매트릭스의 4가지 셀은 기술의 네 가지 형태, 즉 일상적 기술, 공학적 기술, 장인기술, 그리고 비일상적 기술을 나타낸다.

일상적 기술(routine technology)인 셀 1은 예외적인 사건이 거의 없으며, 분석하기 쉬운 문제를 가지고 있다. 대량생산공정은 강철이나 자동차를 만들고, 이 범주 내에서 석유를 정제한다. 공학적 기술(engineering technology)인 셀 2는 많은 예외적인 사건을 가지고 있으나 이성적이고 체계적인 방법으로 다룰 수 있다. 교량건설이 이 범주에 포함된다. 장인기술(craft technology)인 셀 3은 상대적으로 어려운 문제를 취급하나 제한된 예외적인 사건을 가지고 있다. 제화나 가구수선이 이 범주에 적합하다. 비일상적 기술(non-routine technology)인 셀 4는 많은 예외적인 사건들로 특징지워지며, 분석하기에도 어려운 문제이다. 이 기술은 우주왕복선의 Rockwell International의 발전과 같은 많은 항공기작업을 설명한다.

요약하면 Perrow는 만약 문제들이 체계적으로 분석이 가능하면 셀 1과 2에 적당하다고 주장한다. 직관, 어림짐작 혹은 분석적이지 않은 경험에 의해 다루어지는 문제들은 셀 3과 4의 기술을 요구한다. 만약 새롭고 특이하며 친

〈그림 7-4〉 Perrow의 기술분류

| | | 업무변동성 | |
|---|---|---|---|
| | | 예외가 거의 없음 | 예외가 많음 |
| 문제분석능력 | 잘 정의됨 | 일상적 1 | 공 학 2 |
| | 잘 정의되지 못함 | 특별한 재주 3 | 비일상적 4 |

숙하지 않은 문제들이 정규적으로 나타나면, 그것들은 셀 2와 4일 것이다. 만약 문제들이 친숙하다면 셀 1과 3이 적당하다.

기술연구의 일반적인 주제는 투입물을 산출물로 전환시키는 공정이나 방법이 일상성의 정도에 따라 다르다는 것이다. 일반적으로 기술이 더 일상적일수록 구조는 더 표준화될 수 있다. 우리는 일상적인 기술에는 관료제구조가 적합한 관리임을 기대한다. 기술이 더 일상적인 것이 아닐수록 구조는 더 유기적이다. 그러나 규모는 이런 일반화를 조정한다.

앞에서 설명한 바와 같이 조직의 규모가 구조를 결정하는 요소이다. 만약 조직이 크고 일상적인 기술을 이용한다면, 설계선택은 간단하다. 그 때는 관료제구조를 이용할 수 있다. 만약 조직이 작고 비일상적인 기술을 이용한다면, 유기적 형태가 더 선호된다. 그러나 보통의 경우처럼 조직이 크고 많은 기술을 가지고 있다면 어떨까? 마케팅조사나 컴퓨터 시스템부서는 비일상적인 기술을 가질 것이다. 반대로 회계나 생산부서는 전형적으로 일상적인 기술일 것이다. 결론은 조직은 다양한 기술들이 다양한 구조설계에 적응된다는 것이다. 마케팅은 유기적으로 구조화되는 반면에 생산은 관료적일 것이다.

### (4) 환 경(environment)

조사연구에 의하면 환경도 또한 조직구조에 중요한 영향을 미친다는 사실이 확인되었다. 상대적으로 안정된 환경에 직면하고 있는 조직은 동태적인 환경에 있는 조직과는 다르게 구조화되어 있다는 것을 발견하였다. 몇몇 연구는 우리들이 환경-구조관계를 보는 방식에 중요한 영향을 끼쳐 왔다.

한편 Fred Emery와 Eric Trist는 조직이 직면하고 있는 4가지 종류의 환경을 다음과 같이 ①정태적-임의적 환경, ②정태적-집단적 환경, ③동태적-반응적 환경, ④격동적-현장적 환경으로 분류하였다.

(1) 정태적-임의적 환경(placid-randomized environment): 다른 환경에 비해 상대적으로 변화하지 않는다. 그러므로 조직에 가장 적은 위협을 준다. 환경의 요구는 임의적으로 분산되고, 변화는 시간에 따라 천천히 일어난다. 환경의 불확실성이 낮다. 비록 많은 조직들이 정태적-임의적 환경에 스스로 발견되는 것은 운이 좋은 것은 아니지만, 많은 정부조직에서 일하는 사람들의 보상체계는 이런 종류의 환경을 좋아한다. 그들의 환경은 상대적으로 안정적이고, 단 한 사람의 의뢰인은 작업에 중요한 영향을 미칠 수 없다.

(2) 정태적-집단적 환경(placid-clustered environment): 역시 천천히 변화한다. 그

러나 조직에 대한 집단적인 위협을 가지고 있다. 따라서 조직은 임의적으로 발생하는 위협 속의 환경보다 이런 환경에 대해 더 잘 알아야만 한다. 예를 들어 공급자들 혹은 소비자들은 강력한 연합을 형성하기 위해서 힘을 합한다. 이것은 Consolidated Edison과 같은 공익기업으로 설명가능하다. 만약 Con Ed가 높은 가격인상을 주도한다면, 소비자대중에 의한 가능한 연합된 행동에 부딪힐 것이다. 그래서 정태적이고 집단적인 환경에 있는 조직은 장기간의 전략계획을 수립하거나 의사결정을 집중화하도록 동기가 부여된다.

(3) 동태적-반응적 환경(disturbed-reactive environment): 앞의 두 환경보다 더 복잡하다. 여기에서는 많은 경쟁자들이 동일한 목표를 추구한다. 하나 혹은 그 이상의 조직들은 자신의 환경과 다른 조직에 영향을 미칠 만큼 충분히 거대하다. 한 산업에서 두세 개의 거대한 회사들이 그 산업을 지배한다. 예를 들어 한 쌍의 거대한 회사는 비즈니스 컴퓨터 · 자동차 · 담배와 같은 산업에서 가격주도장의 역할을 수행한다.

Wang과 Hewlett-Packard는 IBM의 미래계획이나 현재행동을 무시할 여유가 없다. 동태적이고 반응적인 환경에 직면한 조직들은 전술적인 방법을 발전시키거나, 그들의 전술에 대한 다른 사람들의 반응을 계산하거나, 반작용을 발전시킬 필요가 있다. 다시 말해서 그들은 상대적인 유연성정도를 유지시킬 필요가 있는 것이다.

(4) 격동적-현장적 환경(turbulent-field environment): 가장 역동적이고 불확실성의 정도가 가장 높다. 변화는 현재 진행형이고, 환경의 구성요소는 서로 연관되어 있다. Alvin Toffler의 "미래쇼크"에서 설명하고 있는 상황과 같이 많은 전문가들은 이런 종류의 환경이 1970년대에 점점 많이 나타났으며, 1980년대 후반과 1990년대에는 모든 조직에서 지배적인 형태가 될 것이다. 격동적-현장적 환경에서 조직이 생존하기 위해 새로운 제품과 서비스를 계속해서 개발해야 할 필요가 있다. 또한 그것은 정부부서, 소비자, 그리고 공급자들의 관계를 재평가해야만 한다. 이런 유형의 환경에 직면하고 있는 최근 조직들의 알맞은 예 두 가지는 마이크로칩 제조업자와 비즈니스 소프트웨어 프로그래밍이다.

비록 Emery와 Trist가 각각의 환경에 가장 적합한 조직구조형태와 관계있는 구체적인 제안을 하지는 못했지만, 처음 두 번째 환경을 가진 조직들은 좀더 관료적인 조직으로 만들어질 것이고, 반면에 역동적인 환경을 가지는 조직은 유기적 형태의 장점을 제공하는 구조를 요구한다. Emery와 Trist의 중요한 공헌은 환경-구조관계를 발전시키고, 환경수준에 따라 분류기준을 확립한 것이다.

하버드 비즈니스 스쿨출신인 Paul Lawrence와 Jay Lorsch는 Emery와

Trist보다 한 걸음 더 나아갔다. 그들은 환경차이나 효과적인 조직구조에 대한 관계를 실증적으로 실험하기 위해 세 가지 산업에서 10개의 회사를 연구하였다.

Lawrence와 Lorsch는 플라스틱, 식료품, 그리고 컨테이너산업의 회사들을 조사하였다. 그들은 이 산업들이 다양한 환경에서 작업이 이루어진다고 생각했기 때문에 이를 선택하였다. 플라스틱산업은 매우 경쟁적이다. 제품의 수명주기가 시간적으로 짧고, 회사들은 새로운 제품과 공정개발로 특징지워진다. 반면에 컨테이너산업은 이와는 매우 다르다. 지난 20년 동안 중요한 새로운 상품들이 없었다. 판매성장은 인구성장에 따라갔으나 그 이상은 아니었다. Lawrence와 Lorsch는 고려할 만한 실제적인 위협이 존재하지 않는 상대적으로 확실한 환경에서 작업하고 있는 것처럼 컨테이너산업을 설명하였다. 식료품산업은 이 두 가지의 중간형태이다. 중요한 혁신은 있었지만 새로운 제품의 생산과 판매성장은 플라스틱산업보다는 낮고, 컨테이너산업보다는 높다.

Lawrence와 Lorsch는 조직구조의 두 가지 차원을 측정하였다. 그것은 차별화(differentiation)와 통합(integration)이다. 차별화는 다른 기능부서경영자들의 목표나 가치지향의 다른 정도를 말한다. 통합은 다양한 부서의 구성원들이 노력의 결합을 성취하는 정도이다.

첫째, 그들은 한 회사 내의 다른 부서들은 다른 환경에 처해 있다고 주장한다. 그러므로 각 산업에서 보다 성공적인 회사들은 구체적인 하위환경과 연결되도록 부서들을 구조화한다. 이것은 한 조직이 각 부서에 걸쳐서 다른 구조를 가진다는 것을 의미한다. 연구개발부서는 역동적인 환경에 직면해 있기 때문에 유기적 구조를 이용할 것이다. 반면에 만약 안정적인 환경을 가진다면 생산부서는 라인에 따라 조직될 것이다.

둘째, 그들은 세 가지 산업에서 회사들 내부의 차별화정도는 그들이 직면하고 있는 환경과 관련이 있으며, 환경이 다양하면 할수록 조직의 구조는 더욱 차별화될 것이라는 가설을 세웠다. 그들은 플라스틱회사가 가장 차별화되어 있으며, 식료품회사 · 컨테이너회사 순으로 차별화될 것이라고 생각하였다.

셋째, Lawrence와 Lorsch는 조직 내에서 더 성공적인 회사일수록 그렇지 못한 회사보다 통합의 정도가 높을 것이라고 주장하였다. 이에 의하면 성공적인 회사는 조직의 전반적인 목표를 성취하기 위해 다양한 부서들을 조정하는 보다 효과적인 메커니즘을 고안하고 있다고 주장하였다.

Lawrence와 Lorsch의 조사연구는 그들의 기대에 부응하였다. 회사들은 모두 다 같은 내부구조를 가지지 않는다. 그것은 조직이 유사한 환경에 직면하느냐, 그렇지 않느냐에 달려 있다. 그들이 각 산업 내의 회사들을 높은 성과, 중간성과, 낮은 성과기업으로 나누었을 때, 높은 성과기업은 그들의 환경 요구에 가장 적합한 구조를 가지고 있다는 것을 발견하였다. 역동적인 플라스틱산업에서 이것은 높은 차별화를 의미하지만, 안정적인 컨테이너산업에서는 낮은 차별화를 의미한다. 또 식료품산업에서 회사들은 차별화의 중간단계에 있다. 게다가 세 산업 모두에서 가장 성공적인 회사는 낮은 성과기업들보다 더 높은 통합정도를 나타내고 있다.

Lawrence와 Lorsch의 조사연구가 의미하는 바는 무엇인가?

첫째, 환경은 항상 안정적이거나 역동적이지는 않다는 것이다. 조직은 불확실성의 정도가 다른, 다양하고 독특한 환경에 처해 있다.

둘째, 성공적인 조직의 부서와 하위단위는 하위환경의 요구에 부응한다. 차별화와 통합은 반대되는 힘을 나타내기 때문에 이 둘을 적절하게 결합시키는 것이 중요하다. 조직은 독특한 문제를 다루거나 그것에 직면하기 위해서는 충분한 차별화가 필요하다. 그러나 차별화가 되면 될수록 조직의 목표를 달성하기 위한 응집력 있는 팀으로 통합하고 작업하는 사람들을 얻기가 더욱 더 어려워진다. 성공적인 조직들은 하위환경의 요구에 내부하위단위들을 결합시킴으로써 차별화와 통합을 발생시키는 딜레마를 거의 해결하였다.

셋째, Lawrence와 Lorsch는 환경이 성공적인 조직구조를 결정하는 데 매우 중요하다는 것을 확신시키는 근거를 제공하였다.

## 제 3 절 직무설계

### Ⅰ. 과거의 관점

조직을 미시적인 입장에서 살핀다면 그것은 수천 혹은 수백만 가지의 작업으로 구성되어 있음을 알 수 있을 것이다. 이러한 작업들을 묶어 놓은 것이 직무(job)이다. 조직에서 행하는 직무는 우연히 생긴 것이 아니라 경영자가 조직의 기술, 기능, 능력 및 종업원의 선호도 등을 반영하기 위해 설계해 놓은 것이다. 그렇게 함으로써 종업원들이 그들의 능력을 최대한 발휘할 수 있게 되는 것이다. 직무설계(job design)라는 용어는 작업들이 결합되는 방법을 가리킨다. 어떤 직무는 그 작업들이 표준화하기 때문에 상규적(routine)이 되지만,어떤 직무는 비상규적이다. 어떤 직무는 수많은 다양한 기술을 요구하지만, 다른 것은 범위가 좁고 단순할 수도 있다. 어떤 직무는 종업원들이 명백한 절차를 따르도록 요구하지만, 어떤 것은 직무를 어떻게 할 것인가를 종업원들에게 일임하는 경우도 있다. 어떤 직무는 종업원들이 하나의 팀으로 그룹화되었을 때 가장 효과적으로 달성될 수 있는 데 반하여, 다른 직무는 개인이 독립적으로 가장 잘 수행될 수 있다. 직무는 작업을 결합하는 방법에 따라 달라지며, 이러한 다른 결합은 다양한 직무설계를 만든다는 점을 이해할 필요가 있다.

삼사십 년 전에만 해도 직무설계는 직무전문화(job specialization)와 동일한 의미를 갖는 것으로 보았다. 그 때는 직무를 적은 조각으로 나눔으로써 각 작업자가 단순한 특정작업을 수행함으로써 경영자가 능률적으로 일을 완료할 수 있다고 믿었다. 그러나 직무가 너무 세분화되어 전문화하면 종업원들은 이에 반항하게 된다. 그들은 일을 벗어 나려 하며 생산적이기보다는 작업장 주위에서 놀려 하고, 작업의 질을 무시하게 된다. 이러한 결과 능률은 현저히 떨어지게 된다. 1950년대에 이러한 문제들 때문에 직무설계에 대한 두 가지 접근법이 제시되었다. 그것은 직무확대(job enlargement)와 직무순환(job rotation)이다.

## 1. 직무확대

직무확대란 직무가 수평적으로 확대되는 것을 말한다. 그것은 직무범위(job scope)를 증대시키는 것, 즉 한 직무에 많은 다른 작업을 포함하게 하고 자주 직무순환(job cycle)이 반복되게 하는 것이다. 개별적으로 수행하는 작업의 수를 증가시킴으로써 직무확대는 직무다양성(job diversity)이 증가하게 된다(〈그림 7-5〉 참조).

예를 들면 부서에서 오는 우편물을 분류하는 대신에 우편분류직무가 우편물을 여러 부서로 배달하거나 우체국에 전달하는 일까지 포함하게 되면, 이것은 직무확대가 된다.

직무확대를 위한 노력은 기대에 못 미치고 있다. 그러한 직무에 대한 재설계를 경험한 어떤 종업원들은 “전에는 일이 그렇게 많지 않았는데, 지금은

〈그림 7-5〉 직무확대

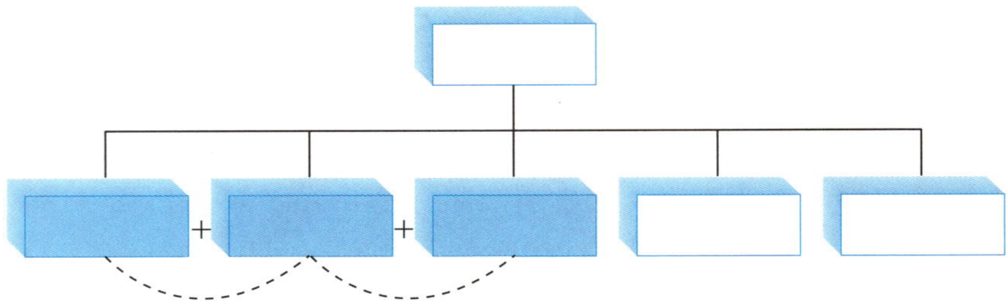

직무확대를 통해 일이 3 배나 늘어났다"고 말하고 있다. 그렇기 때문에 직무확대는 지나치게 전문화된 작업에 다양성을 추가하려는 것이지만, 작업자의 활동에 아무런 의미나 도전을 주지 못한 경우가 많았다.

## 2. 직무순환(job rotation)

직무순환(job rotation)은 작업자들에게 그들의 활동을 다양화함으로써 권태를 피하도록 하기 위한 것이다. 실제로 직무순환에는 수직적인 것과 수평적인 것 두 가지 형태가 있다. 수직적인 순환은 승진(promotions)과 좌천(demotions)을 가리킨다. 그러나 우리가 직무순환에 대해 말할 때 이것은 수평적인 다양화를 의미하는데, 이것은 보통 문자적인 이동(transfer)을 의미한다.

수평적인 직무이동은 종업원이 한 직무에서 이삼 개월을 보낸 뒤 다른 직무로 옮겨 가는 것으로서 계획 하에 이루어진다(〈그림 7-6〉 참조).

수평적 이동은 첫직무가 더 이상 도전적이 아니거나 작업일정의 필요성에 의해 그 사람을 다른 작업으로 이동하는 등 상황에 따라 이루어질 수 있다. 바꾸어 말하면 사람은 계속적인 이동의 대상이 된다. 대규모 조직에서는 프로그램에 따라 경영의 재능을 개발하기 위한 순환은 라인과 스탭간의 이동도 가능하며, 종업원들로 하여금 더 많은 경험을 얻게 한다.

직무순환의 이점은 명백하다. 그것은 종업원이 그의 직무를 능률적으로 수행할 만한 기능을 획득하게 된 후에 느끼게 되는 단조로움과 권태가 순환으로 감소된다.

마지막으로 직무순환에 의해 광범한 경험을 얻게 되면, 조직 내의 다른 활동에 대해 보다 이해를 잘 할 수 있기 때문에 빠른 시간에 보다 큰 책임을

〈그림 7-6〉 직무순환

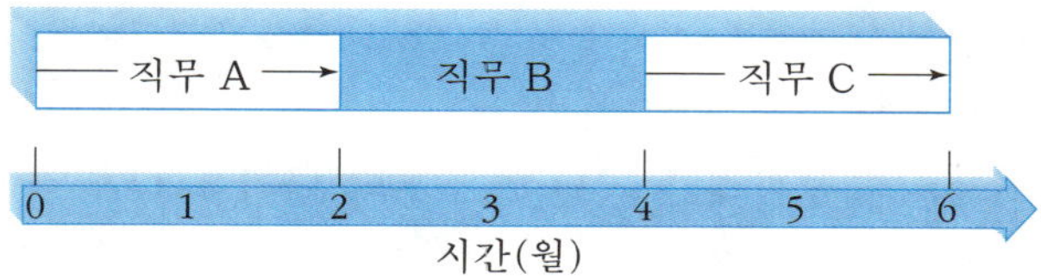


감당할 수 있게 된다. 바꾸어 말하면 조직에서 승진하게 되면 작업의 복잡성이나 상호관련성을 점점 더 많이 알아야 하는데, 이러한 기능들은 조직 내의 직무순환을 통해 보다 쉽게 얻을 수 있다.

반면에 직무순환은 단점도 지니고 있다. 교육훈련의 비용이 증대되며 새로운 직무를 맡게 될 경우, 어느 기간까지는 생산성이 감소하게 된다. 광범위한 순환프로그램을 실시하게 되면 종업원들의 경험이 없는 직무에 이동되는 경우가 많고, 이것은 장기적으로는 유익할지 모르나 경험이 없는 종업원들은 새로운 일을 수행할 때 또 당장 해야 할 의사결정에서 경험이 없을 때 여러 가지 비능률이 발생할 가능성이 많아진다.

직무순환은 또한 선택된 전문분야에서 특별한 책임을 추구하는 지적이며 의욕적인 종업원들의 사기를 저하시키게 될 수 있다. 마지막으로 종업원을 비자발적으로 순환할 경우, 장기결석과 사고가 증가한다고 밝혀져 있다.

## Ⅱ. 현대적 관점

지난 30년 동안 직무설계에 대해 경영자들은 많은 것을 배우게 되었다. 그 대부분은 직무전문화(job specialization), 직무확대(job enlargement) 및 직무순환(job rotation)에서 발견된 한계점에서 알게 된 것이다. 예를 들면 많은 사람들은 자신의 직무에 대해 스스로 더 큰 통제를 할 수 있을 때보다 큰 호의적 반응을 보인다는 것, 어떤 조건 하에서는 팀을 중심으로 일하는 것이 일을 보다 흥미롭게 하고 생산성을 촉진시킨다는 것, 경영자가 어떤 부류의 작업자에게는 직무의 잠재적 동기를 증가시킬 수 있다는 것, 오늘날의 종업원들은 전통적으로 한 주에 5일간 9시간씩 일하기보다 한 주에 5일간 8시간씩 작업하는 작업일정을 더 선호한다는 것 등을 알게 되었다.

이러한 내용에 대해 자세히 알아보기로 한다.

### 1. 직무풍부화(job enrichment)

직무풍부화는 직무확대가 지닌 대부분의 단점을 다루는 데 가장 효과적이라는 것이 밝혀졌다. 직무풍부화는 직무를 수직적으로 확장한 것이다. 직무확대는 직무의 범위(job scope)를 증가시키지만, 직무풍부화는 직무의 깊이(job depth)를 증가시키는 것이다(〈그림 7-7〉 참조).

이것이 의미하는 것은 직무풍부화는 종업원들이 그들의 작업을 그들의 통제 하에 할 수 있도록 하는 것이다. 전형적으로 종업원들이 행한 일들을 그들의 감독자가 계획하고 평가하도록 되어 있다. 그러나 직무풍부화에서는 종업원들이 독립적으로 자유롭게 책임을 갖고 작업을 하도록 허용한다. 스스로 자신의 성과를 평가하고 교정하도록 피드백(fee-back)을 제공하게 된다. 그 러면 경영자는 어떻게 직무를 풍부하게 하는가? 예를 들어 이를 설명하기로 한다.

Travelers 보험사는 천공수(key punch operators)의 성과에 대해 불만족스러웠다. 그 결과들이 불충분한 것 같았고, 오류율(error rate)이 높았고 또 결근이 잦았다. 이 회사의 경영자는 그러므로 천공수들의 직무를 풍부하게 하기 위해 다음과 같은 변화를 주었다.

1) 각 천공수들에게 어떤 계정에 대해 계속적으로 책임을 지우는 대신에 임의로 작업을 할당하였다.

2) 얼마간의 계획 및 통제기능을 천공(key punching)작업과 결합하였다.

3) 각 천공수들은 고객과 여러 경로로 직접 접촉할 수 있게 하였다. 문제가 발생하면 감독이 아니라 천공수가 직접 고객과 만나 일을 처리하게 하였다.

4) 천공수가 스스로의 일정을 세울 권한을 가지도록 했다. 일과를 계획하고, 스스로 잘못된 코딩(coding)을 교정하도록 했다.

5) 오류가 있는 카드는 전산부서에서 바로 그 천공수에게 되돌려 주어 직접 오류를 수정하도록 했다. 일주간의 오류와 생산성을 기록한 결과를 감독자가 아니라 천공수에게 직접 전달했다.

위에서 설명한 이러한 풍부화를 위한 노력은 인상적인 결과를 가져왔다. 필요한 천공수의 수가 줄어들었고, 산출량이 증가하였으며, 오류율과 결근율이 감소했으며, 직무에 대한 태도가 개선되었다. 보고에 의하면 이러한 변화에 의해 연간 9 만 달러 이상이 절약되었다.

그러나 이 예에서 보는 그러한 성과가 반드시 보장되는 것은 아니다. 일반적으로 밝혀진 것은 직무풍부화는 결근율을 줄이고 임금을 줄이지만, 생산성이라는 주요한 문제에 대해서는 명백한 증거가 밝혀지지 않고 있다. 어떠한 상황에서는 직무풍부화는 생산성을 증가시켰지만, 다른 상황에서는 오히려 감소하였기 때문이다. 그러나 생산성이 감소할 때 서비스나 제품은 질이 높아지고, 자원의 사용에 대한 의식이 높았다는 것이 일관성 있게 알려졌다. 바꾸어 말하면 능률이란 측면에서 보면 동일한 투입물에 의해 높은 품질의 산출이 생산되었다.

## 2. 작업팀(work teams)

직무가 개인보다는 그룹을 중심으로 설계된다면, 그것이 바로 작업팀(work teams)이 된다. 일련의 작업을 완수하는 데 협력이 중요하다고 하면, 그룹의 개념을 중심으로 하여 직무를 구성하는 것이 바람직하다. 기본적으로는 작업팀에는 두 가지 형태가 있을 수 있다. 즉 통합형태와 자치형태이다. 통합적 작업팀(integrated work teams)은 많은 작업이 하나의 그룹에 할당된다. 그 다음에 그 그룹에서는 각 구성원에게 할당하고, 그 작업을 위해 필요한 구성원들 중에 그 직무를 순환하여 완수하도록 책임이 주어진다. 그 팀은 그 그룹의 활동을 감독할 감독자가 있어야 한다(〈그림 7-7〉 참조).

통합적 작업팀은 빌딩을 건축하거나 유지하는 작업 등에 자주 이용된다. 예를 들면 대형 빌딩을 청소할 때 감독은 완수해야 할 작업을 확인하고, 그 다음에는 그룹으로서의 유지작업자들에게 그 작업을 분담하게 된다.

〈그림 7-7〉 통합작업팀

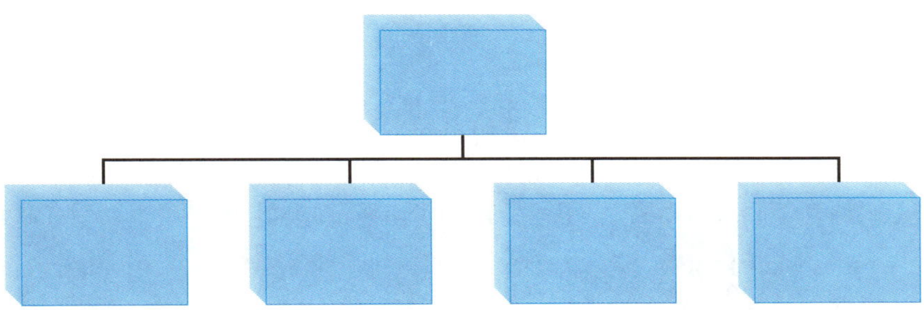

자치적 작업팀(autonomous work teams)은 통합작업팀보다는 수직적으로 통합되고 보다 광범한 자치권을 갖는다. 달성할 목표가 주어지면 자치적 작업팀은 작업할당 · 휴식시간 · 검사절차 등이 자치적으로 결정된다. 완전한 자치적 작업팀은 구성원까지도 스스로 선택하며, 구성원들이 서로 성과를 평가한다. 결과적으로 감독직은 중요하지 않게 되고 심지어는 불필요하게 된다(〈그림 7-8〉 참조).

Shaklee社의 Oklahoma 공장은 자치적 작업팀으로 성공하였다. 이 공장에서는 영양제 · 비타민 · 알약 등을 생산하고 있었다. 공장의 생산공 중 약 190명이 3 명에서 15명으로 팀을 구성하였다. 팀의 구성원들은 자신의 일정을 세우고, 일할 시간을 결정하고, 인사부서에서 승인한 명단에서 새로운 팀을 구성하고, 필요한 경우에는 구성원을 내보내기도 하였다. 이 회사의 보고에 따르면 다른 공장과 비교할 때 작업시간당 생산량이 200% 이상 증가하였고, 이 증가의 2/3 는 지치적 팀을 구성한 데 기인한 것(나머지 1/3 은 기계설비에 기인한 것)이었다. 경영자는 Oklahoma 공장은 전통적인 방식으로 설계된 기계설비를 사용하였을 때 생산량은 동일하였으나 임금은 40% 감소하였다고 말하였다.

〈그림 7-8〉 자치적 작업팀

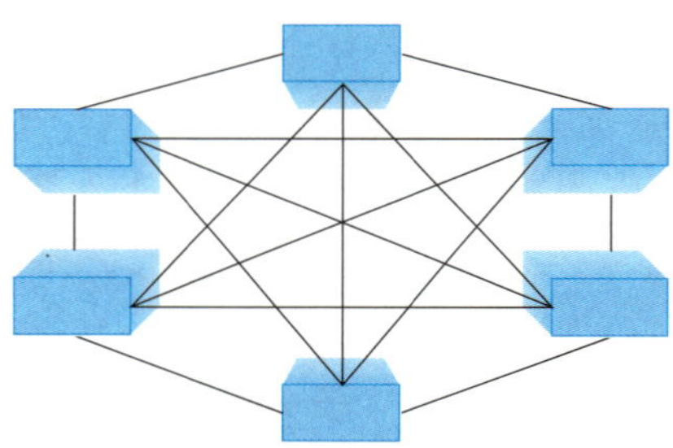

### 3. 직무특성모형(job characteristics model)

앞에서 설명한 접근법은 직무를 분석하거나 직무를 설계하는 지침을 위한 뼈대를 제공해 주지 않았다. 1970년대에 개발된 직무특성모형(Job Characteristics Model : JCM )은 그러한 뼈대를 제공해 주고 있다. 이 모형은 5 개의 주요 직무특성, 특성간의 관계 및 종업원의 생산성, 동기부여 및 만족에 미치는 영향을 확인해 주고 있다. 이 모형에 따르면 어떠한 작업이라도 5개의 핵심직무 차원으로 서술될 수 있는데, 이것들은 다음과 같이 정의된다.

(1) 기능다양성(skill variety): 직무가 요구하는 작업의 다양성의 정도. 이것은 얼마나 많은 다른 기능과 재능(talents)이 필요한가 하는 것이다.

(2) 작업동질성(task identity): 직무가 완료되기 위해 작업이 몇 가지로 구분될 수 있는가의 정도

(3) 작업유의성(task significance): 직무가 다른 사람의 작업이나 삶에 본질적으로 미치는 영향의 정도

(4) 자치권(autonomy): 직무를 수행하기 위한 작업일정 · 작업절차를 결정하는 데 개인에게 재량권이나 독립성을 얼마나 많이 주는가의 정도

(5) 피드백(feed-back): 직무를 수행하기 위해 요구되는 작업활동의 성과에 대한 정보가 작업자에게 얼마나 직접적이며 명백하게 주어지는가의 정도

〈그림 7-9〉는 이 모형을 나타내 보이고 있다. 이 그림에서 앞의 세 차원— 기능다양성 · 작업동질성 · 작업유의성 —은 결합되어 의미 있는 작업을 구

〈그림 7-9〉 직무특성모형

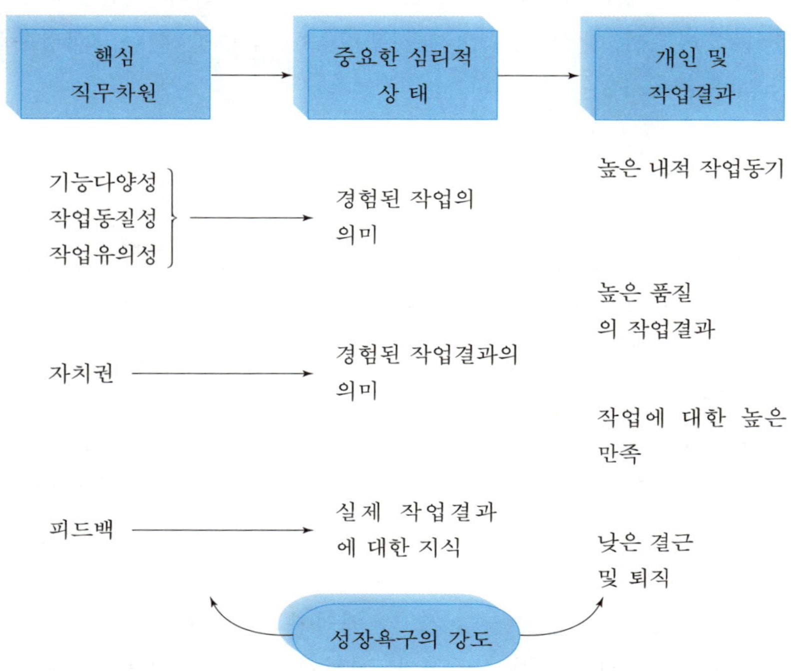

성한다. 즉 이 세 가지 특성이 직무에 존재한다면, 우리는 작업자가 자기의 직무가 중요하며 가치 있고 보람된 것으로 볼 것이라고 예측할 수 있다. 또한 자치권을 포함한 직무는 현재의 작업이 결과에 대한 개인의 책임감을 갖게 하며, 직무에 피드백이 주어진 경우에는 작업자가 그가 얼마나 효과적으로 성과를 얻고 있는가를 알게 되는 것이라는 것을 알 수 있다.

동기부여적인 입장에서 본다면, 이 모형은 작업자가 그가 담당한 직무가 얼마나 잘 수행되고 있다는 것을 알게 될 때 내적 보상(internal rewards)이 얻어진다는 것을 말해 주고 있다. 이러한 세 가지 조건이 존재하면 할수록 작업자의 동기부여, 성과 및 만족이 높아지며, 결근이나 퇴직의 확률이 낮아지게 된다. 모형이 보여 주는 바와 같이 직무차원과 결과와의 관계는 작업자의 존경의 욕구나 자아실현욕구와 같은 작업자의 개인적인 성장욕구의 강도(strength)에 의해 조정되거나 완화된다. 이것은 작업자의 직무가 직무차원에 높은 비중을 둘 때 높은 성장욕구를 가진 사람이 낮은 성장욕구를 가진 사람보다 더 많은 심리적 상태를 경험하게 되며, 보다 더 적극적으로 심리상태에 반응하게 된다는 것을 의미한다.

핵심직무차원(core job dimensions)은 분석되어 하나의 단일지표(index)로 결합되어 다음과 같은 식으로 표시된다. 이 점수를 이동잠재점수(Moving Potential Score : JPS)라 부른다.

$$JPS = \frac{(\text{기능다양성} + \text{작업동질성} + \text{작업유위성})}{3} \times \text{자치권} \times \text{피드백}$$

JPS가 높은 직무는 동기부여, 성과 및 만족이 긍정적으로 영향을 받게 되고, 결근과 이직의 확률이 낮아진다는 것을 모형이 보여 준다. JPS는 경영자가 직무설계를 할 때 특별한 지침이 될 수 있다.

JPS는 5개의 모든 직무차원을 가장 잘 개선시킬 수 있는 직무변화의 형태를 보여 준다.

(1) 작업들을 하나로 결합한다 : 경영자는 현재의 단편적인 작업을 새로운 커다란 작업모듈(module of work)로 묶는다. 이렇게 하면 기능다양성과 작업동질성이 증가하게 된다.

(2) 자연스러운 작업단위를 만든다 : 경영자는 동질적이며 전체적으로 의미 있는 작업이 형성되도록 하여야 한다. 이렇게 하면 작업자들은 작업의 소유의

식을 증가시키게 되고, 작업이 그들에게 무의미하거나 귀찮은 것이 아니라 의미 있고 중요한 것이 될 것이다.

(3) 고객관계를 확립한다 : 고객은 작업자가 일하는 제품이나 서비스의 사용자들이다. 가능하면 경영자들은 작업자와 고객이 직접적인 관계를 맺도록 해야 한다. 이렇게 하면 작업자를 위한 기능다양성 · 자치권 · 피드백이 증가하게 될 것이다.

(4) 직무를 수직적으로 확장한다 : 수직적인 확장은 경영자가 보유하고 있던 책임과 통제를 작업자에게 돌려 주는 것이 된다. 이것은 직무를 '행하는 것'과 '관리하는 것' 간의 간격을 좁혀 주며, 작업자에게 자치권을 증가시키는 것이 될 것이다.

(5) 피드백 채널을 개방한다 : 피드백을 증가시키면 작업자는 그들이 작업을 어떻게 행하고 있는지를 알 뿐만 아니라, 성과가 개선되고 있는지 아니면 나빠지고 있는지 혹은 변하지 않고 그대로 있는지 알게 된다. 이상적인 것은 작업자는 성과의 피드백을 경영자에게서 받는 대신 직접 받는 것이다.

일반적으로 여러 연구들이 직무특성모형을 지지하고 있다. 즉 작업자는 잠재력에 동기를 많이 부여하는 경우, 작업자는 우호적으로 반응한다는 것이다. 그러나 이 모형에 대한 비난도 있다. 그 대부분은 직무의 구성요소와 작업자의 성장욕구를 어떻게 측정할 것인가 하는 것에 대한 것이다. 이 모형에 기초하여 발견한 사실들은 직무의 객관적 측정이 개념적인 측정으로 대신하게 될 때 유의하게 달라진다는 것이다. 아름답다는 것과 같은 매력은 쳐다 보는 사람의 눈에 따라 달라질 수 있다. 그 때까지의 많은 연구들은 성장욕구의 강도가 직무설계와 직무의 결과의 관계에서 중요한 조정변수가 된다는 것을 알지 못했고, 개인의 높은 성장욕구는 불필요한 것으로 알고 있었던 것이다. 이 모형에 의하면 작업자의 지식, 기능 또는 직무를 둘러싸고 있는 작업조건과 같은 조절변수들은 모형에 차별적인 반응을 보인다는 것을 말하고 있다.

## Ⅲ. 직무설계에서 고려할 요소

경영자들의 직무설계에서 그들의 능력을 제한하는 제약들이 존재한다. 이러한 상황적합요인(contingency factors)으로서 조직문화 · 기술 · 공식화 · 노동조합 등을 고려하여야 한다.

(1) 조직문화(organizational culture) : 어떤 조직문화는 종업원들에게 자유를 증가시키고, 그들에게 영향을 미치는 의사결정에 참여하도록 그 역할을 확대시킨다. 만일 조직의 문화가 종업원의 자치와 참여를 지원해 주지 못한다고 하면, 이러한 특성들을 아무리 강조해도 받아들여지지 않는다. 조직문화가 솔선, 책임, 종업원의 자치를 직무설계에서 반영한다 하더라도 조직문화가 이러한 변화를 지지하지 않는다면 아무런 득이 없다.

(2) 기 술(technology) : 어떤 직무를 수행하는 데 요구되는 기술이 자치, 다양성 혹은 피드백을 불가능하게 만들 수 있다. 자동조립라인(automobile assembly line)이 그러한 예에 해당한다. 기술은 기본적으로 작업의 속도, 작업단위의 규모, 기능의 다양성을 통제한다.

(3) 공식화(formalization) : 직무기술(job descriptions), 규율 및 작업절차들은 작업설계에 경직성을 더하며, 수행하는 작업의 변경에 유연성을 제한한다. 모든 종업원들이 명백하게 정의된 규정에 얽매여 작업하는 대규모의 의존적인 작업시스템에서는 어떤 주어진 작업의 설계를 변경하거나 직무의 내용을 바꾸는 것이 거의 불가능할 수 있다.

(4) 노동조합의 반대(union opposition) : 노동조합조직이 있는 경우에는 직무설계의 변경은 조합의 동의를 받아야 한다. 조합의 임원은 직무의 변경을 늘 수용하는 것이 아니므로, 그들의 태도와 단체교섭의 절차가 결정적인 제약이 될 수 있다.

(5) 통제방식(control mechanisms) : 모든 조직은 객관적이며 공평하고 자동적인 방식으로 종업원의 행위를 평가하고 영향을 미치는 어떤 형태의 통제시스템을 갖고 있다. 통제시스템은 모든 활동들이 계획한 대로 움직이고 있는가를 확인하기 위해 필요한 것이다. 그러나 가끔 통제시스템이 모든 종업원에 적용되도록 표준화된다. 마찬가지로 그것들은 책임소재를 확인하기 위하여 자세하게 그 내용을 지정하기도 한다. 그러한 경우에 그 규정들은 직무의 도전을 제한하고, 직무의 변경을 이끌어 가는 것을 어렵게 만드는 경향이 있다. 예를 들면 구매나 지불계정의 직무에서는 부정과 도난을 최소화하도록 표준화한 것이기 때문에 이러한 직무수행에 큰 걸림돌이 된다.

## 〈경영의 실천〉 브랜드 가치

삼성의 브랜드 가치가 소니를 추월했다. 또 현대자동차는 일본의 닛산을 앞질렀다.

21일 미국의 브랜드 컨설팅 업체인 인터브랜드는 '세계 100대 브랜드'를 조사한 결과, 삼성전자의 브랜드 가치가 149억 5,600만달러로 소니(107억 5,400만달러)를 월등히 앞섰다고 밝혔다. 또 현대자동차도 처음으로 100위권에 진입하면서 34억 8,000만달러의 가치를 인정받아 닛산(32억달러)을 제쳤다. 이에 따라 삼성전자는 소니(28위)보다 무려 8단계나 높은 20위를 차지했고 현대자동차는 닛산(85위)을 누르고 84위에 올랐다.

인터브랜드측은 "삼성전자는 올림픽과 같은 국제적인 행사의 스폰서 활동, 우수한 품질과 디자인의 휴대전화 등에 힘입어 해마다 브랜드 가치가 상승하고 있다"면서 "현대차는 브랜드 가치 향상을 5대 핵심 중장기 경영전략의 하나로 정하고 특별팀을 구성할 정도로 브랜드 관리에 힘써온 결과 글로벌 브랜드로 당당히 입성하게 됐다"고 설명했다.

반면 소니의 경우 조만간 출시될 신형 게임기 'X박스 360'과 'PS3'에 대한 소비자들이 기대심리로 소니의 기존 플레이스테이션 제품 매출증가세가 둔화되면서

**전세계 기업별 브랜드 가치**

* 괄호 안은 2004년 순위 (단위 : 억달러)

| 순위 | 브랜드 | 브랜드가치 |
|---|---|---|
| 1(1) | 코카콜라 | 675 |
| 2(2) | 마이크로소프트 | 599 |
| 3(3) | IBM | 534 |
| 4(4) | GE | 470 |
| 5(5) | 인텔 | 356 |
| 6(8) | 노키아 | 265 |
| 7(6) | 디즈니 | 264 |
| 8(7) | 맥도널드 | 260 |
| 9(9) | 도요타 | 248 |
| 10(10) | 말보로 | 212 |
| 20(21) | 삼성전자 | 149 |
| 28(20) | 소니 | 107 |
| 84(X) | 현대자동차 | 34 |
| 97(X) | LG전자 | 26 |

(자료 : 인터브랜드)

브랜드 가치도 덩달아 하락했다고 분석했다.

현대차와 함께 처음으로 100위권에 들어선 LG전자도 26억 4,500억달러의 브랜드가치로 97위를 차지했다.

1~3위는 지난해와 마찬가지로 코가콜라(675억달러), 마이크로소프트(599억 달러), IBM(534억달러)이 거머쥐었다.

국가별로는 미국이 총 53개의 브랜드가 100위권에 들어 여전히 브랜드 강국으로서의 면모를 과시했으며 독일(9개), 프랑스(8개), 일본(7개) 등이 뒤를 이었다. 한편, Time, AOL, 에스티로더 등은 2004년 순위에는 있었으나 올해 100위권 밖으로 밀려난 브랜드는 7개로 모두 미국브랜드였다.

— 국민일보 2005/07/22 —

제 8 장

# 권한과 권력은 어떻게 행사할 것인가

And whoever wishes to be first among you shall be your slave; just as the Son of Man did not come to be served, but to serve, and to give His life a ransom for many. —Mathew 20 : 27—

# 제 1 절　권한이란 무엇인가

## Ⅰ. 권　　한

권한(authority)이란 경영상의 위치에서 명령을 내리고, 그 명령에 복종하기를 기대하는 고유한 권리를 가리킨다. 경영의 지위는 그 직위의 서열이나 직함에 부여된 특정의 고유권한을 가진다. 그러므로 권한은 조직 내의 직위와 관련을 가지며, 경영자의 개인적인 인적 특성과는 관련이 없다. "왕은 서거하셨습니다. 국왕 만세!"라는 표현은 이 개념을 잘 들어내고 있다. 누구든지 왕의 자리에 오르면 왕으로서의 고유한 권한을 갖는다. 그 권한은 그 자리와 그 자리에 앉은 사람에게 주어지는 것이다.

권한이 행사되면 순종을 기대하게 된다. 이것은 하위자들이 아무런 질문 없이 동의함을 의미하는 것이다. 그들은 그 명령이 적절한지를 판단하지 않는다. 비록 개인적으로는 찬성하지 않는다 하더라도 따라야 한다. 그러나 경영자들은 그 권한이 어디로부터 왔는지, 그리고 종업원들은 경영자에게 "무슨 근거로 나에게 그런 일을 명하는가"라는 것을 알아야 한다.

## Ⅱ. 권한의 원천

권한이 어디에서부터 오는가에 대한 관점은 전통적 견해(traditional view of authority)와 수용적 견해(acceptance view of authority)로 구분할 수 있다.

### 1. 전통적 견해

권한에 대한 전통적인 관점은 하위자의 복종을 받게 될 상위자의 권리는 위에서 시작하여 조직을 통해 아래로 내려가는 것이라고 파악한다. 권한의 궁극적 원천은 사회제도를 만든 사회에 있다. 국방부장관은 헌법으로부터 권한을 부여받는다. 이는 국가안보를 위해 부여된 것이다. 현대자동차는 울산시로부터 권한을 부여받는다. 그 곳에 본사가 있으며, 현대자동차의 설립을 허가받았다. 그리고 궁극적으로는 헌법으로부터 권한을 부여받는다. 헌법은 사적 재산권에 관해 규정하고 있기 때문이다.

## 2. 수용적 견해

그러나 권한에 대한 대조적인 견해가 있는데, 그것은 권한이란 아래로부터 발생하는 것이란 견해이다. Chester Barnard에 의해 처음 제기된 이 견해를 권한에 대한 수용적 관점이라 한다. 수용적 관점에 따르면 권한을 가진 사람(persons of authority)은 없고, 권한을 위임받은 사람만이 있을 뿐이다. 종업원이 감독자의 명령을 따르지 않는다면, 그 불복종은 그에 대한 명령자의 권한을 부정하는 것이 된다. Barnard에 의하면 권한이 있는 것 같아 보여도 하위자들이 이를 받아들이지 않으면 실제 권한은 존재하지 않는다.

Barnard는 권한이 수용되기 전에 필요한 4가지 조건을 기술하였다. ① 하위자는 의사전달을 이해할 수 있어야 한다. ② 의사결정을 할 때 하위자들은 명령받는 것이 조직의 목적과 불일치하지 않다고 믿어야 한다. ③ 의사결정시 하위자들은 명령받은 것이 전반적으로 자신의 개인적 이해와 양립할 수 있다고 믿어야 한다. 따라서 만약 하위자들은 그 명령이 비윤리적인 것이라고 생각하면 복종하지 않을 수 있다. ④ 하위자들은 정신적으로, 그리고 육체적으로 그 명령에 응할 수 있어야 한다. 즉 그들의 능력을 넘어서는 것은 복종할 수 없는 것이다.

Barnard는 나아가 무차별 영역(zone of indifference)이란 개념을 제시하였다. 이는 4가지 조건에 덧붙여 의심 없는 권한수용(acceptace of authority)을 설명하였다. 하위자들이 특정하게 요구하는 것이 무엇인지에 대해서는 전혀 개의치 않는 무차별적인 영역이 이에 속한다. 그러나 이 영역 밖에 대해서는 한 가지 또는 다른 이유 때문에 이를 수용하지 않을 수 있다. 경영자의 영역이 넓으냐 좁으냐 하는 것은 그렇게 하는 것이 발생하는 비용이나 희생보다 크다고 하위자가 어느 정도 인식하느냐에 달려 있다. 예컨대 경찰서장이 교통순찰이나 특수업무를 부여받는다면, 그것은 무차별적인 영역에 속한다. 그러나 만약 동반자 없이 우범지대를 걸어서 순찰하라고 하면, 그것은 무차별영역 밖에 있기 때문에 이를 거절할 것이다.

경영자를 위한 이상적 상태는 하위자들이 자신의 명령에 대해 광범위한 무차별의 영역이 된다는 견해가 인정받는 것이다. Barnard의 4가지 필요조건과 함께 이런 상태가 존재할 때 경영자들은 자신의 요구가 받아들여지는 것을 알게 된다.

일반적으로 출세하는 사람, 특히 중간 및 상위층의 관리자들은 그 영역을 보다 넓게 보는 경향이 있다는 사실이 알려져 있다. 전기선을 옮기라는 감독의 명령에 대해 그것은 전기공담당이라고 거절하는 배관공의 견해는 그의 무차별영역을 대단히 좁게 잡고 있는 경우이다.

## Ⅲ. 권한의 유형

초기의 경영자들은 권한을 라인권한과 스탭권한으로 구분하였다. 이 장에서는 권한의 유형을 이 두 가지 외에 기능적 권한을 추가하고 이를 설명하기로 한다.

### 1. 라인권한

라인권한(line authority)은 경영자에게 하위자를 지휘할 수 있도록 부여한 권한이다. 상위자-하위자의 권한관계는 조직의 상부에서부터 가장 낮은 계층까지 확장되는데, 이를 명령체계(chain of command)라 부른다.

이는 〈그림 8-1〉에 잘 나타나 있다. 명령체계의 연결에 의해 라인권한을 가진 경영자는 하위자들에게 일을 시키는 권리를 가지며, 다른 사람의 도움없이 의사결정을 행할 수 있다. 물론 명령체계 내에서 모든 사람들은 그들 상위자의 명령에 따른다.

라인(line)이란 용어는 스탭경영자와 실질적 경영자를 구별하기 위해 사용된다. 이럴 때 라인이란 것은 이들의 조직적 기능이 조직목적의 달성에 직접적으로 공헌한다는 것을 강조하기 위한 것이다. 제조회사에서 라인경영자는 전형적으로 생산과 판매기능을 수행하지만, 인사나 회계부서의 관리자는 스탭경영자가 된다. 그러나 회계법인의 경우는 회계부서가 라인의 기능을 담당한다. 이러한 정의는 상호 모순되는 것 같아 보이나 이것은 라인이란 용어에 대해 보는 두 가지 방법을 제시하고 있다. 즉 모든 경영자는 그 하위자들에 대해 라인권한을 가지지만, 모든 경영자가 라인기능이나 라인위치에 있지 않다. 라

〈그림 8-1〉 명령체계

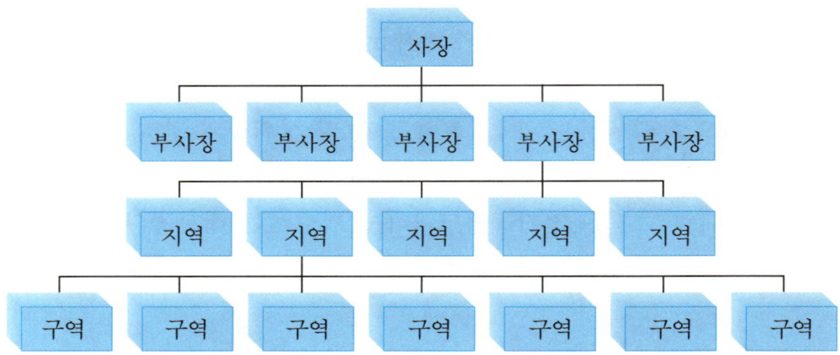


인기능이나 라인위치란 그 기능이 조직목적에 직접적으로 공헌하고 있음을 의미하는 것이다.

## 2. 스탭권한

조직이 보다 커지고 복잡해지면 라인경영자는 자신의 직무를 효과적으로 수행하기 위해 필요한 시간, 전문지식 혹은 자원을 가지고 있지 않음을 발견한다. 따라서 그들은 지원 · 보조 · 조언 · 보완하기 위한 스탭권한(staff authority) 기능을 만들어 그들의 정보에 관련된 부담을 감소시키는 것이 일반적이다. 병원관리자들은 병원이 필요로 하는 모든 구입품들을 효과적으로 조달할 수 없기 때문에 구매부서를 두게 된다. 구매부서는 하나의 스탭부서이다. 물론 구매부서의 장은 하위자들의 구매업무에 대해서 라인권한을 가진다. 병원관리자는 또한 자신의 업무가 과중하며, 도움을 받아야 하기 때문에 스탭직이 필요한 것이다. 스탭직은 인사스탭 및 전문스탭의 두 가지 형태를 가진다.

(1) 인사스탭(personal staff) : 병원관계자의 보조원은 인사스탭에 속한다. 회계부서장을 돕는 보좌관이나 개인경영자를 돕는 비서들 역시 그러하다. 이 직위의 일반적 특징은 경영자가 수행하는 직무를 돕기 위해 존재하며, 그들은 스스로 아무런 권한을 행사하지 않는다는 것이다. 인사스탭은 명시되거나 지정된 업무를 가지지 않는 것이 전형적이다. 그들은 그가 속한 경영자에게 보고하고 그들을 보좌한다. 라인경영자와는 달리 인사스탭의 직위는 아무런 권

한을 가지지 않는다. 그가 보좌할 때 그 상사의 권한 내에서 행동한다. 따라서 스탭에게 일을 맡기는 것은 그가 가진 제한된 권한의 양을 스탭에게 주는 것이 된다. 그러나 어떠한 의사결정이나 명령이라도 스탭이 아닌 경영자의 이름으로 행해지게 된다.

(2) 전문스탭(specialized staff) : 전문스탭은 라인경영자가 갖지 못한 기술이나 객관적 관점을 제공함으로써 라인경영자를 위해 조언, 서비스 혹은 평가를 행한다. 예를 들면 경영자가 종업원들의 능력개발이나 기술혁신이 필요하다고 판단한 경우, 인적 자원개발 담당스탭을 이용하게 될 것이다. 또 경영자가 법률적 조언이 필요한 경우, 법률담당스탭을 찾게 될 것이다. 검사나 감사는 전문가스탭에 의해 수행된다. 이들 전문스탭은 주어진 범위 내에서 전문지식을 제공함으로써 경영자나 부서를 돕는다.

전문스탭은 어떤 종류의 권한을 가지는가? 조언을 할 때 아무런 권한을 가지지 않는 것이 일반적이다. 그러므로 그의 제안을 따를 필요는 없다. 그러나 어떤 조직에서는 라인경영자들이 전문스탭들의 전문지식이 가치 있다고 판단하고 그들에게 검토받도록 하고 있으나, 스탭의 조언을 따르려 하지 않는 경우가 있다. 전문스탭이 라인경영자에게 특정한 서비스를 제공하기 위해서나 라인활동을 평가하기 위해 권한을 가지도록 할 수 있다. 전자의 예로는 신입사원모집이나 선발 혹은 연간 종업원성과를 조정하고자 할 때 스탭에 속한 인사부서가 권한을 갖고 이를 시행하는 경우이며, 후자의 예는 조직의 모든 영역에 대해 정기적으로 활동을 검토하고 보고하는 회사의 감사부를 들 수 있다. 이러한 경우는 전문스탭이 라인경영자의 지시 없이 어떤 활동을 행할 권한을 가진 것으로서, 이 권한은 라인에서 부여받는 것이라 할 수 있다.

(3) 기능적 권한(functional authority) : 라인과 스탭 이외에 또 다른 하나의 형태가 있는데, 이것이 바로 기능적 권한이다. 이 권한은 명령의 직접적인 영역 밖에 있는 사람이나 단위에 대한 것이다. 〈그림 8-2〉는 세 가지 형태의 권한을 나타내고 있다.

대기업은 여러 지역에 걸쳐 공장을 운영하는 경우가 많다. 대규모 제조회사가 여러 지역에 생산공장을 가지고 있는 경우, 어떻게 이들 다수의 공장을 조화시키며 통일을 이룩할 수 있는가? 예컨대 그 회사의 인사부가 어떻게 여러 곳에 있는 공장의 인사부로 하여금 본사의 인사정책을 따르도록 할 수 있는가? 그 대답은 본사 인사부의 장이 공장의 인사부담당자에게 인사업무에 대

〈그림 8-2〉 라인, 스탭 및 기능적 권한

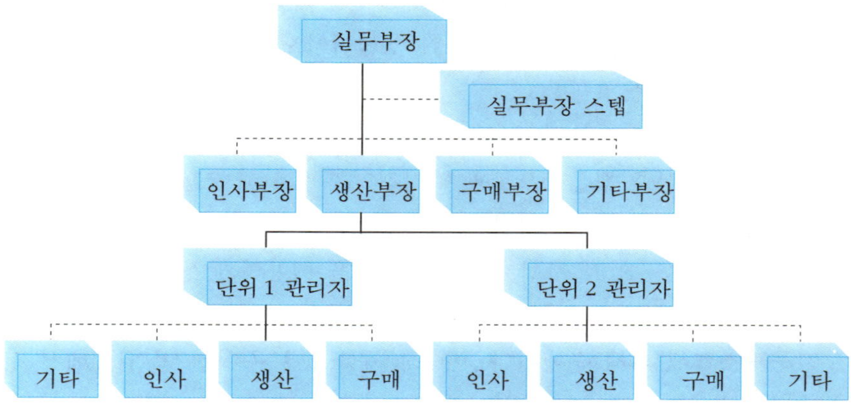


해 어떤 기능적 권한을 갖고 있기 때문인 것이다.

기능적 권한(functional authority)은 이미 소유하고 있는 라인이나 스탭의 권한을 보완한다. 이 권한은 특정한 업무에 한정되며 따라서 제한적이다. 왜냐하면 이의 사용은 자칫 명령의 일원화의 원리를 파괴할 수 있기 때문이다. 기능적 권한의 영향력 아래 있는 사람은 두 명의 상사를 가진다. 하나는 기능적 권한을 행사하는 사람이고, 다른 하나는 라인권한을 행사하는 사람이다. 예컨대 공장의 인사담당자는 본사 인사부와 공장책임자의 영역 아래 있다.

왜 기능적 권한으로 인해 혼란을 가져오게 하는가? 그것은 경영자들이 그의 직접 명령라인에 속하지 않는 조직의 구성원에게 통제권을 행사할 필요가 있기 때문이다. 이것은 본사와 지사 혹은 사업부간의 일상적 문제이다. 그러므로 본사의 실무자에게 지사나 공장의 상대방에게 제한된 권한을 준 것이다. 공장의 구매담당자는 550불을 초과하는 모든 구입품에 대해 3곳 이상의 견적서를 받도록 하는 본사의 지시를 따라야 할지 모른다. 그러한 지시는 기능적 권한의 사용에 따른 것이다. 물론 공장책임자는 그의 구매담당자를 비롯한 공장 내의 모든 종업원을 고용, 해고, 보상 및 처벌할 라인권한을 갖는다. 한 가지 주의할 점은 기능적 권한이 반드시 지역적인 문제 때문이 아니란 점이다.

## Ⅳ. 라인과 스탭의 구분은 낡은 방식인가

일부 경영학자들은 라인과 스탭의 구분은 현대의 복잡한 조직에서는 시대에 뒤떨어진 것이라 주장한다. 직접적 활동인지, 아니면 지원적인 활동인지를 구분하기 어렵기 때문이라고 말한다. 또 전문가스탭들은 비록 공식적인 권한은 가지지 않는다 하더라도 상당한 영향력을 행사하는 경우가 많다고 지적한다. 이에 대한 반론은 어떤 스탭이 "나는 의사결정과 조언간에 그렇게 큰 차이가 있는지 정말 몰랐다"고 한 말 속에 잘 들어나 있다고 주장한다.

일반적으로 제조회사에서는 생산자, 기술자 및 마케팅담당자들은 라인으로 간주되지만 전문스탭은 그렇지 않다. 대학의 교수는 라인에 속한다. 그러나 대학연구소에서 연구만 하는 사람은 라인인가, 아니면 스탭인가? 병원에서 간호사는 라인에 속하는가, 스탭에 속하는가? 이 질문들은 라인과 스탭의 경계가 분명하지 않을 수 있음을 보여 준다. 조직이 보다 복잡해지고 보다 정교한 구조를 가지게 되면, 라인과 스탭의 구분이 불명확하게 된다.

라인과 스탭에 속한 사람들간에는 다른 인적 특성을 가지고 있다는 많은 증거가 발견되었다. 라인에 속한 사람과는 대조적으로 스탭에 속한 사람들은 일반적으로 젊고 고학력이며, 똑똑하고 특정분야에 대해 큰 기술적 능력이 있으며, 조직과 높은 수준의 계약을 맺고 있지만, 조직에 대한 충성심이 약하다. 그들은 공식적 권한은 가지고 있지 않지만, 그들의 뛰어난 말솜씨, 기술적 능력, 지위, 그리고 능력을 이용하여 라인에 속한 사람 이상의 영향력을 행사한다. 그러나 그러한 영향력은 직접적인 권한을 통해 이루어지는 것이 아니기 때문에 라인과 스탭 사이에는 공식적이며 분명한 구분이 있다.

마지막으로 라인과 스탭은 경영자가 지명한다는 사실을 기억해야 한다. 라인이나 스탭의 구분이 의미가 있는가 없는가에 관계 없이 경영자들은 라인으로부터 스탭을 구분하며, 이 둘을 참고하게 된다. 그러므로 라인과 스탭의 구분이 낡은 것이냐 아니냐에 앞서 이 둘의 차이를 이해하는 것이 중요하다. 왜냐하면 경영의 현장에서는 이 둘을 구분하고 있기 때문이다.

## Ⅴ. 권한의 위임

경영자들은 다른 사람을 통해 일을 이룬다. 최고경영자는 개인적으로 조직의 모든 활동을 다 감독할 수 없기 때문에 권한을 하위층의 경영자에게 위임한다. 권한의 위임(delegation of authority)이란 상위자가 하위자들이 그들에게 부여된 업무를 적절하게 수행하도록 권한이란 수단을 위임하는 것을 말한다. 바꾸어 말하면 권한의 위임이란 다른 사람에게 특정업무를 수행하도록 하기 위해 권한과 책임을 부여하는 것이다. 조직이 그 목적을 달성하기 위해서는 권한은 반드시 위임되어야 한다.

### 1. 권한위임의 과정

권한의 위임은 다음의 4 단계를 거쳐 이루어진다(〈그림 8-3〉 참조).

1 단계 : 업무의 할당(the allocation of duties)
2 단계 : 권한의 위임(the delegation of authority)
3 단계 : 책임의 배당(the assignment of responsibility)
4 단계 : 책무의 생성(the creation of accountability)

(1) 업무의 할당: 업무(duties)란 상위자가 다른 사람이 하기를 바라는 업무와 활동을 말한다. 경영자가 타이핑한 문서를 원하면, 그는 이를 비서에게 할당한다. 권한이 위임되기 전에 권한과 관련된 업무가 먼저 하위자에게 할당

〈그림 8-3〉 권한의 위임과정

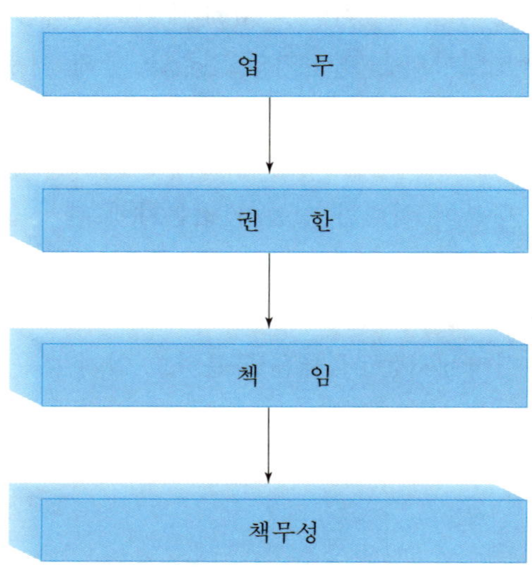

되어져야 한다.

(2) 권한의 위임: 권한의 위임에서 가장 중요한 것은 경영자를 위해 일할 수 있도록 다른 사람에게 권한을 부여하는 것이다. 이것은 다른 사람을 대신하여 일하기 위한 권리를 공식적으로 넘겨 주는 것이다.

(3) 책임의 배당: 권한을 위임할 때 책임도 같이 배당하게 된다. 즉 다른 사람에게 권한을 줄 때, 이에 상응하는 의무를 그에게 배당하게 된다. 책임 없는 권한의 위임은 권한남용의 기회를 제공하는 것이 된다. 물론 권한이 없는 사람에게는 책임도 없다. 초기의 경영학자들은 권한과 책임을 동일하게 하는 것이 중요하다는 것을 인식하고 있었다. 그들은 책임은 결코 권한과 분리될 수 없는 것이라고 주장한다. 그들은 또한 권한을 위임한 사람은 권한을 위임받은 자들의 행동에 대해 책임을 진다고 본다.

(4) 책임의 생성 : 권한의 위임과정은 경영자가 책임에 대한 책무(accountability)를 생성함으로써 완료된다. 즉 하위자는 그들의 업무를 적절하게 수행하였음을 경영자들에게 답할 수 있도록 되어야 한다. 하위자들은 자신의 행동에 대해 신임이나 비난을 받아들여야 한다. 책임(responsibility)은 자신에게 할당된 업무를 수행할 의무를 의미하며, 책무는 할당된 업무를 만족스러운 방식으로 수행하여야 할 의무를 의미한다. 하위자는 그들에게 할당된 업무를 완수할 책임을 지며, 그 일에 대해 만족스러운 성과를 그의 상위자에게 답할 책임을 갖는다. 어떤 경영자들은 그의 잘못에 대해 "책임은 지겠지만 비난은 받아들이지 않는다." 그러한 말은 책임이 책무와 분리할 수 있는 것으로 잘못 알고 하는 말이다. 경영자들은 결국 자신의 행동에 대해서뿐만 아니라, 권한위임을 받은 하위자들에 대해서도 책임과 책무를 갖는다.

## 2. 권한위임의 상황적합요인

경영자는 어느 정도의 권한을 위임해야 하는가? 최소한의 업무에 관한 권한만 위임하고 집중화된 권한을 유지해야 하는가? 아니면 어떤 상황적 요인을 고려하여 권한을 위임할 것인가?

다음과 같은 상황적합요인(contingency factors)들은 이에 대한 얼마간의 지침을 제공한다.

(1) 조직의 크기: 조직이 크면 클수록 의사결정의 수가 많아진다. 조직의 최고경영자는 하위수준(lower-level)의 의사결정에 많은 시간과 많은 정보를 갖

고 빼앗길 수 없으므로 위임을 증가시키게 된다.

(2) 업무나 의사결정의 중요성: 중요한 업무나 의사결정은 비용과 조직의 미래에 큰 영향을 미치게 되기 때문에 위임의 가능성이 낮아진다. 예를 들면 과장에게는 5,000불까지, 그리고 부장과 부사장에게는 각각 25,000불과 100,000불까지의 지출을 위임한다.

(3) 일의 복잡성: 일이 복잡하면 복잡할수록 최고경영자가 효과적인 의사결정을 하기 위한 충분한 기술적 정보를 소유하기 어려워진다. 복잡한 직무는 보다 많은 전문적 경험을 요하고, 그리고 그것들은 필요한 기술적 지식을 가지고 있는 개인에게 위임될 수 있다.

(4) 조직문화: 경영자가 하위자에 대한 확신과 신뢰를 가지고 있다면, 조직문화는 보다 많은 위임을 지지할 것이다. 그러나 그렇지 못한 경우 권한의 위임을 기피하게 될 것이다.

(5) 하위자의 질: 권한의 위임은 권한을 받아들이고 실행하기 위해서는 기능, 능력 및 동기를 지닌 하위자를 필요로 한다. 만약 이러한 것이 결핍되어 있다면 최고경영자는 권한위임을 꺼릴 것이다.

### 3. 권한위임의 장애

권한위임이 효과적으로 되기 위해서는 경영자가 즐겨 위임하려고 해야 하고, 하위자는 이를 즐겨 받아들이려 해야 한다. 이 두 가지 중 어느 한편이라도 효과적인 권한위임에 장애물이 될 수 있다.

(1) 경영자에 의한 장애: 위임은 경영자가 실천하기에 가장 어려운 것 중의 하나이다. 많은 경영자는 만약 무엇인가를 옳게 하기 위해서는 자신이 직접 그 일을 해야 한다고 믿고 있다. 물론 다른 이들을 믿지 못한다면, 권한을 위임하지 않고 자기 스스로 그 일을 하는 것이 합리적일 것이다. 권한이 성공적으로 위임되기 위해서는 하위자의 능력과 업무완수에 대한 믿음을 요한다.

경영자들은 궁극적으로는 하위자들에 대해 책임이 있다고 인식하고 있기 때문에 많은 경영자들은 그들이 실수하는 것을 좋아하지 않는다. 더욱이 어떤 경영자들은 하위자들이 특정한 업무를 습득하여 전문가가 될까 두려워한다. 또 어떤 경영자들은 하위자들이 더 잘 할 수 있는 일인데도, 스스로 일함으로써 이를 즐기고 있다. 또 다른 경영자들은 권한의 위임이 책임의 회피라고 믿거나, 종업원에 대한 통제권을 상실하는 것이라고 믿고 있다. 그러나 권한위임은 책임의 포기가 아니다. 실제 위임 없이는 올바른 경영이 이루어지지 않으며, 하위자의 성과에 대한 피드백으로 그들을 적절하게 통제해야 한다.

(2) 종업원에 의한 장애 : 종업원들은 보다 큰 책임에 대해 근거 없는 불안감을 가질 수 있다. 어떤 경우에는 그러한 불안이 실제적이기도 하다. 하위자들에게는 위임된 업무를 성공적으로 수행하기 위한 정보와 자원이 부족할 수 있다. 경영자들은 하위자들의 잘못에 대해 욕설을 퍼붓거나 부정적인 평가를 내리거나 심지어는 끝장이라고 공갈을 치기도 한다. 그러한 조직문화에서 하위자들은 추가된 책임에 따른 위험을 피하고자 할 것이다. 근거 없는 불안감이 장애물이 되는 경우도 있다. 비록 부당한 처벌을 받지 않는다 하더라도 대부분의 종업원들은 더 무거워진 책임을 싫어한다. 그들은 이미 업무가 과중하기 때문이다. "왜 일을 더 떠맡아?" 하고 말한다. 따라서 중요한 장애는 추가된 책임을 받아들이기 위한 보상을 고려해야 한다. 하위자에 대한 긍정적인 보상 없이 권한위임을 위한 노력은 실패할 가능성이 크다.

### 4. 장애의 극복

우리가 앞에서 살펴본 장애들은 극복하기 어려운 것은 아니다. 다음의 제안들은 권한위임에 따른 장애를 효과적으로 감소시킬 수 있을 것이다.

(1) 긍정적 조직문화를 만들라 : 최고경영자는 신뢰와 위험감수를 지지하는 문화를 창조해야 한다. 권한이 위임될 때 실수가 생길 수 있다. 문화가 경영자들로 하여금 실수를 통해 하위자들이 배우게 되도록 격려해야 한다. 마찬가지로 하위자들은 실수한 비난이나 처벌이 가해지지 않는다고 믿게 되면, 더욱 책임을 받아들이게 될 것이다.

(2) 의사소통이 명확히 되게 하라 : 하위자들은 추가된 책임이 무엇인가 알고자 한다. 경영자가 업무를 할당할 때 종업원이 권한위임의 범위를 이해하도록, 그리고 기대되는 성과의 수준을 알도록 해야 한다. 경영자와 종업원은 대개 바쁘기 때문에 의사소통을 명확하게 하는 것이 시간낭비라고 생각하기 쉽다. 그러나 이것이 성공적인 위임을 가능하게 만들 수 있다.

(3) 권한이 책임과 같게 하라 : 위임이 효과적이기 위해서는 추가된 책임을 가지게 되는 하위자들에게 업무수행을 위한 충분한 권한이 주어져야 한다. 그렇지 않으면 앞에서 지적한 바와 같이 책임과 권한의 불균등이 문제를 유발

한다.

(4) 책임수락에 대해 보상하라 : 하위자들은 만약 책임증대와 함께 증대된 보상을 받는다면 권한을 보다 쉽게 받아들일 것이다. 이것은 보수를 증가시킬 수 있지만 반드시 돈에 한정되지 않고 승진이나 보다 도전적인 직무할당, 보다 매력적인 작업조건, 칭찬 혹은 보다 품위 있는 명칭 등이 인센티브가 될 수 있다.

(5) 충분한 통제권을 주라 : 충분한 통제권을 가진 경영자는 하위자들이 업무수행을 제대로 하지 못한 것에 대해 지나치게 걱정하지 않는다. 통제는 하위자들이 얼마나 잘 하고 있는가에 대한 피드백과 함께 주어져야 한다.

## 제 2 절 권력(power)이란 무엇인가

### Ⅰ. 권한과 권력

고전적인 경영학자들은 권한(authority)에 매혹되었었다. 그들은 조직에서 한 사람이 갖고 있는 공식적인 직위에는 고유한 권리가 있는 것이라고 가정하고 있었다. 그들은 권한을 가진 사람이라고 믿었다. 20세기 초에는 그러한 주장이 옳았다. 조직은 단순하였고, 스탭(staff)은 그렇게 중요하지 않았다. 경영자는 그러한 기술적인 전문가에게 크게 의존하지 않았다. 그러한 상황에서 영향력이란 것은 권한과 동일한 것이었고, 조직에서 직위가 높으면 높을수록 더 큰 영향력을 가지고 있었다.

그러나 오늘날에는 맞지 않는 이야기이다. 지난 20년 동안 경영학자들은 그들의 관심이 권한(authority)에서 권력(power)으로 바뀌어졌다. 왜 그렇게 되었는가? 권력을 갖기 위해서는 경영자가 될 필요가 없으며, 조직에서의 높은 직위가 큰 권한을 가지는 것이 아니라는 것이 경영이론가나 실무자들에게 명백하게 되었다.

권한은 조직에서 중요한 개념이지만, 거기에 초점을 맞추게 되면 조직의 영향력에 대한 좁고 비현실적인 견해를 낳을 뿐이다. 오늘날에 권한이란 권력이란 개념의 한 요소일 뿐이라고 인식하고 있다.

권한과 권력이란 용어들을 우리는 자주 혼동하고 있다. 권한이란 조직에서의 직위에 근거한 합법적인 권리이다. 권한은 그러므로 직위에 따른 것이다. 그러나 권력이란 의사결정에 영향력을 미치는 개인의 능력(capacity)을 가리킨다. 권한은 더 큰 개념의 권력의 일부이다. 즉 조직에서 개인이 갖는 직위에서 오는 공식적인 권리(right)인 권한은 개인이 의사결정과정에서 영향을 미치는 하나의 수단이다. 조직에서의 직위가 높으면 높을수록 더 큰 권한을 갖는다. 그러나 권한은 3 차원적인 개념을 갖는다. 그것은 기능적 차원(functional dimension)과 계층적 차원(hierarchical dimension)뿐만 아니라 구심성(centrality)이라 불리는 차원을 갖는다.

권한은 조직계층에서 수직적인 위치로 정의되지만, 권력은 수직적인 위치와 조직의 권력의 핵(power core) 또는 중심(center)으로부터의 거리에 의해 결정된다. 권력의 핵에 가까이 있으면 있을수록 의사결정에 더 많은 영향력을 행사할 수 있다. 보통 높은 직위를 가진 사람들의 비서관들은 권한은 아주 적다 하더라도 상당히 많은 양의 권력을 갖고 있는 것을 목격할 수 있다. 그들은 그들의 상사에게 전달되는 정보를 접하기 때문에 그들의 상사에게 전달될 정보를 통제하기도 한다. 그들의 권한은 낮지만 권력의 핵에 가까이 있는 것이다.

고위직에 친척이나 친구 등이 있는 하위직종업원이 권력의 핵에 가까이 있을 수도 있다. 어떤 회사에 20년 근무한 직위 낮은 생산기술자는 구형의 생산기계의 작동에 관해 알고 있는 유일한 사람일 수 있다. 이 낡은 구식의 기계가 고장이 났다면, 이 하위직의 기술자 이외에는 이 고장을 고칠 수 있는 사람은 아무도 없을 것이다. 이러한 때는 수직적으로 낮은 지위임에도 불구하고 더 큰 영향력을 가진 사람으로 나타나는 것이다.

## Ⅱ. 권력의 원천

John French와 Bertram Raven은 권력의 원천(sources of power) 혹은 근거로서 다섯 가지가 있음을 확인하였다.

### 1. 강압적 권력(coercive power)

강압적 권력은 두려움(fear)에 근거한다. 어떤 사람이 동의하지 않으면 발생할지도 모르는 부정적인 결과에 대한 두려움 때문에 이 권력에 반응하게 된다. 그것은 육체적인 고통과 신체적 장애 혹은 죽음 등의 위협이나 안정의 욕구나 기본적인 육체적 욕구를 통제하거나 움직임을 제한하거나 위협함으로써 얻어지는 것이다.

경영자들은 기본적으로 이러한 강압적인 권력을 갖고 있다. 경영자는 종업원을 정직시키거나 좌천시킬 수 있다. 아니면 종업원들이 하기 싫어하는 작업을 하도록 만들 수 있다. 심지어는 해고를 시킬 수도 있다. 이러한 모든 조치들은 강압적인 권력의 행사이다. 그러나 경영자가 반드시 강압적인 권력을 행사할 필요는 없다. 하위자는 그의 상사를 난처하게 만드는 위치에 있기도 하지만, 그의 상사와 더불어 이점을 얻기 위해 그의 권력을 행사할 수도 있는데, 그것도 강압적인 권력을 갖고 있기 때문이다.

### 2. 보상적 권력(reward power)

강압적인 권력과 반대되는 것이 보상적인 권력이다. 사람들은 다른 사람의 지시를 따르거나 그가 원하는 것을 따르기도 하는데, 그렇게 하는 것이 긍정적인 결과를 얻기 때문이다. 그러므로 다른 사람들이 가치 있다고 여기는 보상(rewards)을 나눠 줄 수 있는 사람은 그들에게 권력을 가지게 될 것이다. 이러한 보상은 다른 사람이 가치 있다고 평가하는 것이면 무엇이든 상관이 없다. 조직에서는 돈, 우호적인 업적평가, 승진, 좋아하는 직무배당, 우호적인 동료관계, 바라는 작업교대 혹은 판매지역 등이 이에 속한다.

강압적 권력과 보상적 권력은 실제로는 서로 강제적이다. 그리고 이익 · 힘은 실제로 서로의 대조적인 것이다. 만약 다른 사람에게서 가치 있는 것을 빼앗거나 손해를 입힌다고 하면, 그것은 그 사람에게 강압적인 권리를 행사한 것이 된다. 그러나 다른 사람에게 가치 있는 것을 주거나 손해나는 것을 감해준다고 하면, 그것은 보상적인 권력을 그 사람에게 행사한 것이 된다. 경영자는 강압적인 권력에서와 마찬가지로 보상을 통해 영향력을 행사할 필요가 없다. 우정, 인정(acceptance) 또는 칭찬과 같은 보상들은 조직에 있는 모든 사람들에게 이용가능한 것이다. 다만, 개인이 그러한 보상을 추구하는 정도만큼 보상을 주거나 유보하는 능력이 그 사람에 대한 권력을 얻게 한다.

### 3. 합법적 권력(legitimate power)

합법적 권력이란 권한계층에서의 직위에 부여된 권력을 말하는 것으로서, 그 직위가 갖는 권한 그 자체를 말한다. 이 권력은 강압적인 권력과 보상적인 권력을 포함하고 있다. 그러나 합법적인 권력은 강압적인 권력과 보상적인 권력보다 더 광범위하다. 특히 조직의 구성원들에 의해 인정되는 권력이란 점이 특징이다.

### 4. 전문적 권력(expert power)

전문적 권력이란 전문지식, 특별한 기술 또는 지식의 결과로서 행사되는 영향력이다. 예를 들면 조직에서 20년간 경험을 쌓은 회계원이나 일반회계시스템을 이해할 수 있는 사람이 혼자밖에 없는 경우에는 그 사람이 전문적 힘을 갖는다.

최근에 기술적인 지식이 폭발적으로 증가함에 따라 전문적 권력은 조직에서 점차 잠재적 권력의 원천이 되고 있다. 직무가 보다 전문화됨에 따라 경영자는 조직목표를 달성하기 위하여 점차 스탭에 의존적일 수밖에 없게 되었다.

### 5. 준거적 권력(referent power)

French와 Raven이 확인한 마지막 영향력이 바로 준거적 권력이다. 이 권력의 근거는 바람직한 자원을 가지고 있거나 개인적인 특성(personal traits)을 가진 사람과 동일시될 수 있다. 만약 내가 당신을 찬양하며 당신과 동일시되기 위해 일체감을 갖는다면, 만약 내가 당신을 감탄하고 당신과 일체감을 갖는다면 당신은 내게 권력을 행사할 수 있을 것이다. 왜냐하면 내가 당신을 기쁘게 하기를 원하기 때문이다.

준거적 권력은 다른 사람을 찬양하거나 그 사람과 같이 되려는 욕망에서 발전된 것이다. 어떤 사람을 카리스마적(charisma)인 권력을 갖는 사람으로 생각하여 그와 일체감을 갖고자 할지 모른다. 어떤 사람을 추종하며 그를 따라 당신의 행동과 태도를 본받을 만큼 따른다고 하면, 그는 당신에 대해 준거적 권력을 소요한 것이 된다.

## Ⅲ. 권력은 양방통로

지금까지 우리는 권력의 원천에 대해 살펴보았는데, 여기서 우리는 권력이란 최하위의 종업원에서 최고경영자에 이르기까지의 어떠한 조직수준에서도 존재할 수 있다는 것을 확인하였다. 바꾸어 말하면 권력이 한 경영자의 독점물이 아니라는 것을 확인하였다. 좀더 자세히 말하면 권력은 양방통로(two-way street)이다.

권력은 경영자와 그의 하위자가 동시에 갖는 것이다. 경영자들이 그의 직무와 함께 합법적인 권력을 갖는다. 경영자는 또한 돈, 특권, 승진 및 원하는 직무배치 등으로 하위자에게 보상하는 권력을 갖는다. 이 보상권력과 함께 이러한 보상들을 유보시키거나 제외시킴으로써 벌할 수 있다. 경영자가 전문적 권력 혹은 준거적 권력을 보유하고 있는가의 여부는 그 자신에게 달려 있다. 경영자가 그의 직무에 이러한 권력을 사용하는가 아닌가 하는 것은 개성적인 것이다. 하위자는 합리적인 권력을 가지지 않았다 하더라도 권력이 없는 것은 아니다.

앞에서 살펴본 바와 같이 경영자가 아니더라도 보상을 분배할 수 있고 벌을 나눌 수 있다. 어떠한 개인이라도 그러한 권력을 가진 정도는 그가 통제하는 자원이나 다른 사람을 평가하는 자원에 의존한다. 많은 하위자들은 조직이 의존하게 될 기술이나 정보를 개발하여 강력한 전문적 권력을 개발하고 있다. 마찬가지로 준거적 권력은 경영자만 독점하는 개인적인 특성이 아니다. 인기있고 개성적이며 카리스마적인 개인들은 조직에서 추종자를 얻고 있다. 그러한 사람들은 권한을 갖는 그의 직위를 보유하였거나 않았거나간에 조직에서 상당한 권력을 행사하고 있음을 볼 수 있다.

## 〈경영의 실천〉 '명령과 통제'의 경영을 탈피하라

비즈니스세계의 변화속도는 놀랍다. 과거의 시각으로는 그 속도와 복잡성을 따라잡을 수 없다. 이 같은 환경에서 갈수록 중요해지는 것이 경영자의 역할이다. 경영자는 시간과 공간의 경계가 무너지고, 국가산업 및 시장 사이의 경계가 사라지는 세계에서 게임의 규칙을 명확히 이해해야 한다. 또 사람들을 모으고 영감을 불어넣어야 한다. 조직원 및 팀과 동반자관계를 형성해야 하는 것은 물론이고, 지식을 꾸준히 습득하고 활용할 수 있어야 한다. 자기능력을 냉철하게 파악하고, 조직 운영 및 조직개발 역량을 꾸준히 키워야 한다.

지난 한 세기 동안 기업경영자들이 사용했던 조직관리모델의 핵심은 '명령'과 '통제'였다. 직원들은 위에서 내려 온 명령을 수행해야 한다는 것이다. 모든 지식 및 지능은 조직의 최상층부에 있다. 그러나 구조화정도가 약하고 역동적인 개방사회에서는 기업경영자가 항상 모든 상황을 장악하고 최선의 의사결정을 내린다는 것은 불가능하다. 기업경영자는 자기 인식과정을 통해 자신의 능력을 냉철히 파악해야 한다. 이를 통해 부족하다고 판단되는 역량은 조직의 내부 또는 외부에서 과감히 빌려야 한다.

미국의 통신회사인 벨아틀랜틱의 최고경영자 이반 사이덴버그는 최고경영자가 갖추어야 할 개인적 역량으로 네 가지를 지적한다. ① 위험, 스트레스 및 급격한 변화를 감당할 수 있는 개인능력, ② 다양한 문화에서 불확실한 변화를 다룰 수 있는 명확한 가치판단기준, ③ 고객 · 직원 · 경쟁자 · 협력업체 및 전략적 제휴상대자를 이해하고 협력할 수 있는 능력, ④ 자기 자신의 강점 및 약점을 이해하고 약점을 보완할 수 있는 인물을 찾을 수 있는 능력이다.

조직운영 및 개발역량 기업의 국제화 및 변화의 폭과 속도가 증가하는 상황에서 단일기업이 모든 것을 다 할 수 있다는 생각은 위험한 발상이다. 현재 선진기업들은 필요한 경쟁역량, 기술 및 자원을 확보하기 위해 여러 사업부문에서 전략적 제휴 · 파트너십 · 가상회사 · 합작회사 등 전략적 아웃소싱(out-sourcing) 활동을 활발히 진행하고 있다.

앤더슨컨설팅이 최근 실시한 비전 2010 연구결과에서도 이 같은 경향이 잘 드러난다. 대부분의 다국적기업 경영자들은 향후 1~2년 내에 핵심역량을 제외한 모든 업무를 아웃소싱할 것을 검토하고 있다. 리더십 역시 미래의 경영자에게 없어서는 안 될 능력이다. 제약회사 화이자의 최고경영자인 윌리엄 스티어 2세는 "리더에게 가장 중요한 것은 적절한 갈등을 통해 조직구성원 및 팀 또는 관련기업과의 공감대를 형성시킬 수 있는 능력"이라고 말한다. 과거의 기업경영자가 동일한 기업문화를 형성하고자 노력했다면, 미래의 경영자는 다양한 문화, 제휴기업의 다양한 핵심능력을 소화하고 통합할 수 있는 능력을 보유해야 한다.

미래의 리더십은 단일경영자에 의해서가 아니라 복수의 경영자팀에 의해 형성되어야 한다. 비전 2010 연구결과에 따르면 최고경영자의 61%가 미래기업은 복수의 경영자팀에 의해 운영될 것으로 내다 보았다. 국제화된 기업에서의 경영의사 결정은 신속해야 하며, 다양한 역량을 요구한다. 이는 한 명의 경영자에 의해 해결될 수 있는 성질의 것이 아니며, 사안에 따라 그 구성원이 달라지는 경영자그룹의 팀웍에 의해 해결될 수 있다.

미래의 기업에 있어 지적 자산은 토지 · 기계와 같은 물리적 자산보다 더 중요해질 것이다. 지적 자산을 기업성공의 중요한 원동력으로 활용하기 위해 기업경영자는 최고의 직원을 확보하고 유지시키기 위한 인적 자원관리 프로세스를 구축해야 한다. 지식을 창출하고 공유하는 학습조직을 구축하고, 업무처리과정에 기업 및 개인의 지식을 일체화시켜야 한다.

모든 것이 급격히 변화하는 세계에서 기업경영자에게 요구되는 역량은 끊임없이 변하고 있다.

기업경영자에게 필요한 핵심역량은 미래사회가 요구하게 될, 아직은 확인되지 않은 역량을 지속적으로 탐색하고 개발하는 능력일 것이다(배재병 앤더슨컨설팅 상무).

— 매일경제 1999/08/10 —

# 제 9 장

# 리더십과 커뮤니케이션이란 무엇인가

He makes me lie down in green pastures ; He leads me beside quiet waters. He restores my soul ; He guides me in the paths of righteousness for his name's sake. —Psalm 23:2,3—

# 제 1 절 리 더 십

## Ⅰ. 경영자와 리더

경영자(manager)와 리더(leader)는 명백히 다를 수 있음에도 불구하고, 많은 저자들은 이를 혼동하여 사용하고 있다. 먼저 이를 구분하도록 하자. 먼저 경영자는 임명된다. 그들은 보상하거나 벌을 내릴 법적인 권력을 가지고 있다. 그들이 미치는 영향력은 그들의 직위에 부여된 공식적인 권한에 근거하고 있다. 이와는 달리 리더는 임명되거나 조직 내에서 자연스럽게 생겨날 수도 있다. 리더는 공식적 권한에 의해 위탁된 행동을 뛰어 넘어 다른 사람에게 영향을 미칠 수 있다.

모든 경영자가 다 리더인가? 역으로 모든 리더는 다 경영자인가? 아무도 그의 연구나 논리적인 토론을 통해 리더십능력이 경영자가 되는 데 장애가 된다는 것을 증명한 적이 없기 때문에 모든 경영자들이 리더가 되는 것이 이상적이라고 말할 수 있다. 그러나 리더는 다른 조직기능에서 능력을 가지고 있다고 볼 수 없으므로 모든 리더가 경영자의 직위를 가질 자격이 없을 것이다.

개인이 다른 사람에게 영향을 미칠 수 있다는 사실은 그가 계획하고 조직하며 통제할 수 있다거나 할 수 없다는 것을 말하는 것이 아니다. 이상적인 것은 모든 경영자들은 다 리더이어야 한다고 보기 때문에 우리는 경영적인 관점에서 이 주제를 다루기로 한다.

## Ⅱ. 리더십이론의 변천

리더십에 관한 문헌은 수없이 많지만 그들 대부분은 혼란스럽고 서로 모순되는 내용을 담고 있다. 본서에서는 이러한 복잡한 내용들을 정리하여 효과적인 리더가 되는 이론들을 세 가지로 나누어 설명하고자 한다.

첫번째 이론은 리더가 다른 사람보다 더 뛰어난 보편적인 어떤 개성(personality)을 가지고 있는가를 발견하는 것이다. 두 번째 이론은 사람의 행동으로 리더를 설명하는 것이다. 그런데 이들 두 이론은 모두 잘못된 시작(false starts)이라는 평을 받고 있다. 왜냐하면 그 이론이 틀렸을 뿐 아니라 지나치게 리더십의 개념을 단순화하고 있기 때문이라는 것이다.

가장 최근에는 앞의 두 이론의 불충분한 부분을 설명하고 앞의 두 이론을 조화시킴으로써 다양한 연구를 하도록 하는 상황적합모형(contingency model)을 연구하고 있다. 이 장에서는 이들 세 가지 이론이 지니고 있는 한계점과 공헌한 점을 살펴보기로 한다.

## 1. 특성이론(traits theory)

오늘날 매스컴에 등장하는 리더들을 서술할 때 지성 · 지도력 · 결단력 · 열정 · 힘 · 용맹 · 성실성 · 자신감 등과 같은 특성을 열거한다. 그러므로 우리는 효과적인 리더란 일면은 보이스카우트이고, 다른 면은 예수 그리스도와 같아야 한다고 결론을 내린다. 리더가 가진 특성에 대한 연구들은 리더십특성이론(leadership trait theories)을 연구한 초기의 심리학자들에 의해 이루어졌다. 일반적으로 개인이 지니고 있는 여러 특성(traits) 중에서 몇 가지 특성이 바로 리더가 될 수 있는 특성이라고 분리하여 주장하는 것은 불가능한 일이다. 예를 들면 히틀러(Adolph Hitler) · 안소니(Susan B. Anthony) · 마르틴 루터 킹(Martin Luther King) · 잔다르크(Jr., Joan of Arc) · 간디(Mahatma Gandhi)와 같은 리더들은 리더가 아닌 사람이 가지지 않은 어떤 특성을 가지고 있는지를 알아낸다는 것은 불가능한 일이다. 우리는 이러한 사람들은 리더의 정의를 충족시키고 있으나, 그들은 모두 전적으로 다른 특성들을 지니고 있다.

만약 특성(traits)의 개념이 명확하게 밝혀질 수 있다면, 모든 리더가 소유한 특정한 특성이 발견되어야 할 것이다. 그러나 이러한 특성을 분리시키려는 연구노력은 모두 허사로 끝나고 말았다. 리더와 추종자(follower), 효과적인 리더와 그렇지 못한 리더를 차별화하는 일련의 특성을 확인하려는 시도들은 실패하였다. 그러나 리더십과 관련된 일관된 특성을 확인하려는 시도는 보다 성공적이었다. 예를 들면 지능(intelligence), 지배력(dominance), 자신감(self-confidence), 높은 수준의 활동력(high energy level), 그리고 업무관련지식(taskrelevant knowledge) 등의 5가지는 일관되게 리더십과 양의 상관관계를 갖는 특성들이다. 그러나 양의 상관관계(positive correlations)는 확정적인 예측변수(predictors)라는 것을 의미하지 않는다. 이러한 특성과 리더십은 일반적으로 상관계수가 .25에서 0.35의 범위에 있으며, 리더십에서의 분산의 6%에서 12%만을 설명하고 있을 뿐이다. 흥미 있는 결과이지만 놀랄 만한 것은 아니다. 이것이 70년간의 특성연구 결과이다. 높지 않은 상관관계는 특성이론의 한계를 말해 주고 있다. 이 이론은 추종자들의 욕구를 무시하고 있으며 여러 특성의 상대적 중요성을 밝혀 주지 못하였고, 상황적 요인을 무시하고 다른 방향으로 연구를 진행한 것이었다. 특성연구와 행동이론연구가 1940년대 초에 시작되었다. 1940년대 후반에서 1960년대 중반까지 리더십연구는 리더가 보여 주는 행동스타일(behavioral styles)을 강조하였다.

### 2. 행동이론(behavioral theory)

특성이론이란 광맥에서 금을 캐내지 못하자 특정한 리더가 보여 주는 행동을 연구하기 시작하였다. 연구자들은 효과적인 리더의 행동에는 고유한 어떤 무엇이 있을 것이라고 생각했다. 예컨대 리더들은 민주적인 경향이 있는가, 아니면 독재적인 경향이 있는가 하는 식이었다.

행동이론(behavioral theories) 접근법은 리더십의 본질에 대한 보다 분명한 해답을 주었기 때문에 소망스러운 것이었을 뿐만 아니라, 그것이 성공적이라면 특성이론접근법과 아주 다른 실제적인 의미를 가지게 될 것이다. 만약 특성연구가 성공적이었다면 리더십을 요구하는 조직의 공식적 지위가 예상되는 사람을 바르게 선정하는 근거를 제공해 줄 수 있었을 것이다. 이와 대조적으로 행동연구가 리더십의 주요한 행동결정요인을 밝혀 낸다면, 우리는 리더가 되는 훈련을 시킬 수 있을 것이다.

특성이론과 행동이론의 차이점은 이들 이론이 지니고 있는 기본적인 가정이다. 특성이론은 리더는 타고 난다고 주장한다. 반면에 특정한 행동에 의해 리더가 될 수 있다고 한다면, 우리는 리더십을 가르칠 수 있을 것이다. 그러기 위해 프로그램을 만들어 효과적인 리더가 되려는 사람에게 이러한 행동적 특성을 주입시킨다. 행동스타일에 대한 수많은 연구 중에서 우리는 두 가지 아주 인기 있는 연구, 즉 오하이오주립대학 연구와 미시간대학 연구를 살펴보고, 그 후에 이러한 연구에 의해 개발된 개념을 격자(grid)를 만들어 리더십을 평가하는 문제를 설명하기로 한다.

### (1) 오하이오주립대학 연구(the Ohio State Studies)

행동이론에서 가장 이해가 빠르고 자주 거론되는 행동이론은 1940년대 후반 오하이오주립대학의 연구에서 얻어졌다. 이 연구는 리더행동의 독립적인 차원을 확인하는 것이었다. 수백 가지의 차원에서 시작하여 부하들이 서술하는 대부분의 리더십행동을 설명할 수 있는 차원을 두 개의 차원(dimension)으로 좁혀 놓았다. 이 두 차원이란 구조주도(initiating structure)와 배려(consideration)이다. 구조주도행동이란 리더가 목표달성을 위해 그의 부하의 역할과 자신의 역할을 정의하고 구조화하는 것을 말한다. 그것은 작업(work), 작업관계(work relation) 및 목표(goal)를 조직하려는 행동을 포함한다. 예를 들면 리더는 특정한 작업에 집단구성원을 배정함으로써 구조를 주도하고, 작업자들이 정해진 성과표준을 유지하기를 기대하며 최종마감회의를 강조한다.

배려(consideration)란 상호신뢰와 부하의 아이디어에 대한 존경과 그들의 감정에 대한 부하들의 존경으로 작업관계를 갖도록 함을 가리킨다. 그는 그의 부하들의 안락함, 복지, 지위 및 만족에 관심을 갖는다. 배려 깊은 리더는 개인적인 문제에서 부하를 돕고 친절하며, 쉽게 접근할 수 있으며, 모든 부하를 동등하게 대우한다.

이러한 정의에 근거한 깊은 연구에서 구도주도와 배려가 모두 높은 리더(high-high)는 둘 중 어느 한 가지가 낮거나 모두 낮은 리더들보다 더 높은 성과를 달성한다는 것을 발견하였다. 그러나 high-high 스타일은 언제나 긍정적인 결과를 가져오지는 않았다. 예를 들면 구조주도성격이 높은 리더는 일상적인 작업자들의 불평 · 결근률 · 이직률 · 불만족을 높인다. 다른 연구에 의하면 높은 배려가 업무성과에 부정적으로 상관관계를 갖는다는 것을 알아내었다. 결론적으로 오하이오주대학의 연구는 high-high 스타일이 일반적으로 긍정적인 결과를 가져오며, 예외적인 상황에 대해서는 상황요소(situational factors)를 이 이론에 통합할 필요가 있다고 제시하고 있다.

### (2) 미시간대학 연구(The University of Michigan Studies)

오하이오주연구와 거의 같은 시기에 미시간대학의 연구조사 센터에서 이루어진 리더십연구도 성과의 효과에 관련된 리더의 행동적 특성을 찾으려고 하는 유사한 목적을 갖고 수행되었다.

미시간 그룹 또한 리더십행동의 두 가지 차원, 즉 종업원지향(employee oriented)과 생산지향(production oriented)을 도출하였다. 종업원지향적인 리더는 인간관계(interpersonal relations)를 강조하며, 부하들의 욕구에 개인적인 관심을 두며, 구성원들간의 개인적 차이를 인정한다.

그러나 이와 대조적으로 생산지향적인 리더는 직무의 기술적인 측면이나 과업측면을 강조하며, 집단의 업무달성에 주로 관심을 가지며, 그 구성원을 목적달성을 위한 수단으로 간주한다. 미시간연구자들의 결론은 종업원지향적인 리더를 강하게 선호하는 것이었다. 왜냐하면 종업원지향적인 리더는 보다 높은 집단생산성과 보다 높은 직무만족과 관련되어 있었고, 생산지향적인 리더는 낮은 집단생산성과 보다 낮은 작업자만족과 관련되어 있었기 때문이다.

### (3) 관리격자이론(managerial grid theory)

Blake와 Mouton은 리더십의 스타일에 대한 2차원적인 관점을 개발하였다. 이 사람들은 '인간에 대한 관심'(concern for people)과 '생산에 대한 관심'(concern for production)이라는 두 가지 스타일에 근거하여 관리격자(Managerial Grid)를 제안하였는데, 이것은 본질적으로는 오하이오주립대학의 '구조주도'와 '관심'이나 미시간대학의 '종업원지향'과 '생산지향'과 같은 두 차원을 의미한다고 볼 수 있다. 〈그림 9-1〉에 나타난 격자(grid)는 각 축을 따라 9개의 위치로 구분될 수 있으며, 리더의 스타일은 이러한 두 축이 정하는 어느 지점에 속하게 된다. 이 격자는 생성된 결과를 보여 주는 것이 아니라, 얻어진 결과에 관한 리더의 사고에서 어느 요소가 우월한가를 보여 준다. 격자에는 9×9=81개의 지점이 있을 수 있지만 Blake와 Mount가 확인한 것은 5개의 주요 지점이었는데, 이 지점들은 다음과 같다.

지점 (1,1): 무관심형(impoverished) — 리더는 작업을 달성하기 위하여 최소한의 노력밖에 하지 않는다.

지점 (9,1): 과업형(task) — 리더는 업무능률에 집중하지만, 부하들의 사기나 개발에 대해 거의 관심이 없다.

지점 (1,9): 컨트리 클럽형(country club) — 리더는 부하를 도와 주거나 배려하는 데 초점을 맞추며 업무의 능률은 배제하고 있다.

〈그림 9-1〉 관리격자

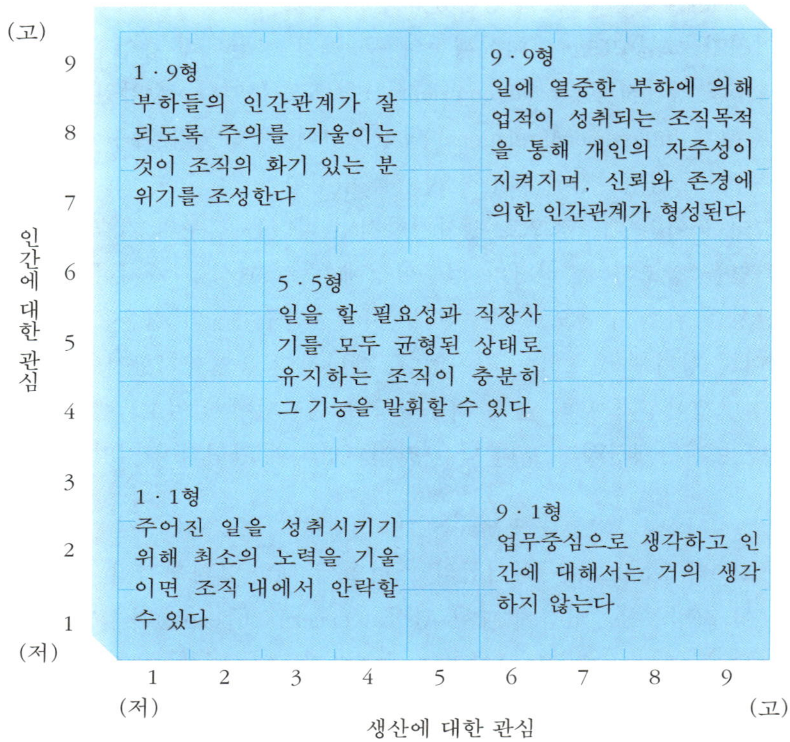


지점 (5,5): 엉거주춤형(middle of the road) — 충분한 업무능률과 만족스러운 사기가 이 스타일의 목표이다.

지점 (9,9): 팀형(team) — 리더는 업무와 관련된 활동을 조정하고 통합하여 업무능률과 높은 사기를 촉진한다. 이상적인 리더이다.

Blake와 Mount는 경영자는 지점 (9, 9) 스타일에서 업무를 가장 잘 수행할 수 있다고 결론을 내렸다. 그러나 불행하게도 이 관리격자는 개념적인 리더십 스타일은 잘 제시하고 있으나, 리더십의 문제점을 밝혀 주는 가시적인 새로운 정보를 제공해 주지 못하고 있다. 실제로 지점 (9, 9) 스타일이 모든 상황에서 가장 효과적이라는 결론을 지지할 만한 증거가 존재하지 않는다.

## 제 2 절 상황적합이론(contingency theories)

리더십성공을 예측하는 것은 몇 가지 특성(traits)이나 선호하는 행동을 분리하여 이를 연구하는 것보다 더욱 복잡한 것이 포함되어 있다는 것을 리더십을 연구하는 사람들에게는 점차 명확하게 되었다. 리더십에 대한 일관된 연구결과를 얻지 못하였기 때문에 연구자들은 상황적 영향에 초점을 맞추게 되었다. 리더십 스타일과 효과의 관계는 A라는 조건 하에서는 X라는 리더십 스타일이 적절하지만, B라는 조건 하에서는 Y라는 스타일이 적합하고, C라는 조건 하에서는 Z라는 스타일이 적합할 것이라고 주장한다. 어떤 사람들은 리더십효과가 상황에 의존한다고 말하며, 다른 사람들은 이러한 상황조건을 분리할 수 있다고 말한다. 리더십효과에 영향을 미치는 중요한 상황적합요인들을 분리하려고 시도한 연구가 적지 않다.

어떤 학자는 여러 가지 연구들을 검토한 후 수행하는 과업(즉 복잡성 · 타입 · 기술 · 규모 등)이 유의한 매개변수(moderating variable)라는 것을 발견하였다. 또 그는 리더의 직속상관, 집단의 규범(group norm), 관리한계(span of control), 외적 위협, 스트레스 및 조직문화 등과 같은 상황적합요인 등을 분리하는 연구들이 있다. 중요한 상황변수들을 구분하는 여러 가지 접근들이 다른 것들보다 더 성공적이었으며, 더 폭넓게 인정을 받고 있다. 우리는 여기서 이 중 몇 가지만을 살펴보기로 한다.

### Ⅰ. 독재-민주 연속체모형(autocratic-democratic continuum model)

독재적인 행동패턴과 민주적인 행동패턴이 연속체의 양 끝에 있다고 간주하고 있는 이 모형은 행동이론에 속한다고 보는 것이 옳을 것이다. 그러나 이 두 행동패턴은 연속체의 유일하게 끝 부분에 위치하고 있다. 한 끝에서는 리더가 의사결정을 한 후 그의 부하들에게 이를 알려 주고, 그 의사결정에 전적으로 따르도록 기대한다. 다른 끝에서는 리더가 그의 부하들과 함께 의사결정을 충분하게 의논하면서 행하고, 집단의 각 구성원들이 동일한 자격으로 이를 실행하도록 한다. 이 두 극단의 사이에는 수많은 리더십 스타일이 위치하고 있다. 이것은 리더 자신이나 집단 혹은 상황에 의해 이 스타일이 선택된다. 이

〈그림 9-2〉 독재-민주 스타일 연속체

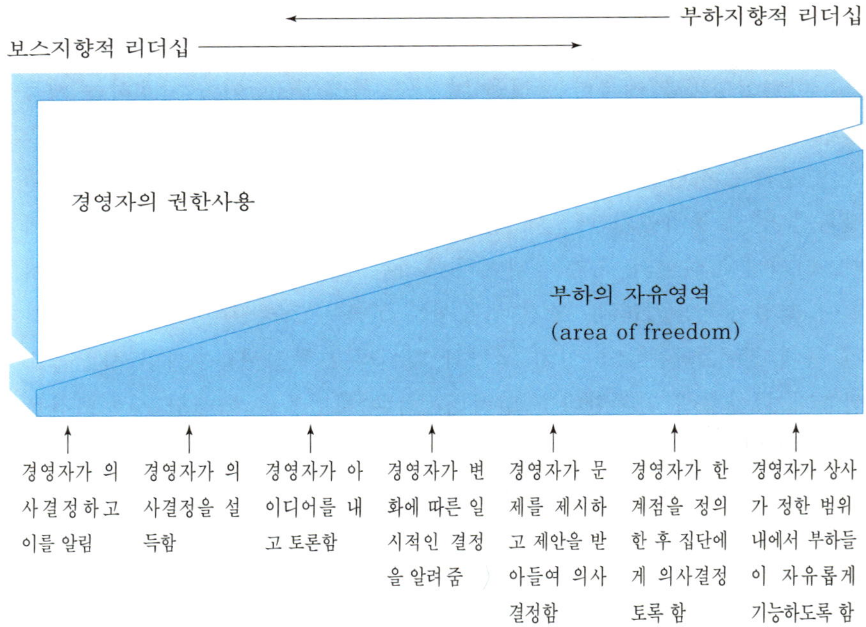


것은 상황적합이론(contingency theory)에 속하지만, 다른 상황적합이론과 비교하면 대단히 단순한 이론이라는 것을 알 수 있다.

〈그림 9-2〉에서 보는 바와 같이 경영자가 사용한 권한의 정도와 의사결정에 도달하기 위해 부하에게 허용된 자유(freedom)의 양 사이에는 하나의 관계가 존재한다. 이 연속체는 영합게임(zero-sum game)으로 볼 수 있다. 즉 한편이 얻으면 다른 편은 잃는다. 그리고 그 역도 성립한다.

## Ⅱ. Fiedler 모형(Fiedler model)

리더십에 대한 전반적인 상황적합모형은 Fiedler(Fred Fiedler)에 의해 처음 개발되었다. 이 모형은 효과적인 집단성과(group performance)는 리더 스타일과 부하간의 상호작용 및 상황이 리더에게 주는 영향과 통제의 정도에 의해 결정된다고 주장한다. Fiedler는 최소선호협력자(Least Preferred Co-worker : LPC) 질문지를 개발하였다. 이것에 의해 리더가 업무지향적인지, 아니면 관계지향적인지를 판단하게 된다. 뿐만 아니라 그는 리더의 행동지향성과 적절하게 일치시킬 수 있다고 믿는 3가지의 상황판단기준(situational criteria), 즉 리더-구성원관계(leader-member relations), 업무구조(task structure) 및 지위권력(position power)을 분리하였다.

어떤 의미에서 Fiedler의 모형은 특성이론의 부산물이라 볼 수 있다. 왜냐하면 LPC 질문지는 단순한 심리적 검사이기 때문이다. 그러나 Fiedler 모형은 상황을 분석하고, 사람의 개성을 상황과 연관시킨 후 상황과 개성의 함수로써 리더십의 효과를 예측하기 때문에 특성이론이나 행동이론을 훨씬 뛰어넘는 것이다.

Fiedler 모형에 관한 위의 설명은 약간 추상적으로 보이기 때문에 보다 구체적으로 이를 살펴보기로 하자.

Fiedler는 리더십성공의 핵심요소는 개인의 기본적인 리더십 스타일이라고 믿는다. 그렇기 때문에 그는 먼저 기본적인 스타일이 무엇인지를 밝혀 내려고 하였다. Fiedler는 이 목적을 위해 LPC 설문지를 만들었다. 〈표 9-1〉에서 보는 바와 같이 대비되는 형용사 16쌍을 LPC 질문지에 포함시켰다. 응답

〈표 9-1〉 LPC 척도(Least Preferred Co-worker Scale)

| | | |
|---|---|---|
| 쾌활한 사람(pleasant) | 8 7 6 5 4 3 2 1 | 쾌활하지 못한 사람(unpleasant) |
| 다정한 사람(friendly) | 8 7 6 5 4 3 2 1 | 다정하지 못한 사람(unfriendly) |
| 거부적인 사람(rejecting) | 8 7 6 5 4 3 2 1 | 수용적인 사람(accepting) |
| 도움이 되는 사람(helpful) | 8 7 6 5 4 3 2 1 | 실망시키는 사람(frustrating) |
| 열정 없는 사람(unenthusiastic) | 8 7 6 5 4 3 2 1 | 열정적인 사람(enthusiastic) |
| 긴장하는 사람(tense) | 8 7 6 5 4 3 2 1 | 느긋한 사람(relaxed) |
| 거리를 두는 사람(distance) | 8 7 6 5 4 3 2 1 | 친밀한 사람(close) |
| 냉정한 사람(cold) | 8 7 6 5 4 3 2 1 | 따뜻한 사람(warm) |
| 협조적인 사람(cooperative) | 8 7 6 5 4 3 2 1 | 비협조적인 사람(uncooperative) |
| 도와 주려는 사람(supportive) | 8 7 6 5 4 3 2 1 | 적대적인 사람(hostile) |
| 따분해 하는 사람(boring) | 8 7 6 5 4 3 2 1 | 흥미 있어 하는 사람(interesting) |
| 다투기 좋아하는 사람(quarrel-some) | 8 7 6 5 4 3 2 1 | 조화를 이루는 사람(harmonious) |
| 자신감 있는 사람(self-assured) | 8 7 6 5 4 3 2 1 | 주저하는 사람(hesitant) |
| 능률적인 사람(efficient) | 8 7 6 5 4 3 2 1 | 비능률적인 사람(unefficient) |
| 우울한 사람(gloomy) | 8 7 6 5 4 3 2 1 | 쾌활한 사람(cheerful) |
| 개방적인 사람(open) | 8 7 6 5 4 3 2 1 | 방어적인 사람(guarded) |

자는 그들이 함께 일하는 동료작업자(co-worker) 중 가장 싫어하는 사람을 16 가지의 형용사 각각에 대해 1 에서 8 까지의 8 점 척도로 그를 평가하도록 요청 받는다.

Fiedler는 LPC 질문지에 대한 응답자의 대답에 근거하여 대부분 사람들의 기본적인 리더십 스타일을 결정할 수 있다고 믿었다. 만약 가장 싫어하는 동료(least preferred co-worker)가 비교적 긍정적이면(즉 LPC 점수가 높으면) 응답자는 이 동료와 좋은 인간관계에 주된 관심을 갖는다는 것을 의미한다. 즉 당신이 함께 일하는 동료를 좋게 평가한다면, 이것은 당신이 관계지향적(relationship oriented)인 사람이라고 Fiedler는 판단한다. 이와는 대조적으로 응답자가 동료를 비교적 좋지 않다고 평가한다면(즉 LPC 점수가 낮다면) 그것은 응답자가 주로 생산성에 관심을 가지며, 따라서 그는 업무지향적(task oriented)이라고 판단한다.

LPC 척도를 이용하여 Fiedler는 대부분의 응답자들은 두 가지 리더십 스타일, 즉 관계지향적 스타일과 업무지향적 스타일 중의 어느 하나에 속한다고 주장한다. 사람의 수가 적은 집단은 이 두 스타일 사이에 있음을 밝혔다. Fiedler는 이러한 집단에 속한 사람들의 개성을 묘사하기는 어렵다고 인정하였다. Fiedler는 개인의 리더십 스타일이 고정되어 있다고 가정하고 있음에 주목할 필요가 있다. 이것은 상황이 업무지향적인 리더를 원하는데 리더가 관계지향적인 사람이라고 하면, 최적효과가 달성되기 위해서는 상황이 바뀌게 되든가 아니면 리더십의 위치에 있는 사람이 자리를 옮겨야 한다는 것을 의미한다. Fiedler는 리더십 스타일이 타고난 것이므로 변화하는 상황에 맞춰 리더가 그 스타일을 바꾸는 것은 불가능하다고 주장한다.

LPC를 이용하여 개인의 기본적 리더십 스타일이 추정되면 리더와 상황을 서로 맞추는 것이 필요하다. Fiedler는 세 가지의 상황적합차원(contingency dimensions)을 확인하였는데, 그의 주장에 따르면 이 차원이 바로 리더십의 효과를 결정하는 핵심적인 상황요인을 결정한다.

이 세 차원이란 리더-구성원 관계, 업무구조 및 지위권력이다. 이 세 가지 차원은 다음과 같이 정의된다.

1) 리더-구성원관계(leader-member relations): 부하가 그들의 리더에 대해 가지는 신뢰, 존경 및 확신의 정도

2) 업무구조(task structure): 직무할당(job assignments)의 절차가 질서정연한가

(즉 구조화 또는 비구조화)의 정도

3) 지위권력(position power): 리더가 고용, 해고, 훈련, 승진 및 임금인상 등과 같은 권력변수(power variables)에 영향을 미치는 정도

Fiedler 모형의 다음 단계는 이 세 가지 상황적합변수들로 상황을 평가하는 것이다. 리더-구성원관계는 좋다 혹은 나쁘다, 업무구조는 높다 혹은 낮다, 지위권력은 강하다 또는 약하다로 평가된다. Fiedler는 리더—구성원관계가 좋으면 좋을수록, 직무의 구조화가 높으면 높을수록, 위치권력이 강하면 강할수록 리더가 더 많은 통제나 영향을 미칠 수 있다고 설명한다.

Fiedler 모형은 최대의 리더십효과를 달성하기 위한 개인의 LPC와 세 가지 상황적합변수와의 짝짓기를 제안한다. 그는 1,200개 이상의 집단을 대상으로 관계지향스타일과 업무지향스타일을 8개의 상황으로 구분하여 비교하였다. Fiedler의 결론에 따르면 업무지향적인 리더는 그들에게 호의적 상황과 비호의적 상황에서 업무성과가 높다(〈그림 9-3〉 참조).

그러므로 Fiedler는 범주 Ⅰ · Ⅱ · Ⅲ · Ⅶ · Ⅷ에서는 업무지향적인 리더가 더 나은 성과를 얻고, 범주 Ⅳ · Ⅴ · Ⅵ이 선호되는 상황에서는 관계지향적

〈그림 9-3〉 Fiedler 모형

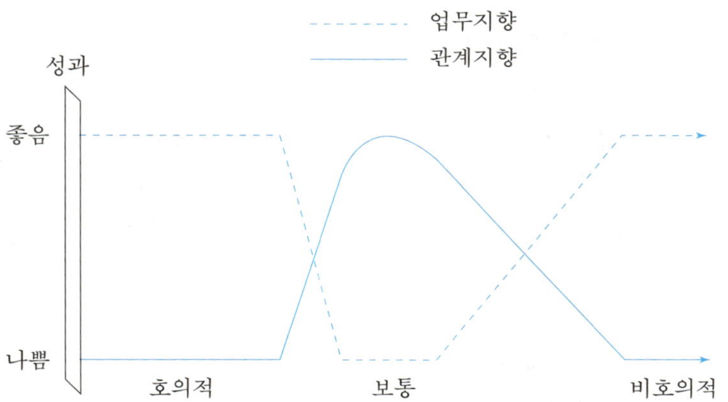


| 범 주 | Ⅰ | Ⅱ | Ⅲ | Ⅳ | Ⅴ | Ⅵ | Ⅶ | Ⅷ |
|---|---|---|---|---|---|---|---|---|
| 리더-구성원관계 | good | good | good | good | poor | poor | poor | poor |
| 업무구조 | high | high | low | low | high | high | low | low |
| 지위권력 | weak | strong | weak | strong | weak | strong | weak | strong |

인 리더가 더 좋은 성과를 얻어 낸다.

## Ⅲ. Hersey-Blanchard의 상황모형(Hersey-Blanchard situational model)

가장 널리 알려져 인정받고 있는 리더십모형의 하나는 Paul Hersey와 Kenneth Blanchard의 상황적 리더십이론(situational leadership theory)이다. 이 이론은 Bank America, Caterpillar, IBM, Mobil Oil, Xerox와 같은 「*Fortune*」지가 선정한 500회사들에 의해 주요한 훈련프로그램으로 사용되고 있고, 미국의 모든 군부대에서 사용되기도 한다. 이 이론은 명확하게 검정되고 평가되지는 않았지만, 이 이론이 널리 인정을 받고 또 직관적인 호소력이 크기 때문에 이를 설명하려고 한다. 상황적 리더십(situational leadership)은 추종자에 초점을 맞추는 상황적합이론이다. Hersey와 Blanchard가 주장하는 성공적인 리더십은 추종자들(followers)의 성숙도에 따라 바른 리더십 스타일을 선택함으로써 달성될 수 있다. 여기서 두 가지 점을 명백히 할 필요가 있다. 즉 왜 추종자에 초점을 맞추는가? 그리고 성숙도란 무엇인가?

리더십효과에서 추종자에 대한 강조는 리더를 인정하거나 이를 거부하는 사람들이 바로 추종자들이란 현실을 반영하는 것이다. 리더가 무엇을 하든 관계 없이 리더십효과는 그의 추종자들의 행동에 달려 있다. 이것은 대부분의 리더십이론들이 간과해 버리거나 강조하지 않은 주요한 차원이다. 성숙(maturity)이란 용어는 Hersey와 Blanchard에 의하면 추종자들 자신의 행동을 지휘하는 사람들의 능력(ability)과 자진하는 마음(willingness)을 가리킨다. 성숙은 두 가지 요소를 갖는다. 그 하나는 직무성숙(job maturity)이고, 다른 하나는 심리적 성숙(psychological maturity)이다. 직무성숙은 사람의 지식과 기능(skills)을 강조한다. 직무성숙도가 높은 사람은 직무를 수행하기 위한 지시, 능력 및 경험을 가지며, 다른 사람의 지시 없이 이를 수행한다. 심리적 성숙은 어떤 일을 하려고 하는 자진하는 마음(willingness)이나 동기부여(motivation)와 관계된 것이다. 심리적인 성숙도가 높은 사람은 외부에 의한 격려를 크게 필요로 하지 않는다.

상황리더십은 Fiedler가 확인한 두 가지 차원, 즉 업무행동(task behaviors)과 관계행동(relationship behaviors)을 사용한다. 그러나 Hersey와 Blanchard는

한 걸음 더 나아가 각 차원에 대해 높음(high) · 낮음(low)을 고려한 다음 이들을 결합하여 리더십 스타일을 네 가지의 범주로 나눈다. 이러한 리더십 스타일들은 지시하는 스타일(telling), 설득하는 스타일(selling), 참여하는 스타일(participating) 및 위임하는 스타일(delegating)로 구분된다.

(1) 지시형(telling : high task-low relationship) : 리더가 역할을 정의하고 무엇을, 어떻게, 언제, 어디서 여러 가지 업무를 수행해야 할지를 말한다. 이것은 지시적 행동(directive behavior)을 강조한다.

(2) 설득형(selling : high task-high relationship) : 리더가 지시적 행동과 지원적 행동(supportive behavior)을 한다.

(3) 참여형(participating : low task-high relationship) : 리더와 추종자가 함께 의사결정에 참여하며, 리더의 주요 역할인 업무의 촉진(facilitating)과 의사전달(communication)을 함께 나눈다.

(4) 위임형(delegating : low task-low relationship) : 리더는 지시적이거나 지원적 행동을 거의 하지 않고 추종자들에게 거의 모든 것을 위임한다.

Hersey와 Blanchard 이론의 마지막 요소는 성숙도를 4가지의 단계로 정의하는 것이다.

M1 : 사람들이 어떤 일에 대한 책임을 지지 않으려 하며, 그렇게 할 수도 없다. 그들은 유능하지도 않고 자신감도 없다.

M2 : 필요한 업무를 행하려 하지만, 그렇게 할 능력이 없다. 그들은 동기를 부여받았으나 현재로는 적절한 기능을 갖지 않았다.

M3 : 사람들은 리더가 원하는 것을 행할 수는 있으나, 그렇게 하려고 하지 않는다.

M4 : 사람들은 리더가 그들에게 요구하는 것을 행할 수 있으며, 또 그렇게 하려고 한다.

〈그림 9-4〉는 여러 가지 요소들을 상황적 리더십모형에 통합한 것이다.

추종자들이 높은 성숙도에 이르게 되면, 리더는 작업활동에 대한 통제를 계속 줄여 나갈 뿐 아니라 관계행동도 줄여 나가게 된다. 그리하여 M 1 단계에서는 추종자들이 명확하고 특정한 방향을 필요로 한다. M 2 단계에서는 높은 업무와 높은 관계행동이 필요하다. 높은 업무행동은 추종자들의 능력부족을 보완하게 되고, 높은 관계행동은 추종자들이 리더의 욕구를 알아내도록 시도하게 된다. M 3 단계는 지원적 · 비지시적 · 참여적 스타일에 의해 가장 잘 해결될 수 있는 동기부여적 문제들을 만들어 낸다. 마지막으로 M 4 단계에서는 리더는 즐겨하려는 마음과 책임을 질 수 있기 때문에 많은 것을 할 필요가 없다.

아마도 주의 깊게 이 내용들을 이해한 독자들은 허쉬-블랜챠드의 네 가지 리더십 스타일과 관리격자의 네 모퉁이간의 유사성을 눈치챘을 것이다. 지시형은 (9,1)의 리더와 유사하고, 설득형은 (9,9)와 같으며, 참여형은 (1,9)와 대등한 것이다. 그리고 위임형은 (1,1) 리더와 동일한 것이다.

Hersey와 Blanchard는 관리격자모형과 자기들의 모형의 차이를 다음과 같이 설명하였다.

관리격자는 생산과 사람에 관심을 두고 있고, 이것은 태도적인 차원이다. 그러나 이와 대조적으로 자기들의 모형인 상황적 리더십은 업무행동과 관계행동을 강조한다. 그러나 이들의 주장에도 불구하고 두 모형 사이에는 거의 차

〈그림 9-4〉 상황적 리더십 모델

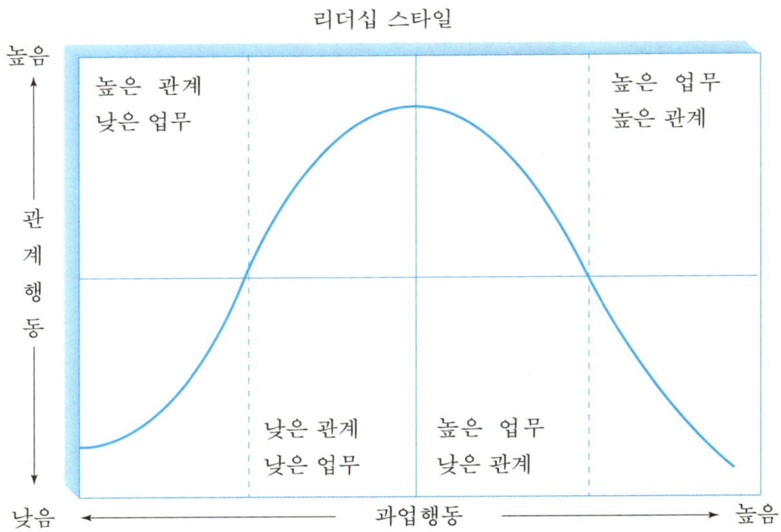


| | 높음 | 중 정 도 | | 낮음 | |
|---|---|---|---|---|---|
| 성숙 | M4 | M3 | M2 | M1 | 미성숙 |

이가 없다. 다만, 상황적 리더십이론은 추종자들의 성숙도에 4단계로 설명하기 때문에 보다 쉽게 이해될 수 있다는 점이 다를 뿐이다.

## Ⅳ. 경로-목표이론(path-goal theory)

경로-목표이론은 현재 리더십연구자들에게 큰 호응을 받고 연구되고 있다. 토론토대학의 로버트 하우스에 의해 개발된 이 이론은 구조주도(initiating structure)와 배려(consideration)를 다룬 오하이오대학의 리더십연구에 바탕을 둔 상황적합모형이다. 이 이론의 핵심은 리더의 직무는 그의 추종자들이 목표를 달성하도록 도와 주고 방향을 제시하며, 그들의 목표가 조직이나 집단의 전반적인 목적과 모순되지 않음을 확신시키는 것이다라고 간주한다.

경로-목표(path-goal)란 용어는 효과적인 리더란 추종자들이 현재 있는 곳에서 바람직한 곳에 이르도록 장애물을 제거하고, 함정에 빠지지 않도록 도와주어 목표에 도달하는 경로를 밝혀 주는 것이라는 신념에서 유래한 것이다. 구조주도는 경로를 명확하게 해 주고, 배려는 보다 쉽게 갈 수 있는 길을 만들어 준다.

경로-목표이론에 따르면 리더의 행동은 그것이 직접적인 만족의 원천 혹은 미래만족수단이 된다고 보여지면 추종자들에게 수용될 수 있다. 리더의 행동은 그것이 ① 효과적인 성과에 수반하여 부하들의 욕구를 충족시키며, ② 효과적인 성과를 위해 필요한 감독, 안내, 지도 및 보상을 제공하는 정도에 따라 동기부여가 이루어진다.

이러한 명제들을 검정함에 있어서 하우스(House)는 두 가지 리더십 스타일, 즉 배려·구조주도에 초점을 맞추고 있다. 리더가 높은 배려를 나타내면 부하들은 더 큰 만족을 경험하게 되지만, 높은 구조주도를 나타낼 경우에는 역할명료성(role clarity)을 제공해 주기 때문에 더 큰 성과를 얻게 하는 것 같다. 그러나 부하가 지니고 있는 상황적합변수들(contingency variables)과 작업환경이 리더십 스타일과 부하의 만족과 성과간의 상관관계를 조정하게 된다(〈그림 9-5〉 참조)

여기에는 업무에서의 작업구조의 정도, 부하가 인식하는 직무능력 및 부하의 통제상의 위치(locus of control) 등을 포함한다.

그러나 대부분의 연구들은 업무구조의 정도에 관한 가설만을 검정하여

〈그림 9-5〉 단순화한 경로-목표이론 모델

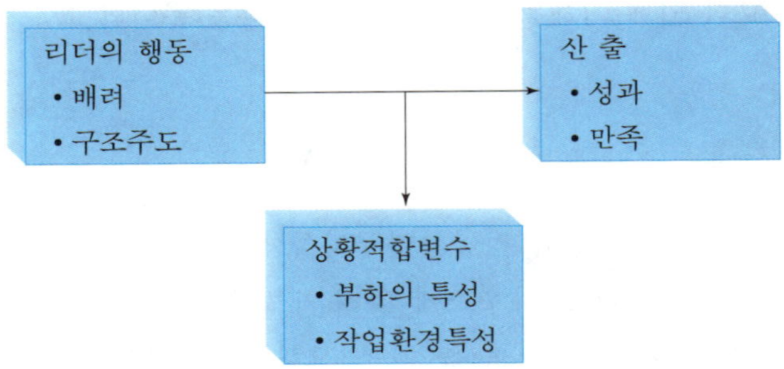


왔다. 이들 연구를 간단히 살펴보면 다음과 같다. 경로-목표이론은 배려(consideration)가 구조화된 상황에서는 부하들에게 도움이 되지만, 구조화되지 않은 상황에서는 크게 도움이 되지 않는다. 그리고 구조주도(initiation structure)는 업무가 애매하거나 스트레스가 많은 경우에는 더 큰 만족을 가져온다. 수행하여야 할 업무가 명백하지 않을 때는 부하들은 목표달성을 위한 경로를 명확하게 해 주는 리더에게 감사하게 된다. 반면에 높은 배려는 부하들이 구조화되었거나 일상적인 업무를 수행하는 경우에 큰 만족을 얻게 한다. 명확하게 정의되고 구조화한 업무인 경우에는 이미 명확해진 업무를 설명하려고 하는 리더의 노력은 부하들이 불필요하거나 모욕하는 것으로 보여질 수 있다.

경로-목표이론에서 얻어진 명제들을 검정하기 위한 연구들이 적지 않다. 이 연구들이 시사하는 바가 무엇인가? 구조주도는 부하들이 비구조화한 업무에서 일할 때보다 효과적이지만, 배려는 부하들의 작업이 구조화하고 애매하지 않는 업무인 경우에 더 큰 만족을 가져온다는 것이다. 그러나 이러한 발견은 성과를 예측하는 것보다 만족을 예측하는 데 더 일관성을 갖고 있다. 연구자들이 계속적으로 관심을 갖게 된 것은 이 이론의 일반적인 구조(framework)에 확신을 갖게 된다는 점이다. 그러나 이 이론에도 여러 가지 문제점이 있다. 즉 이 이론에 포함되는 변수들이 보다 명백하게 되어야 하며 성과결과의 예측에 일관성이 없다는 점, 그리고 새로운 매개변수들이 추가되면 더욱 복잡하게 된다는 것 등이다.

# 제 3 절 커뮤니케이션

## Ⅰ. 커뮤니케이션이란 무엇인가

경영자에게 효과적인 커뮤니케이션의 중요성은 아무리 강조해도 부족하다. 경영자가 행하는 모든 일은 커뮤니케이션, 즉 의사소통 없이는 이루어지지 않는다. 경영자는 정보 없이 아무 것도 결정할 수 없다. 그런데 그 정보는 커뮤니케이션으로 얻어진다. 일단 의사결정이 되면 다시 커뮤니케이션이 일어난다. 그렇지 않으면 아무도 그 의사결정을 모르기 때문이다. 가장 좋은 아이디어, 가장 창조적인 제안 또는 가장 우수한 계획이라도 커뮤니케이션이 없이는 일어날 수 없다. 그러므로 경영자는 효과적인 커뮤니케이션기술을 필요로 한다. 물론 이 말은 커뮤니케이션만 있으면 성공자가 된다는 의미가 아니다. 그러나 비효과적인 커뮤니케이션기술은 경영자에게 계속적인 문제가 될 것임에는 틀림없을 것이다.

커뮤니케이션(communication)이란 의미(meaning)의 전달(transfer)이다. 정보나 아이디어가 실려 있지 않으면 커뮤니케이션이 일어나지 않는다. 바꾸어 말하면 커뮤니케이션이란 한 사람으로부터 다른 사람에게 정보나 아이디어가 전달되어 그 의미가 공유되는 과정이라 할 수 있다. 커뮤니케이션은 광의로는 사람과 사람, 사람과 기계, 기계와 기계 사이에 일어나는 의미의 이전과정을 말하지만, 협의에서는 사람과 사람간의 전달과정을 말한다.

커뮤니케이션은 의미의 전달이므로 아무런 정보나 아이디어가 전달되지 않았다면 그것은 커뮤니케이션이 일어나지 않은 것이다. 성공적인 커뮤니케이션을 위해서는 의미가 전달될 뿐 아니라 그 의미가 이해되어야 한다. 만일 완전한 커뮤니케이션이 가능하다면, 전달된 사고나 아이디어가 보낸 사람이 의도한 대로 인식되어어야 한다. 좋은 커뮤니케이션이란 가끔 의미를 명백히 하기보다는 동의하는 것으로 잘못 이해되기도 한다. 어떤 사람이 우리에게 동의하지 않을 때, 우리는 대부분 그들이 우리의 입장을 충분히 이해하지 못했다고 가정한다. 바꾸어 말하면 우리의 견해를 다른 사람이 받아들이게 되면, 그것을 좋은 커뮤니케이션이라고 생각하기 쉽다. 그러나 의미를 분명하게 이해했다 하더라도 이에 동의하지 않는 일은 얼마든지 있기 마련이다. 중요한 것은 좋은 커뮤니케이션이란 전달받은 사람이 이에 동의하느냐 하는 것이 아니라, 명백하게 전달되었느냐 하는 것이다. 실제로 커뮤니케이션의 결여(lack)는 오래 동안 갈등이 계속되었기 때문에 생긴 것이라고 결론을 내리는 경우에도 이를 자세히 조사해 보면, 효과적인 커뮤니케이션이 계속적으로 충분히 이루어진 것을 보게 되는 경우가 있다. 이것은 각자가 다른 사람의 입장을 충분히 이해하고 있기 때문에 좋은 커뮤니케이션이 이루어진 것이다. 문제는 좋은 커뮤니케이션을 동의(agreement)하는 것과 혼동하였기 때문에 생긴 것이다.

## Ⅱ. 인적 커뮤니케이션(interpersonal communication)

### 1. 커뮤니케이션과정

사람들은 그들이 조직에 있거나 아니거나간에 정규적으로 커뮤니케이션을 행한다. 친구와 부모, 형제, 자매, 상점의 판매원, 캠퍼스의 학생들 등등. 우리의 커뮤니케이션은 사람간에 이루어지는 것이 일반적이다. 두 사람간의 모든 커뮤니케이션은 일반적인 과정을 거친다. 우리가 서로 커뮤니케이션을 행하는 방법은 그 수에 있어서 제한되어 있다. 먼저 커뮤니케이션과정을 정보와 아이디어의 전달방법으로 살펴보기로 하자. 커뮤니케이션이 일어나기 전에 전달될 메시지로 표현되는 목적(purpose)이 존재해야 한다. 그것은 원천(source)으로서의 송신자(sender)에게서 수신자(receiver)에게로 전달된다. 메시지는 기호적 형태(이것을 기호화, encoding이라 한다)로 전환되어 어떤 매체(이것을 경로, channel이라 한다)를 통해 수신자에게 전달된다. 그러면 수신자는 송신자의 메시지를 재번역(이를 해독, decoding이라 한다 )하게 되는데, 이 결과가 바로 한 사람에게서 다른 사람으로의 의미전달이다. 〈그림 9-6〉은 커뮤니케이션을 나타내고 있다.

이 모형은 ① 커뮤니케이션원천, ② 메시지, ③ 기호화, ④ 경로, ⑤ 해독, ⑥ 수신자, ⑦ 피드백(feedback) 등의 7 부분으로 이루어져 있다.

이에 추가하여 커뮤니케이션의 전체과정에 소음(noise)이 있을 수 있는데, 소음이란 메시지의 전달을 방해하는 교란(disturbance)을 가리킨다(〈그림 9-6〉에서는 번개모양으로 표시되어 있다). 소음은 커뮤니케이션과정에서 어떤 부분 에 왜곡(distortion) 현상을 일으킬 수 있다. 커뮤니케이션효과에서 외부적인 소음

〈그림 9-6〉 커뮤니케이션과정

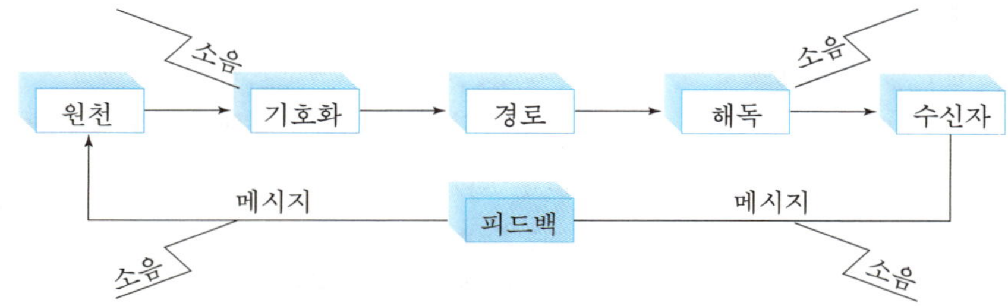


은 자명하기 때문에 왜곡의 내부적인 잠재적 원천에 대해 생각해 보기로 하자.

원천(source)은 생각을 기호화한 메시지를 시작한다. 기호화된 메시지는 네 가지 조건, 즉 기능(skill), 태도(attitudes), 지식(knowledge) 및 사회문화체계(social-cultural system)에 의해 영향을 받는다. 책의 경우를 예로 든다면 저자가 필요한 기능을 가지고 있지 않는다고 하면, 메시지가 독자들에게 제대로 전달될 수 없다. 이것은 글을 쓰는 기능을 필요로 한다. 성공적인 커뮤니케이션과정은 말하고, 읽고, 듣고, 그리고 생각하는 기능이 있어야 할 것이다. 태도는 우리의 행동에 영향을 미친다. 수많은 주제에 대한 아이디어를 가지고 있다면, 이것들은 커뮤니케이션에 영향을 미친다. 더욱이 특별한 주제에 대한 지식의 정도에 따라 커뮤니케이션의 활동이 제한을 받는다. 우리가 알지 못하는 것은 커뮤니케이션에 도움이 될 수 없다. 지식이 많아야 우리의 메시지를 이해할 수 있다. 하나의 주제에 대해 갖고 있는 지식의 양이 전달하고자 하는 메시지에 영향을 미칠 것은 명백하다. 우리의 태도가 행동에 영향을 미치는 것과 마찬가지로 사회문화시스템에서의 위상 또한 영향을 미친다. 문화체계의 일부로서의 신념과 가치관은 커뮤니케이션의 원천에 영향을 미친다. 메시지 자체는 이를 전달하기 위해 사용하는 장치가 무엇이든 관계 없이 커뮤니케이션과정에서 왜곡될 수 있다. 메시지는 원천에 의해 기호화된 물리적인 제품이라 볼 수 있다. 작성된 문서가 메시지이며, 그림이 메시지일 수 있다. 또 손놀림 · 몸 동작 · 얼굴표정 또한 메시지가 될 수 있다. 메시지는 의미를 전달하기 위해 사용되는 일련의 기호들이나 암호 및 메시지내용 그 자체, 기호와 내용의 선택이나 배열의 결정 등에 의해 영향을 받기도 한다.

경로(channel)란 메시지가 전달되는 매체(medium)를 말한다. 그것은 송신자가 선택한다. 공통적인 경로는 이야기되는 말, 기록된 문서와 같은 매체가 사용된다. 만약 일어난 어떤 일을 친구에게 만나서 얼굴을 마주 보며 전하기로 했다면, 그 때는 말과 몸짓이 경로가 된다. 파티초청이라는 특별한 메시지는 구두로 혹은 우편물이라는 경로를 통해 전달된다.

조직에서는 분명한 경로가 적합하다. 종업원의 성과평가와 같은 중요한 것에 대해서는 경영자가 복수의 경로(multiple channels)를 갖도록 하는 것이 좋다. 그래야 왜곡현상을 감소시킬 수 있다.

수신자(receiver)란 메시지가 지향하고 있는 사람들을 말한다. 그러나 메시지를 받기 전에 메시지에 있는 기호가 수신자가 이해할 수 있는 형태로 변형되어야 한다. 이것이 메시지의 해독(decoding)이다. 기호화가 송신자의 기능, 태도, 지식 및 사회문화체계에 의해 제한을 받는 것처럼 수신자도 동일하게 이러한 것들에 의해 제한을 받는다. 더욱이 수신자의 선호하는 태도와 문화적인 배경은 전달된 메시지를 뒤틀리게 하기도 한다. 커뮤니케이션과정의 제일 뒤에 위치한 것은 피드백 루프(feedback loop)이다. 피드백은 메시지를 송신자에 되돌려 보내어 전달된 메시지가 올바르게 이해되었는지를 확인하는 과정이다.

## Ⅲ. 커뮤니케이션의 방법

구두로 하거나 문서로 커뮤니케이션이 이루어질 수 있지만, 다른 방법도 있다. 이 절에서는 메시지를 전달하는 여러 가지 방법을 살펴보기로 한다.

### 1. 구두(oral) 커뮤니케이션

사람들은 대화, 즉 구두(oral) 커뮤니케이션을 사용하여 서로 의사소통을 하게 된다. 가장 인기 있는 구두커뮤니케이션의 형태는 연설, 공식적인 1 대 1 대화 및 토론이다. 그리고 비공식적인 소문이나 비밀정보 등이다. 구두커뮤니케이션의 장점은 신속한 전달 및 신속한 피드백이다. 언어메시지는 단시간에 전달될 수 있고, 응답을 받을 수 있다. 만약 수신자가 메시지에 대해 확신하지 못하면, 송신자가 신속한 피드백을 통해 불확실성을 탐지하고 이를 교정할 수 있다. 중요한 단점은 메시지가 많은 사람들을 거쳐 퍼져나간다는 것이다. 관여한 사람이 많으면 많을수록 왜곡의 가능성이 커진다. 메시지의 내용은 목적지에 도착할 때 원래 것과 아주 달라질 수 있다. 의사결정과 다른 커뮤니케이션이 구두로 권한의 계층을 오르내리는 조직에서는 메시지가 왜곡될 가능성이 상당히 높다.

### 2. 문서(written) 커뮤니케이션

문서커뮤니케이션은 메모, 편지, 조직의 정기간행물, 게시판 혹은 문서를 전달하는 모든 장치 등을 포함한다. 왜 송신자가 문서커뮤니케이션을 사용하는가? 그것은 영구적이며 눈으로 볼 수 있고 확인할 수 있기 때문이다. 송신자와 수신자 모두가 커뮤니케이션의 기록을 가지는 것이 일반적이다. 메시지는 무한정 오래 저장할 수 있다. 메시지의 내용에 대해 의문이 있으면 후에 물리적으로 조회할 수 있다. 이것은 복잡하거나 긴 커뮤니케이션의 경우에 특히 중요하다. 신제품에 대한 마케팅계획은 여러 달에 걸쳐 수행되어야 할 수많은 업무들을 포함하는 것이 보통이다. 이것들을 기록해 둠으로 계획에 대한 내용들을 쉽게 참고할 수 있게 된다. 문서커뮤니케이션이 지닌 마지막 장점은 과정 그 자체에서부터 온다. 일반적인 경우 공식적인 연설을 통해 주어진 메시지보다 기록된 문서가 더 많은 주의를 끌 수 있다. 기록된 문서는 사람들로 하여금 그 기록된 것이 의미하는 바가 무엇인지 더욱 주의 깊게 살펴보도록 하는 힘이 있다. 그러므로 문서커뮤니케이션은 더 많이 사고하고 논리적이며 명확해야 한다. 문서커뮤니케이션의 단점은 많은 시간을 소모하게 한다는 점이다. 문서커뮤니케이션은 명확하여야 하기 때문에 작성하는 데 더 많은 시간을 소모하여야 한다. 또 다른 단점은 피드백이 부족하거나 없다는 점이다. 구두커뮤니케이션은 수신자가 즉각적으로 그가 생각하고 들은 것에 대해 반응하지만, 기록된 문서커뮤니케이션은 정해진 피드백 메커니즘(feedback mechanism)을 가지고 있지 않다. 예를 들면 우편물메모가 수신자에게 전달되었는지 확신할 수 없고, 또 수신하였다 하더라도 수신자가 그 메시지를 바르게 해석하였는지 알 수 없다.

### 3. 비언어적(nonverbal) 커뮤니케이션

가장 의미 있는 커뮤니케이션 중에는 구두나 문서커뮤니케이션이 아닌 비언어적 커뮤니케이션이 있다. 크게 울리는 사이렌 소리나 사거리에서의 적색신호등은 언어를 사용하지 않으면서도 메시지를 전하고 있다.

(1) 신체언어(body language): 이것은 손 움직임, 얼굴표정 및 기타 신체의 움직임을 말하는데, 예컨대 찡그린 얼굴은 미소와 전혀 다른 것이다. 손 움직임이나 얼굴 표정 및 기타 몸짓의 놀림은 공격성, 두려움, 부끄러움, 거만함, 기쁨 및 분노 등 감정이나 기질을 나타내 보인다.

(2) 말의 억양(intonations): 어떤 사람이 하는 말이나 구절을 강조하는 것이다. 부드럽고 순순한 억양은 억세거나 어떤 단어를 강조하는 그러한 것과 전혀 다른 의미를 지니고 있다. 대부분의 경우 앞의 경우는 신중하며 명확성을 추구하는 사람에서 나오지만, 후자의 경우는 공격적이며 방어적인 사람에게서 나온다. 모든 구두커뮤니케이션 또한 비언어적 메시지를 가진다는 사실은 아무리 강조해도 지나치지 않을 것이다. 한 연구조사에 의하면 구두메시지의 55%는 얼굴 표정과 몸의 자세에서 얻어지고, 38%는 언어정보에서, 그리고 7%만이 사용되는 실제언어에서 얻어진다고 한다.

### 4. 전자매체(electronic media)

오늘날 우리들은 커뮤니케이션을 위해 수많은 정교한 전자매체에 의존하고 있다. 전화 및 폐쇄회로 TV뿐 아니라 언어로 작동하는 컴퓨터, 전자사진 전송 및 기타 전자장치를 이용하여 효과적인 커뮤니케이션을 행하고 있다. 경영자들은 전세계에 흩어진 사람들과 화상회의를 하기도 하고, 인공위성을 위한 폐쇄 TV나 비디오 테이프를 이용하여 의사를 전달하거나 인터넷 · E-메일 등을 이용하여 언어 · 그래프 · 사진 등의 형태로 커뮤니케이션을 행하고 있다. 이들 전자매체들에 의한 커뮤니케이션의 장점은 신속하고 정확하게 정보를 제공하며, 컴퓨터와 비디오 테이프는 또한 많은 양의 정보를 적은 면적에 저장할 수 있다는 점이다. 단점으로는 거의 모든 매체들이 값이 비싸며, 피드백을 제공해 주지 않는다는 점을 들 수 있다.

## Ⅳ. 조직의 커뮤니케이션

지금까지 우리는 개인간의 커뮤니케이션에 대해 살펴보았는데, 이것은 보다 복잡한 조직의 커뮤니케이션을 이해하기 위한 것이었다. 우리의 주요 관심사는 조직이라는 맥락에서 커뮤니케이션을 이해하는 것이다. 커뮤니케이션 과정의 이해와 커뮤니케이션을 행하는 다양한 방법을 아는 것이 중요하다. 그러나 조직에서는 사람들이 권한계층(authority hierarchy) 하에서 역할을 맡아 활동하고 있다. 이러한 사실은 조직의 권한계층이 보다 복잡하다는 것을 뜻한다. 여기서는 공식적 커뮤니케이션과 비공식적 커뮤니케이션, 커뮤니케이션 네트워크 및 커뮤니케이션과 권력간의 관계를 설명하기로 한다. 여기서도 우리는 커뮤니케이션에 대해 이러한 내용을 설명하기로 하자.

### 1. 공식적 커뮤니케이션과 비공식적 커뮤니케이션

공식적 커뮤니케이션(formal communications)이란 권한의 명령계통을 따르는 커뮤니케이션이거나 혹은 직무를 수행하기 위해 필요한 커뮤니케이션의 부분을 가리킨다. 사장이 부하들에게 무엇을 요청하게 될 경우, 그는 공식적인 커뮤니케이션을 행한다. 종업원이 어떤 문제를 상사에게 가져간다면, 그것도 공식적인 것이다. 공식적인 커뮤니케이션은 고객의 주문을 처리하기 위해 두 선적담당자가 서로 상의하여야 한다면, 이것도 공식적인 커뮤니케이션이다.

비공식적 커뮤니케이션(informal communications)은 종업원의 필요를 충족하려고 할 때 발생한다. 이러한 커뮤니케이션은 경영자의 승인을 받는 것이 아니며, 미리 정해 둔 계층구조가 있는 것도 아니다. 그러나 경영자의 재가가 없으면 비공식적인 커뮤니케이션이 존재하지 않는다는 것을 의미하지 않는다. 종업원들은 우정을 형성하며, 파벌을 형성하기도 한다. 이러한 것들이 결국은 공식적인 경로 안에 있는 간격을 메워 주게 된다. 비공식적 커뮤니케이션 시스템은 그러므로 두 가지 목적을 가진다. 즉 그것은 종업원들이 사회적 교류의 필요성을 만족시켜 주며, 커뮤니케이션을 위한 신속하며 보다 능률적인 대체적인 경로를 만들어 줌으로써 조직의 성과를 개선할 수 있다. 다른 부서의 친구에게 한 전화는 5분 이내에 질문에 대한 답을 얻을 수 있으나, 공식적인 경로를 거칠 경우 동일한 정보를 얻는 데 여러 날이 소요되는 것이 보통이다. 그러므로 비공식적인 커뮤니케이션은 공식적인 경로를 지원하는 시스템으로서의 역할을 한다.

### 2. 커뮤니케이션 흐름의 방향

조직의 커뮤니케이션은 아래로(downward), 위로(upward), 옆으로(laterally) 혹은 대각선으로(diagonally) 흐른다.

(1) 하향커뮤니케이션: 경영자로부터 권한의 계층을 따라 흐르는 커뮤니케이션은 모두 하향(down) 커뮤니케이션이다. 경영자가 부하들에게 하는 커뮤니케이션은 일반적으로 하향적 형태를 갖는다. 하향커뮤니케이션은 부하들에게 알리고 지휘하고 조정하고 평가하기 위해 이용된다. 경영자가 부하들에게 목표를 할당할 때, 그들은 하향적 커뮤니케이션을 사용한다. 또 부하들에게 직무기술서(job descriptions)를 제공하고 조직의 정책과 절차를 알리고 주의해야 할 사항을 지시하고, 그들의 성과를 알리기 위해 이 방식을 사용한다. 하향커뮤니케이션은 구두나 직접 전달을 필요로 하지 않는다.

(2) 상향커뮤니케이션: 상향(upward) 커뮤니케이션은 경영자가 아래 사람들에게서 정보를 얻으려 할 때 의존하는 방식이다. 보고서는 권한의 계층을 따라 상위에 있는 경영자에게 현재의 문제점이나 목표의 진척상황을 알리기 위해 위 방향으로 전달된다. 상향커뮤니케이션은 일반적으로 종업원들이 그들의 직무 · 협력자 · 조직 등에 대해 어떻게 느끼고 있는가를 경영자가 알도록 해준다. 경영자는 또한 일의 개선을 위한 아이디어를 얻기 위해 상향커뮤니케이션에 의존하게 된다. 상향커뮤니케이션의 범위가 어디까지냐 하는 것은 조직문화에 따라 다르다. 만약 경영자가 신뢰와 존경의 풍토를 만들었다면 참여적 의사결정(participative decision making)을 광범위하게 이용할 것이며, 그러한 경우에는 의사결정에 반영하기 위해 상당한 상향커뮤니케이션이 이루어질 것이다. 그러나 권위주의적인 조직에서는 상향커뮤니케이션이 있다 하더라도 관리직에 한정될 것이며, 상위경영자들에게는 통제된 정보만 전달될 것이다. 상향커뮤니케이션의 예로는 중간관리층이나 최고경영층이 검토하도록 하위관리자가 작성한 성과보고서나 제안, 종업원태도조사, 고충처리, 부하들과의 토론 및 경영자대표나 사장과 나눈 문제점의 확인 및 토론사항들을 들 수 있다.

(3) 측면커뮤니케이션: 측면커뮤니케이션은 동일한 작업집단이나 같은 수준에 있는 작업집단의 구성원간에, 혹은 동일한 수준에 있는 관리자간에, 혹은 수평적으로 동등한 사람들간에 일어나는 커뮤니케이션을 가리킨다. 공식적 커뮤니케이션과 비공식적 커뮤니케이션에서 설명한 바와 같이 수평적인 커뮤니케이션은 시간절약이나 협동을 촉진하기 위해 필요한 경우가 가끔 있다. 어떤 경우에는 이러한 측면적 관계는 공식적으로 승인을 받기도 한다. 그러나 어떤 경우에는 수평적 계층구조를 피하고, 행동을 촉진시키기 위해 비공식적

으로 만들어지기도 한다. 그러므로 측면커뮤니케이션은 경영자의 입장에서 볼 때는 좋을 수도 있고 나쁠 수도 있다. 모든 커뮤니케이션을 위해 공식적 수직 구조를 엄격하게 고수하게 되면, 정확한 정보전달과 능률을 저하시킬 수 있기 때문에 측면커뮤니케이션이 이로울 수 있다. 그러한 경우에는 상사의 지지를 받을 수 있다. 그러나 측면커뮤니케이션은 구성원이 상사 주위에 몰리거나 상사를 뛰어 넘어가는 경우에는 역기능적인 갈등을 일으킬 수 있다.

(4) 대각커뮤니케이션(diagonal communication): 이것은 기능이나 조직에서의 수준을 가로 질러가는 경우이다. 예컨대 신용부서의 관리자가 다른 부서이면서 직위가 높은 지역담당 마케팅담당자와 직접 커뮤니케이션을 행한다면, 이것은 대각커뮤니케이션이 된다. 이러한 형태의 커뮤니케이션에서 발생하는 중요한 문제점은 정상적인 명령계통을 따르지 않고 있다는 점이다. 위의 예에서 신용관리자는 그의 상사가 나중에 이를 알고 화를 내지 않도록 하며, 또 명령계통을 따르기 위해 그의 상사에게 알려야 한다. 대각커뮤니케이션은 수직적인 경로와 수평적인 경로를 뛰어 넘기 때문에 능률성과 신속성을 가져다 주지만, 다른 사람들이 사용하는 송신자와 수신자의 연결통로를 방해하는 결과를 가져온다.

## Ⅴ. 커뮤니케이션 네트워크(communication networks)

조직의 커뮤니케이션에서 수직 및 수평적 차원은 다양한 형태로 결합될 수 있는데, 이것을 커뮤니케이션 네트워크라 한다. 커뮤니케이션 네트워크에 관한 대부분의 연구는 실험을 위해 만들어진 집단에서 이루어졌다. 결과적으로 연구의 결론들은 인위적인 소집단에서 이루어졌기 때문에 적용상에 한계가 있다.

〈그림 9-7〉에는 일반적인 다섯 가지의 네트워크가 나타나 있다. 이것들은 사슬(chain)형, Y자형, 바퀴(wheel)형, 동그라미(circle)형 및 완전경로(all channel)형이다. 조직이란 맥락에서 이 그림에 나타난 네트워크형태를 설명하기 위하여 5명의 구성원만 있는 조직을 생각해 보자.

### 1. 네트워크형태

〈그림 9-7〉에 나타난 5가지 형태의 네트워크 중에서 사슬(chain)형은 커

〈그림 9-7〉 일반적 커뮤니케이션 네트워크

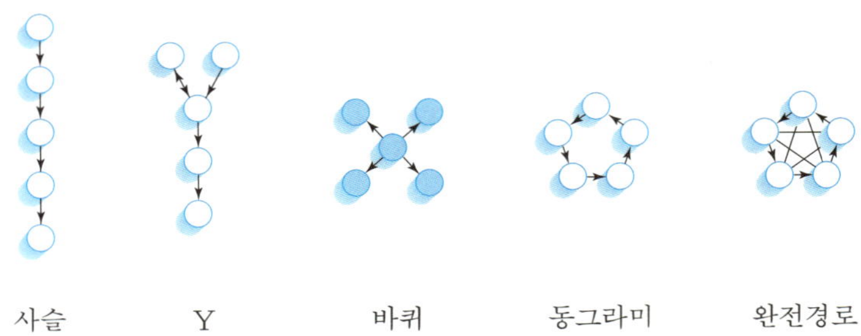


뮤니케이션이 상하로만 움직이는 5계층으로 된 수직계층을 나타낸다. 하나의 조직에서 이러한 형태의 네트워크는 예외 없는 직접적인 권한관계에서 발견 된다.

Y자형은 이를 뒤집어 놓으면 두 부하가 그 위에 있는 한 상사에게, 그는 또 그 위에 있는 한 상사에게 보고하는 것을 볼 수 있다. 결과적으로 4개의 계층이 존재한다.

바퀴(wheel)형은 4명의 부하가 한 상사에게 보고하는 것을 나타낸다. 그런데 부하들간에는 아무런 상호작용이 없다. 모든 커뮤니케이션은 한 상사를 통해서만 이루어진다.

동그라미(circle)형은 모든 구성원들의 인접한 구성원간에 상호작용이 허용되지만, 그 이상은 이루어지지 않는다. 이것은 상사들과 부하들간에 수직커뮤니케이션이 있고, 최하위의 부하들에만 측면커뮤니케이션이 있는 3계층 구조를 나타낸다고 볼 수 있다.

마지막으로 완전경로(all-channel)형은 각 구성원들의 다른 모든 구성원들과 자유롭게 커뮤니케이션을 행할 수 있게 된다. 이 형태는 어떤 점에서는 동그라미형과 비슷한 점이 있다. 완전경로형은 중심위치가 없고, 커뮤니케이션에 아무런 제한 없으며, 모든 구성원들이 동등하다는 특징을 갖고 있다는 점이 다르다. 이 형태는 모든 구성원들이 우등하거나 열등하지 않는 위원회가 대표적인 사례이다. 모든 구성원들은 그들의 견해를 자유롭게 나눌 수 있다.

## 2. 네트워크의 효과평가

경영자는 위의 다섯 가지 형태 중에서 어느 것을 사용하는 것이 옳으냐 하는 질문에 대한 답은 무슨 목표를 갖고 있느냐에 따라 달라진다. 〈표 9-2〉는

〈표 9-2〉 네트워크의 평가

| | 기 준 | | 네트워크의 형태 | | |
|---|---|---|---|---|---|
| | 사슬 | Y | 바퀴 | 동그라미 | 완전경로 |
| 신속성 | 보통 | 보통 | 신속 | 느림 | 신속 |
| 정확성 | 높음 | 높음 | 높음 | 낮음 | 보통 |
| 출 현 | 보통 | 보통 | 높음 | — | — |
| 사 기 | 보통 | 보통 | 낮음 | 높음 | 높음 |

여러 가지 형태의 네트워크를 속도, 정확성, 리더의 출현정도 및 구성원간의 사기라는 기준에 따른 효과를 요약한 것이다.

이 표에서 우리는 어떤 형태가 모든 경우에 가장 좋은 것이라고 말할 수 없다는 것을 알 수 있다. 신속성이 중요하다면 바퀴 및 완전경로형이 선호되고, 정확성에서는 사슬형 · Y형 · 바퀴형이 높은 점수를 얻는다. 바퀴구조는 리더의 출현을 촉진시킨다. 동그라미형과 완전경로형은 높은 종업원만족을 가져온다.

### 3. 비공식적 네트워크: 포도덩굴형(grapevine)

앞에서 설명한 네트워크는 모두 공식적인 커뮤니케이션형태이지만, 지금은 커뮤니케이션이 어떻게 비공식네트워크를 따라 이루어지고 있는지를 살펴보기로 한다. 이 비공식적 네트워크, 특히 포도덩굴(grapevine)형을 살펴보자.

포도덩굴형은 거의 모든 조직에서 사용되고 있다. 이 형태의 중요성은 4천명의 미 해군에 종사하는 종업원을 대상으로 한 설문에서 잘 나타나고 있다. 설문은 "경영자가 운영하는 조직의 커뮤니케이션경로나 수단을 변경하고

〈표 9-3〉 가장 빠른 정보원천에 대한 응답 (응답자 : 4,000명)

| 원 천 | 응답자 백분율 |
|---|---|
| 포도덩굴 | 38 |
| 상 사 | 27 |
| 공식적인 서류 | 17 |
| 부대 내 소식지 | 7 |
| 부대 내 지휘계통 | 4 |
| 게시판 | 4 |
| 기 타 | 3 |

자 한다. 어느 것을 먼저 바꾸는 것이 좋다고 생각하는가?" 이에 대한 응답은 〈표 9-3〉에 제시된 바와 같이 포도덩굴형이 가장 빠른 정보원(source of information)으로 조사되었다.

〈그림 9-8〉은 포도덩굴형이 취할 수 있는 4가지 형태를 나타내고 있다. 외가닥형(single strand)은 한 사람이 다른 한 가람에게만 메시지를 전달하게 된다. 그러나 가십형(gossip)은 한 사람에게서 모든 사람에게로 전달되며, 확률형(probability)은 한 사람에 무작위로 다른 사람에게 전달되는 형태이다. 그리고 송이형(cluster)은 몇 명이 선택된 다른 사람들에게만 전달하게 되는데, 대부분은 이 형태를 취한다.

대부분의 구성원들이 포도덩굴을 보지만, 극소수의 사람만이 실제적으로 커뮤니케이션에 참여하는 경우이다. 약 10% 사람만이 다른 한 사람 이상의 사람들에게 정보를 전달자로서의 역할을 한다. 누가 포도덩굴에서 연락자의 역할을 하는가는 메시지에 따라 다르다. 종업원의 관심을 끄는 메시지는 다른 사람에게 말하도록 자극받는다. 그러나 종업원의 관심을 끌지 못하는 메시지는 더 이상 전달되지 않는다.

〈그림 9-8〉 포도덩굴의 여러 형태

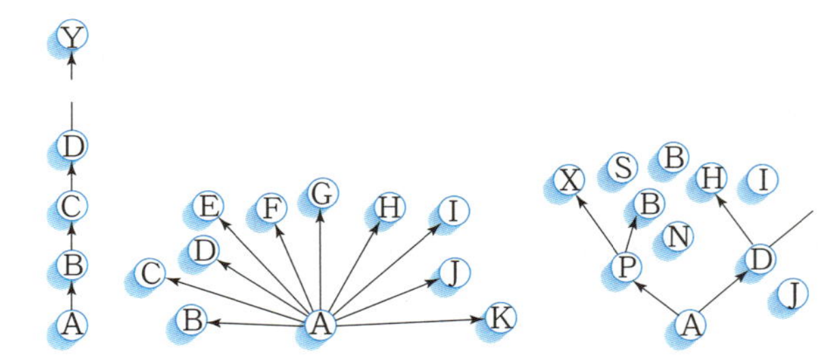


## Ⅵ. 효과적 커뮤니케이션

### 1. 커뮤니케이션과 권력

정보의 통제는 조직에서의 중요한 권력의 원천이 된다. 여기서는 경영자가 그들의 권력을 증대시키기 위하여 어떻게 커뮤니케이션을 사용할 수 있는가를 언급하고자 한다.

하나의 자원이 조직에서 개인의 권력을 강화하기 위해서는 희소성과 중요성이라는 두 가지 검정을 거쳐야 한다. 모든 사람에게 다 이용가능한 것은 권력의 원천이 될 수 없다. 장님만이 사는 나라에서는 외눈가진 사람이 왕이다. 그러나 희소성만으로는 권력을 창출할 수 없다. 필요한 것이며 중요한 것이어야 한다. 조직에서 어떤 정보는 이러한 두 가지 요구사항을 만족시킨다.

정보는 효과적인 의사결정을 위해 중요하다. 모든 사람이 다 핵심정보에 접근할 수 없기 때문에 정보가 중요한 것이다. 결과적으로 조직에서 다른 사람이 필요로 하지만, 얻을 수 없는 중요한 정보에 접근할 수 있는 사람이 권력을 쥔 사람이 된다. 경영자는 바퀴네트워크의 중심에 위치하거나 사슬의 가운데 위치하는 것이 일반적이므로 핵심정보(key information)에 접근할 수 있다. 그 정보의 권력을 강화하기 위해서 정보를 희소화하려고 하는 것은 드문 일이 아니다. 이를 위해 경영자는 그의 상사나 부하로부터 획득한 정보를 의도적으로 수정하거나 숨긴다. 의사결정을 위해 사용한 정보는 비밀이 유지될 수 있다. 의사결정을 위해 어떠한 정보가 사용되었는지 다른 사람들이 모른다면, 그 의사결정자는 최종결정을 좋아하지 않는 사람들은 모든 사실을 잘 모르기 때문이라고 말할 수 있을 것이다. 결과적으로 정보가 통제되는 한 어떠한 사람이라도 그 결정에 도전하는 것이 불가능해진다. 그것이 바로 권력으로 인정된다. 부하들은 위로부터 지시를 위해 내려오는 커뮤니케이션에 의지한다. 상사는 문제에 대한 피드백과 통제를 촉진시키기 위해 아래로부터 올라오는 커뮤니케이션에 의지한다.

## 2. 효과적인 커뮤니케이션의 장애물

커뮤니케이션은 언제나 왜곡될 가능성이 있다. 그러면 커뮤니케이션을 왜곡하게 하는 장애물은 무엇인가를 생각해 보기로 하자. 커뮤니케이션과정에는 일반적인 왜곡뿐만 아니라 효과적인 커뮤니케이션을 방해하는 장애물이 많이 있다. 이들에 대해 간단히 살펴본다.

(1) 거르기(filtering): 수신자에게 보다 선호되도록 불필요한 정보를 거르게 된다. 예컨대 관리자는 그의 상사가 듣고자 하는 내용만을 알리기 위해 수많은 정보들을 거르게 된다. 거르기의 범위는 구조의 높이(the height of the structure)와 조직문화의 함수라 볼 수 있다. 조직에서의 수평적 계층구조가 길면 길수록 거를 확률이 높아진다. 그리고 조직문화가 보상에 대해 어떻게 강

조하느냐에 따라 거르기를 장려하게 되거나 위축시키게 된다. 보상이 스타일과 외관을 더 강조하면 할수록 경영자는 그들의 선호하는 바에 따라 커뮤니케이션을 변경시키려는 마음을 갖게 된다.

(2) 선택적 인지(selective perception): 커뮤니케이션과정에서 수신자가 그들의 필요성, 동기, 경험, 배경 및 기타의 개인적 특성에 따라 커뮤니케이션을 선택적으로 보고 들으려 하는 경향이 있다. 수신자는 또한 정보를 해독하면서 그들의 관심과 기대를 반영한다.

(3) 정 서(emotions): 메시지를 수신할 때 그들이 어떻게 느끼느냐에 따라 그것을 해석하는 방법에 영향을 미친다. 동일한 메시지라도 현재 감정에 따라 해석을 달리하는 경우가 종종 있다. 환호하거나 절망하는 그러한 극단적인 감정은 효과적인 커뮤니케이션이 크게 방해를 받는다. 그러한 경우에는 우리가 가진 합리적이며 객관적인 사고과정을 팽개쳐버리고 감정적으로 판단하게 된다. 따라서 크게 당황해 하는 경우에는 의사결정을 피하는 것이 가장 좋다. 왜냐하면 명확하게 사고할 수 없기 때문이다.

(4) 언 어(language): 단어가 사람에 따라 다른 의미를 가질 수 있다. 나이, 교육 및 문화적 배경은 한 사람이 사용하는 언어 및 단어의 정의에 영향을 미치는 명백한 세 가지 변수이다. 조직의 종업원들은 일반적으로 다양한 배경을 가진 사람들이며, 더욱이 전문가들은 전문적인 단어나 기술적인 언어를 사용하기 때문에 이러한 현상은 더 심하다. 대기업에서는 종업원들이 여러 지역 출신이기 때문에 작업현장에서 각 지방의 용어나 사투리를 사용할 것이다. 이러한 것들 때문에 커뮤니케이션에 어려움이 생기게 된다.

(5) 정보과잉(information overload): 경영자는 위로부터, 그리고 아래로부터 정보를 받는다. 불행하게도 정보가 대량으로 흘러 들어올 때 이를 중지시키거나 규제하거나 하는 자동장치가 존재하지 않는다. 정보가 지나치게 많아질 가능성은 언제나 있다. 최근에는 광범한 컴퓨터 및 복사장치의 사용으로 인해 심각한 문제가 되고 있다.

기술의 발달로 인해 경영자는 그의 손가락 끝에 그들이 책임지고 있는 활동에 관한 수많은 최신정보를 가지게 된다. 경영자가 스스로 정보의 홍수에 빠지게 되면, 그들이 일하는 한정된 시간과 인식의 한계 때문에 커뮤니케이션의 효과는 크게 손상을 입는다. 그러므로 경영자들은 많은 메시지를 무시하거나 건성으로 검토하게 되고, 따라서 결과적으로 어떤 메시지를 잘못 해석하거나 지나쳐 버리게 된다.

(6) 비언어적 신호(nonverbal cues): 비언어적 커뮤니케이션이 다른 사람에게 메시지를 전하는 중요한 수단이 되고 있다. 그러나 비언어적인 커뮤니케이션은 구두커뮤니케이션(oral communication)을 동반하게 된다. 두 가지가 일치할 때는 각각의 메시지가 강화된다. 사장의 말을 들으면 그가 성을 내고 있다고 느껴진다. 그래서 나는 사장이 성을 내고 있다고 결론을 내릴 수 있다. 그러나 비언어적 신호가 구두의 메시지와 다르다고 하면 수신자는 혼란스럽게 되고, 어느 메시지가 옳은지 알 수 없게 된다.

(7) 시간압박(time pressures): 경영자는 늘 시간적인 압박을 받고 있다. 마감시간 전에 의사결정이 이루어져야 한다. 문제를 빨리 해결해야 하는데 공식적인 경로가 막혀버렸을 때, 그리고 메시지가 수신자에게 불안전하거나 애매한 경우 시간압박이 커뮤니케이션문제를 발생시킨다. 어느 경우에라도 효과적인 커뮤니케이션은 방해를 받게 된다.

## 3. 커뮤니케이션장애의 극복

커뮤니케이션에 위에 열거한 장애물이 나타날 때, 이를 극복하기 위해서 경영자가 해야 할 일은 무엇인가? 다음의 몇 가지 제안들은 커뮤니케이션을 보다 효과적으로 만들어 줄 것이다.

(1) 정보흐름을 규제한다: 정보흐름을 규제하지 않고 그냥 두면 경영자는 과잉정보에 의해 해를 입는다. 과잉정보를 줄이기 위해 경영자는 중요 메시지를 접수하고, 또 보다 주요한 메시지에는 우선권을 부여하도록 하는 정보흐름에 대한 예외시스템(exception system)을 만들어 주는 것이 필요하다. 이러한 방법으로 정보의 양과 질을 규제할 수 있다. 이러한 시스템을 만들기 위해서는 첫째, 커뮤니케이션의 일부를 부하에게 일임하고 부하는 목표와 크게 차이를 보이는 메시지만을 경영자에게 보고하도록 하는 것이다. 모든 것이 계획대로 되고 있을 때 경영자는 사실을 확인하기 위한 세부보고서를 필요로 하지 않는다. 경영자의 시간은 희소자원에 속하기 때문에 아주 예외적인 사실을 보여 주는 보고서만 필요하다. 둘째 접근법은 들어오는 커뮤니케이션을 요약하는 것이다. 송신자는 메시지를 간결하고 짧게 만들도록 해야 한다. 두 쪽이 넘는 세부적 보고서는 50개의 단어 이내로 개요를 앞 부분에 부치도록 한다. 정보흐름을 규제하는 세 번째 접근법은 커뮤니케이션을 언제, 그리고 무슨 행동

이 필요한가를 기준으로 하여 몇 가지 범주로 구분하는 것이다. 이렇게 하면 메시지의 우선순위가 결정되고, 메시지를 잃거나 지나쳐 버릴 확률이 줄어든다.

(2) 피드백을 이용한다: 많은 커뮤니케이션문제는 잘못 이해하였거나 부정확성 때문에 발생한다. 만약 경영자가 커뮤니케이션과정에서 피드백 루프(feedback loop)를 사용한다면 많은 문제들이 줄어들게 될 것이다. 이 피드백은 구두로 하거나 구두가 아니어도 상관이 없다. 경영자가 수신자에게 "내가 말한 것을 알아듣겠소?" 하고 묻는다면, 그 대답이 바로 피드백이 되는 것이다. 또 피드백에는 "예," "아니요"라는 두 가지 답변 외에 다른 답변이 허용되어야 한다. 경영자는 메시지가 의도한 대로 전달되었는지 확인하기 위하여 메시지에 대한 일련의 질문을 할 수도 있을 것이다. 경영자가 그가 말로 전한 메시지를 수신자가 다시 말해 보도록 하는 것도 한 가지 방법이다. 만약 경영자가 의도했던 것을 말한다면 이해와 정확성에 문제가 없는 것이다. 피드백에는 메시지를 요약하거나 직접 질문하는 것보다 더 민감한 것이 포함될 수 있다. 즉 메시지를 듣는 사람의 반응이 바로 경영자에게 어떤 느낌을 갖도록 만든다. 뿐만 아니라 업적평가, 봉급사정 및 승진 등은 중요한 그러나 더욱 민감한 일종의 피드백이다. 물론 피드백은 말로 할 필요는 없다. 행동이 말보다 더 큰 영향을 미친다.

(3) 언어를 단순화한다: 언어가 하나의 장벽이 될 수 있으므로 경영자는 메시지의 단어와 구조를 선택하여 듣는 사람들이 명확하게 이해할 수 있도록 해야 한다. 경영자는 그의 말을 단순화하고 직접 그 메시지를 듣는 사람들을 고려하여 그들에게 적합하게 하여야 한다. 효과적인 커뮤니케이션은 전달과 이해라는 두 가지가 있어야 달성되는 것임을 기억해야 한다. 이해라는 것은 듣는 청중들을 고려하여 언어를 단순화함으로써 달성된다.

중요한 메시지는 메시지의 내용에 대해 익숙하게 알지 못하는 사람들도 그 메시지를 바로 이해할 수 있도록 된다면, 메시지에서의 언어문제는 최소화할 수 있을 것이다.

(4) 적극적으로 청취한다: 어떤 사람들이 이야기를 하면 우리는 듣는다. 그러나 귀를 기울려 듣지 않을 때가 많다. 듣는다는 것(hearing)은 수동적인 것이지만, 청취하는 것(listening)은 적극적으로 의미를 찾는 것이다. 청취에서는 두 사람, 즉 송신자와 수신자가 모두 사고하는 것이다. 우리들은 대부분 빈약한 청취자이다. 왜냐하면 그것은 어렵고 또 보통 듣기보다는 말하는 것이 더

만족스럽기 때문이다. 청취는 어떤 경우 말하는 것보다 더 피곤하다. 그것은 지적인 노력을 요구한다. 듣기와는 달리 적극적인 청취는 전적인 집중을 요구한다. 보통 사람들은 1분에 약 150개의 단어를 말하지만, 우리들은 1분에 1천 개의 단어를 들을 수 있는 능력을 갖고 있다. 그렇기 때문에 이 차이만큼 두뇌는 놀고 있으며, 다른 것을 생각할 기회가 있는 것이다.

적극적인 청취는 듣는 사람이 말하는 사람의 입장에서 공감(empathy)하도록 노력함으로써 촉진될 수 있다. 송신자는 태도 · 관심 · 욕구 · 기대가 다르기 때문에 공감은 메시지의 실제적인 내용을 이해하기 쉽게 해준다. 공감하는 청취자는 메시지의 내용을 판단하기를 보류하고 주의 깊게 그가 하는 말을 듣는다.

목표는 선입관으로 판단하거나 해석하여 메시지를 왜곡시키지 않고 커뮤니케이션의 완전한 의미를 받아들이는 능력을 개선하는 것이다(〈표 9-4〉 참조).

(5) 감정을 절제한다: 경영자들은 언제나 합리적인 방법으로 커뮤니케이션을 행한다고 볼 수 없다. 경영자의 감정이 때로는 의미의 전달을 모호하게 하거나 왜곡시키는 수가 많다. 만약 경영자가 어떤 문제에 관해 감정적으로 흥분되어 있다면 그는 들어오는 메시지를 잘못 해석하기 쉽고, 또 나아가서는 그의 메시지가 명백하지 않거나 정확하지 못하게 될 가능성이 많다. 이런 때 경영자는 무엇을 하여야 하는가?

(6) 비언어적 단서를 주의한다: 행동이 말보다 더 큰 영향을 갖고 있다면 그들이 당신의 말에 공감하고 있는지, 또 말을 강화하기 위한 행동을 주의해야 한다. 비언어적인 메시지가 더 큰 무게를 지니고 있기 때문이다. 효과적인 의

〈표 9-4〉 효과적인 청취를 위한 제안

1) 말하지 말라
2) 말하는 사람을 편안하게 하라
3) 말하는 사람에게 당신이 청취하기를 원한다는 것을 보여 주라
4) 정신이 흩트려지게 말라
5) 말하는 사람에 공감하라
6) 인내심을 가져라
7) 성질을 부리지 말라
8) 논쟁이나 비판을 하지 않도록 주의하라
9) 질문하라
10) 말하지 말라

사전달자는 원하는 메시지를 전하기 위해 그의 비언어적인 단서(cues)를 주의하여야 한다.

## 〈경영의 실천〉 리더가 갖춰야 할 7가지 조건

파이낸셜타임스(FT)는 「누가 내 블랙베리를 옮겼어?」의 저자이며 칼럼니스트인 마틴 루크가 제시한 '성공하는 리더의 7가지 조건'을 소개했다.

(1) 매일매일 배워라 : 배움은 자기혁신이다. 잭 웰치 등 세계적 기업인은 물론 어부에게도 본받을 게 있다. 이들은 곤경에서도 문제를 해결하는 의지와 해법을 제시하기 때문이다.

(2) 골프를 쳐라 : 골프는 어떤 스포츠보다 큰 경기장에서 한 치 오차도 없는 완벽한 결정을 요구하는 경기다. 골프는 집중력을 기르고 경쟁하고 협력하는 대인관계를 만든다. 나는 누구든지 골프를 한 번만 함께 쳐보면 그가 어떤 종류 사람인지, 또 그를 고용할 만한지를 알 수 있다.

(3) 항상 가족을 최우선으로 여겨라 : 바쁜 사회생활에서도 가족을 항상 최우선으로 둬야 한다. 가족과 멀리 떨어졌을 때에는 이메일 등으로 자주 연락을 주고받아라.

(4) 꿈을 찾아 실현하라 : 사람들은 나에게 'Creovation(creation+innovation의 합성어)이 어떤 작용을 하는지 묻곤 한다. 꿈을 찾아 실현되게끔 하는 것으로 이것이 문제의 해법을 이끌 수 있다.

(5) 성실하고 윤리적(integethical : integrity+ethical의 합성어)으로 행동하라 : 'integethical'은 윤리와 성실을 모두 아우르는 새 개념이다. 'integethical'한 사람은 마음에서 우러나온 가치를 따른다. 세계 최고 기업들도 이 같은 철학을 활용해 엄청난 이윤을 벌어들였다.

(6) 남을 칭찬하라 : 리더십을 성공적으로 이끌기 위한 필수 사항 중 하나다. 어떤 일을 성공으로 이끄는 데 120% 기여했더라도 반드시 주변 사람들과 그 성공을 나누고 그들 공로를 평가하는 태도를 보여라.

(7) 겸손하라 : 그 동안 수많은 성공 기업인을 만나며 관찰한 결과다. 성공 기업인은 놀랄 만큼 그들이 이룬 성공이나 업적에 겸손한 자세를 보인다.

— 매일경제 2005/07/01 —

# 제 10 장

# 동기부여 어떻게 하나

Yet you do not know what your life will be like tomorrow. You are just a vapor that appears in a little while and then vanishes away.
—James 4 : 14—

# 제 1 절 동기부여란 무엇인가

## Ⅰ. 동기부여

동기부여(motivation)가 무엇인가를 이해하기 위해서 동기부여가 아닌 것을 먼저 지적해 보기로 하자. 왜냐하면 많은 동기부여를 개인적 특성이라고 잘못 알고 있기 때문이다. 실제로 어떤 종업원을 게으르다, 혹은 동기가 결핍되어 있다고 낙인을 찍는 경영자 중에 그러한 오해를 하는 사람들이 많다. 우리는 동기부여란 개인과 상황간의 상호작용의 결과에서 생기는 것이라고 알고 있다. 개인에 따라 동기를 부여받는 동인(drive)이 다르다는 것은 확실하다. 작업장에서 드릴 프레스의 레버를 당길 때 쉽게 지루함을 느끼는 종업원들이 Las Vegas에서 슬롯 머신의 레버를 수시간 당기면서도 조금도 지루해 하지 않는다. 우리는 한 자리에 앉아 소설을 다 읽는 경우가 있지만, 교과서를 읽기 위해 20분 동안 앉아 있는 것도 참기 어렵다는 것을 잘 경험하고 있다. 동기부여의 개념을 공부할 때 우리는 동기부여의 수준이 사람에 따라, 또 동일한 사람이라도 시간에 따라 변한다는 것을 염두에 두어야 한다.

우리는 동기부여란 개인이 지닌 욕구가 그 노력을 통해 달성된다는 조건하에 조직목표에 도달하기 위해 기꺼이 고도의 노력을 기울이고자 하는 것이라고 정의할 수 있을 것이다. 일반적으로 동기부여란 어떤 목표를 향한 노력이라고 말할 수 있는데, 우리는 지금 경영관리에 관해 공부하고 있으므로 동기부여란 조직의 목표를 달성하기 위한 노력이라고 말한 것이다.

우리는 앞에서 동기부여를 정의하면서 3가지 요소, 즉 노력, 조직적 목표 및 욕구를 언급하였다. 여기서 노력(effort)이란 요소는 집중도(intensity)의 척도이다. 동기가 부여되면 그는 열심히 노력하게 된다. 그러나 노력의 수준이 높다 하더라도 그 노력이 조직에 이익이 되는 방향으로 연결되지 않으면 좋은 직무성과를 가져오지 못한다. 그러므로 노력의 집중도뿐 아니라 노력의 질도

〈그림 10-1〉 동기부여과정

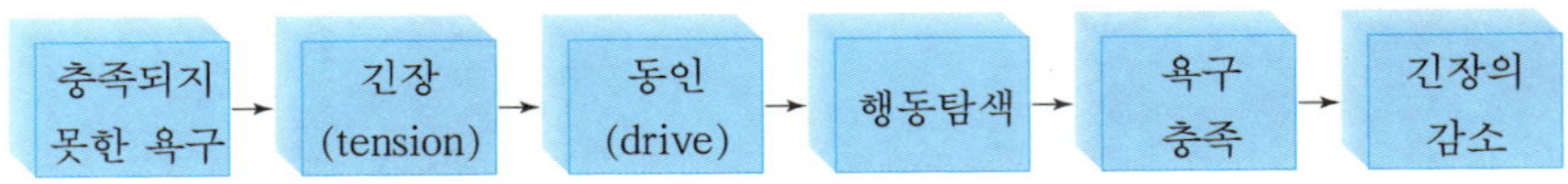


함께 고려해야 한다. 조직의 목표를 향해서, 그리고 조직목표와 일치하는 노력이 바로 우리가 추구해야 할 노력이다. 우리는 동기부여란 욕구충족과정(need-satisfying process)으로 다루어야 한다. 동기부여과정을 나타내면 〈그림 10-1〉과 같다.

욕구(needs)란 용어는 어떤 결과를 매력적으로 나타내도록 하는 내적 상태(internal state)이다. 충족되지 않은 욕구는 사람 내부의 동인(drive)을 자극하는 긴장(tension)을 만든다. 이 동인은 욕구를 충족시켜 긴장을 감소시킬 수 있는 특정한 목표를 찾기 위한 행동탐색을 하도록 한다.

그러므로 우리는 동기가 부여된 종업원은 긴장상태에 있다고 말할 수 있으며, 이 긴장을 벗어나기 위해 그들은 노력을 경주하게 되는 것이다. 긴장이 크면 클수록 노력수준은 더 높아진다. 만약 이 노력이 성공적으로 욕구를 충족시키게 된다면 긴장은 감소된다. 그러나 우리는 직업 · 작업행동에 대한 주제를 다루고 있으므로, 이 긴장-감소(tension-reduction) 노력은 조직의 목표에 초점을 맞추고 있다. 그러므로 동기부여에 대한 앞의 정의는 개인의 욕구는 조직목표와 양립할 수 있으며 일치하는 것이어야 한다고 하였다. 그렇지 않으면 개인이 조직의 이익과 상반되는 노력을 하게 될 수 있을 것이다. 예컨대 어떤 종업원들은 그들의 사회적 욕구를 충족시키기 위하여 근무시간중에 다른 동료들과 직무와 관계 없는 대화에 많은 시간을 소비하고 있는데, 이것은 조직의 입장에서는 비생산적인 것이지만 높은 수준의 노력은 주어지고 있는 것은 사실이다.

## Ⅱ. 초기의 동기부여이론

1950년대는 동기부여개념의 발전에서 큰 성과를 거둔 시기였다. 많은 비판과 이론의 타당성에 의문이 제기되기도 하지만, 이 기간에 종업원들의 동기부여를 설명하는 가장 잘 알려진 세 가지 이론이 형성되었다. 이 이론들은 욕구계층이론, X이론 · Y이론 및 동기부여-위생이론이다. 앞으로 동기부여에 대한 더 타당한 이론이 나온다 하더라도 다음의 두 가지 이유에 의해 이 이론들은 꼭 이해되어야 한다. ① 이 이론들이 오늘날의 이론발전의 기초가 되었다. ② 실무경영자들이 종업원들의 동기부여를 설명하는 데 있어서 이 이론들과 용어들을 정규적으로 사용하였다. 그러면 이제 이 이론들을 좀더 자세히 살펴보기로 한다.

## 1. 욕구계층이론

동기부여에 관한 가장 잘 알려진 이론은 아마도 Abraham Maslow가 제시한 욕구계층이론(Hierarchy of Needs Theory)이다. 그는 모든 인간의 내부에는 5가지 욕구가 계층을 이루고 있다고 가정하고 있다.

(1) 심리적 욕구(physiological needs): 배고픔, 목마름, 잠자리, 성적 욕구 기타 신체적 욕구

(2) 안전욕구(safety needs): 신체적 · 감정적 피해로부터 안정과 보호를 얻으려 함

(3) 사회적 욕구(social needs): 애정 · 소속 · 인정 · 우정

(4) 존경욕구(esteem needs): 자존 · 자치 · 성취와 같은 내적 자존요인과 신분 · 인정 · 주의와 같은 외적 자존요인

(5) 자아실현욕구(self-actualization): 성장 · 잠재력의 성취, 자아성취, 유능한 사람이 되기 위한 욕구

한 욕구가 본질적으로 충족되어지면 다음 단계의 욕구가 지배하게 된다. 〈그림 10-2〉에서 보는 바와 같은 개인의 욕구는 계층을 따라 높이 이동한다. 동기부여의 입장에서 볼 때, 이 이론은 모든 욕구가 다 충족되지 않으며 본질적으로 충족된 욕구는 더 이상 동기를 부여하지 못한다고 말하고 있다.

Maslow는 5가지 욕구들을 순위의 높고 낮음으로 구분하였다. 심리적 욕구와 안전욕구는 낮은 순위의 욕구이며, 사회적 욕구, 존경욕구 및 자아실현욕구는 높은 순위의 욕구로 보았다. 두 순위의 구별은 높은 순위의 욕구는 내적으로 충족되어지는 반면, 낮은 순위의 욕구는 외적으로(예컨대 임금, 노동조합의 계약, 종신고용 등) 충족되어진다는 점이다. 실제로 Maslow의 분류에서 도출되는 자연스런 결론은 경제적으로 풍족한 시기에는 거의 모든 종업원들은 낮은 순위의 욕구가 본질적으로 충족된다는 것이다.

〈그림 10-2〉 Maslow의 욕구계층

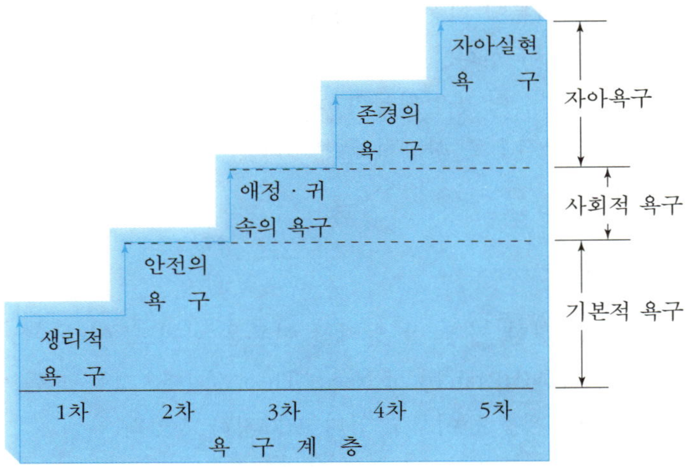


Maslow의 욕구계층이론은 실무경영자들 사이에 폭넓은 지지를 받아 왔다. 이것은 이 이론이 직관적 논리를 가지고 있으며, 이해가 용이하기 때문이었다. 그러나 불행히도 이 연구는 일반적으로 정당성을 인정받지 못한다. 왜냐하면 Maslow는 그의 이론에 대한 경험적 근거를 제시하지 않았을 뿐 아니라, 이의 타당성을 연구한 학자들은 이를 인정할 만한 아무런 근거도 찾을 수 없었기 때문이다. 어떤 학자는 이 이론의 타당성을 조사하고 난 후 "비록 사회적으로는 인기가 있는 것은 사실이지만, 욕구계층이론은 이론이 성립할 수 있는 아무런 경험적 근거가 없다"고 결론지었다.

## 2. X이론 · Y이론

Douglas McGregor는 인간의 본성에 대한 두 가지의 구분되는 견해, 즉 X이론이라 불리는 기본적으로 부정적인 견해와 Y이론이라 불리는 기본적으로 긍정적 견해를 제안하였다.

경영자들의 종업원을 다루는 방법을 검토한 후 McGregor는 인간본성에 대한 경영자의 견해는 일련의 가정에 기초하고 있으며, 이들 가정에 따라 부하들에 대한 경영자의 행동이 달라진다고 결론지었다.

X이론 하에 있는 경영자들은 다음의 네 가지 가정을 지니고 있다.

1) 종업원들은 본질적으로 일하기를 싫어하고, 가능하면 일하기를 피하려 한다.

2) 종업원들은 일하기를 싫어하기 때문에 바람직한 목표를 달성하기 위해 그들을 강요하고 통제하여야 하며, 처벌로 위협하여야 한다.

3) 종업원들은 책임지기를 싫어하며, 가능하면 공식적인 지시를 받고자 한다.

4) 대부분의 작업자들은 작업과 관련된 모든 다른 요인보다 안정을 더 중요시하며 야망이 거의 없다.

인간본성에 대한 이러한 부정적인 견해와는 반대로 McGregor는 Y이론이라고 부르는 4가지 다른 가정을 제시하고 있다.

1) 종업원들은 일을 휴식이나 놀이처럼 자연스러운 것이라 생각하고 있다.

2) 사람들은 그들이 목적에 헌신하게 되면, 자기지시(self-direction)와 자기통제(self-control)를 행한다.

3) 보통 사람들은 책임감을 배우며, 책임을 지려고 한다.

4) 좋은 의사결정을 할 수 있는 능력은 모든 사람에게 다 있으며, 경영자만이 이를 맡아 할 필요가 없다.

McGregor의 분석이 동기부여에 대해 의미하는 것은 Maslow가 제시한 그의 얼개(framework)에 가장 잘 나타나 있다. X이론은 낮은 순위의 욕구가 개인을 지배한다고 가정한다. 그리고 Y이론은 높은 순위의 욕구가 개인을 지배한다고 가정한다. McGregor 자신은 Y이론의 가정이 X이론의 가정보다 더 타당하다고 믿었다. 그러므로 의사결정에 참여하는 것, 직무에 대한 책임과 도전, 좋은 집단관계 등이 직무에 대한 동기부여를 최대화한다고 제시한다.

불행히도 이들 두 가지 종류의 가정, 즉 X이론과 Y이론 중 어느 것이 타당하다든가 Y이론의 가정을 받아들여 종업원의 행동을 변화시키는 것이 동기부여에 도움이 된다는 것을 확인할 수 있는 아무런 증거가 없다. 따라서 두 이론의 가정 중 어느 것이 옳으냐 보다는 어느 상황에서는 어느 것이 더 옳을 것인가의 상황적합성을 따지는 것이 보다 합리적일 것이다.

### 3. 동기여부-위생이론

동기부여-위생이론(Motivation-Hygiene theory)은 심리학자인 Frederick Herzberg에 의해 제안되었다. 개인의 일에 대한 관계가 기본적인 것이며, 일과 직무에 대한 그 자신의 태도가 성공이나 실패를 결정할 것이라는 신념으로

Herzberg는 "사람들은 그들의 일에서 무엇을 원하는가?"라는 질문을 검토하였다. 그는 사람들에게 그들의 경험에 따라 직무에 대해 좋거나 나쁘다라고 느낀 상황을 자세히 기술하여 줄 것을 요청했다. 이들의 응답들은 〈그림 10-3〉에서 도표로 나타낸 16가지의 범주로 나뉘어졌다.

응답을 분석한 후 Herzberg는 사람들이 그들의 직무에 대해 좋게 느낄 때의 응답은 그들이 나쁘다고 느낄 때의 응답과 큰 차이가 있다고 결론지었다. 〈그림 10-3〉에서 보는 바와 같이 어떤 특성은 일관되게 직무만족과 관련되지만(그림의 우측요인), 다른 특성들은 일관되게 불만족(그림에서 좌측요인)과 관련되고 있다. 성취(achievement), 인정(recognition), 직무 자체(work itself), 책임(responsibility), 승급(advancement)과 성장(growth)과 같은 본질적 요인들은 직무만족과 관련된다. 그들이 직무에 대해 좋다고 느낄 때에는 이러한 특징들을 그들 자신의 공으로 돌리는 경향이 있다. 그러나 직무에 불만족할 때

〈그림 10-3〉 만족요인과 불만족요인의 비교

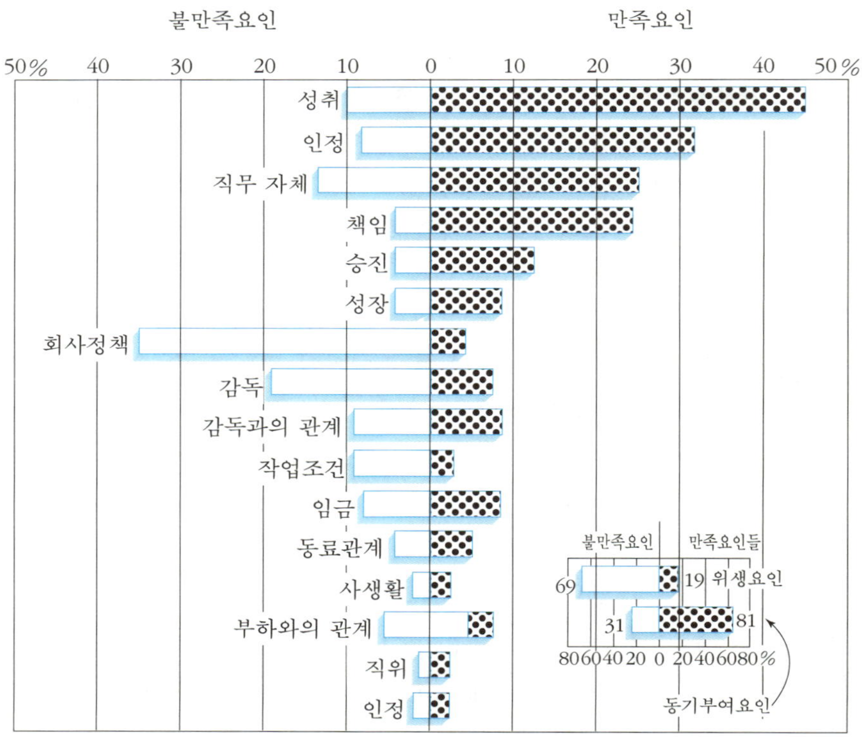

에는 회사정책(company policy) 및 관리(administration), 감독(supervision), 감독과의 관계(relationship with supervision), 작업조건(conditions)과 같은 비본질적인 요인을 강조하는 경향이 있다.

Herzberg는 그의 자료를 분석한 결과 '만족'의 반대는 전통적으로 믿어 온 것과는 달리 '불만족'이 아니라고 주장한다. 이것은 직무에서 불만족요인들을 제거하면 반드시 만족을 가져오는 것이 아니란 것을 뜻한다. 〈그림 10-4〉에서 보는 바와 같이 Herzberg는 이것은 이중연속체(dual continuum)가 존재하기 때문이라고 주장한다. 즉 '만족'(satisfaction)의 반대는 '만족하지 않음'(no satisfaction)이고, '불만족'(dissatisfaction)의 반대는 '불만족하지 않음'(no dissatisfaction)이라는 것이다.

Herzberg에 따르면 직무만족을 가져오는 요인은 직무불만족을 가져오는 요인과 그 뿌리를 전혀 달리하고 있다. 그러므로 직무불만족을 가져오는 요인을 제거시키고자 하는 경영자들은 평화를 가져올 수는 있으나, 동기부여를 높이는 것은 아니다. 그들은 종업원에게 동기부여를 하는 것이 아니라 그들을 달래는 것일 뿐이기 때문이다. Herzberg에 의하면 회사의 정책과 관리, 감독, 개인관계, 작업조건과 급여 등은 위생요인(hygiene factor)이라는 성격을 부여한다. 이들 요인들이 충분할 때는 불만족하지 않는다. 그러나 그것은 만족한다는 의미가 아니다. Herzberg는 직무에 동기부여하기 위해서는 성취, 인정, 직무 그 자체, 책임, 성장과 같은 동기부여요인(motivator)이 중요하다고 강조하며, 또 이 요소들이 사람들에게 본질적인 보상을 준다고 주장한다.

동기부여-위생이론에 대해서도 비판자가 있다. 그들의 비판은 다음과 같

〈그림 10-4〉 만족과 불만족의 대비

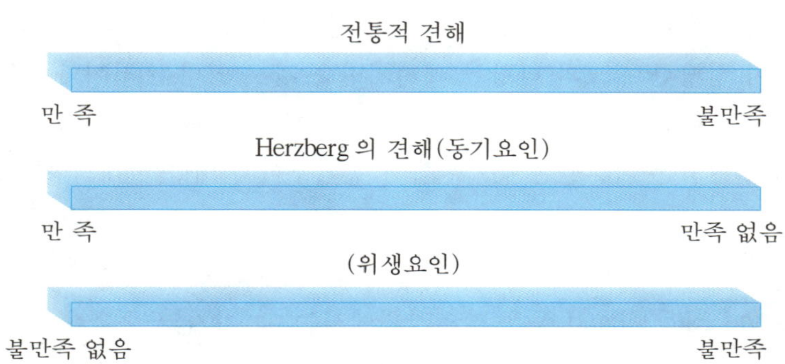

은 것들이다.

1) Herzberg가 사용한 절차는 그 방법론상 제한을 받았다. 일이 잘 되어 갈 때는 사람들은 그것을 자신의 공으로 돌리는 경향이 있다. 그러나 반대로 일이 잘 되지 않을 때는 그것을 외부적인 요인으로 돌린다.

2) Herzberg가 시행한 방법의 신뢰성에 의문이 있다. 평가자들이 주관적으로 해석하기 때문에 유사한 다른 반응을 다르게 다루어 발견한 사실을 왜곡시켰다.

3) 만족에 대한 전반적인 척도가 이용될 수 없다. 사람들은 그의 직무에서 싫어하는 부분이 있지만, 직무 그 자체는 수용할 만하다고 생각한다.

4) 이론이 전의 연구와 일관성을 지니지 못하고 있다. 동기부여-위생이론은 상황변수를 무시했다.

5) Herzberg는 만족과 생산성간에는 상관관계가 있다고 가정하고 있으며, 그의 연구방법에는 생산성이 무시되고 만족만을 고려하고 있다.

이러한 비판들에도 불구하고 Herzberg의 이론은 널리 보급되었으며, 그의 이론을 잘 알지못하는 경영자는 거의 없다. 직무풍유화(job enrichment)를 열렬히 지지하는 많은 사람들은 Herzberg의 이론을 추종한다고 볼 수 있다.

# 제 2 절 동기부여이론

## Ⅰ. 동기부여에 대한 현대이론

초기의 이론들은 널리 알려져 있으나 불행하게도 엄밀한 검증을 거치지 않았다는 단점을 지니고 있지만 그렇다고 이 연구들을 모두 버릴 수는 없다. 동기부여에 관한 현대의 많은 이론들은 한 가지 공통점을 갖고 있다. 즉 여러 이론들이 상당한 정도의 타당한 지지기반을 갖고 있다는 점이다. 물론 이러한 이유로 다음에 설명하고자 하는 현대이론들이 모두 옳다는 의미가 아니다. 지금부터 설명하는 이론들은 종업원들의 동기부여에 대한 현대의 연구들이다.

### 1. 3 종 욕구이론

David McClelland 등은 작업상황에서는 세 가지의 중요한 동기(motives) 혹은 욕구(needs)가 있다는 3 종 욕구이론(three-needs theory)을 발표하였다.

이 세 가지 욕구는 다음과 같다.

(1) 성취욕구(need for achievement : nAch) : 일련의 표준이나 성공을 위해 노력을 촉진시키는 욕구

(2) 권력욕구(need for power : nPow) : 다른 사람들이 원하지 않을지도 모르는 방법으로 그들을 행동하게 만드는 욕구

(3) 애정욕구(need for affiliation : nAff) : 우호적이고 밀접한 인간관계를 갖고자 하는 욕구

어떤 사람들은 성공에 대한 충동적인 욕구를 가지고 있으나 성공에 대한 보상보다는 개인의 성취를 위해 노력한다. 그들은 전보다 더 좋거나 더 능률적으로 무엇을 하려고 한다. 이 욕구가 바로 성취욕구이다. 성취욕구에 관한 연구에서 McClelland는 높은 성취욕구를 가진 사람들은 일을 더 잘 하고자 하는 그들의 욕구에 의해 다른 사람들과 차별화한다는 것을 알아내었다. 그들은 문제의 해를 발견하여 시행한 성과에 대해 신속하고 명백하게 보상받으며, 다시 새로운 목표에 도전하도록 하는 그러한 상황을 추구한다. 높은 성취자는 도박꾼이 아니기 때문에 우연히 성공하는 것을 좋아하지 않는다. 그들은 문제에 도전하기를 좋아하고, 우연이나 다른 사람에 의해 어떤 결과가 이루어지기를 바라기보다는 성공이나 실패에 대한 책임을 수용하기를 좋아한다. 중요한 것은 어떤 것이 대단히 쉽다거나 대단히 어렵다고 인식하지 않으려 한다는 것이다(〈그림 10-5〉 참조).

성취욕구가 높은 사람들은 그들의 성공확률이 50%가 된다고 지각할 때 최고도로 업무를 잘 수행한다. 그들은 우연적인 성공에서 성취에 대한 만족을 얻을 수 없기 때문에 성공의 확률이 높은 경우에는 그 일에 도전하기를 싫어한다. 마찬가지로 그들은 성공의 확률이 극히 낮을 때에도 그 일에 도전하기

〈그림 10-5〉 성취자와 직무의 적합성

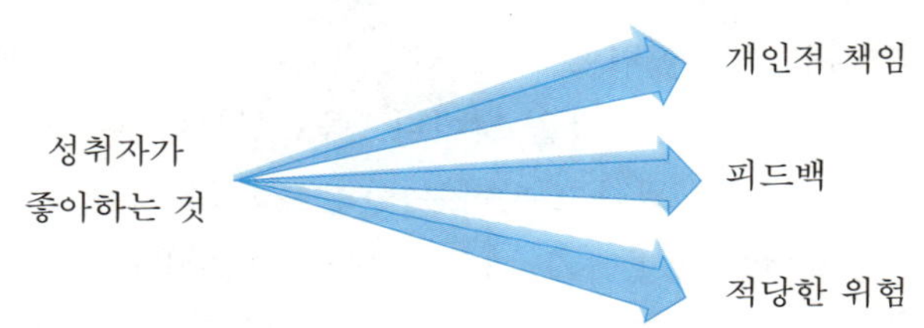

를 싫어한다. 그들은 스스로 조금 더 노력을 요하는 목표의 설정을 좋아한다. 성공이나 실패의 확률이 거의 같을 때 성공적인 성취감과 노력으로부터의 만족감을 경험할 수 있는 가장 좋은 기회라고 생각한다. .

권력욕구는 영향력을 가지거나, 또 영향을 미치고자 하는 욕구이다. 권력욕구가 강한 사람은 책임을 지고, 다른 사람에게 영향력을 행사하고자 하며, 경쟁적이며 신분지향적인 상황을 선호한다. 그들은 효과적인 성과보다는 다른 사람에 대한 영향력과 명성을 얻는 데 더 관심을 갖는다.

세 번째 욕구는 애정욕구이다. 이 욕구는 연구자들이 거의 관심을 갖지 않는 분야이었으나 McClelland가 이 욕구를 분리시켜 그 중요성을 말하였다. 애정은 욕구에 대한 Dale Carnegie 형태의 욕구로 간주되고 있다. 즉 애정욕구는 다른 사람이 좋아하고, 그들로부터 인정을 받고자 하는 욕구이다. 높은 애정욕구를 가진 사람은 우정을 추구하고 경쟁적인 상황보다는 협조적인 상황을, 그리고 높은 수준의 상호이해의 관계를 바란다.

## 2. 목표설정이론

우리는 앞에서 MBO를 공부하면서 목표설정이론을 살펴본 바 있다. 이 때 우리는 특정한 목표는 성과를 증가시키며, 어려운 목표는 이것이 수용되면 쉬운 목표보다 더 높은 성과를 얻을 수 있다는 것을 기억하고 있다. 이에 대한 증거들을 다시 검토하지 않고, 다만 그 결과만을 요약하기로 한다.

목표를 향해 일하는 의도는 직무동기유발(job motivation)의 주요 원천이 된다. 목표설정에 대한 연구들은 특정적이며 도전적인 목표가 뛰어난 동기부여의 힘이 된다는 것을 밝혔다. 목표설정과정에서 종업원의 참여(participation)가 언제나 바람직하다고 말할 수는 없으나, 어려운 목표의 수용에 저항이 따를 것으로 기대되는 경우에는 참여가 목표를 할당함에 있어서 유리할 것이다. 목표로 표현되는 의도(intention)가 잠재적인 동기부여의 힘이 된다는 중요한 증거가 있다.

영리한 독자는 성취동기에 관한 연구결과와 목표설정간에는 모순처럼 보이는 것이 있다는 것을 간파했을 것이다. 목표설정이론에서는 어려운 목표에 의해 동기부여가 최대로 된다고 말하는 반면, 성취동기는 적절한 도전적인 목표에 의해 자극받는다고 말하기 때문에 서로 모순이 아닌가? 그 답은 "아니다"이다. 그 이유는 다음 두 가지로 설명할 수 있다. 첫째, 목표설정이론은 일반적으로 사람을 다루고 있다. 성취동기에 대한 결론은 높은 성취욕구(nAch)를 가진 사람을 바탕으로 하고 있다. 둘째, 목표설정이론의 결론은 목표를 수용하고 목표달성을 위해 헌신하는 사람들에게 적용된다. 어려운 목표는 그들이 이를 수용할 때에만 높은 성과를 가져올 것이다.

### 3. 강화이론

목표설정이론과 대조적인 것이 강화이론(reinforcement theory)이다. 목표설정이론은 인지적 접근(cognitive approach) 방식이다. 즉 개인의 목적이 그 자신의 행동을 지휘 · 감독한다고 주장한다. 그러나 강화이론은 행동적 접근(behavioristic approach) 방식이다. 즉 강화(reinforcement)가 행동을 조절한다고 주장한다. 원리적으로는 두 가지가 서로 맞지 않는다. 강화이론가들은 행동이 환경적인 것에 의해 야기되는 것으로 보고 있다. 그들은 내부의 인지적인 것에 관해서는 관심을 둘 필요가 없다고 주장한다. 즉 행동을 통제하는 것은 강화요인(reinforcers)이며, 이것이 즉각적으로 반응할 때에는 행동이 반복될 확률을 높이게 된다는 것이다.

강화이론은 개인의 내적 상태(inner state)를 무시하고 어떤 행동을 취할 때, 그 자신에게 어떤 일이 일어날 것인가에 대해서만 관심을 집중시킨다. 그것은 행동을 하게 하는 것이 무엇인가에 대해서는 관심을 갖지 않기 때문에, 엄격하게 말하면 그것은 동기부여이론은 아니다. 그러나 이 이론은 무엇이 행동을 통제하는 것을 분석하는 데 강력한 수단이 되기 때문에 동기부여를 논할 때 고려하여야 할 이론이 된다.

우리는 또 학습(learning)에 관한 효과의 법칙(law of effect)을 공부하였다. 강화요인(reinforcer)은 행동을 조절하며, 어떻게 학습이 이루어지는가를 설명하는 데 도움이 된다는 것을 배웠다. 그러나 효과의 법칙과 강화의 개념은 또한 동기부여를 설명할 수 있다고 널리 알려져 있다. 이의 가장 강력한 옹호자는 심리학자인 B. F. Skinner이다. 강화이론의 기본논리는 다음과 같이 설명될 수 있다. 사람들은 그렇게 하는 것에 대해 보상을 받는다고 생각되면 바람직한 행동을 즐겨 할 것이다. 이러한 보상은 즉각적으로 바람직한 반응 을 얻게 될 때 가장 효과적이다. 보상되지 않거나 처벌을 받는 행동은 반복될 가능이 줄어든다. 우리는 이러한 결론에 대한 연구의 바탕을 좀더 확장할 수 있다.

Skinner는 행동이 내부로부터가 아니며 내부와 관계 없이 결정된다는 것을 가정하고 있으므로 행동은 정확하게 예견될 수 있다고 믿는다. 사람들은 긍정적으로 보상받는 행동은 반복하고, 처벌받는 행동은 회피하기 때문에 경영자들은 그들의 선호하는 행동을 강화시킴으로써 다른 사람의 행동에 영향을 미칠 수 있다. 다시 말해서 처벌이 아니라 긍정적인 강화를 강조하고 있으므로, 경영자들은 선호하지 않는 행동을 무시하고 벌하지 않는다. 처벌은 비강화(un-reinforcement)보다 더 신속하게 선호하지 않는 행동을 제거할 수 있다 하더라도 그 효과는 일시적이며, 차후에 역기능적인 갈등행동이나 결근, 이직과 같은 유쾌하지 않은 부수적인 효과를 가져올지도 모른다.

강화는 연속적인 것(continuous)과 단속적인 것(intermittent)의 두 가지 방식으로 구분할 수 있다. 연속적인 강화는 원하는 행동이 보여질 때마다 그것을 강화시킨다. 예를 들면 만성적 지각종업원의 경우 그가 지각하지 않을 때마다 바람직한 행동, 즉 정시출근을 칭찬하는 것이다. 단속적인 강화방식은 바람직한 행동이 나타날 때마다 이를 강화하지 않고 반복할 가치가 있는 행동이 충분한 경우에 강화한다. 강화는 작업행동에 중요한 영향을 미친다는 것은 두말 할 필요가 없고 이를 위한 증거도 있다. 그러나 강화는 동기부여를 설명하는 유일한 요소가 아니다. 예컨대 목표(goal)도 동기부여에 영향을 미치며, 성취동기의 수준, 보상에서의 불평등, 기대들이 또한 동기부여에 영향을 미친다고 알려져 있다.

## 4. 균형이론

종업원들은 진공상태에서 작업하는 것이 아니다. 그들은 비교한다. 어떤 사람이 대학을 갓 졸업한 당신에게 연봉 4천만원을 제의한다면, 아마도 당신은 흔쾌이 그 제의를 받아들여 열심히 일하면서 그 보수에 만족해 할 것이다. 그러나 만약 대학을 갓 졸업한 당신과 학번이 같은 친구가 연봉 4천 5백만원의 제의를 받았다고 하면, 당신은 이에 대해 어떻게 반응할 것인가? 아마도 당황해 할 것이다. 절대적인 기준으로 보면 4천만원의 연봉은 신입사원에게는 충분한 연봉이라 믿어지지만, 상대적인 기준을 따르게 되면 그 믿음이 흔들리는 것이다. 종업원들은 다른 사람의 직무에 대해 투입과 산출을 비교하며 불균형(inequities)을 발견할 경우, 이것이 종업원들의 노력정도에 영향을 미친다는 많은 연구들이 있다.

J. Stacey Adams에 의해 전개된 균형이론(equity theory)에 따르면, 종업

원들은 그들이 투입하는 것(inputs)과 관련하여 직무상황에서 그들이 얻는 것(outcomes)이 무엇인가를 지각한 다음에는 자신의 투입-산출(input-outcome)의 비율을 다른 사람의 투입-산출의 비율과 비교한다. 이를 나타낸 것이 〈표 10-1〉이다. 만약 비교의 결과가 자신과 그와 비슷한 종업원들의 비율이 같다고 지각하게 된다면 그것은 균형상태이며, 이것은 공정하다, 즉 정의가 우세하다고 지각한다. 그러나 만약 그 비율이 같지 않다면 그것은 불균형상태이며, 이것은 자신이 과소보상을 받거나 과대보상을 받는 것으로 지각하게 된다. 이러한 경우 그들은 이를 수정하려고 시도한다.

종업원들이 그들 자신을 비교하기 위해 선택하는 참조대상(referent)은 균형이론에서 중요한 변수가 된다. 3가지 참조대상은 '다른 사람'(other), '시스템'(system) 및 '자신'(self)이다. '다른 사람'이란 같은 조직에서 유사한 직무를 수행하는 다른 사람들로서 친구, 이웃, 전문적인 협력자들이 포함된다. 그리고 구두로 혹은 신문이나 잡지기사를 통하여 그들이 얻는 정보에 근거하여 그들은 그들의 봉급을 다른 사람과 비교한다. '시스템'이란 조직의 임금정책과 절차 및 시스템의 관리에 관한 것으로서, 그것은 묵시적으로나 명시적으로 광범한 조직의 임금정책을 고려하게 된다. 임금의 할당에 관한 조직의 선례가 여기서는 중요한 결정요인이 된다. 또 '자신'이란 그 사람에 대한 투입과 산출의 비율을 말한다. 이것은 과거의 직무나 가족관계와 같은 기준에 의해 영향을 받는다.

특정한 참조대상집단의 선택은 그들이 지각하고 있는 타당성과 참조대상

〈표 10-1〉 균형이론

| 인지된 비율의 비교 | 종업원의 평가 |
|---|---|
| $\frac{O}{I_A} < \frac{O}{I_B}$ | 불균형(낮은 보상) |
| $\frac{O}{I_A} = \frac{O}{I_B}$ | 균형 |
| $\frac{O}{I_A} > \frac{O}{I_B}$ | 불균형(높은 보상) |
| 여기서 | |
| $\frac{O}{I_A}$ | 종업원의 투입-산출의 비 |
| $\frac{O}{I_B}$ | 대응하는 다른 종업원의 투입-산출의 비 |

에 대한 이용가능한 정보와 관련을 갖는다. 균형이론에 따르면 종업원들이 불균형이라고 인식하게 되면, 그들은 ① 그들 자신 혹은 다른 사람의 투입이나 산출을 왜곡시킬 수 있다. ② 그들의 투입이나 산출을 변화시키기 위해 다른 사람을 끌어들이려 행동할 수 있다. ③ 그들 자신의 투입이나 산출을 변화시키려 행동할 수 있다. ④ 다른 참조대상을 선택하거나, 또는 ⑤ 직장을 그만두게 된다.

균형이론은 개인이 그의 노력에 대해 받게 되는 절대적인 임금뿐 아니라, 다른 사람이 받는 것에 관해서도 관심을 갖는다고 보고 있다. 그들은 자신의 투입-산출의 비율을 다른 사람의 것과 비교하여 판단한다. 노력 · 경험 · 교육 · 능력과 같은 한 사람의 투입에 근거하여 임금수준 · 승진 · 인정 등과 같은 산출과 비교한다. 이러한 비교에서 불균형을 지각하게 되면, 그들은 긴장(tension)을 갖게 된다. 이 긴장은 그들이 균형적이고 공정하다고 지각하는 것을 얻으려 노력하기 때문에 동기부여의 근거를 제공하다.

특별히 이 이론은 불균형적인 임금에 관한 다음의 4가지 명제를 설정하고 있다.

1) 시간급보상이 주어지는 경우, 과다한 보상을 받는 사람들은 균형적인 보상을 받은 종업원들보다 더 많이 생산하려 한다. 시간급과 봉급을 받는 종업원들은 높은 생산량이나 높은 품질을 생산하려 한다.

2) 생산량에 따라 보상이 주어지는 경우, 과다한 보상을 받는 종업원들은 균형적인 보상을 받는 종업원들보다 생산량이 더 적을지 모르지만 더 높은 품질을 생산하려 한다. 생산량에 따라 보상을 받는 사람들은 균형을 이루기 위해 그들의 노력을 증가시켜 더 높은 품질이나 더 많은 생산량을 가져오려 할 것이다.

3) 시간급보상이 주어지는 경우, 낮은 보상을 받는 종업원들은 생산량을 줄이거나 나쁜 품질의 제품을 생산하려 한다. 노력은 감소되며, 따라서 균형적인 보상을 받는 사람들보다 더 낮은 생산성이나 또는 더 나쁜 품질의 제품을 생산하게 된다.

4) 생산량에 의해 보상이 주어지는 경우, 낮은 보상을 받는 종업원들은 균형적인 보상을 받는 종업원들과 비교할 때 생산량은 더 많아지지만 품질이 더 나쁜 제품을 생산하려 할 것이다.

위의 명제들은 일반적으로 옳다는 것이 입증되었다. 연구를 검토해 보면 일관성 있게 균형명제를 확인시켜 준다. 즉 종업원의 동기부여는 절대적인 보상뿐 아니라 상대적인 보상에 의해 크게 영향을 받는다. 종업원들은 불균형을 지각할 때마다 그들은 이 상황을 수정하기 위해 행동한다. 그 결과는 생산성의 증가 또는 감소를 가져오거나 제품품질의 개선이나 불량 혹은 결근의 증가, 퇴직으로 나타난다.

그러나 지금까지 논한 균형이론도 문제점을 지니고 있다고 본다. 이 이론은 아직도 주요 문제점들을 명확히 밝히지 못하고 있다. 예컨대 종업원들이 '다른 사람'이란 참조대상을 어떻게 선정하는가? 그들은 투입과 산출을 어떻게 정의하는가? 그들은 투입과 산출의 가중치를 어떻게 정하는가? 이들 요인들이 시간에 따라 어떻게 변해 가는가? 그러나 이러한 여러 가지 문제점에도 불구하고 균형이론에 대해 수많은 연구들이 이루어졌으며, 종업원의 동기부여에 관한 중요한 통찰력을 제공해 주고 있음을 부인할 수는 없다.

## 5. 기대이론

동기부여에 대한 가장 포괄적으로 설명하는 이론은 Victor Vroom의 기대이론(expectancy theory)이다. 이 이론에 대해 많은 비판이 있음에도 불구하고 대부분의 연구들은 이 이론을 지지하고 있다.

기대이론은 어떤 방식으로 행동하려는 성향의 강도(strength of tendency)는 그 행동의 결과가 그에게 미칠 매력(attractiveness)과 그에서 얻어질 기대의 강도(strength of expectancy)에 의존하게 된다고 주장한다. 이 이론은 3개의 변수 혹은 이들간의 관계를 다루고 있다.

(1) 매력성(attractiveness) : 개인이 직무를 통해 달성할 수 있는 보상(reward)이나 잠재적 결과(potential outcomes)에 중요성을 두고 있는 것으로서, 이것은 개인의 충족되지 않은 욕구를 고려한다.

(2) 성과와 보상의 연계(performance-reward linkage) : 개인이 어느 수준의 수행으로 인해 바람직한 결과를 얻을 것이라고 믿는 정도

(3) 노력-성과의 연계(effort-performance linkage) : 개인이 얼마만큼의 노력을 했을 때 성과를 얻어 낼 것인가를 믿는 확률

이것은 조금 복잡하게 들리지만, 실제로 그렇게 복잡한 것이 아니다. 어느 특정시점에서 종업원이 일을 하기 원하는가 아닌가는 그 자신의 개인적인 목표들과 이러한 목표를 달성하기 위한 과정에서 얻어지는 성과의 상대적 가치의 중요성을 지각하는 데 따르게 된다.

〈그림 10-6〉은 기대이론을 매우 단순화하게 표현한 것이지만, 주요한 내

〈그림 10-6〉 단순화한 기대모형

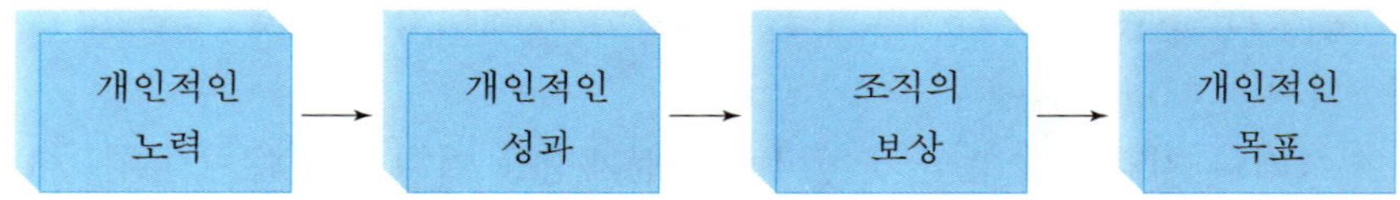


용을 잘 나타내고 있다.

개인의 수행(노력)에 대한 동기부여의 강도는 자신의 시도가 달성될 것이라고 얼마나 강하게 믿고 있는가에 달려 있다. 만약 이 목표가 달성하게 된다면(성과) 조직에 의해 적절히 보상받을 수 있을 것인가? 또 그렇다면 보상이 그의 개인적 목표를 충족시킬 것인가? 이 이론이 제시하는 고유한 4단계를 살펴보기로 하자.

첫째, 직무가 종업원에게 제공하는 결과가 무엇이라고 지각되고 있는가? 그 결과는 임금, 안정, 동료관계, 신뢰, 특별급여, 기술이나 재능을 발휘할 기회, 의기투합과 같은 긍정적인 것일 수 있고, 피로, 지루함, 좌절, 근심, 엄격한 감독, 해고의 위협 등과 같은 부정적인 것일 수도 있다. 중요한 것은 결과에 관해 개인 종업원이 지각하는 것, 그것이 옳든 그르든간에 무엇인가 하는 것이다.

둘째, 이러한 결과가 종업원들에게 얼마나 매력적인 것으로 생각하고 있는가 하는 것이다. 그것이 긍정적인가, 부정적인가, 혹은 중간정도의 가치를 지니는가? 이것은 분명히 내적인 문제이며, 그의 개인적인 태도, 개성과 욕구를 고려하여야 한다. 특정의 결과가 매력적, 즉 긍정적인 가치를 가진다고 생각하면 그것을 달성하지 않는 것보다 달성하는 것을 선호하게 된다. 마찬가지로 결과가 부정적이라고 생각하는 사람은 그것을 달성하는 것보다 달성하지 않는 것을 더 선호한다.

셋째, 이러한 결과를 달성하기 위해 어떤 행동을 보이는가 하는 것이다. 목표를 달성하기 위해 무엇을 해야 하는지를 명백하게 알지 않고는 그 결과는 종업원의 성과에 아무런 영향을 미치지 않는 것 같다. 성과의 평가에서 "잘 한다"는 것은 무엇인가, 그리고 어떤 기준으로 평가하는가가 분명히 밝혀져 있어야 한다.

넷째, 수행하기로 요구받은 것이 얼마나 종업원 자신의 기회가 될 것이라고 생각하고 있는가 하는 것이다. 성공을 결정하는 변수들을 통제할 수 있는 자신의 능력과 권한을 고려한 뒤에 종업원이 성공적인 달성의 확률을 얼마로 보고 있는가?

기대이론의 핵심은 개인의 목표 및 노력과 성과간의 관계, 성과와 보상간의 관계, 보상과 개인적 목표충족간의 관계를 이해하는 것이다. 상황모형처럼 기대이론은 사람의 동기부여를 모두 설명할 수 있는 보편적인 원칙이 없다는 것을 인정한다. 또한 어느 개인이 충족시키려 추구하는 욕구가 무엇인지 안다는 것이 높은 성과가 이러한 욕구를 충족시키기 위해 필요하다고 지각하게 된다는 것을 확신할 수 있는 것은 아니다는 것이다는 것이다.

기대이론에 관한 몇 가지 문제를 요약하면 다음과 같다.

첫째, 기대이론은 이득(payoff)이나 보상(rewards)을 강조한다. 그 결과 조직이 제공하는 보상은 종업원이 원하는 것과 일치해야 한다는 것이다. 그것은 개인의 관심에 근거한 이론이며, 이 이론에서는 각 개인은 자신의 기대되는 만족을 최대화하려고 한다. 즉 기대이론은 모든 사람이 행동하는 궁극적인 동기는 기쁨의 극대화 또는 고통의 극소화라고 주장하는 계산적이고 심리적인 일종의 쾌락주의(hedonism)이다.

둘째, 보상의 매력성에 관심을 두어야 한다. 그런데 그것은 조직의 보상에 대해 그가 어떤 가치를 부여하는가에 대한 이해와 지식을 요구한다.

셋째, 기대이론은 기대되는 행동을 강조한다. 개인들은 무엇을 기대하고 있으며, 어떻게 그것을 평가하는가를 알 수 있어야 한다.

넷째, 이 이론은 기대에 관심을 갖는다. 현실적인 것은 부적절하다. 성과 · 보상 · 목표충족결과 등에 대한 개인의 경험이 객관적인 결과가 아닌 주관적인 자신의 노력의 수준을 결정한다.

## 〈경영의 실천〉 미국 최고의 갑부들

빌 게이츠 마이크로소프트(MS) 회장이 미국 최고 부자로 선정됐다.

미국 경제전문지 포브스는 22일 미국 400대 부자의 순위를 해마다 매겨 발표하는 '포브스 400'을 통해 게이츠 회장이 올해 재산 510억 달러로 1위를 차지했다고 밝혔다. 11년째 부동의 정상을 지키고 있는 게이츠 회장의 재산은 지난해보다 30억 달러 증가했다.

상위 10위권에는 워런 버핏 버그셔 헤서웨이 회장이 400억 달러 2위, MS 공동

창업자 폴 앨런이 225억 달러로 3위에 각각 선정돼 5년째 이름을 올렸다.

컴퓨터제조회사 델의 창업자이자 최고경영자(CEO)인 마이클 델이 180억 달러로 지난해 9위에서, 4위로, 컴퓨터 소프트웨어와 서버 제조회사인 오라클의 CEO 로런스 엘리슨이 170억 달러로 지난해 10위에서 5위로 상승했다. 월마트 창업자 샘 월턴의 일가 5명이 각각 150억 달러대의 재산으로 6~10위를 차지했다.

블룸버그 통신은 400명 부자들 중 재산 10억 달러대 이상이 지난해 약 78%였으나 올해 94%로 확대됐다고 전했다. 가장 최하위의 재산은 9억 달러로 17명이나 포진했다. 400명의 총 재산은 올해 1조 1300억 달러로 1년 새 1,250억 달러 증가했다. 이들의 재산 평균은 28억 5,000만 달러였다.

이번 명단에서는 최근 부동산 가격과 기름값 상승에 힘입어 관련 사업자들의 약진이 눈에 띄었다. 재산을 불린 33명은 그룹에 새로 진입했다. 또 인터넷 검색업체 구글(google)의 공동창업자 세르게이 브린과 래리 페이지는 지난해 재산이 40억 달러로 43위였으나 지난해 기업공개와 지난달 대규모 추가 신주발행으로 각각 110억 달러로 늘어나 올해 16위로 껑충 뛰었다. 포브스는 이들의 재산 증식속도가 게이츠 회장의 기업공개 후 재산 증식속도보다 빠르다고 평가했다. 이 밖에도 27명은 농구팀과 축구팀 등을 소유하거나 스포츠에 투자함으로써 재산을 늘렸다고 AP통신이 보도했다.

10위권 밖에서는 MS의 스티븐 발머 CEO가 140억 달러로 11위, 제프 베조스 아마존닷컴 CEO는 48억 달러로 42위였다. H.J. 하인즈 케첩의 상속녀이자 존 케리 매사추세츠주 상원의원인 부인인 테레사 하인즈 케리는 지난해 389위였으나 올해는 400명 부호 그룹에서 탈락했다.

— 국민일보 2005/09/24 —

# 제 11 장

# 어떻게 통제할 것인가

"Come, let Us go down and there confuse their language, that they may not understand one another's speech." So the Lord scattered them abroad from there over the face of the whole earth ; and they stopped building the city. — Genesis 11 : 7,8 —

# 제 1 절 경영통제의 개념

## Ⅰ. 통 제

통제(control)란 모든 활동들이 계획된 대로 되고 있음을 확인하거나 어떤 큰 차이를 교정하는 과정이라고 정의할 수 있다. 모든 경영자들은 그들의 부서가 계획된 대로 수행을 잘 하고 있다 하더라도 통제기능에 간여하여야 한다. 왜냐하면 이루어진 활동들을 확인하고 표준과 실적을 비교하며 평가하여야 하기 때문이다.

효과적인 통제시스템은 모든 작업의 진행이 조직의 목표에 부합하고 있는지 확인하는 것이다. 즉 효과적인 통제시스템의 판정기준은 목표와 일치하도록 하고 있는가 하는 것이다. 만약 통제시스템이 어떤 때는 목표와 일치하지만 다른 때는 목표와 갈등을 일으킨다고 하면, 그 시스템은 비효율적이거나 바라는 표준에 미치지 못하는 것이다.

계획이 이루어질 수 있다면 조직구조는 능률적으로 목표달성을 촉진시킬 수 있으며, 종업원들은 지시를 따르고 동기를 부여받을 수 있게 될 것이다. 그러나 실제로는 활동들은 경영자들이 추구하는 바와 같이 계획대로 이루어지거나 목표한 그대로 달성되지도 않는다. 그러므로 통제는 중요하다. 그것은 경영의 목표달성을 위한 가장 중요한 기능을 갖고 있기 때문이다. 즉 경영통제는 계획대로 활동이 이루어지고 있는가 확인하고, 계획과 비교하여 유의한 차이가 있으면 이 차이를 교정하기 위해 필요한 조치를 행하는 것이다. 그러나 통제기능(control function)의 가치는 계획활동과 조직활동이 관련을 갖도록 하는 데 있다. 목적(objectives)은 경영자에게 특정한 방향을 알려 주지만, 그러나 목적을 상세하게 설명하거나 부하들에게 그 목적을 받아들이고 이를 달성하는 데 꼭 필요한 행동을 하도록 만들어 주는 것이 아니다. 효과적인 경영자는 조직구성원들이 행하여야 할 활동들이 행하여지고 있으며, 달성하고자 하는 목적들이 달성되고 있는지를 확인할 필요가 있다. 조직화(organizing)에서는 경영자가 권한을 위양하는 것이 중요하지만, 이것은 쉽지 않다. 중요한 이유는 자기가 책임지고 있는 일들을 부하들이 잘 못할지도 모른다는 두려움 때문이다. 그러므로 대부분의 경영자들은 스스로 그 일을 하려 하고 위양하지 않으려 한다. 그러나 만약 효과적인 통제시스템이 개발되어 있다면, 위양을 싫어하는 일은 줄어들 것이다. 그러한 통제시스템은 권한을 위양받은 부하들의 성과에 대한 정보와 피드백을 제공해 주기 때문이다. 경영자들은 권한위양을 필요로 하기 때문에 효과적인 통제시스템이 중요하다. 또한 경영자들은 그의 부하들의 의사결정에 궁극적인 책임을 져야 하기 때문에 피드백 메커니즘이 필요한 것이다.

## Ⅱ. 통제과정(control process)

통제과정은 ① 실제성과의 측정, ② 표준과 실제성과의 비교, ③ 차이나 부적절한 표준의 수정을 위한 조치와 같은 3개의 단계로 구성되어 있다.

이제 이들 각 단계를 자세히 설명하기 전에 우리는 통제과정은 성과의 표준이 이미 존재한다는 것을 전제하고 있다는 사실을 기억하기 바란다. 이러한 표준이란 진행과정이 측정되어 비교되어질 특정한 목표를 가리킨다. 이 표준들은 계획수립에서 얻어진다. 만약 경영자가 목표에 의한 경영(Management By Objectives : MBO)을 하고 있다면, 목표라는 것은 측정될 수 있고 확인할 수 있고 유형적인 것으로 정의되어 있기 때문에 이 목표가 바로 표준으로 이미 설정되어 있는 것이다. 그러나 MBO가 시행되지 않고 있다면, 경영자가 사용하는 특정한 성과지표가 바로 표준이 된다. 다시 말하면 이러한 표준은 계획기능에서 개발되는 것이며, 통제에 앞서 계획수립이 있어야 한다는 것을 의미한다.

### 1. 측 정(measuring)

실제성과를 측정하기 위해서는 실제성과에 대한 정보를 얻어야 한다. 이것이 바로 통제의 첫번째 단계인데, 그것은 측정에 의해 얻어진다. 그러면 어떻게 측정하는가?

실제성과를 측정하기 위해 경영자들이 흔히 사용되는 정보의 원천은 개인적 관찰 · 통계적 보고서 · 구술보고서 · 서면보고서 등이다. 이 원천들은 각기 나름대로의 장점과 약점을 가지고 있다. 그러나 이러한 장단점이 결합되면, 투입원천의 수와 신뢰성 있는 정보를 받아들일 확률을 증가시킨다.

개인적 관찰(personal observation)은 실제활동에 대한 직접적이고 친숙한 지식을 제공해 준다. 개인적 관찰에서는 주요한 것은 물론 사소한 것도 관찰할 수 있다. 다른 원천에서는 간과할 수 있는 사항들이나 표정 · 목소리 · 어조 등도 놓치지 않는 장점을 가진다. 그러나 불행하게도 정량적 정보는 객관성을 지니지만, 개인적 관찰은 객관성이 부족하여 관찰자의 주관적 판단이 개입되는 경우가 많다.

현대조직은 컴퓨터의 광범위한 사용으로 인해 경영자들이 실제성과를 측정하기 위해 통계적 보고서(statistical reports)를 점차 더 많이 의존하고 있다. 그러나 이러한 측정도구들은 컴퓨터출력물에만 한정되지 않는다. 경영자들이 성과를 평가하기 위해 사용하는 각종의 그래프 · 수치를 시각적으로 보여 주는 다양한 방식 등도 다 이러한 보고서의 일종이다. 통계적 데이터를 시각적으로 보여 주는 도구들은 어떤 관계를 보여 주는 데 효과적이지만, 활동에 대해 제한된 정보만을 제공하는 경우가 많다. 통계는 몇 개의 주요 분야에 대해서만 정보를 제공할 뿐 다른 주요 요소들을 무시하는 경향이 있다.

정보는 또한 구두보고서(oral report), 즉 회의 · 모임 · 개인별 대화 · 전화통화 등을 통해 얻을 수 있다. 성과측정에서 이러한 방법들의 장단점은 개인적 관찰이 지닌 장단점과 유사하다. 정보가 여과됨에도 불구하고 구두보고서는 빠른 정보습득, 피드백의 허용, 언어적 표현과 의미를 전달하는 단어 그 자체뿐만 아니라 목소리의 어조까지도 의미를 지닌다. 구두보고서의 주요 결점 중의 하나는 보고 이후의 참고를 위한 정보의 문서화문제이다. 그러나 현재의 기술력은 구두보고서를 적절히 문서화하여 영구적인 것으로 만들어 나가고 있다.

실제성과 또한 서면보고서(written report)에 의해 측정되어질 수 있다. 통계적 보고서처럼 서면보고서는 구두보고서보다 더 형식을 갖추고 있으나 속도면에서는 느리다. 이러한 형식성은 구두보고서보다 이해성과 간결성을 높인다. 서면보고서는 또한 구분하기 쉽고 나중에 참고하기가 용이하다.

그러면 무엇을 측정할 것인가가 문제가 된다. 통제과정에서는 측정대상이 측정방법보다 더 중요하다. 적절치 못한 기준선정은 심각한 역기능적인 결과를 가져올 수 있다. 뿐만 아니라 조직의 구성원은 정해진 기준에 대해서만 성과를 높이려 노력하게 된다.

어떤 활동의 성과는 계량적으로 측정하기가 곤란하다. 예컨대 생명보험 판매원의 성과를 측정하기는 쉽지만, 교사들의 교육성과를 측정하는 것은 용이하지 않다. 그러나 대부분의 활동은 측정이 가능한 목표단위로 분해될 수 있다. 경영자는 사람 · 부서 · 조직단위가 조직에 공헌하는 가치를 결정하여야 하고, 그러한 공헌을 표준으로 전환시켜야 한다. 교사의 성과는 측정하기가 어렵지만, 그러나 전혀 불가능한 것은 아니다. 교사직무의 목표가 학생들의 학습, 좋은 학습습관의 생성, 기본적 읽기, 쓰기, 수학, 논리적 기술 등의 개발이 계속적으로 이루어지도록 자극하는 것이라면, 학교경영자는 학생들의 독서이해력, 독서속도, 과제물의 제출, 출석률, 독서량, 성적변화 등을 이용하여 교사의 직무성과를 측정할 수 있을 것이다.

통제를 위한 직무와 활동의 측정은 대부분 계량적으로 측정할 수 있지만, 이것이 불가능할 때는 주관적 측도를 사용하게 된다. 주관적 측도는 몇 가지 제한점을 가지고 있지만, 이것은 전혀 표준을 갖지 않거나 통제기준이 없는 것보다는 낫다. 만약 어떠한 활동이 중요하지만 측정하기 어렵다는 이유로 이를 무시하는 것은 적절치 못하다. 그러한 경우 경영자는 주관적 성과기준을 사용하여야 한다. 물론 주관적 기준에 근거해 이루어지는 분석이나 의사결정은 제한성을 지닌다는 것을 인식해야 한다.

### 2. 비 교(comparing)

두 번째 단계인 비교(comparison)는 실제성과와 표준 사이의 차이(deviation)의 정도가 얼마인가를 결정하는 것을 말한다. 실제성과와 표준의 차이는 모든 활동에 대해 구할 수 있다. 그런데 그 차이가 어느 정도까지 허용될 수 있는지 그 범위를 결정하는 것이 중요하다. 따라서 경영자는 차이의 크기와 방향에 대해 특별히 관심을 가지게 된다.

### 3. 관리적 조치(taking managerial action)

통제과정에 있어 세 번째이자 마지막 단계는 관리적 조치이다. 경영자는 다음의 세 가지 조치 중에서 어느 하나를 선택할 수 있다.

1) 실제성과에 대해 조치를 취한다.
2) 설정된 표준에 대해 조치를 취한다.
3) 아무런 조치도 취하지 않는다.

아무런 조치를 취하지 않는 것 자체도 하나의 조치이다. 이것이 의미하는 것은 명백하기 때문에 앞의 두 가지 조치에 대해서만 설명한다.

(1) 실제성과에 대한 조치: 차이(deviation)의 원천(sources)이 성과의 저하를 가져왔다면, 경영자는 그 원천에 대해 수정조치를 취하여야 한다. 예컨대 전략 · 구조 · 보상시스템 · 훈련프로그램 등의 수정이나 직무의 재설계, 인력교체 등이 이러한 조치에 해당된다. 만약 경영자가 실제성과에 대해 조치를 취하기로 결정한다면, 그는 다른 의사결정을 하여야 한다. 경영자는 즉각적이거나 기본적 수정조치를 반드시 취해야만 하는가? 즉각적 수정조치는 당장 잘못된 것은 바로잡고 업무활동을 재개하게 한다. 그러나 기본적 수정조치는 어떻게, 어떠한 이유로 성과에 차이가 발생하였는가를 조사한 후 차이의 원인이 되는 원천에 대해 수정조치를 취하게 된다. 효과적인 경영자는 차이를 분석하고, 그 조치에 따른 효익(benefits)이 정당화되면 계속적으로 수정을 행하게 된다.

(2) 설정된 표준에 대한 조치: 차이가 비현실적인 표준 때문일 경우도 있다. 목표가 지나치게 높거나 낮은 경우가 이에 속한다. 이런 경우에는 성과가 아닌 표준에 대해 수정조치를 취할 필요가 있다.

어떤 경우에는 성과표준을 하향조정하여야 한다. 만약 종업원이나 조직단위가 그들의 목표에 상당히 미달하게 될 때, 일반적으로 나타나는 반응은 표준의 편차에 대해 비난하는 것이다. 예로써 시험에서 낮은 등급을 받은 학생은 점수가 짜다고 비난하는 것이 보통이다. 그에 대한 성과가 적절하였다는 사실을 수용하기보다는 점수의 표준이 비합리적이라고 항의한다. 이와 비슷하게 월 할당량을 충족시키지 못한 판매원은 비현실적인 할당량의 때문으로 돌린다. 실제로 그들의 주장대로 표준이 너무 높았기 때문에 노력하였음에도 불구하고 바라는 표준을 달성하지 못하였다고 하면, 이것은 종업원들의 의욕을 잃게 만들 뿐이며 사기를 저하시킨다. 그러므로 종업원이나 경영자가 표준을 달성하지 못하였다면, 그 비난의 첫번째 대상은 표준 그 자체라는 것을 명심하여야 한다. 만약 표준이 현실적이라고 판단되면, 그 표준을 고수하여야 한다. 그러나 그렇지 않은 경우는 표준을 수정하도록 조치를 취하여야 한다.

## Ⅲ. 통제의 유형

경영관리에서는 업무가 시작되기 전 혹은 업무를 수행하는 동안이나 업무가 완료된 후에 통제를 실행할 수 있다. 통제의 첫번째 유형은 사전통제인 피드 포워드통제(feed-forward control), 두 번째 유형은 동시적 통제(concurrent control), 마지막 유형은 사후통제인 피드백통제(feedback control)이다.

### 1. 피드 포워드통제

가장 바람직한 통제유형인 사전통제는 예기되는 문제점들을 미리 예방하기 위한 것이다. 실제 업무활동에 앞서 행해지기 때문에 피드 포워드(feed-forward)라 불린다.

이 통제는 미래지향적이다. 예컨대 어떤 회사의 경영자들은 정부가 발표한 국방계약에 참여하기 위해 하면 곧바로 추가적인 인력을 고용하려 할 것이다. 미리 인력을 고용하는 것이 계약을 맺는 데 유리하기 때문이다. 피드 포워드의 핵심은 문제가 발생하기 전에 미리 관리적인 조치를 취하는 것이다. 사전통제는 사후에 문제를 수습하는 것보다는 문제를 예방하기 위한 조치를 취하기에 바람직하다. 그러나 불행히도 이러한 통제들은 정확하고 신속한 정보를 요구하기 때문에 어려움이 있기 때문에 경영자들은 흔히 다음의 두 가지 유형의 통제 중 어느 하나를 사용한다.

### 2. 동시적 통제

동시적 통제(concurrent control)는 업무활동이 진행중일 때 행해진다. 업무가 진행하는 동안 통제가 이루어지면, 경영자는 비용이 발생하기 전 문제를 수정할 수 있다.

가장 잘 알려진 동시적 통제의 한 가지 방법은 직접감독(direct supervision)이다. 경영자가 부하의 활동을 직접 감독하게 되면 종업원의 활동을 동시에 모니터하여 종업원들이 발생시킨 문제들을 바로 수정할 수 있다. 직무활동과 이에 대한 경영자의 수정을 위한 반응 사이에는 시간적인 지연이 있을 수 있으나, 이러한 지연은 최소화되는 것이 좋다. 기술장비는 대개의 경우 동시적 통제가 되도록 설계된다. 예컨대 대부분의 컴퓨터는 에러가 발생하면, 그 운영자에게 즉각적으로 반응하게 된다. 잘못된 명령이 입력되면 컴퓨터 프로그램은 명령을 받아들이지 않고, 그 명령이 잘못되었음을 알려 준다.

### 3. 피드백통제

가장 자주 이용되는 통제유형은 피드백(feedback) 통제이다. 이 통제는 업무활동 후에 발생한다. 이러한 통제가 지닌 결점은 경영자가 관련정보에서 심각한 문제가 발생한 것을 알게 된 시점에는 이미 상당한 손실이 발생했을 가능성이 있다는 점이다. 이러한 상황은 소 잃은 후에 외양간을 고친다는 속담과 유사하다. 그러나 실제 많은 활동들은 피드백에 의해서만 통제가 가능하기 때문에 이런 형태의 통제가 중시된다.

피드백통제는 피드 포워드통제나 동시적 통제에 비해 두 가지 장점을 지니고 있다.

첫째, 피드백은 경영자에게 계획의 달성을 위한 노력이 어느 정도 효과적이었는가에 대한 정보를 제공해 준다. 만약 피드백이 설정된 표준과 실제성과 간에 차이가 거의 없다면, 그것은 일반적으로 계획의 달성을 위한 노력이 정확하다는 증거가 될 수 있을 것이다. 그러나 차이가 크다면 경영자는 이 정보를 바탕으로 계획을 좀더 효과적으로 구축하도록 노력할 것이다.

둘째, 피드백통제는 종업원의 동기를 높게 부여할 수 있다. 사람들은 자기가 어느 정도 업무를 잘 수행하였는가에 대한 정보를 얻으려 한다. 피드백통제는 이러한 정보욕구를 충족시켜 준다.

## Ⅳ. 통제의 초점

그러면 경영자는 무엇을 통제하여야 하는가? 대부분의 통제는 인적 자원으로서의 사람(men), 재무(finance), 운영(operations), 정보(information), 전체 조직의 성과(performance)라는 5가지 중 어느 하나에 속하게 된다.

### 1. 사　　람

경영자들은 구성원들의 작업활동을 통해 목적을 달성하게 된다. 경영자는 그가 속한 부서의 목표를 달성하기 위해 구성원들을 필요로 하며, 그들에게 의존하고 있다. 그러므로 경영자는 자신이 원하는 방향으로 종업원들이 행동하도록 하는 것이 중요하다. 그러나 경영자는 종업원들이 계획한 대로 업무를 수행하고 있는지 어떻게 확인할 수 있는가? 하루를 단위로 하여 경영자들은 종업원의 작업을 감독하고 종업원들이 일으킨 문제를 수정하게 된다. 기계를 다룰 때 불필요한 위험한 행동을 하는 종업원을 발견하고, 이를 금하는 적절한 방안을 지적하고, 앞으로는 정확한 방법에 따라 업무를 수행하도록 지시할 수 있다. 이와 비슷하게 판매담당관리자가 근무종료시간 15분 전에 퇴근하는 종업원을 발견한다면, 이를 즉시 수정하려 할 것이다. 경영자는 종업원의 직무를 평가하기 위해 체계적인 성과평가방법을 개발하고, 이러한 평가에 근거하여 상벌을 준다. 만약 성과가 긍정적이라면 급여인상과 같은 보상을 함으로써 종업원의 행동을 강화한다. 그러나 성과가 표준보다 낮다면 경영자는 그 차이의 원인을 분석하여 성과의 차이를 줄이려 할 것이며, 이를 위해 종업원의 교육을 실시할 수 있을 것이다. 이러한 모든 것은 사람에 대한 통제이다.

### 2. 재 무

모든 기업은 이익을 얻고자 한다. 이를 위해 경영자들은 재무를 통제하려 한다. 예컨대 경영자들은 과다경비에 대한 분기별 손익계산서를 주의 깊게 조사하며, 계속적 운영비용의 지불을 위해 현금이 충분한지, 부채가 지나치게 많지 않는지, 자산이 생산적으로 사용되고 있는지 등을 확인하기 위해 여러 가지 재무비율을 분석한다. 이러한 일들은 재무통제를 통해 비용을 줄이며, 재무자원을 최대로 이용하는가에 대한 예이다.

물론 재무통제는 이익을 추구하는 기업에서뿐 아니라 비영리조직에서도 효율이라는 목적을 위해 재무통제를 행한다. 예산은 재무통제를 위한 중요한 도구이기 때문에 병원 · 학교 · 정부기관 등 거의 모든 조직에서 이러한 통제를 실시하고 있다.

### 3. 운영통제

대부분의 조직성공은 제품과 서비스를 효과적으로, 그리고 능률적으로 생산해 내는 능력에 의해 결정된다. 운영통제를 위한 기법은 조직의 변환과정(transformation process)이 어느 정도 효과적이며 능률적으로 수행되고 있는지를 평가하기 위한 것이다. 전형적인 운영통제는 생산활동이 예정대로 수행되는지를 확인하기 위한 활동으로서 가능한 한 낮은 가격으로 적절한 수량과 품질의 제품을 제공하고 있는가를 미리 설정된 표준과 비교하고, 그 차이를 분석하는 방식으로 이루어진다.

### 4. 정 보

경영자들은 그들의 직무를 수행하기 위해 정보를 필요로 한다. 부정확하거나 불완전하거나 혹은 지연된 정보는 경영자들의 업무를 수행하는 데 있어 심각한 지장을 가져올 수 있다. 그렇기 때문에 경영자들의 필요한 시점에 정확한 정보를 적절한 형태로 제공하는 경영정보시스템(Management Information Systems : MIS)을 개발할 필요가 있다.

정보관리기술은 최근 몇 년 동안 급격히 변화했다. 10년 전에만 하더라도 큰 조직의 경영자들은 그들이 필요한 정보는 중앙전산실에 의존하여 얻었다. 지역별 판매망에 의한 주간판매에 관한 정보가 필요하면 중앙전산실에 요청해야 했고, 운이 좋으면 다음 주 월요일 혹은 화요일 아침까지 판매항목에 대한 출력물을 받아 볼 수 있었다. 그러나 오늘날의 경영자는 일반적으로 그의 책상 위의 터미널을 통해 언제든지 요구사항을 입력하기만 하면, 필요로 하는 최신의 지역별 판매현황에 관한 정보를 얻는다. 며칠이 걸리던 시간이 단 몇 초만에 가능해진 것이다.

### 5. 조직성과

조직 전체의 성과 혹은 효과성의 평가는 정기적으로 이루어진다. 경영자는 조직 전반의 효과성을 유지하거나 개선하기 위해 통제를 행하게 된다. 그러나 조직의 효과성을 측정하는 유일한 방법은 존재하지 않는다. 생산성, 효과성, 이익, 종업원의 사기, 산출물의 품질, 유연성, 안정성, 종업원결근 등의 여러 요인들이 조직의 전반적 효과성에 중대한 영향을 끼친다. 조직의 효과성은 다음의 3가지 접근법에 의해 평가되어질 수 있다.

(1) 조직목표접근법: 조직목표접근법은 조직의 효과성을 방법이 아니라 그 결과라는 측면에서 평가하는 접근법이다. 흔히 이용되는 조직의 목표기준은 이익최대화, 달러당 교육받는 학생수, 환자의 회복, 야구게임의 승패 등이 이에 속한다. 조직은 하나 혹은 그 이상의 특정한 목표를 달성하기 위해 만들어졌다고 가정하면, 이 조직목표접근법(organizational goals approach)은 상당한 의

미를 갖는다.

(2) 시스템접근법: 시스템구조(system framework)에서는 조직이란 투입(inputs)을 받아들여 변환과정(transformation process)을 수행한 후 산출(outputs)을 하는 개체이다. 시스템관점에서는 조직은 투입 · 처리(process) · 산출을 안전성과 균형을 유지하면서 수행하여야 한다. 산출은 목적을 의미하며, 투입물의 획득과 처리의 능률성은 수단을 의미한다. 조직이 장기간 생존하기 위해서는 적응성(adaptability)과 건전성(healthy)을 유지하여야 한다. 조직의 효과성에 대한 시스템접근법은 생존에 영향을 미치는 이러한 요소들, 즉 수단과 결과에 초점을 맞춘다.

(3) 전략적 이해관계자접근법: 효과적인 조직은 조직의 계속적인 유지 · 존속을 위해 조직환경의 구성원들의 요구를 만족시켜야 한다. 이러한 접근법을 전략적 이해관계자접근법(strategic constituencies approach)이라 한다.

효과적인 조직은 조직의 주요 구성원들, 즉 고객 · 정부조직 · 재무기관 · 주식분석가 · 노동조합 등을 확인하고, 그들의 요구를 만족시킨다. 전략적 이해관계자접근법은 조직이란 다양한 이익집단의 경쟁적 요구에 빈번하게 직면하게 된다고 가정한다. 이익집단마다 그들의 요구는 서로 다르기 때문에 조직의 효과성은 조직의 주요 혹은 전략적 구성원들을 확인하고, 그들의 요구를 만족시킬 수 있는 능력에 의해 결정된다. 뿐만 아니라 이 접근법은 경영자들이 여러 목표를 추구하기 위해 선정된 목표들은, 조직의 생존에 필요한 자원을 통제하는 이익집단의 반응에 대한 반응을 나타내고 있다고 가정하고 있다. 이 접근법은 많은 의미를 지니고 있지만, 경영자들이 이 접근법을 사용하기는 그리 쉽지 않다. 전략적인 이해관계자를 선별하는 일은 실제로는 대단히 어렵다. 환경은 매우 빠르게 변화하기 때문에 어제 중요하였던 것들이 오늘날에는 중요하지 않을 수도 있다. 또 이해관계자들이 확인되고 환경이 다소 안정적이라 하더라도 어떠한 기준에 따라 이들을 구분하기가 어렵다. 그러나 이러한 일들이 어렵다 하더라도 이 접근법은 상당한 효과를 가져올 수 있다. 이것으로 경영자는 조직의 운영에 큰 영향을 미치는 집단을 무시하거나, 누락할 가능성을 줄일 수 있다. 만약 경영층이 누구의 지원이 조직의 건전성에 도움이 될 것인가를 인식하게 된다면, 전략적 이해관계자들의 권력(power)관계 변화를 반영하도록 목표의 우선순위를 바꿀 수 있을 것이다.

# 제 2 절 통제시스템의 설계

마지막으로 어떻게 통제시스템이 설계되는지 살펴보기로 하자. 이러한 시스템을 개발하는 데 있어 다음의 세 가지 사항이 중요하다. ① 효과적인 시스템은 어떠한 질(qualities)을 가져야 하는가? ② 올바른 통제시스템을 선정하기 위해 고려하여야 할 상황적합(contingency) 요소들은 무엇인가? ③ 통제시스템으로 인해 발생할 수 있는 역기능을 어떻게 피할 수 있는가?

## Ⅰ. 효과적 통제시스템의 질

효과적인 통제시스템은 공통적인 어떤 질적인 측면을 가지고 있다. 이러한 질(qualities)의 중요성은 상황에 따라 달라지지만, 다음 몇 가지 특성들이 통제시스템을 효과적으로 만든다고 볼 수 있다.

(1) 정확성(accuracy): 부정확한 정보를 산출하는 통제시스템은 조치를 취해야 하는 시점을 놓쳐 버림으로써 경영자가 어떤 조치를 취하지 못하는 결과를 낳거나, 존재하지도 않는 문제에 대해 조치를 취하게 만든다. 정확한 통제시스템이 신뢰성 있고 명백한 데이터를 산출한다.

(2) 적시성(timeliness): 통제는 적시에 조치가 취해지지 않으면 조직이나 단위부서의 성과에 심각한 결과를 초래할 수 있기 때문에 적시성이 경영자의 중요한 관심사가 된다. 아무리 좋은 정보라 하더라도 적절한 시간에 이용되지 못한다면, 그 정보는 거의 가치를 갖지 못한다.

(3) 경제성(economy): 통제시스템의 운영은 경제적으로 타당성이 인정되어야 한다. 어떠한 통제시스템이라도 시스템이 발생시키는 비용보다 이에서 얻어지는 효익(benefit)이 커야 정당화된다. 비용을 최소화하기 위해서 경영자는 요구되는 결과를 산출하기 위해 필요한 통제의 양을 최소화하도록 노력하여야 한다.

(4) 유연성(flexibility): 효과적인 통제시스템은 불리한 변화를 조정하거나 새로운 기회의 이점을 취할 수 있도록 유연하여야 한다. 조직이 아무리 안정적인 환경이라 하더라도 이러한 유연성을 필요로 하지 않는 경우는 없다. 아주 기계적인 구조를 가진 조직이라도 시간과 조건이 변해 감에 따라 조정되는

통제를 필요로 한다.

(5) 이해가능성(understandability): 이해되지 않는 통제는 아무런 가치가 없다. 그러므로 아주 정교한 통제보다는 다소 복잡하지 않는 통제가 필요하다. 이해하기 어려운 통제시스템은 불필요한 실수를 초래할 수 있으며, 종업원들을 좌절시키며, 마침내는 이를 사용하지 않게 될 가능성이 있다.

(6) 합리적 기준(reasonable criteria): 통제기준은 반드시 합리적이어야 하며, 획득할 수 있는 것이어야 한다. 만약 기준이 너무 높거나 비합리적이라면, 더 이상 동기부여가 되지 않는다. 대부분의 종업원들은 그들의 감독자들이 지나치게 많은 것을 요구한다고 말하는데, 이것은 그들이 무능력하다고 인식되는 것을 원하지 않기 때문이며 이로 인해 자칫 비윤리적이거나 불법적인 방향으로 나갈 가능성이 있다. 따라서 통제를 위해 합리적인 표준을 설정하여야 한다.

(7) 전략적 집중(strategic placement): 경영층은 조직에서 발생하는 모든 것들을 다 통제할 수 없다. 설령 모든 것을 다 통제할 수 있다 하더라도 이를 위한 비용은 정당화할 수 없다. 그러므로 경영자들은 조직성과에 전략적인 영향을 끼치는 요소들에 대해 통제를 수행하는 것이 좋다. 통제는 조직 내의 주요한 활동이나 운영 또는 사건들에 대해서 이루어져야 한다. 즉 통제는 표준과 큰 차이를 발생할 확률이 높은 곳, 이러한 차이가 조직에 큰 부담을 주는 곳에서 중점적으로 이루어져야 한다.

(8) 예외적인 것에 대한 강조(emphasis on the exception): 경영자들이 모든 활동을 다 통제할 수 없기 때문에 예외적인 것에는 통제장치를 설치하는 것이 좋다. 예외시스템(exception system)은 경영자가 표준과 큰 차이를 보여도 당황하지 않게 한다. 예컨대 감독자에게 월 100불까지 봉급인상, 200불까지 개인비용지출, 5,000불까지 자본비용지출의 권한을 주는 정책을 시행하고 있다고 하면, 이러한 금액을 초과하는 경우에만 고위경영층의 승인을 받게 하면 된다. 이러한 검사점(checkpoint)이 바로 권한을 제약하며, 일상적인 지출에 대해서는 고위층의 통제를 줄여 준다.

(9) 다수기준(multiple criteria): 경영자와 종업원들은 모두 좋은 통제기준을 마련하려고 노력한다. 만약 경영자가 어느 한 부서의 이익이라는 단일기준만을 사용한다면, 좋게 보이는 통제기준을 마련하는 데 큰 어려움이 없을 것이다. 그러나 여러 가지 통제기준을 적용하려고 하면, 좋아 보이는 기준을 마련하기 어렵다. 뿐만 아니라 일반적으로 성과는 단일기준에 의해 객관적으로

평가될 수 없기 때문에 다수기준을 적용하여 평가하는 것이 보다 정확하며 객관적일 수 있다.

(10) 수정조치(corrective action): 효과적인 통제시스템은 표준으로부터 큰 차이가 발생한 시점이 언제인가를 알려 줄 뿐만 아니라 어떠한 조치를 취해야 할 것인지도 알려 주는 것이어야 한다. 즉 문제점을 지적하고 해결안까지 제시해 주어야 효과적인 통제시스템이라는 것을 의미한다. 이러한 문제는 조건만족(if-then) 지침에 의해 흔히 수행된다. 예컨대 어떤 부서의 수익이 5% 이상 하락했다면, 그 때는 그 부서의 비용을 비슷한 비율로 삭감한다는 식의 통제이다.

## Ⅱ. 상황적합요소의 고려

효과적인 통제시스템을 일반화한 우수한 지침들이 있지만, 이러한 일반화는 상황변수에 의해 영향을 받는다. 그렇기 때문에 통제시스템을 선정하려 할 때는 주요한 상황적합요소(contingency factors)들을 고려하여야 한다.

(1) 조직규모: 통제시스템은 조직의 규모(size of organization)에 따라 달라져야 한다. 소규모의 기업은 비공식적이며 보다 인적인 통제도구에 의존하게 된다. 직접감독을 통한 동시적 통제가 아마 가장 능률적일 것이다. 조직이 커질수록 직접감독은 공식적 시스템(formal systems)을 확장하여 이를 지원할 것이다. 대규모의 조직은 공식화의 정도가 높아지는 경향이 있으므로 인적 통제 대신 비인적 피드 포워드와 피드백통제에 의존하게 된다.

(2) 조직에서의 직위와 수준: 조직에서의 직위(position)가 높아질수록 다수의 통제기준이 필요하게 된다. 또 조직에서의 직위수준이 높아질수록 성과측정에서 모호성이 증가한다. 반대로 낮은 수준의 직무는 직무성과에 대한 명확한 측정기준을 가질 수 있다. 통제는 또한 부서의 목표를 반영하도록 측정되어야 한다. 예컨대 판매부서를 평가하기 위해 이용되는 기준과 측정방법은 엔지니어링부서에 적용하기에 부적절하다.

(3) 분산화의 정도: 분산화(decentralization)의 정도가 높을수록 경영자는 하위의사결정자의 성과에 대해 더 많은 피드백을 요구하게 된다. 권한을 위임한 경영자는 위임한 권한에 대해서도 결과적으로 책임을 져야 하기 때문에 그들의 하위자의 의사결정이 효과적이며 능률적이기를 요구하게 된다. 만약 권

한이 집중화되어 있다면 피드백통제가 필연적일 필요는 없다.

(4) 조직문화: 조직문화(organizational culture)는 신뢰감, 자치권, 개방성이나 공포와 보복 중의 하나가 될 수 있다. 앞의 조직문화는 보다 비공식적인 자기통제시스템이며, 후자와 같은 조직문화는 보다 외부적인 강요와 공식적 통제시스템이 될 것이라 기대할 수 있다. 리더십 스타일, 동기부여기법, 구조화의 정도, 갈등관리기법, 조직구성원의 의사결정 참여정도 등과 함께 통제의 정도는 조직의 문화와 일관성을 가져야 한다.

(5) 활동의 중요성: 활동의 중요성(importance of activity)은 그 활동의 통제가능 여부에 영향을 미친다. 만약 통제에 비용이 소요되며 오류로 인한 영향이 크지 않다면, 통제시스템은 정교할 필요가 없다. 그러나 만약 하나의 오류가 조직에 매우 큰 손해를 입힐 수 있다면, 비용이 많이 소요되더라도 광범한 통제가 실행되어야 한다.

## Ⅲ. 역기능적 효과

앞에서 언급한 통제의 질이 무시된다면, 통제시스템은 역기능적이 될 것이다. 표준이 비합리적이고 통제가 유연하지 않거나 하나의 표준만을 강조한다면, 사람들은 조직의 전반적 목표에 대한 시각을 갖지 못하게 될 것이다. 조직구성원들은 성과표준을 충족시키기 위해 거짓을 말하거나 속이거나 도둑질하려는 마음을 갖게 될 것이다.

(1) 좋게 포장하기: 어떤 통제시스템이라도 불완전한 면을 가지고 있기 때문에 개인이나 조직의 단위들은 통제시스템에서 좋다고 판단받기 위해 별 것 아닌 것을 좋은 것인 양 포장하게 된다. 이렇게 한 결과는 조직의 목표에서 볼 때 역기능적이다. 만약 통제시스템이 산출량에 의해서만 평가한다면, 사람들은 질적인 면을 무시하게 될 것이다. 그러나 통제시스템이 결과보다 활동으로 평가를 측정한다면, 사람들은 활동측면에 좋게 보이려 포장하게 된다.

(2) 데이터의 조작: 통제시스템에 의한 비난을 면하기 위해 사람들은 정해진 통제기간에 정보시스템이 출력하는 데이터에 영향을 미치는 행위를 하려고 열중하는 경우가 있다. 실제로 성과를 개선하려 하기보다는 그들이 훌륭한 성과를 수행한 것처럼 보이도록 측정치를 조작할 수 있다. 예컨대 연말에 발생한 비용을 그 다음 해 초에 발생한 것으로 조작함으로써 그 해의 성과를 높일

수 있다. 통제데이터의 조작은 활동의 중요성에 의존하게 된다. 중요한 활동은 개인의 보상에 큰 영향을 미치게 되므로 측정하는 데이터를 조작하려는 유혹이 있는 것이다. 실제상황을 왜곡하거나 성공을 과시하거나 실패를 숨기는 것 등도 다 데이터의 조작에 속한다.

## 〈경영의 실천〉 최고경영자의 위기대응

세계 1위의 청량음료회사 코카콜라가 1999년 6월 유럽에서 창사 113년 이래 최대규모의 제품수거 파동을 겪었다. 벨기에에서는 코카콜라제품을 마신 초등학생을 비롯해 수백 명의 고객이 복통과 구토증상을 보였고, 프랑스 · 네덜란드 · 스페인 · 룩셈부르크에서도 같은 피해사례가 발생했다.

각국 정부는 코카콜라제품의 판매와 수입을 금지하는 조치를 취했다. 미국 펜실베니아 경영대학원(와튼스쿨)의 토마스 도날드슨 교수는 위기관리에 구멍이 뚫린 코카콜라의 사례를 집중조명하고, 최고경영자의 신속한 위기관리능력의 중요성을 강조했다.

불량제품을 마신 고객들의 피해가 잇따랐지만, 코카콜라는 최고경영진의 안일한 판단과 늑장대응으로 화를 자초했다. 코카콜라의 더글라스 아이베스터 회장은 사태발생 후 1주일이 지나서야 유럽에 도착해 수습에 나섰지만, 상황은 걷잡을 수 없이 악화된 뒤였다. 소비자의 안전이 위협받을 때 고객을 최우선으로 생각하는 기업문화가 절실히 요구된다. 그러나 코카콜라는 그렇지 못했다. 1982년 존슨 앤 존슨의 짐 버크 회장은 진통제인 타이레놀에 독극물(청산가리)이 주입돼 사망자가 발생했다는 보도를 기내에서 접하자 마자 타이레놀을 전량회수하도록 지시했고, 모든 조직은 일사불란하게 움직였다. 비행기가 착륙하기도 전에 타이레놀 수거작업은 모두 완료됐다. 존슨 앤 존슨이 적절한 위기관리로 사태를 신속하고 깔끔하게 수습할 수 있었던 것은 '소비자의 건강이 최우선'이라는 신조가 모든 직원의 마음 속에 깊이 배어 있었기 때문이었다.

살로먼 브라더스도 1990년대 초반 미국 국채시장에서 스캔들에 휘말렸지만, 워렌 버펫 회장의 뛰어난 리더십으로 위기를 넘겼다. 그는 회사의 모든 관리자들에게 보낸 편지에서 자신의 집전화를 알려 주고, 모든 비윤리적인 행위에 대해 직보하도록 했다. 정직성을 강조하는 이 상징적인 조치는 큰 효과를 보았다. 모든 판매정보를 수집하고, 기록으로 관리하며, 제품에 대한 하자가 없다는 점을 고객에게 전달하는 정도로는 제대로 된 위기관리라 할 수 없다. 평소 고객의 건강에 세심한 주의를 기울이면서 설사 나쁜 정보라 하더라도 신속히 알리는 과감한 자세가 필요하다.

또한 당장 돈이 많이 들더라도 외국현지정부가 취하는 수거명령보다 강도 높은 조치를 과감히 취해야만 어렵게 구축해 놓은 브랜드명성을 지킬 수 있는 것이다.

— 매일경제 1999/07/26 —

### 〈경영의 실천〉 명성만 믿다가는 망한다 — 월트 디즈니가 주는 교훈 —

월트 디즈니는 '노틀담의 곱추', '헤르큘레스', '라이언 킹' 등의 만화영화로 세계 어린이의 마음을 사로잡았다. 하지만 최근에는 '타잔'을 빼고는 이렇다 할 작품을 내놓지 못하면서 고전하고 있다. 디즈니의 37번째 애니메이션작품인 타잔은 개봉 15일만에 1억 달러의 수익을 올리며, 효자노릇을 톡톡히 하고 있지만 말이다. 또한 디즈니랜드도 뭇 어린이들의 사랑을 받으며 여전히 인기를 누리고 있다. 그러나 이처럼 월트 디즈니는 외형상 과거와 거의 달라진 게 없지만 월가가 바라보는 시각은 싸늘하기만 하다. 이를 반영하듯 디즈니의 주가는 지난 7월 7일 기준 주당 28.06달러에 거래돼 타잔이 개봉한 6월 18일보다 8% 하락했고, 연초대비 5% 이상 떨어졌다. 반면 타임워너와 뉴스사는 40% 이상 급등했다. 이 때문에 디즈니주식을 산 투자자 21명 중 6명이 잘못된 매입이었다고 실토했다.

마이클 아이스너 회장(CEO)이 살을 도려내는 구조조정을 통해 월트 디즈니가 2년 전보다 훨씬 탄탄해 보이지만, 투자자들이 이처럼 시큰둥한 반응을 보이는 것은 아이러니다.

혹독한 구조조정: 디즈니의 자회사인 ABC방송은 지난 시즌기간 시청률이 2% 정도 줄었지만, 경쟁사인 CBS나 NBC방송에 비하면 감소폭이 적다. ABC방송은 다음 시즌의 주요 광고로 지난 시즌보다 46% 늘어난 19억 달러를 이미 팔았다. 디즈니의 ESPN부문은 여전히 돈뭉치를 안겨 주고 영화 스튜디오도 지난 1998년의 악몽에서 벗어나 회복중이다. 그러나 디즈니의 가장 큰 문제는 아이스너 회장이 16억 달러 규모의 영화 스튜디오와 테마파크를 운영하는 디즈니를 미디어업계의 메이저로 재탄생시키려는 지난 15년간의 공이 제대로 효과를 발휘하지 못하고 있다는 점이다. 과거 흥미위주의 영화에서는 기교를 부리는 촬영기법이 항상 먹혀 들었다. 수익이 줄어 들면 디즈니는 몇 개의 클래식 비디오카세트를 재발행하거나 디즈니월드의 입장료를 올리는 식으로 이를 만회했다. 그러나 이러한 조치들은 자산 230억 달러의 디즈니왕국이 전환점을 모색하는 데 불충분했다. "디즈니는 더 이상 다른 스튜디오와 달라 보이는 것이 없다"며, "나는 디즈니가 원하면 합법적으로 수익을 만들 수 있는 유일한 회사라고 말하곤 했지만, 이제 문제점을 노출하기 시작했다"고 업계관계자가 지적했다.

물론 디즈니도 다른 회사처럼 관중을 끌어들이고 소비자들이 수백 개의 TV 채널 중 자사의 채널을 선택할 수 있는 새 브랜드개발에 심혈을 기울여 왔다. 또 인터넷에 접속도 시도해 왔다. 그러나 디즈니라는 브랜드는 이제 더 이상 성공의 보증수표가 아니다. 예를 들어 타잔을 보자! 이 영화는 1억 8,500만 달러의 수입을 올려 디즈니의 3번째 흥행으로 기록될 것으로 보이지만, '노틀담의 곱추'만큼 쏠쏠하지 못하다. 노틀담의 곱추는 비디오와 상품판매로만 각각 2억 달러, 1억 6,000만 달러의 수익을 남겼다.

디즈니는 또한 영화의 부산물로 짭짤한 재미를 안겨 주었던 관련상품의 매출이 신통치 않다. 상품과 디즈니스토어의 판매가 지난 해 총매출액의 14%를 차지했지만, 올해는 10%로 줄어들 전망이다. 지난 해 6억 달러의 수익을 올린 ESPN도 폭스 스포츠채널의 강력한 도전에 직면해 있다.

아이스너 회장은 이 같은 위기를 극복하기 위해 홈비디오와 영화의 마케팅부문을 합치고 해외부문을 재편성했다. 제품라이선싱사업도 전면 재검토했다. 또 ABC의 220개 지사에 5억 5,000만 달러의 미식축구 연간중계료 중 5,000만 달러를 줄이도록 했다. 아이스너는 이와 함께 인포시크의 지분 57%를 매입해 인터넷에 디즈니의 내용과 ESPN의 접속을 포함한 'Go Network', '디즈니-이포시크' 포털을 구축할 방침이다.

— 매일경제 1999/07/20 —

# 제 12 장

# 경영혁신이란 무엇인가

# 제 1 절 경영혁신

## Ⅰ. 경영혁신의 의의

경영혁신이란 부(wealth)를 창출하도록 기존의 자원(resources)에 새로운 능력을 부여하는 활동을 말한다. 실제로 혁신(innovation) 그 자체가 새로운 자원을 창출한다. 인간이 어떤 자연 그대로의 것에 대해 새로운 용도를 찾아내고는 그것에 경제적 가치를 부여할 때까지는 '자원'이라 부를 만한 것은 존재하지 않는다. 모든 식물은 잡초에 지나지 않으며 모든 광석은 하나의 돌덩어리에 지나지 않는다. 그러나 혁신을 통해 식물과 광석은 인간에게 요긴한 자원이 된다. 한 세기 전까지만 해도 원유, 보크사이트, 그리고 알루미늄 원광도 자원이 아니었다. 그것들은 토양을 망치기만 하는 귀찮은 존재들이었다. 페니실린 곰팡이도 자원이 아닌 병균일 뿐이었다. 그러나 1920년대 알렉산더 플레밍(Alexander Fleming, 1881－1955)은 이 '병균'이 바로 세균학자들이 찾던 박테리아를 죽이는 물질임을 밝혀내었다. 이것은 자원으로 바뀌어졌음을 의미한다.

## Ⅱ. 몇 가지 사례와 사회적 영향

이러한 현상은 사회분야와 경제 분야에서도 동일하다. 경제에서는 '구매력'보다 더 중요한 자원은 없다. 하지만 구매력은 경영자가 혁신을 통해 만들어 내는 것이다. 19세기 초 미국 농부들은 실질적인 구매력을 갖고 있지 않았기 때문에 농기계를 구입할 수 없었다. 농기계상에는 농기구를 팔았지만 농부들은 그것을 살 능력이 없었다. 그런데 농기계 발명가들 중 한 사람이었던 사이러스 맥코믹(Cyrus McCormick, 1809－84)이 할부판매 방식을 고안해 냈다. 그것은 농부들로 하여금 자신들의 과거에 저축해 둔 돈이 아니라 미래에 얻게 될 소득으로 농기구를 구입할 수 있도록 했던 것이다. 그러자 대부분의 농부들은 농기계를 살 수 있는 '구매력' 을 갖게 된 것이다.

이와 같이 기존의 자원이 갖고 있는 부를 창출하도록 변화시키는 것은 그 무엇이든 혁신에 해당된다. 화물차의 본체를 분리해 화물선으로 옮기는 아이디어에는 새로운 기술이라고 할 만한 것이 거의 없었다. 그러나 '화물선' 을 '배' 로 보지 않고 물건을 운반하는 도구로 인식하여 얻어진 결과인 컨테이너는 항구에서의 체류시간을 가능한 한 단축하는 새로운 개념이 되었으며 이것이 바로 경영혁신의 결과인 것이다. 이 평범한 경영혁신이 해운업의 생산성을 4배나 증가시켰다. 이 컨테이너로 인해 지난 40년 동안 역사상 그 어떤 주요 경제활동보다도 더 빠르게 성장하여 전 세계적인 엄청난 무역 증대에 크게 이바지 하였다.

대중 교육을 실질적으로 가능하도록 한 것은 교과서의 등장이었다. 교육의 가치를 이해하고 관심을 높인 것, 사범학교에서 교사들을 체계적으로 훈련시킨 것, 또는 교육학이론의 발달보다도 훨씬 더 영향을 미친 것은 다름아닌 교과서였다. 교과서가 없다면 아무리 좋은 교사라 해도 한꺼번에 한두 명 이상을 가르칠 수 없을 것이다. 그러나 교과서만 있으면 어느 정도 수준이 낮은 교사라도 30-35명의 학생들의 머리에 다소나마 깨우침을 넣어줄 수 있다. 이것은 교과서가 바로 교육의 경영혁신이라는 것을 말한다.

이와 같은 예에서 알 수 있듯이 경영혁신이란 반드시 기술적인 것이나 물질적인 것일 필요가 없다. 영향력이라는 측면에서 볼 때는 기술적 혁신이 신문이나 보험과 같은 사회적 혁신에 견줄 수 없을 만큼 작다. 할부구매는 경제를 지속적으로 변혁시키고 있다. 이 제도가 도입되기만 하면 그것은 경제의 생산성 수준과 거의 관계없이 경제를 공급주도로부터 수요주도로 바꾸어 놓는다. 18세기 계몽주의사상에 기초한 사회적 혁신을 현대적 형태로 구현한 병원제도는 건강관리라는 측면에서 많은 의학적 진보보다도 훨씬 더 큰 영향을 미쳤다.

서로 다른 기술과 지식을 가진 생산적인 많은 사람들을 하나의 '조직' 에 모으고, 그들을 함께 작업을 시키는 과업을 가능하게 해준 '실용적 지식' 인 경영은 20세기가 창출한 뛰어난 혁신의 하나이다. 경영은 현대 사회를 전혀 새로운 사회로 바꾸어 놓았다. 정치이론이나 사회이론에서 찾을 수 없는 어떤 것으로, 즉 사회를 조직사회(society of organizations)로 바꾸어 놓았다.

## Ⅲ. 경영혁신의 기본원칙

성공적인 혁신들은 대부분 생각보다 훨씬 더 평범한 것으로서, 그것들은 변화를 활용한 결과이다. 따라서 경영혁신의 기본원칙은 체계적인 현상 진단 원칙, 즉 전형적으로 경영자들에게 기회를 제공하는 변화들을 체계적으로 검토하는 원칙으로서 드럭크(Peter F. Drucker)는 일곱 가지를 제시하였다.

이 중 처음 네 가지는, 영리기업이든 공공서비스 기관이든, 또는 제조업이든 서비스 부문이든 간에, 대상 기관 내부에 관련된 것이다. 따라서 이 네 가지 원천은 일차적으로 제조업 또는 서비스 부문에 근무하는 사람들의 눈에 띄게 마련이다. 이 징후들을 검토하는 것이 중요하다. 이 네 가지 원천은 다음과 같다.

(1) 예상치 못했던 것들 : 예상치 못했던 성공, 예상치 못했던 실패, 예상치 못했던 외부 사건

(2) 불일치 : 실제로 발생한 현실과 발생하리라고 가정되었던 현실 또는 당연히 발생해야 할 현실 사이의 불일치

(3) 프로세스의 필요에 기초한 경영혁신

(4) 산업구조 또는 시장구조의 변화 : 아무도 모르는 사이 일어난 변화

혁신 기회를 탐색하기 위한 두 번째 부류의 원천인 나머지 세 가지 원천은 기업 외부 혹은 산업 외부에서 발생하는 변화와 관련된 것이다.

(5) 인구구조의 변화

(6) 인식, 분위기, 그리고 의미의 변화

(7) 새로운 지식 : 과학 분야의 지식 및 비과학 분야의 지식

경영혁신 기회를 제공하는 7가지 원천을 구분하는 경계선은 불분명하며 그것들은 서로 중복되는 경우가 많다. 그것들은 동일한 건물에 부착되어 있지만 방향이 다른 7개의 창문이라고 할 수 있을 것이다. 각각의 창문은 건물의 어느 쪽에 있는 창문으로부터도 볼 수 있는 몇 가지 특성을 갖고 있다. 하지만 각각의 창문 중심에서 바라보는 시야는 독특하고 서로 다르다.

7가지 원천은 저마다 고유한 특성을 갖고 있기 때문에 서로 다른 분석이 필요하다. 그러나 그것들 가운데 어떤 것이 다른 것들보다도 본질적으로 더욱 중요하다거나 더욱 생산성이 높다고 할 수 없다. 중요한 경영혁신들은, 위대한 과학적 혁신을 통해 획득한 새로운 지식을 대대적으로 응용함으로써 달성할 수 있는 것처럼, 변화의 징후들을 분석함으로써 추진할 수도 있다.

다음 절들에서 경영혁신의 사례와 그 방법들을 살펴본다.

## 제 2 절 IBM의 경영혁신

1980년대 초에 포춘지가 4년 연속하여 초우량 기업으로 선정했던 IBM은 80년대 중반이후 점차 그 명성을 잃고 90년대 초반에는 수십억 달러의 적자를 내며 위기에 처하게 되었다. 그러나 IBM은 경영혁신을 통해 오늘날 다시 세계 최대의 서비스 및 컨설팅 회사, 세계 최대의 기술회사, 세계 최대 규모의 e-비즈니스 회사라는 평가를 받으며 경영계를 선도하게 되었다.

본장에서는 IBM의 사례를 통하여 경영혁신이 갖고 있는 의미를 검토하기로 한다.

### Ⅰ. 과감한 구조조정(restructuring)

1980년대 초의 그 화려한 명성을 잃고 수십억 달러의 적자를 내며 위기에 처한 IBM이 극적인 재기에 성공하게 된 것은 고객중심의 경영혁신을 이룩하였기 때문이다.

1993년 'IBM은 이제 끝났다' 라는 전망이 지배적이었다. 3년간의 누적적자로 벼랑 끝에 내몰린 IBM 경영진은 절망적인 상황을 반전시켜 줄 새로운 CEO를 찾기에 필사적이었다. 그러나 실패할 것이 뻔한 그 자리를 받아들이는 사람은 아무도 없었다. 빌 게이츠조차 불가능한 일이라고 고개를 내저었다. 그 때 한 사나이가 등장했다. 정보기술업계의 이단아, 루 거스너(Lou Gerstner)였다.

IBM의 외부에서 영입된 최고경영자(CEO)인 루 거스너의 강력한 리더십 아래 구조조정(Restructuring), 사업전략 혁신(Repositioning), 핵심업무 프로세스 혁신(Reengineering), 그리고 기업문화 혁신(Revitalizing)을 추진하였다.

그 당시 위기에 처했던 IBM의 최우선 과제는 '살아남기'이었다. 그러므로 IBM은 핵심사업이 아니라고 판단되는 모든 사업과 자산은 신속하게 처분하였다. 명예퇴직제도로 불필요한 인력을 감축하였고, 관리자의 수와 관리단계를 단축하였고 핵심인력을 외부에서 영입하여 효율성을 높였다.

그 결과 첫해에 65억 달러의 비용을 절감하였으며 이것은 IBM을 다시 일으키는 발판이 되었다. 고비용구조도 꾸준히 개선했다. 그 결과 매출 대비 38%까지 이르렀던 비용비율이 22%까지 낮아지게 되었다. 뿐만 아니라 전 세계적으로 분산되어 있던 나라별 조직을 하나의 글로벌 IBM 조직으로 통합했다. IBM의 우수한 기술력과 통합적인 서비스 능력, 그리고 광범위한 고객기반이란 장점을 단일 조직으로 묶을 때 시너지를 발휘될 수 있을 것이라 판단한 루 거스너 회장의 확신 때문이었다. 그리고 이것은 전사적 지식경영 인프라와 최고경영자의 사내 커뮤니케이션을 크게 강화함으로써 각 나라에 흩어진 조직과 직원들에게 일체감과 소속감을 심어주었다.

## Ⅱ. 핵심역량과 사업전략 혁신(Repositioning)

구조조정에 성공한 IBM은 변화된 시장에 맞추어 핵심역량과 사업전략을 혁신하는 데 집중했다. 우선 전 세계에 흩어진 영업조직을 고객의 입장에서 산업별로 재구성했다. 산업별로 고객을 더 깊이 알고 그들을 만족시키는 기술력과 경험을 축적하여 차별화된 가치를 고객에게 제공하기에 적합하다고 보았기 때문이다.

그리고 IBM은 하드웨어 중심에서 서비스 중심의 회사로 변신하였다. 모든 시장에서 고객의 욕구와 기대를 최우선으로 한다는 원칙 아래 고객에게 서비스를 통한 고객만족을 위해 최선을 다하였다. 그 결과 1993년에 총매출의 27%에 불과하던 서비스 사업이 2002년에는 45%(364억 달러 규모)가 되어 미국에서의 최대 서비스회사로 변신하였다.

IBM은 또한 로터스를 인수하여 지식경영 솔루션을 확보하고, 티볼리를 인수하여 시스템 관리 분야의 경쟁력을 키웠고 최근에는 업계 1위의 소프트웨어 개발 툴(tool) 업체인 래쇼날을 인수하여 e-비즈니스 시대의 통합 솔루션 서비스 회사로의 입지를 강화했다. 이와 더불어 마케팅 기능을 대폭 강화하고, 비즈니스 파트너사 및 소프트웨어 개발업체와의 협력관계를 적극 강화하여 글로벌 협업체제를 이루었다.

## Ⅲ. 프로세스 중심의 업무혁신(reengineering)

IBM은 전 세계 160여 개국에 산재한 방대한 고객지원 조직과 슈퍼컴에서 PC 및 프린터에 이르는 하드웨어, 서비스, 소프트웨어 등 다양한 사업조직을 효율적으로 관리하기 위해 공통의 관리시스템을 도입해 최적화를 이루었다. 나아가 IBM은 1997년 업계 최초로 'e-비즈니스'를 주창하면서 회사의 모든 핵심역량 및 인프라를 개방형 표준에 맞게 재구축함으로써 스스로 대표적인 e-비즈니스 회사로 변신했다. 즉 제품개발, 공급사슬(supply chain), 구매, 생산, 고객관리, 재무, 인사, 정보기술, 자산관리 등 10개의 핵심 업무프로세스를 웹에서 재통합하고, 회사를 시장 및 고객중심으로 재설계함으로써 다양한 고객의 요구에 유연하게 대처할 수 있는 체제를 갖추었다.

그 결과 IBM은 500억 달러에 달하는 구매물량을 전자로 구매할 수 있도록 프로세스를 바꾸었고 매출부분의 30%를 전자상거래로 전환하였다. 뿐만 아니라 내부적으로 실시하는 사내교육의 50%를 온라인교육으로 바꾸었고 웹을 통해 고객을 지원하도록 개선함으로써 수십억 달러의 비용을 절감하였다. 나아가 제품개발주기를 배 이상 단축하고 적기 출하율을 95% 이상으로 유지하면서 중복 구매율을 최소화하는 등 효율화를 통해 지속적으로 고객만족도를 높여 나갔다.

## Ⅳ. 기업문화 혁신(revitalizing)

IBM은 직원들에게 새로운 가치와 비전을 심어주고 맡은 일에서 능률적이고 효율적으로 높은 성과를 달성하게 하는 기업문화 혁신을 통해 고객에게 가치를 제공하고 고객을 만족시키며 계속 성장하도록 신바람을 일으켰다. 최적의 인재를 선발하고 발굴하는 역동적 관리시스템을 갖추고 수시로 벤치마킹을 하며 시장중심의 경쟁력 있는 인력이 되도록 관리하였다. 디지털 환경에 걸맞게 모바일오피스 제도를 채택하였고, 네트워크 중심의 협업(cooperative work) 환경을 만들어 나갔다. 직원 개개인이 전문적 기술력을 갖출 수 있도록

'공인전문가제도'를 시행하였고, 관리자중심의 평가시스템에서 협업 파트너에 의한 평가시스템으로 확대하여 글로벌 협업체제를 강화하였다. 또한 전 세계 30만 명 직원에게 신속 정확한 의사전달과 지식경영이 가능하도록 사내 커뮤니케이션 환경을 갖추었고, 성과에 따른 변동급여, 종업원지주제도, 스톡옵션 등을 통해 의욕을 고취시켰으며 역동적인 기업문화 창출을 위해 전 직원들이 적극 참여하도록 하였다.

### Ⅴ. 앞선 기술에 의한 가치 창출

IBM의 최대 강점은 바로 세계 최고의 기술과 인력을 보유하고 있다는 사실이다. 전 세계 8개의 연구소에 3천여 명의 과학자와 엔지니어를 보유하고 있으며 전 세계 24개의 제품개발 연구소에 12만 5천 명의 연구원이 제품개발 연구에 몰두하고 있다. 5명의 노벨 수상자를 배출하였고 10년 이상의 기간동안 연속적으로 미국 내 최다 특허등록의 기업이 되었다. IBM은 또한 최대 규모의 기술 인력과 고객지원 경험을 축적해 왔다. 최근 IBM은 앞선 기술을 고객을 위한 가치로 전환되도록 주력하고 있다. IBM은 기술을 경영에 접목시켜 고객을 위한 가치를 창출하고 고객만족을 구현하겠다는 강력한 의지를 과시하고 있다.

## 제 3 절 구조조정과 업무혁신

우리나라는 1997년 후반기에 들이 닥친 외환위기는 한국기업을 구조조정이라는 뼈저린 고통을 경험하게 하였다.

구조조정(Restructuring)이란 한 기업이 여러 사업부를 가지고 있거나 한 기업이 여러 기업을 보유하고 있을 때 미래의 변화를 바탕으로 어떤 사업을 주력사업으로 할 것인지, 혹은 어떤 사업은 줄이거나 철수하며 다른 사업에 새로이 진출하거나 중복되는 사업을 통합하는 등 전면적으로 사업구조를 재편하는 것이다.

이와 유사한 개념으로 리엔지니어링(Reengineering)이 있다. 이것은 기존의 조직 단위나 규칙, 순서를 완전히 무시하고 일의 방법을 근본적으로 뜯어

고쳐 모든 사업활동을 프로세스 중심으로 재편하는 것이다. 여기서 '프로세스'란 특정한 목적을 달성하기 위해 구성된 일련의 행위들을 말한다. 리엔지니어링에서는 다른 경영혁신기법과는 달리 프로세스의 관점에서 기업성과를 재평가하고 이것을 근거로 기업을 재설계하게 된다. 또 리엔지니어링은 정보시스템을 적극 활용 경영효율을 높이게 된다.

## Ⅰ. 구조조정

구조조정(Restructuring)은 자원배분의 최적화를 추구하기 위해 사업영역을 재구축하고 사업규모를 조정하는 것이다. 구조조정을 통해서 경제적 부가가치의 창출능력을 획기적으로 제고하는 것이 목적이다. 따라서 사업구조조정 전략의 핵심은 가치를 창출하지 못하거나 가치를 파괴하는 사업을 정리, 매각하고 핵심사업을 중심으로 경쟁력 창출에 매진하는 것이다. 집중적인 자원배분을 하게 될 핵심사업은 일시적이 아닌 장기적인 경쟁우위를 확보할 수 있도록 내부역량을 축적하는 것이 필수적이다.

어떤 조사에 의하면 지난 30년간 세계 100대 기업 중 38%만이 살아남았고, 미국과 일본의 100대 기업은 각각 21%, 22%, 한국은 16%만이 살아남았다고 한다. 이것은 기업의 생존(survival)이 가장 어려우면서도 중요하다는 것을 의미한다. 기업의 생존 혹은 장기적 성장에 미치는 요인을 기업 내부와 기업 외부로 나누어 보면 외적 요인으로는 산업구조의 변화로 인한 수요의 변화를 들 수 있고 내적 요인으로는 환경변화에 대한 기업의 적응력을 들 수 있다. 기업들은 이 같은 생존을 위한 방편으로 구조조정을 선택한다. 구조조정은 단순히 한계사업을 정리하는 것을 의미하지 않는다. 살아 남기 위해서는 사업구성을 재구축하고 핵심역량을 집중화하는 과정이 동시에 이루어져야 하는 것이다.

제너럴 일렉트릭(GE)은 1950년대에서부터 1970년대까지 어떤 분야에 진출하든 다 성공할 수 있다는 자신감을 갖고 있었지만 1980년대 들어서는 1등 내지 2등을 할 수 있는 분야에만 집중하고 다른 분야에 대해서는 구조조정을 함으로써 경쟁력을 확보하게 되었다.

사업구조조정은 근본적인 변화를 목적으로 하기 때문에 현재의 업무방식을 고려하지 않고 원천적으로 재설계라는 관점에서 새로운 업무방식을 구축하는 형태로 진행된다. 변화의 범위가 크므로 때로는 구축기간이 장기간에 걸칠 수 있다. 원래 종업원들은 현상의 변화를 원하지 않는 것이 일반적이므로, 비즈니스 리엔지니어링은 주로 최고경영층의 의지에 따라 하향식(top-down)의 강제적인 형태를 띠게 된다.

## Ⅱ. 구조조정의 과정

구조조정의 과정(process)는 다음의 네 단계를 거치게 된다.

### 1. 사업가치 평가와 사업구조분석

사업단위별로 경제적 부가가치의 정도를 평가하고, 이에 기초하여 다양한 사업단위들이 전사 차원에서 어떻게 현재 또는 미래의 기업가치에 기여할 것인가를 평가하게 된다. 현재의 사업단위들이 가치창조를 하고 있는지 아니면 가치훼손을 하고 있는지를 우선적으로 평가한다. 아울러 사업구조를 평가하게 되는데, 여기서 사업구조란 기업이 전개하고 있는 다양한 사업들의 구성형태를 말한다. 사업구조분석에서는 사업단위들 간의 전략적 연계성을 검토하고, 사업단위들 간의 현금흐름의 문제와 전사적 수익성과 성장성 전망 등의 문제를 분석한다. 사업다각화의 정도, 사업간 재무자원 및 인적자원의 배분형태, 사업전망에 따른 구성분포 등이 전사 차원의 기업전략 관점에서 평가되는 것이 일반적이다.

### 2. 자원 및 역량분석과 사업구조 선정

회사가 보유하고 있는 내부 경영자원을 분석하여 핵심역량을 찾아내고 새로운 사업구조를 선정하는 단계이다. 즉, 우리는 어떠한 자원을 보유하고 있는가, 경쟁자를 이겨낼 수 있는 힘의 원천이 되는 핵심역량은 무엇인가, 이는 수익성과 기업가치 창조에 결정적으로 기여하는 역량인가 등을 분석하여 사업구조조정의 대상을 확정하는 단계이다. 여기서는 특히 핵심역량을 이용한 사업자간 시너지 확보여부를 평가하여 앞의 단계에서 간과하기 쉬운 잠재적 기업가치를 찾아내는 것이 중요하다.

### 3. 사업구조조정 실행전략

사업구조조정의 실행방법에 대한 전략적 선택을 하는 단계이다. 사업구조조정의 성공여부는 기업의 현재상황, 장기적 전략방향, M&A시장의 동향, 구조조정의 기대효과 등에 따라서 적합한 실행방법을 선택하는데 달려 있다.

### 4. 사후통합 및 시스템재설계

사업구조 재구축에 따른 회사 내 자원을 효과적으로 배분 및 가동할 수 있도록 하고, 자원 시너지를 극대화하기 위해 조직구조를 개편하고 새로운 운영시스템을 설계하는 단계이다.

# 제 4 절 다운사이징

## Ⅰ. 다운사이징의 의의

다운사이징(downsizing)이란 원래 컴퓨터 용어로서 은행 또는 회사 등과 같은 대기업에서 대형 컴퓨터로 수행했던 작업을 PC 또는 중소형 서버 등의 소규모 컴퓨터 여러 대를 근거리통신망과 같은 네트워크로 연결하여 사용함으로써 작업을 수행할 수 있게 환경을 변경하는 작업을 가리켰다. 그러나 통상 다운사이징이란 비즈니스 다운사이징(Business downsizing)을 가리킨다.

넓은 의미에서 다운사이징은 조직의 효율성, 생산성 그리고 경쟁력을 개선하기 위해서 조직 인력의 규모, 비용구조, 업무흐름(work process) 등에 변화를 가져오는 일련의 의도적인 조치들을 의미한다. 이것은 기구 축소, 감원 등을 모두 포함하는 개념이다.

세계 2차 대전 이후 두 차례에 걸친 석유위기와 1980년 초반의 스태그플레이션, 그리고 일본을 비롯해 가격 경쟁력을 갖춘 후발 개발도상국들이 미국시장을 잠식함에 따라 미국을 비롯한 유럽의 기업들은 경쟁력을 잃고 경제는 급속도로 약화되어 갔다. 이러한 위협에 직면한 미국 기업들은 악화된 경제환경에서 살아남기 위해 비대해진 관리층이나 비효율적인 조직을 바꿀 수밖에 없었다. 이에 따라 분권화, 슬림화, 프로세스를 통합화하는 개념을 지닌 다운사이징이 등장하게 된 것이다.

## Ⅱ. 다운사이징의 형태

다운사이징은 크게 세 가지 형태로 구분할 수 있다.

### 1. 인원감축

일반적으로 가장 널리 활용되는 방법으로 조기퇴직(명예퇴직), 정리해고, 재취직 알선 및 빈 자리를 메우지 않는 자연적 인원감소 등을 통해 인원을 감축하는 것이다. 이 형태는 즉각적인 인원감축 효과와 함께 조직이 심각한 경영 위기에 처해 있다는 사실을 조직구성원들에게 명확하게 전달할 수 있다는 장점을 갖고 있다. 그러나 이 형태가 지닌 근본적인 문제점은 누구를 제거하고 누구를 남겨야 할지 명백한 기준을 제시하기 어려우며 자칫 제거된 구성원이 지닌 핵심적인 업무지식이나 기술의 손실이 발생할 위험이 있다는 것이다.

### 2. 업무재설계(work redesign)

두 번째 형태는 업무를 재설계함으로써 인원감축을 대신하거나 인원감축과 병행해서 실시하는 방법이다. 이 형태는 조직 내의 불필요한 기능이나 계층, 부서, 작업집단 등의 제거와 제품을 제거함으로써 이루어질 수 있고, 작업흐름의 재설계, 조직단위의 통합, 작업시간의 감축 등을 통해서도 이루어질 수 있다. 이 형태에서는 기존 업무구조의 단순화로 인하여 잔여 조직구성원들에게 과중한 업무를 부과하는 부작용을 피할 수 있는 방법이라 할 수 있다.

### 3. 체계적인 접근

이 형태는 조직 내의 인원이나 업무만을 변화시키는 것이 아니라 조직의 문화나 조직구성원들의 태도, 가치 등을 변화시키는 데 그 초점을 맞추는 방식이다. 이 접근방법은 일과성의 프로그램이나 목표로서 다운사이징을 실시하는 것이 아니라, 지속적인 개선을 추구함으로써 다운사이징의 효과를 얻으려 한다.

이러한 세 가지 형태의 다운사이징은 개별적으로 하나만 사용하든가 몇 가지를 함께 사용할 수 있다. 그러나 현실적으로는 첫 번째 형태인 인원감축을 통해 다운사이징을 실현한다.

## Ⅲ. 다운사이징의 최근 특징

포춘(Fortune)지에 따르면 미국의 500대 기업들이 1980년부터 1990년까지 행한 다운사이징에 의한 종업원의 인원감축은 무려 4백만 명에 이르렀고 주된 인원감축의 원인은 경기침체에 대응하기 위한 것이 주종을 이루었다. 이러한 인원감축의 전반적인 추세는 불경기가 거의 끝난 1993년에도 이어져 거의 60만 명에 이르는 대량감원이었다.

그러나 1990년대 이후의 미국 대기업들의 다운사이징은 다음 몇 가지 특징을 보여주었다.

### 1. 고용관계의 외부화

불경기에 대처하는 방편으로 미국 대기업들은 정규사원들을 비정규직인 임시 노동력으로 점차 대체해 나가는 소위 '고용관계의 외부화' 경향이 더욱 뚜렷이 나타나고 있었다. '포춘'(Fortune)지가 선정한 1000대 기업들에 포함된 서비스 및 제조업 분야의 500개 거대 기업들에 대한 한 조사결과에 의하면 1987년과 1993년 사이에 자사의 모든 종업원들에게 고용안정성을 전혀 보장해 주지 않는 기업체의 수가 47%에서 63%로 증가하였고, 반면 자기 종업원 모두에게 고용안정성을 보장해 주는 기업의 비율은 18%에서 9%로 크게 줄어들었음을 보여 주었다.

### 2. 전략적인 다운사이징

두 번째 특징은 경기변동 순환과 무관하게 기업의 전략적인 이유 때문에 다운사이징이 실시되었다. 일반적으로 경쟁이 심화되면 기업간 가격경쟁이 유발되어 수익성을 악화되기 때문에 통제 가능한 비용부문을 관리하기 위해 다운사이징을 하게 되지만 1990년대 이후는 이러한 이유 이외에 관리상의 비효율이나 경쟁력 상에 아무런 문제가 없는 기업들까지도 다운사이징을 실시하였다는 점이다. 대부분의 기업들은 '날렵하고 우수한'(lean and mean) 기업을 만들기 위한 전략적 목적이었다.

### 3. 다운사이징의 확대

세 번째 특징은, 다운사이징의 주요 대상이 생산직 종업원들뿐만 아니라 사무관리직, 특히 조직의 중간관리자층으로 점차 확대되었다는 점이다. 포춘지가 선정한 1000대 기업 중 약 85% 이상이 화이트칼라 스탭들에 대해 다운사이징을 이루어졌다. 이것은 자율적 팀 체제의 도입 등과 같은 조직편제 및 운용상의 새로운 변화가 확대되고 있으며 생산현장이나 사무실에 여러 가지 새로운 기술이 도입되었고 이들 중간 관리층은 일반 생산직과는 달리 노동조합과 같은 독자적이고 집단적인 이해 대변 조직이 없다는 점 때문이라고 생각된다.

## Ⅳ. 다운사이징의 효과

1980년대 후반부터 90년대 초반까지 미국 근로자들을 공포에 몰아넣은 기업들의 다운사이징이 끝난 뒤 미국 산업계가 얻은 교훈은 다운사이징의 효과가 그리 크지 않았다는 것이었다.

콜로라도대학교 웨인 카시오 교수팀의 1995년 조사에서는 다운사이징의 비용절감 효과가 기대치의 3분의 1에 불과한 것으로 나타났다. 더구나 생산성에는 부정적인 영향을 미친 것으로 드러났다. 다운사이징을 많이 한 기업은 그렇게 하지 않은 기업보다 경기가 호전됐을 때의 매출신장률이 훨씬 적은 것으로 나타난 것이다.

다운사이징이 장기적인 회사발전에 해롭다는 것이 카시오 교수팀의 결론이었다. 카시오 교수는 특히 해고되지 않고 남은 '생존자'(survivor)들에게 직업성 스트레스가 증가하고 직장에 대한 열의가 급속도로 식는 현상이 나타났다고 지적했다.

다운사이징 이후 미국 기업들은 '책임 있는 구조조정'(Responsible Restructuring)으로 관심을 돌렸다. 신속한 의사결정을 위해 수직적 조직구조를 대폭 단순화하고 기술변화를 따라잡기 위해 작업장의 개량과 근로자들의 전직을 시시각각 단행하면서도 대량해고는 피한다는 것이다. 여기에서 강조되는 것이 기존 근로자들에 대한 교육과 훈련이다. 그럼에도 불구하고 인원감축을 통한 다운사이징이 단기간에 가시적인 효과를 가져오기 때문에 이에 대한 미련을 버리기가 어렵다.

예컨대, 글로벌 IT기업의 대명사, IBM가 구조조정이란 다시 칼을 빼들었다. 적자생존의 논리가 횡행하는 IT업계에서 살아남기 위한 특단의 조치이었다. 먼저 구조조정의 포문을 연 곳은 IBM이다. IBM은 2005년 7월 경쟁력이 떨어지는 유럽 지사를 중심으로 1만 4,500명에 달하는 인력을 정리하겠다고 발표했다. 이는 IBM 전체 인력의 5%에 이르는 규모였다.

IBM은 90년대 이후 성장엔진인 글로벌 서비스 사업부문에 승부수를 던지겠다는 전략이다. 하드웨어 업체에서 서비스 업체로 진화하고 기업으로서 영속성을 확보하기 위해선 글로벌 서비스 부문에 집중하는 게 현명하다는 전략적 판단 때문이다. 인력 감축을 통해 절감한 비용은 글로벌 서비스 부문의 경쟁력 제고에 주로 투입할 예정이다. 글로벌 서비스 부문의 경영구조도 바꿨다.

# 제 5 절 벤치마킹

## Ⅰ. 벤치마킹의 개념

벤치마킹(bench marking)이란 경쟁업체 또는 우량업체의 제품, 프로세스, 수행성과, 조직 및 문화들을 자사의 것과 객관적인 비교함으로써 새로운 아이디어를 얻고 관련 사업 분야의 동향을 예측하여 목표설정을 재조정하고 전략적인 장단기 계획을 수립하여 이를 실행함으로써 경쟁력을 높여 궁극적으로 고객만족 경영을 실천하기 위한 것으로서 끊임 없이 자기혁신을 추구하는 경영기법이다. 벤치마킹 과정에서 얻을 수 있는 가장 중요한 점은 지속적인 학습과 개선을 유지해 나가는 것이다. 벤치마킹은 단순히 경쟁기업이나 목표기업을 모방하는 데 그치는 것은 아니다. 벤치마킹은 기본적으로 벤치마킹되는 기업이 시장에서 경쟁우위를 가지는 근본 이유를 파악하고 이를 자기 것으로 만듦으로써 자사의 혁신과 시장에서의 경쟁력을 갖추어나가는 과정이라 할 것이다.

따라서 벤치마킹에서 고려해야 할 점은 첫째, 목표기업이 이룩한 가시적인 성과, 예를 들면 생산성 지표, 자산활용도 등과 같은 정량적 지표에 집착하기보다는 이러한 가시적인 성과가 나오게 된 원인을 이해하고 이를 분석하는 자세가 필요하다. 즉 운영기법이나 업무의 처리방법, 업무프로세스 등에 대한 분석이 필요하다.

두 번째로는 벤치마킹은 반드시 경쟁사를 대상으로 할 필요는 없다는 점이다. 벤치마킹의 근간을 이루는 기본 정신 중의 하나는 최고 중의 최고를 추구한다는 점이다. 따라서 벤치마킹의 대상은 경쟁사뿐만 아니라 특정 분야에 있어서 최고의 경영기법을 가진 기업들은 모두 벤치마킹의 대상이 될 수 있다. 따라서 추구하는 운영기법이나 프로세스가 최고 수준이기만 하면 그것이 어느 산업에 속하든 간에 벤치마킹의 대상으로 삼을 수 있다.

## Ⅱ. 벤치마킹의 절차

벤치마킹 기법을 이용한 경영혁신의 추진은 일반적으로 (1) 적용분야의 설정, (2) 대상기업의 선정, (3) 정보수집, (4) 차이의 분석, (5) 성과수준의 예측, (6) 인식의 확산과 공유, (7) 계획의 수립과 실행 (8) 목표의 재설정과 지속적인 추진의 순으로 나눌 수 있다.

### 1. 벤처마킹 적용분야의 설정

벤치마킹을 위해서는 어느 분야를 벤치마킹할 것인가, 또 벤치마킹을 통하여 무엇을 얻을 것인가를 결정하는 것이 가장 먼저 결정해야 할 단계이다. 이 단계는 벤치마킹 과정 중에서 가장 어려운 부분에 속한다. 일반적으로 각 비즈니스 시스템 단위의 존재목적과 역할을 파악한 뒤 그 역할을 수행하는 하부구조를 파악함으로써 현재 문제가 되는 부서가 어디인가 혹은 어떤 기능에 문제가 있는가를 판단하여 벤치마킹할 분야나 대상을 선정할 수 있다.

### 2. 벤치마킹 대상기업의 선정

벤치마킹 대상기업은 자사와의 관련성 정도, 자료수집의 용이성, 운용방식의 혁신성 등의 정도를 고려하여 선택하게 된다. 대상기업은 경쟁사에만 한정하지 않고 자사가 속한 산업을 보다 넓게 정의함으로써 최고수준의 기업을 발견하도록 해야 한다.

### 3. 정보수집

꼭 필요한 정보를 얻는 것이 바람직하지만 실제로 그렇게 하기가 쉽지 않다. 그러나 끈기 있게 기다리며 탐구하는 것이 중요하다. 특히 정보수집가의 주관적인 판단에 따라 정보의 가치가 달라질 수 있음으로 수집활동에 앞서 조사목적에 부합한 정보원을 선정하고 수집될 자료들이 어떻게 체계화되고 이용될 것인지에 대한 개략적인 계획이 선행되어야 한다. 정보수집은 현실적으로 매우 힘든 작업이기 때문에 자사의 정보를 상대 기업에게 제공할 수 있는 정보공유(information sharing)의 마인드가 필요하다.

### 4. 대상기업과의 차이 분석

수집한 정보의 분석을 통하여 중요한 항목에 대해 벤치마킹 대상기업과 자사를 비교함으로써 자사의 장단점을 판단하게 된다. 비교 결과 차이가 큰 경우는 그 이유를 구명하여야 하며 자사의 약점을 보완하는 조치가 뒤따라야 한다. 그러나 대개의 경우 비교에서는 정성적인 측면보다 정량적인 측면이 강조되기 쉬우므로 이 점에 주의하여 정성적인 측면을 가볍게 여기지 않아야 한다.

### 5. 성과수준의 예측

이 단계에서는 차이에 대한 분석을 바탕으로 미래의 특정 시점을 기준으로 자사의 성과를 예측하게 된다. 예측에서는 현재의 상태가 미래의 특정 시점까지 계속 될 때의 예측결과를 자사와 상대기업을 추정하는 일과 함께 자사의 장점이 더욱 신장되고 단점은 더욱 보완될 때의 결과에 대한 예측을 함께 하는 것이 바람직하다.

### 6. 인식의 확산과 공유

벤치마킹 대상기업과의 비교에서 얻어진 차이점에 대해서는 긍정적인 측면에서 조직구성원들이 공유할 수 있게 하고 단점을 극복하려는 전사적인 운동으로 전개되는 것이 중요하다.

### 7. 계획의 수립과 실행

이 단계에서는 구제적인 전략안을 수립하고 이를 실행함으로써 목표를 성공적으로 달성하도록 계획을 수립하게 된다. 벤치마킹에 의한 경영혁신에 직접 참여할 일선 근로자들이 벤치마킹의 목적과 기대효과를 충분히 이해할 수 있도록 경영층은 속적인 관리하고 이끌어가는 것이 중요하다.

## 8. 목표의 재설정과 지속적인 추진

벤치마킹에서 얻어진 결과는 지속적으로 검토되고 실행되어 최고의 수준에까지 도달하는 것이 중요하다. 벤치마킹을 통하여 만족스러운 수준에 도달하였다 하더라도 경쟁사 또는 벤치마킹 대상업들도 또한 최고를 향하여 변화하기 마련이다. 그러므로 새로운 목표를 다시 설정하고 실행하여야 한다. 벤치마킹은 일회로 끝나는 것이 아니라 지속적으로 계속 실행되어야 할 중요한 활동이라 할 것이다.

## 〈경영의 실천〉 KODAK의 몰락과 로체스터市

미국 뉴욕주 북부 오대호 연안에 자리 잡은 로체스터시. 실리콘밸리처럼 잘 알려진 클러스터(산업집적단지)는 아니지만 '옵티컬'(광학)산업이 몰려 있는 도시다.

복사기로 유명한 제록스, 세계적인 광학기기 회사 바슈롬이 로체스터에 근거지를 두고 있다. 로체스터대학과 RIT공대에서도 광학 관련 연구가 활발하다. 여러 기업이 있지만 로체스터의 상징은 뭐니 해도 'KODAK'이다.

19세기 후반 조지 이스트만은 이 곳에 자신의 이름을 딴 이스트만 KODAK을 설립했다. 이스트만 KODAK 박물관, 이스트만 KODAK 음대 등 도시 곳곳에 KODAK의 자취가 서려 있다. KODAK 제록스가 잘나가던 시절 로체스터는 부러움의 대상이었다.

KODAK은 100년 넘게 승승장구했다. 누구도 KODAK의 실패를 의심치 않았다. 적어도 디지털이 세상을 지배하기 전까지는 그랬다. 하지만 디지털 시대를 선점하지 못한 KODAK은 명성을 잃기 시작했다.

도시 북부에서는 폐쇄된 KODAK 공장을 무너뜨리고 있는 포크레인의 굉음만이 요란하다. 로체스터도 서서히 활력을 잃고 있다. 일자리도 줄었다. KODAK은 잇따라 인력 감축계획을 발표했다.

일자리 수만 놓고 보면 제록스는 1만 6,000명 정도를 고용하고 있는 로체스터대학에 2위 자리를 넘겨줬다. 로체스터대학이 KODAK을 누를 날도 머지않았다.

대학 중심의 클러스터 완성이라는 긍정적인 면이 부각되기에는 KODAK 제록스 등 세계적 기업의 빈자리가 너무 크다. 시민들도 일자리와 소비가 넘치던 시절을 그리워한다. 기업이 쇠퇴하면서 도시도 쇠퇴하고 있는 것이다.

— 매일경제 2005/09/07 —

# 제 13 장

# 인터넷 경영이란 무엇인가

## 제 1 절 사이버공간

### Ⅰ. 사이버공간의 의의

사이버공간이 우리 앞에 펼쳐졌다. 최근 '사이버공간', '사이버 학교', '사이버 시대', '사이버 인간' 등의 단어가 널리 사용되고 있다. '사이버'(cyber)를 '가상'으로 번역하여 '가상공간', '가상학교', '가상교회' 등의 용어를 사용하기도 한다. 원래 '사이버'(cyber)라는 단어는 고대 그리스어 큐베르나오(χυβερναω)에서 나온 것으로서 기본적으로는 "배의 길을 조종하다"(steer)라는 뜻을 가지며 명사형인 큐베르네테스(χυβερναω)는 '조타수, 조종사, 인도자, 통치자' 등의 뜻으로 사용되었다. 세계 2차 대전 중 미국 MIT의 수학자 위너(Norbert Wiener, 1894－1964)가 국방연구위원회의 요청에 따라 적기의 움직임을 미리 예측해서 포를 발사하는 대공예측기(anti－aircraft predictor) 개발을 담당하면서 체계적인 사이버네틱스 이론을 전개하였는바 이를 더욱 발전시킨 것이 1948년에 발간한「사이버네틱스: 혹은 동물과 인간의 통제와 커뮤니케이션」(Cybernetics : or Control and Communication in the Animal and the Machine, 1948)이다. 이 개념은 "생체와 기계에서의 전달과 제어 등의 공통적인 원리를 규명하는 학문"으로서 1941년 '인공두뇌학'(cybernectics)이란 용어를 처음 만들었다. 그 후 마이클(D. N. Michael)은 1961년에 "기계에 의해 제어되는 이론, 실천 혹은 상황"이란 의미로 '인공두뇌'(cybernation)란 용어를 만들었고 1962년에 가즈(C. Gaz)는 '사이버화된 사회'라는 용어를 사용하여 "기계가 컴퓨터에 의해 제어될 때, 인간 작동자는 불필요해지고 사회는 사이버화되며 많은 직업들이 사이버화할 것"이라고 예언한 바 있다.

그러다 최근에 들어와 사람들은 '사이버공간'(cyber space)이란 용어를 만들었는데 이 용어는 "컴퓨터와 통신망을 통해 형성되는 가상의 공간"을 가리킨다. 그러나 어근을 따져 보면, 이것은 단순한 '사이버공간'이란 뜻보다는

"인공두뇌가 기계와 전자장치로 스스로 제어하는 공간"이란 의미를 갖는다. 바꾸어 말하면 사이버공간이란 인공지능의 공간을 말한다. 실제 사이버공간이란 용어는 다양하게 정의되고 있으나, 두산세계대백과 EnCyber에 의하면 "전세계 컴퓨터 네트워크에 의하여 형성되는 3차원 공간"으로써 이 공간은 전통적인 인간의 사회생활 공간과 구분된다.

어떻든 20세기 문명의 총아인 컴퓨터 공학이 만든 '사이버공간'은 지난 2000년 동안 인간들이 경험하지 못한 새로운 세계관과 인간관에 대해 도전하고 있다. 컴퓨터 네트워크 기술이 하루가 다르게 발전하면서 통합정보통신망(ISDN)이 이루어지고 정보고속화도로가 완성되면 모든 세계가 하나의 거대한 통신망으로 짜여지게 될 것이다. 이 때가 되면 인간은 가상공간에서 시간과 공간을 초월하는 놀라운 경험들을 하게 되리라고 생각된다. 이미 우리는 사이버공간 속에서 모든 정치와 경제, 문화 및 종교 경험을 실험하고 있지만, 날이 갈수록 이 새로운 '우주 공간'의 영향력은 확대되고 심화될 것이며 우리 삶을 예상할 수 없을 정도의 충격적 변화를 가져올 것이다.

## Ⅱ. 사이버공간의 특징

우리는 지금까지 같은 장소, 같은 시간에서만 직접 대면하여 대화하고 교류하는 전통적인 생활공간과 생활양식을 유지하여 왔지만 이제 현실공간과는 전혀 다른 새로운 공간, 즉 사이버공간이 우리 앞에 출현하였다. 이 사이버공간은 어떤 특징을 갖는 것일까? 본 서에서 논하고자 하는 인터넷 경영과 관련하여 사이버공간의 특성으로는 다음 몇 가지를 들 수 있을 것이다.

(1) 시공을 초월하는 동시적 혹은 비동식적 의사소통 공간 : 컴퓨터 네트워크에 의해 생성되는 사이버공간은 무한이 크며 이 공간상에서 이메일, 전자게시판, 카페 등을 통해 사용자는 원하는 시점에 남의 글을 읽거나 자신의 글을 보낼 수 있는 비동시적 의사소통을 할 수 있으며, 대화방과 같은 채팅방(chatting room)에서는 미리 정한 시간에 각종의 정보를 동시에 교환할 수 있다.

(2) 변화하는 맞춤형 정보 공간 : 급격하게 변화하는 이용자의 욕구에 따라 필요한 정보를 맞춤형으로 제공할 수 있는 공간이며 고정되어 있지 않고 계속적으로 변화한다.

(3) 새로운 공동체 공간 : 시간과 공간을 초월하여 한 개인이 수많은 사람

들과 동시에 관계를 맺을 수 있는 공동체 공간이다. 동아리에서나 볼 수 있는 그러한 동질감을 갖거나 결속력이 강하여 집단이기주의적인 표현을 강하게 나타내기도 하며 다른 그룹이나 개인을 쉽게 비방할 수 있다.

(4) 이용자 중심의 공간 : 일방적인 전달위주의 정보제공이 아니라 서로 주고받는 쌍방향의 정보를 제공할 수 있는 공간이며 이용자중심의 공간이다. 이용자의 관심을 끌지 못하는 정보는 그 내용에 관계없이 무시되고 말지만, 일단 이용자의 관심을 끄는 정보에 대해서는 다수의 이용자들이 한꺼번에 접근하여 이메일 등을 통해 신속하게 전파된다.

(5) 정보의 가공과 유통이 편리한 공간 : 필요한 정보를 쉽게 구할 수 있을 뿐만 아니라 정보를 쉽게 가공하고 수많은 사람들에게 신속하게 전달할 수 있는 공간이다. 인터넷에서 우리는 검색엔진을 통해 원하는 수많은 정보를 단시간에 얻을 수 있고 쉽게 가공할 수 있다.

(6) 익명성이 보장되는 비대면적 공간 : 서로 얼굴을 마주하지 않고도 의사소통을 할 수 있기 때문에 익명성이 보장된다는 특성을 갖는다. 이 특성 때문에 욕구나 불만 등의 감정을 거침없이 표출할 수 있어 개성의 표현은 자유로우나 음란성, 무례한 언어, 비난, 남의 인격비하 등이 난무하여 무질서가 판을 치기 쉽다.

(7) 평등성과 개방성 공간 : 현실공간에서와는 달리 사이버공간에서는 누구나 동등하게 취급되는 평등성을 가지며 어느 한 그룹이나 개인이 독점적으로 그 공간을 차지할 수 없는 개방성을 지니고 있다.

(8) 만남과 헤어짐이 용이한 공간 : 사이버공간에서는 자신의 모습을 감출 수 있음으로 상대방에게 자신의 모습을 다양하게 쉽게 바뀔 수가 있다. 또한 현실에서는 만남과 헤어짐에는 상당한 제약이 따르지만 사이버공간에서는 그 비대면성으로 인해 만남과 헤어짐이 용이하게 이루어진다.

## Ⅲ. 사이버공간의 발전이유

오늘날 우리 앞에 새로이 등장한 사이버공간은 우리가 부딪혀야 할 현실이다. 이 공간은 현실적 공간 못지않게 그 비중이 점차 높아지고 있으며 또 더욱 급속한 속도로 널리 그 영역을 확장해 갈 것으로 예상된다. 이러한 현상은 다음의 3가지 요인, 즉 높은 PC 보급률, 각종 정보기술의 발달, 관련 소프트웨어의 발달 및 사이버공간이 갖는 잠재력에 기인한 것이다.

## 1. 높은 PC 보급률

전자산업진흥회의 '2000년 한국의 컴퓨터 보급현황'에 따르면 지난 한 해 동안 보급된 PC는 99년보다 59.7% 증가한 총 460만 2,000대, 서버 및 워크스테이션은 190.8% 증가한 9만 4,830대, 범용컴퓨터는 61.8% 증가한 1만 6,363대로 각각 나타났다. 이에 따라 PC의 경우 가구당 보급률은 97년 16%(6.3가구당 1대), 99년 19.4%(5.2가구당 1대)에서 2000년에는 26.8%(3.7가구당 1대)로 높아졌다.

PC 1대당 사용인원도 97년 6.6명, 99년 5.5명에서 2001년에는 4.2명으로 분석됐다. 또, 같은 해 말 현재 우리나라에서 가동되고 있는 PC는 1천 125만 5천대, 서버 및 워크스테이션은 16만 9천 222대, 범용컴퓨터는 5만 7천 800대인 것으로 조사되었다. 특히, 2001년에 보급된 PC 가운데 펜티엄 III가 357만 3천대로 전체의 77.6%를 차지해 인터넷과 멀티미디어의 붐을 타고 PC의 고급화가 급진전되고 있음을 보여 주었다.

또 데스크탑 PC의 보급은 지난해 325만 3천대로 전년 대비 60.1%가 증가했으며 노트북 컴퓨터의 보급은 45만 9천대로 56.1%로 증가했다.

2001년말 현재 국내 PC 보급률은 26.8%로 3.7가구당 1대 꼴로 PC를 보유하고 있는 것으로 조사됐다.

이러한 PC 보급률은 컴퓨터의 이용률을 높이고 결과적으로 사이버공간에 대한 관심을 높이게 된다는 것은 지극히 당연한 일이라 할 것이다.

## 2. 정보기술의 발달

둘째는 멀티미디어 기술을 근간으로 한 각종 정보기술의 발달을 들 수 있다. 모뎀을 통해 개인간 통신뿐만 아니라 가상세계에 가상공동체를 만들어 활동하는 모습을 이미 어렵지 않게 찾아볼 수 있다. 이제 인터넷을 이용한 커뮤니케이션은 낯설고 어려운 것이 아니다.

또한 그래픽, 음향, 동화상 정보까지 자연스럽고 신속하게 처리하는 멀티미디어 PC의 발달은 PC사용자의 수준을 하루가 다르게 높여가고 있다. 뿐만 아니라 거대한 용량으로 제공되는 정보를 실시간으로 유통시키기 위한 고속통신 인프라 구축이 기업 및 국가적 차원에서 추진되고 있다. 구체적인 예로 현재 특정 인터넷 서비스 회사에서 제공하고 있는 케이블 TV망을 이용한 광케이블 서비스를 들 수 있다. 광케이블 서비스는 95년에 상용화된 케이블 TV의 회선을 통신 서비스에 적용한 형태로, 속도는 56kbps 모뎀이나 ISDN(64~128khps)보다 훨씬 빠르며 전용선에 비해 요금이 아주 싸다는 것이 큰 장점이다.

특히 우리나라는 인터넷 강국이라 알려져 있다. 2003년 9월 16일 국제전기통신연합(ITU)이 발표한 보고서에 따르면 한국은 초고속(광대역) 인터넷 서비스의 보급률이 인구 100명당 21명으로 단연 세계 1위를 차지했다. 한국에 이어 홍콩(15명)과 캐나다(11명)가 높은 보급률을 보였다. ITU보고서는 2002년 현재 세계 전체의 초고속 인터넷 서비스 가입자는 6,200만 명으로 전년 대비 72%의 증가율을 보였다고 밝혔다. 가입자가 이처럼 폭발적으로 늘어난 것은 가정의 인터넷 수요가 급증한 때문으로 풀이되었다. 보고서는 세계 전체의 인터넷 서비스 가입자 10명당 1명이 초고속 서비스를 이용하고 있지만 한국의 경우는 이미 3년 전에 세계 평균치를 돌파, 현재는 94%가 가입돼 있는 상태라며 경탄을 감추지 못했다.

### 3. 관련 소프트웨어의 발달

웹 브라우저 시장을 차지하기 위해 기존의 선두주자였던 넷스케이프사의 '넷스케이프 내비게이터 · 커뮤니케이터'(Netscape Navigator · Communicator)와 도전자인 마이크로소프트사의 '인터넷 익스플로러'(Internet Explorer)간에 벌어졌던 세기의 대전을 통해 사이버공간과 관련된 소프트웨어는 크게 발전되고 널리 보급되었다. 이들의 성장이 인터넷 시장 성장에 일조하고 있음은 두말할 나위도 없다. 또한 전자화폐에 대한 계속적 연구와 보완체계의 발전을 통해 전자상거래라는 새로운 거래방식이 등장하게 되어 기업활동에 새 지평을 열어주는 계기가 되었다.

### 4. 사이버공간이 갖는 잠재력

사이버공간의 이용률이 급격하게 증가하게 된 이유는 앞에서 설명한 세 가지 이유 외에 사이버공간이 갖는 무한한 잠재력 때문이다. 사이버공간이 지닌 시공을 초월하는 특성 때문에 현실공간에서 실현하지 못하던 많은 일들이 실행가능하게 되었다. 이러한 예는 앞의 e-Biz의 유형에서 보는 바와 같다. 앞으로 곧 실용화될 유비쿼터스의 기술들은 사이버공간과 현실공간의 담을 헐게 될 것이라 예상하고 있다. 우리는 21세기를 맞아 사이버공간이라는 새로운 차원에서 삶을 살아가게 되었으며 그 잠재력은 우리의 예상을 초월하게 될 것이다.

## 제 2 절 전자상거래란 무엇인가?

### Ⅰ. 전자상거래의 정의

전자상거래(Electronic Commerce: EC)란 원래 기업, 개인, 정부 등 여러 경제주체간의 정보통신망을 이용하여 행하는 각종 상거래를 뜻한다. 1999년에 제정된 전자거래기본법에서는 전자거래란 행위뿐만 아니라 공공의 거래도 포함하는 광범한 개념이다. 그 법에 따르면 '전자문서'란 정보처리시스템에 의해 전자적 형태로 작성, 송수신 또는 저장된 정보를 말하며 '전자거래'는 재화나 용역의 거래에 있어서 그 전부 또는 일부가 전자문서에 의하여 처리되는 거래를 말한다.

1980년대 중반부터 사용된 전자상거래란 용어는 원래 전자문서교환(Electronic Data Interchange: EDI)이란 뜻으로 사용되어 왔는데, 이것은 기업들이 비즈니스를 전자적으로 수행할 수 있도록 지원해 주는 컴퓨터간의 인터페이스를 뜻한다. EDI는 구입주문서나 송장(invoice)과 같은 표준 비즈니스 문서들을 전자문서화하여 교환하기 위해 사용하는 표준방법으로서 보통 사설 부가가치 통신망(value added network: VAN)상에서 행해진다. EDI의 최종목적은 기업간의 회계와 구입 등을 담당하는 현장의 비즈니스 애플리케이션들이 인간의 개입 없이 서로 자동적으로 통신하도록 하는 것이었다.

그런데 웹이 발전하면서 인터넷에 접속되어 있는 사람이면 누구나 사고팔기 위한 커뮤니케이션이 가능하였기 때문에 전자상거래는 단순히 사고파는 행위 이상의 것을 의미하게 되었다. 즉, 전자상거래는 정보를 교환하고 정보 자체를 상품으로 팔 수 있는 가능성을 열었다. 이제는 고가의 사설 VAN이 아닌 저렴하고 대중적인 인터넷을 사용함으로써 새로운 형태의 전자상거래를 쉽게 행할 수 있게 된 것이다.

최근에는 전자상거래가 인터넷을 활용하는 데에만 국한되지 않고 전화, TV, 케이블 TV, CD-ROM 따위를 이용한 전자 카탈로그, 사내 전산망 등 다양한 정보통신매체를 이용하여 상품과 서비스를 전자적으로 유통시키는 모든 유형의 상업적인 행위를 뜻하는 것으로 확대되고 있다.

앞에서 본 바와 같이 전자상거래는 환경변화를 수용하며 계속 확장되는 개념이기 때문에 학자들마다 전자상거래에 대해 다르게 정의하고 있으나 이 책에서는 전자상거래란 "인터넷 네트워크를 기반으로 하여 경제주체들이 제품이나 서비스 및 정보를 대상으로 가치의 교환을 통해 사업을 수행하는 것"으로 정의하기로 한다.

## Ⅱ. 전자상거래의 분류

전자상거래를 분류하는 기준에는 여러 가지가 있지만, 거래처인 개인, 기업, 정부간의 관계에 의해 다음 몇 가지로 분류될 수 있다.

### 1. 기업간 전자상거래(B2B)

기업간 전자상거래(business to business EC)란 흔히 B-to-B나 B2B로 표기한다. 이것은 기업간의 각종 상거래나 업무처리를 인터넷과 같은 전자적인 방식으로 처리하는 것을 가리킨다. 기업간 전자상거래는 전자데이터교환(Electronic Data Interchange: EDI)을 사용한 기업간 정보시스템(IOS: Inter-organizational System)에서부터 시작되었는데, 이것은 기업간의 거래에 초점을 두고 원자재의 판매 및 공동구매, 제품의 공동개발과 생산, 금융결제, 기술정보 등의 활동이 이루어진다.

### 2. 기업과 소비자간 전자상거래(B2C)

기업과 소비자간의 전자상거래(business to customer or business to consumer EC)는 흔히 B-to-C 혹은 B2C로 표기되며 기업이 고객에게(혹은 고객이 기업에게) 광고, 제품이나 서비스의 판매와 같은 거래를 인터넷과 같은 전자적인 방식으로 행하는 것을 가리킨다. 인터넷 홈쇼핑을 통해 공급자인 기업의 제품과 서비스를 소비자인 개인이 구매하거나 이용하는 전자상거래가 B2C의 전형적인 형태이다. 이에는 인터넷 쇼핑몰, 인터넷 뱅킹, 증권 사이트, 공연, 여행관련 예약, 인터넷 방송 및 신문 등을 들 수 있다.

### 3. 기업과 정부간 전자상거래(B2G)

기업과 정부간의 전자상거래(business to government EC)란 흔히 G-to-B 혹은 G2B로 표기하며 이것은 거대한 수요자인 정부가 조달할 상품의 목록과 수량, 조달조건 등을 사이트에 공시하면 기업들이 이를 확인한 후 입찰하여 거래가 이루어지게 하는 과정이 대표적인 거래로서 이 모든 과정은 전자적으로 행해진다. 정부는 인터넷을 통해 기업에게 매출액을 신고하게 하거나 세금을 부과하여 이를 징수하고 기업에게 서비스를 제공하기도 한다.

이외에도 소비자간 전자상거래(customer to customer or Peer to peer: C2C or P2P), 정부와 소비자간 전자상거래(government to customer: G2C) 등 다양한 형태가 존재한다.

C2C는 소비자가 다른 소비자에게 직접 거래하는 것으로서 인터넷상에 벼룩시장을 개설하고 개인적으로 부동산이나 승용차 등을 판매하거나 개인의 서비스광고나 지식 및 전문기술을 인터넷을 통해 거래하는 것도 이에 속한다 할 것이다.

정부가 전자상거래를 통해 호적등본, 주민등록증 혹은 기타 서류를 개인에게 발행하거나 개인에게 세금을 부과하고 징수하며 각종의 서비스를 주민들에게 행하는 것 등의 거래는 G2C에 해당된다.

## Ⅲ. 전자상거래의 이점

소득이 높아짐에 따라 소비자의 욕구는 급격이 변화되고 다양하게 바뀌고 있다. 그러므로 기업은 고객의 욕구를 신속히 파악하여 이를 충족시킬 수 있는 다양한 제품을 짧은 시간 안에 능률적으로 생산하여 공급하여야 무한경쟁에서 우위를 확보할 수 있다. 전자상거래는 기업이 경쟁에서 우위를 확보하기 위한 전략적 도구가 될 뿐만 아니라 소비자의 욕구를 충족시키는 수단이 될 수 있다. 그러므로 기업의 측면에서는 전자상거래의 도입이 필수적이며 소비자의 측면에서도 자신의 다양한 욕구가 충족되게 하기 위해서는 전자상거래를 이용하는 것이 합리적이다. 전자상거래를 도입함으로써 얻을 수 있는 이점을 마케팅, 소비자 지원, 공중관계, 내부의사소통 등 네 가지 측면에서 살펴볼 수 있다.

(1) 마케팅 측면 : 기업은 전자상거래를 통해 고객과의 관계를 증진하고 새로운 판매기회를 신속하게 파악할 수 있고 고객에게 필요한 정보를 적시에 제공함으로써 고객의 반응에 따라 적절한 서비스를 행함으로써 마케팅 과정에서 발생하는 불필요한 비용을 크게 감소시킬 수 있다.

(2) 소비자 지원 측면 : 기업은 전자상거래를 통해 소비자 지원비용을 절감할 수 있고 소비자에게 제공되는 제품이나 서비스에 대한 정보를 지속적으로 제거할 수 있으며, 소비자의 요구와 불만에 즉각적으로 대응함으로써 소비자와 유대를 강화할 수 있다.

(3) 공중관계 측면 : 전자상거래 도입으로 인한 공중관계(public relations: PR) 측면의 이점으로는 소비자에게 최신 정보를 제공함으로써 기업의 신뢰도와 이미지를 높일 수 있고, 지속적이며 신속한 투자정보와 구매관련 정보를 제공함으로써 공중과의 관계를 강화할 수 있다.

(4) 내부의사소통 측면 : 상거래의 도입으로 기업이 얻게 되는 내부의사소통 측면의 이점은 프로젝트 공동 수행, 아이디어 공모 및 그룹토의 등이 가능하게 되어 팀이나 부서간 의사소통을 통합적으로 진행하고 조직학습을 향상할 수 있다는 점이다.

이러한 이점들은 전자상거래가 지닌 기술적 문제, 보안 문제, 전자화폐 문제, 법률적 문제, 관세 문제 등 여러 가지 해결해야 할 과제를 지니고 있음에도 불구하고 전자상거래의 도입을 정당화한다.

# 제 3 절 e-Biz의 사업형태

## Ⅰ. e-Biz 사업의 분류와 요약

시간의 흐름에 따라 앞으로 사이버공간은 더욱 확장될 것이며 그 이용분야도 다양하게 폭발적으로 증가될 것이다. 최근 들어 사이버공간은 다양한 형태로 우리 생활에 더욱 깊숙이 뿌리를 내리고 있다. 전자상거래 등을 통해 경제와 경영의 활동이 그 곳으로 옮겨지고 있으며 사이버공간은 앞으로 정치, 문화, 교육, 예술, 종교 등 모든 인간활동영역을 수용하게 되고 또 재편하게 될 것이다. 인터넷이란 용어와 결부되어 이 사이버공간은 삶의 다양한 영역에서 여러 가지 형태와 명칭으로 폭발적인 속도로 그 이용범위를 넓혀가고 있다. 전자상거래, e-Biz, 전자마케팅 등 다양한 이름으로 불리고 있으나 일반적으로는 사이버공간상의 활동을 본서에서는 간단히 e-Biz라 부르기로 한다.

〈표 13-1〉은 e-Biz의 유형과 대표적인 홈페이지를 보여 주고 있다.

e-Biz의 사업유형은 학자에 따라 다양하게 분류되고 있다. 팀머스(Timmers)는 가치사슬(value chain)에 의해 비즈니스 사업을 11개의 유형으로

〈표 13-1〉 e-Biz 사업의 분류

| 대 분 류 | 소 분 류 | 보 기 |
|---|---|---|
| 쇼핑사업형 | 쇼핑사업형 | http://www.internetpark.com |
| | | http://www.lotte.com |
| 경매사업형 | 일반경매형 | http://www.auction.co.kr |
| | 역경매형 | http://www.ebah.com |
| 포털사업형 | 수평적 포탈사업형 | http://www.hahoo.co.kr |
| | | http://www.daum.net |
| | 수직적 포탈사업형 | http://www.doctor.co.kr |
| | | http://www.lexis.com |
| 동적가격사업형 | 지정가격사업형 | http://www.price.com |
| | 비교가격사업형 | http://www.mysimon.com |
| 금융사업형 | 증권거래 사업형 | http://www.samsungfn.com |
| | | http://www.etrade.com |
| | 대출사업형 | http://www.loansero.co.kr |
| | | http://www.money119.com |
| 온라인인재선발 사업형 | 인재선발 사업형 | http://www.joblink.co.kr |
| | | http://www.monster.com |
| 뉴스서비스 사업형 | 뉴스 서비스 사업형 | http://www.kinds.or.kr |
| | | http://www.cnn.com |
| 온라인 여행 및 엔터테인먼트 사업형 | 여행 서비스 사업형 | http://www.kyha.or.kr |
| | | http://www.travelocity.com |
| | 엔터테인먼트 사업형 | http://www.soribada.com |
| | | http://www.cartoonp.com |
| E-교육사업형 | E-교육사업형 | http://www.inet-school.co.kr |
| | | http://www.sova.com |

분류하였고 Jutla는 상품전달과정과 제품 근원지를 기준으로 하여 제조업자, 브로커, 경매의 세 가지로 분류하였다. 그러나 베리만(Berryman)은 시장 주도자가 누구인가에 따라서 구매자 통제시장, 판매자 통제시장, 중립적 시장으로 분류하였다. 본서에서는 이들 연구결과를 종합하여 다음의 10가지 유형으로 분류하여 소개하기로 한다.

## Ⅱ. e-Biz 사업

### 1. 쇼핑 사업형

e-Biz의 대표적 사업이 쇼핑 사업형이다. 이 사업에서는 사람들이 온라인으로 쇼핑을 한다. 이들은 웹상에서 거래처리, 보안, 온라인 지불 및 정보저장을 행하고 온라인으로 제품과 서비스를 구매한다. 이 사업형에서는 구매자와 판매자가 직접적으로 상호 작용한다는 특징이 있다. 온라인 사업형의 비즈니스를 수행하기 위해서 온라인 상인들은 제품의 온라인 카탈로그를 조직화하고, 웹을 통해 주문을 받고, 보안이 유지되는 상태에서 전자결제를 하고, 고객에게 상품을 배송하고, 고객의 자료를 관리하게 된다.

### 2. 경매 사업형

경매(auction)의 사전적 의미는 "사겠다는 사람이 많을 때 값을 제일 많이 부르는 사람에게 파는" 것으로서 특히 골동품, 미술품 유명인의 개인 수집품 등 객관적 가치나 가격을 매기기가 어려운 물건들에 대해 가격을 결정하여 상 거래하는 것을 뜻한다. 따라서 인터넷 경매란 웹 환경에서 판매자와 구매자가 인터넷에서 흥정을 통해 상품의 가격을 결정하여 물건을 구매하는 것을 말한다.

온라인을 통해 다양한 종류의 경매를 행할 수 있다. 해당 품목에 대해 가장 낮은 가격의 경매 사이트를 찾아주는 웹사이트도 있다. 일반적으로, 경매 사이트는 인터넷 사용자들이 로그온(log on)하여 입찰자나 판매자의 역할을 가능하게 하는 공공입찰 장소로서의 역할을 수행한다. 판매자일 경우에는 경매품목을 등록시키고 희망하는 최소 가격과 경매의 마감기간을 정할 수 있다. 어떤 사이트는 경매품목에 대해 특징과 사진, 현재의 상태 등을 보여 준다. 입찰자는 찾고자 하는 품목이 존재하는 사이트를 검색할 수 있고, 현재의 입찰

활동을 관찰하고, 입찰가격을 결정한다. 어떤 사이트는 최고의 입찰가격을 제시하고, 입찰에 응하게 한다.

### 3. 포털 사업형

포털(portal) 사이트에서 방문자들은 원하는 모든 정보를 탐색할 수 있는 기회를 갖는다. 즉 뉴스, 스포츠, 날씨 정보뿐만 아니라 웹의 탐색능력까지도 제공받는다. 대부분의 사람들은 포털을 검색엔진으로 생각한다. 검색 엔진은 수평적인 포털로서 폭넓은 정보들을 주제별로 집합시켜 주는 포털이다. 또 수직적 포털이 있는데 이것은 구체적인 관심 영역에 관한 방대한 양의 정보를 제공한다.

야후(www.wahoo.co.kr), 다음(www.daum.net), 한미르(www.hanmir.com), 네이버(www.naver.com), 구글(google.co.kr) 등의 포털 사이트는 사용자들에게 다양한 제품을 보유하고 있는 수천 개의 온라인 쇼핑 사이트들을 연결시켜 준다. 고객과 온라인 상점, 온라인 쇼핑몰, 경매 사이트를 연결시키는 포털은 여러 가지 이점을 제공해 준다.

### 4. 동적 가격 사업형

웹 환경은 기존의 비즈니스 방식이나 제품의 가격결정 방식을 변화시키고 있다. 프라이스 라인(www.priceline.com)과 같은 기업에서는 고객들이 여행, 가정용품, 자동차와 일반 상품에 대해 자신들의 가격을 지정할 수 있다. 과거에는 물건을 싸게 사기를 원하는 사람들이 수많은 지역 도소매업자들을 방문하면서 했지만 오늘날에는 몇 번의 마우스 클릭으로 고객이 원하는 가장 낮은 가격대의 상품들을 발견할 수 있게 되었다.

### 5. 온라인 금융 사업형

금융관련 사업형은 온라인 증권거래 사업형과 온라인 대출사업형으로 나눌 수 있다.

온라인 증권거래 사업형은 증권의 매매, 거래조회, 거래결제, 투자분석, 자금의 이체, 정보교환뿐만 아니라 유가증권의 발행, 발행공시 분류판매 등 유가증권의 발행 및 유통에 관련된 일련의 과정 중 일부 또는 전부가 사람간의 접촉 없이 컴퓨터에서 수행되는 것을 말하다. 이를 홈 트레이딩(Home

Trading Service: HTS)이라고도 한다.

온라인 대출사업형도 e-Biz의 중요한 영역으로 자리잡아 가고 있다. 온라인 대출 사이트에서 고객들은 전통적인 대출채널을 통해 대출을 받을 때보다 더 저렴한 비용으로 온라인 대출을 받을 수 있다. 온라인 대출 사이트인 론세로(www.loansero.co.kr)는 대출전문 중개 사이트로 다양한 금융정보로 개개인의 신용정보에 의해 적합한 대출상품의 비교분석, 최저금리 선택 등 대출심사에서 실행단계에 이르기까지 수준 높은 대출서비스를 제공해 준다.

## 6. 온라인 인재선발 사업형

온라인에서 인재선발과 직업검색을 효과적으로 수행할 수 있다. 인터넷은 고용인이나 구직자 모두의 능력을 향상시켜 준다. 구직자는 어떻게 이력서를 써야 하는지 이력서를 온라인에 어떻게 게시하는지 배울 수 있고, 구인란을 통해 원하는 직장을 찾을 수 있다. 고용자들은 온라인에 구인광고를 내고, 다수의 지원자들은 구인광고를 검색할 수 있다. 또한 취업 사이트들이 그 동안 대졸 신입 위주의 채용정보에서 경력자, 파견 근로자, 아르바이트 등 최근 고용추세에 부합하는 쪽으로 콘텐츠를 확대하고 있어 주목을 끌고 있다

## 7. 온라인 뉴스 서비스 사업형

정보시대의 도래로 출판업계나 뉴스산업에서 웹이 주요한 역할을 수행하고 있다. 대표적인 국내뉴스 서비스 제공업체로는 국내 종합뉴스 데이터베이스인 카인즈(www.kinds.or.kr)를 들 수 있는데, 국내 종합일간지, 경제일간지, 시사잡지 등의 기사를 검색할 수 있으며, 실시간으로 뉴스속보 서비스를 제공받을 수 있다. 또한 특정 산업에 관련된 뉴스를 제공하는 다양한 사이트가 있다. 세미 월드(www.semiworld.co.kr)는 반도체재료 관련 전문, 최신뉴스 서비스, 신공정 정보, 기술자료 제공, 전 세계 재료제조업자 정보 및 각 제품의 상세 정보, 전문 검색엔진, 컨설팅, 세미나, 전시회, 업계동향 및 저널 등을 제공해 주며, 한국 자동차산업 서비스(www.tank.co.kr)는 자동차산업 관련 뉴스 서비스, 통계, 업계동향, 생산, 내수, 수출전망에 관한 정보 및 격주간으로 영문 자동차 산업분석지를 발행하고 있다.

## 8. 여행 및 엔터테인먼트 사업형

웹 항해자는 온라인에서 여행에 관한 정보와 엔터테인먼터를 위한 각종의 오락에 관한 서비스를 받을 수 있다.

여행을 하려는 사람들은 웹을 통해 여행에 관한 각종 서비스를 받을 수 있다. 여행에 관한 각종의 정보를 검색하고 조정할 수 있다. 대부분의 항해자들은 이러한 서비스를 받을 수 있기 때문에 불필요한 비용을 절약할 수 있다. 여행 온라인 사이트에서 고객들은 가장 저렴한 가격, 최상의 시기, 최고의 숙박시설을 찾을 수 있다.

온라인 엔터테인먼트 산업은 앞으로 부각될 인터넷 산업영역 중 하나로서 벌써 국내에서도 많은 기업들이 온라인 엔터테인먼트 산업에 진출하고 있다. 온라인 엔터테인먼트 산업에는 음악, 영화, 연극, 만화, 게임 등 다양한 분야가 있다. 온라인 엔터테인먼트 사업은 논쟁이 끊이지 않고 있는 산업이다. 냅스터(www.napster.com) · 소리바다(www.soribada.co.kr)와 음반사 간의 분쟁에서 본 바와 같이 인터넷 저작권 소송은 개인이 음악, 비디오와 같은 미디어를 거래하기 위해 인터넷을 사용할 때 자주 발생한다.

인터넷을 이용하여 영화에 대한 최근 소식을 전해 주고 있는 사이트인 시네서울(www.cineseoul.com)에서는 최근 국내에서 상영되고 있는 영화와 이와 관련된 주인공들에 대한 소개 및 주요 장면을 미리 볼 수 있다. 이스크린(www.escreen.co.kr)에서도 개봉작을 살펴볼 수 있는데 영화인과 영화음악 및 뮤직 비디오 등을 소개하는 영화 월간지 「스크린」의 인터넷 사이트이다. 인터넷의 발전으로 인해 각 방송국들은 새로운 형태의 방송을 시도하고 있고 기존 방송국 외에도 다수의 인터넷 방송국이 개국되었다.

## 9. e-교육사업형

e-교육산업이 급속하게 성장하고 있다 산학협동교육 기업들은 웹에서 고품격 교육 서비스를 제공하고 있다. 기업들은 e-교육제품과 서비스를 콘텐츠 창출자나 출판업자로부터 모으며, 회비를 낸 개인과 기업에게 서비스를 제공한다. 오디오, 비디오 기술의 발전으로 e-교육 프로그램의 질은 높아질 것이다.

온라인 교육업체는 크게 솔루션 제공업체와 콘텐츠 제공업체로 나뉜다. 솔루션은 동영상, 전자칠판, 음성을 이용한 원격강의 시스템과 문제은행 및 모의고사 시스템 등의 형태로 제공된다. 이 분야의 대표 주자로 인투스테크놀러지(www.intus.co.kr)와 ANS(www.ans.co.kr)를 들 수 있다. 인투스테크놀러지는 실시간 동영상으로 쌍방향 대화가 가능하고 다양한 컴퓨터 규격에 맞출 수 있는 고난도 솔루션 '에이스플러스'(ACE+)를 주력으로 내세우고 있다. ANS는 인터넷 웹 기반의 실시간 교육 솔루션인 '나누미'(NaNumi)를 선보이고 있다. 이에 비해 콘텐츠 제공업체는 자체 개발하거나 다른 업체로부터 공급받은 솔루션을 기반으로 콘텐츠를 제공하고 있다. 요즘 잇따라 생겨나고 있는 인터넷 교육 사이트는 모두 콘텐츠 제공업체이다. 대표적인 국외 e-교육 사이트인 사바(www.saba.com)는 e-교육자료와 교육과정을 축적하고 있으며 기업들은 사바 교육 e-상점을 개설할 수 있고, e-교육 제품들을 팔 수 있다. 사바는 고객이 전통적 교육방식인 교육자-주도 학습과정에서 웹-기반 교육 학습과정으로 전환하는 것을 지원해 준다.

지금까지 살펴본 e-Biz의 유형은 우리의 사회가 옛날과 전혀 다른 사회로 변모하고 있으며 이것은 e-Biz라 불리는 새로운 사업이 사이버공간에서 실현되고 있음을 보여 주는 것이며 그 잠재력은 대단하기 때문에 우리의 생활양식을 바꾸어 놓는 획기적인 일들이 진행되고 있다. 앞으로 이 사이버공간은 지금 우리가 상상하지 못하는 놀라운 일들을 행하고 말 것이라 생각된다. 예컨대, 전자신문(2003년 11월 4일)에 따르면 인터넷 쇼핑몰업계의 대표주자인 LG 이숍(e-shop)의 2003년 10월 한달 주문금액이 업계 최초로 500억 원을 넘는 511억 원을 기록해 오프라인 유통업을 대표하는 백화점이나 할인점의 월 판매금액을 넘어서는 수치로 전자상거래 시장의 괄목할 만한 성장세를 상징하는 것이어서 주목된다. LG 이숍이 첫 선을 보인 지 3년 6개월만에 월 거래매출 '500억 원 고지'를 넘어선 것이다. LG 이숍은 지난 2000년 5월 첫 선을 보인 이후 2001년 10월 165억 원, 2002년 10월 367억 원에 이어 이번에 511억 원의 주문 액수를 기록해 연평균 80%의 높은 성장세를 유지했다. 양승환 본부장은 "2000년 5월에 쇼핑몰 후발 주자로 사업을 시작해 1년만에 정상권 쇼핑몰로 도약, 2001년말부터는 사실상 매출 1위를 기록했다"며 "주문금액 500억 원 돌파는 인터넷 쇼핑몰이 백화점 · 할인점 등 다른 유통업태와 어깨를 나란히 하게 되었다는 청신호"라고 말했다.

## 〈경영의 실천〉 미국기업들 '사이버영토' 쟁탈전

"폭발적인 성장세를 구가하며 새로운 패러다임을 창조해 나가는 '인터넷로켓'을 타지 못한 기존미디어들은 망한다." 이것은 미국의 투자은행인 알렌이 지난 7월 아이다호타州 선밸리市에 마련한 연회에 참석한 섬너 레드스톤 바이어콤 회장, 존 멜론 리버티 미디어 회장, 제리 양 야후 회장, 제프리 베조스 아마존 회장 등 미디어거물들이 나눈 공통된 화제였다.

TV와 PC의 기능이 하나로 통합되면서 '기존 미디어'와 '새로운 미디어'들이 21세기 웹세상을 지배하기 위해 치열한 경쟁을 벌이고 있다고 비즈니스위크가 보도했다. '약속의 땅'을 먼저 차지하기 위해 너나 할 것 없이 도전장을 내밀고 있는 것이다. 미디어업체들의 최근 동향을 살펴보면 첩보전을 방불케 한다. 라이언 킹 등의 만화영화로 아성을 구축하고 있는 월트 디즈니는 인포시크사社의 지분 57%를 사들여 자사가 운영하고 있는 Go Nertwork와 묶어 웹사업부를 만들겠다는 계획을 발표했다. 타임워너와 소니는 CDnow를 함께 매입해 세계최대 온라인 음악판매업체를 세우겠다는 야심찬 본심을 드러냈다.

USA 네트워크는 마이크로소프트(MS)의 사이트워크를 인수해 자사가 이미 소유하고 있는 티켓마스터 온라인 시티서치와 합병할 예정이다. 루퍼트 머독의 뉴스코퍼레이션은 웹 벤처캐피털관련 자회사를 출범시켰고, CBS는 넷회사인 메드스케이프의 지분을 과반수 이상 확보했다. 야후와 아메리카 온라인(AOL)은 각각 초고속넷접근 파이프라인(전화선) 사용권을 먼저 잡아 두기 위해 케이블업체의 공룡인 AT&T와 개별 협상을 벌였다.

이 같은 물밑접촉은 조만간 끝나지 않고 앞으로도 계속될 전망이다. 넷세계를 누가 확보하느냐에 따라 업계판도는 물론 이들의 생사를 가르게 될 것이다. 쥬피터 커뮤니케이션스가 최근 공개한 광고추이만 비교해 보아도 넷세계의 중요성을 실감할 수 있다. 웹은 지난 해 총광고지출비 1,560억 달러 중 1.2%인 18억 달러를 차지했지만, 2002년에는 총광고비의 4%인 77억 달러로 껑충 뛸 것이라고 쥬피터는 전망했다.

TV 시청자는 갈수록 줄어 웹의 본 게임이라는 전자상거래와 직접마케팅 비즈니스 규모는 현재 2,500억 달러에 달하고 있다. 특히 웹의 직접마케팅은 아직 미미하지만 급신장하고 있어 매출이 지난 해 1억 9,000만 달러에서 올해 3억 5,300만 달러, 2002년에는 13억 달러로 늘어날 것으로 보인다. 이런 점에서 웹은 미디어업체들에 축복과도 같은 존재인 것이다. 웹은 해적판음악에서 광고에 이르기까지 기존사업을 근본적으로 뒤흔들었지만, 한편으로는 사라져 가는 시장으로 간주된 미디어에 활력을 새롭게 불어 넣고 있다.

최근 들어 방송시청자들이 계속 줄어 고전을 면치 못했던 CBS와 NBC는 스포츠 라인 USA와 Snap.com 포털로 기존시청자들의 눈길을 끌면서 재생의 기쁨을 맛

보고 있다. "기존 미디어회사들은 느리지만 자기들 나름대로 온라인사업을 추진하고 있고, 인터넷회사들은 미디어사업에서 나오는 수익을 쫓고 있다"고 컨설팅업체인 부즈 앨런&해밀턴의 미디어담당 마이클 울프 팀장이 말했다.

결과적으로 보면 미디어업체들이 웹관련기업을 인수하거나 제휴관계를 맺기 위해 발버둥치고 있는 것이다. 이는 결국 온라인경쟁자들이 물품경매에서 인스턴트 메시징에 이르기까지 상대적인 우위를 가졌다는 의미이다. 온라인업체들은 '글로벌 영역확대, 차별화된 서비스제공' 등으로 주식급등이라는 반대급부를 누려 왔던 것도 이 때문이다. 어떻게 보면 이것들은 기존 미디어업체들이 두 손에 모두 쥐기 힘든 '그림의 떡'이었다. 때문에 미디어거물들은 자신 있게 공개적으로 자신들의 미래를 보장받기 위해서는 웹세계에서 입지를 반드시 확보해야 한다고 밝히고 있다.

마이클 아이즈너 디즈니 회장은 "미래에 선택이 넓어지게 되면 가장 중요한 것이 브랜드이름이 될 것"이라며 월트 디즈니의 장래를 낙관한다. 디즈니가 예상하는 세계는 '텔레퓨전'(telepusion)이다. 즉 슈퍼컴퓨터에 연결된 TV를 보면서 필요할 땐 잠시 중단시키고, 프린터를 하거나 물건을 주문할 수 있는 것이다.

CBS와 바이어콤은 웹주식발행계획을 밝힌 데 이어 360억달러 규모의 인수합병을 지난 9월 7일 발표, 세계 최대미디어업체로 탄생하게 됐다. 양사의 매출은 200억 달러를 넘고, 시가총액은 800억 달러에 달한다.

그렇다면 과연 이 미디어거물들은 자신의 이미지에 맞게 웹을 재창조할 수 있을까? 웹분야에서 신참내기들의 빠른 성공은 미국 3대 방송사인 ABC · NBC · CBS 등 '빅 3' 체제 하에서 샛별처럼 떠오른 CNN과 ESPN을 연상케 한다고 비즈니스위크는 지적했다.

로버트 아이거 ABC 그룹 회장은 "수년 전만 해도 아마존은 존재하지 않았고 아는 사람도 없었다. 하지만 이제 아마존은 인터넷세계에서 가장 강력한 브랜드를 가진 업체로 부상했다"고 말했다. 따라서 그는 "어떤 미디어기업이라도 위협적인 존재로 언제든지 급부상할 수 있다"고 덧붙였다. 그러나 기존미디어 그룹들은 신예 미디어기업에 대한 공세를 어떻게 막아내느냐도 생존과 직결된다.

로버트 피트먼 AOL 회장은 "미디어는 우리 사업의 일부분이다. 하지만 우리는 기존 미디어업체와 맞먹는 1,900만명의 고객(가입자)과 미국인이 찾는 사이트의 40%를 관리하고 있다"며 공격적인 면을 드러냈다. 탄생한 지 4년밖에 안 된 야후의 경우도 전세계적으로 8,000만 명이 포털을 이용하고 있고, 18개 국가에서 12개 언어로 서비스하고 있다. 또한 야후의 포털은 2,700여 명의 광고주가 포진해 막강한 영향력을 행사하고 있다. 미디어업체들의 생사를 가름하는 주사위는 이미 던져졌다. 선밸리에서 미디어거물은 서로를 쳐다 보며 정답게 이야기하고 미소를 지었다.

그러나 아마존의 베조스 회장은 "긴장감이 감돌았다"고 전했다. 그는 "이들은 다세포생물이 처음 지구상에 나타났던 5억 5000만년 전의 캄브리아기에 서 있는 것 같았다. 그 당시 나타난 생물은 가장 위대한 것이었지만, 또한 가장 높은 멸종률을 기록했다"며 앞으로 미디어 그룹들도 이같이 온갖 종류의 아이디어로 승부를 보겠지만 대부분은 실패할 것이라고 예측했다.

— 매일경제 1999/09/15 —

# 제 14 장

# 조직문화와 환경제약은 무엇인가

But now abide faith, hope, love, these three : but the greatest is love. —I Corinthians 13:13—

# 제 1 절　인적 자원경영이란 무엇인가

## Ⅰ. 인적 자원경영

인적 자원경영(Human Resources Management ; HRM)이란 조직 내에 인적 자원을 확보하고 개발하여 이를 유지할 뿐 아니라, 동기를 부여하여 개인과 조직의 목표를 달성하도록 하는 일련의 경영활동이다.

인간은 경영에서 가장 중요한 자산(asset)이며, 경영의 주체가 된다. 그러므로 인적 자원은 전략적 자원(strategic asset)으로 보아야 한다. 21세기에 접어들면서 지식사회가 전개되어 지식이 중요한 관심의 대상이 되고, 종업원은 지식의 생산과 이용에 몰두하게 된다. 따라서 인적 자원에 대한 비중은 점차 커지고, 이를 위한 투자는 크게 증가될 것이다.

인적 자원경영은 인적 자원확보를 위한 단계와 확보 후 이를 개발하고 유지하는 단계로 구분하여 생각할 수 있다. 그러나 경영조직 내에서의 인적 자원을 노동력이란 측면에서 보면 노무관리가 되고, 인간본성과 욕구측면에서 보면 인간관계가 되며, 노동의 제공과 임금이란 측면에서 보면 노사관계가 된다. 이를 요약하면 〈표 14-1〉과 같다.

〈표 14-1〉 인적 자원경영의 내용

| | 노무관리 | 인간관계 | 노사관계 |
|---|---|---|---|
| 관계측면 | 노동력 | 조직 및 사회화 | 임 금 |
| 목　　적 | 노동력의 능률적 이용 | 만족 및 향상 | 노사이해의 조정 |
| 원　　리 | 능률화 | 인간화 | 민주화 |
| 성　　격 | 직종상의 협동관계 | 감정과 욕구를 지닌 인간 | 노동조건을 중심으로 한 경제적 대립관계 |
| 내　　용 | 인사노무조직/고용배치/교육훈련/작업조건/임금급여 | 복리후생/커뮤니케이션/리더십 | 단체교섭/경영참가 |

본 장에서는 인적 자원경영을 인적 자원의 확보와 유지라는 두 가지로 구분하고, 이를 인력자원계획, 모집, 선발, 사회화, 교육훈련 및 개발, 교체로 나누어 설명하기로 한다. 물론 앞의 세 가지는 인력자원의 확보에 관한 것이고, 뒤의 세 가지는 인력자원의 유지와 관련된 것이다.

## Ⅱ. 인적 자원의 확보

### 1. 인적 자원계획

인적 자원계획(human resource planning)이란 조직이 필요로 하는 인력의 수와 자격요건 등을 분석하고, 이에 소요되는 인력을 충족시키기 위한 여러 가지 대응책을 마련하는 과정이다. 물론 잘 수립된 인적 자원계획은 조직이 필요로 하는 인력을 적시에 공급받을 수 있게 되고, 따라서 인력의 과부족이 발생할 가능성이 줄어든다. 최근 우리 나라는 IMF 여파로 인력을 크게 줄이게 되어 실업자를 대량생산하게 되었는데, 이것은 적정한 인력이 아닌 과잉인력을 보유한 데서 비롯된 측면도 있다.

인적 자원계획은 조직의 전략적 계획과 관련된 운영계획 중 하나로서 새로운 사업분야에 진출하거나 이를 확장하는 경우 필요한 인력을 예측하여 적절한 확보대책을 수립하여야 할 것이며, 어떤 부분의 사업규모를 축소해 가거나 폐지할 경우 적절한 인적 자원계획에 따라 이루어져야 한다.

#### (1) 필요인력의 예측

인적 자원계획은 필요한 인력의 수와 질을 예측하는 것에서부터 시작된다. 조직의 인력수요가 잘 예측되는 경우 인력부족이나 과잉현상이 일어나지 않을 것이며, 이 예측은 효과적인 인적 자원경영의 기초가 될 수 있다.

조직에 필요한 인력은 두 가지 측면에서 분석될 수 있다. 그 하나는 필요한 인력의 규모, 즉 수(quantity)이고, 다른 하나는 필요한 인력이 갖추어야 할 자격 조건, 즉 질(quality)이다. 따라서 어떠한 자격요건을 갖춘 인력을 얼마나 필요로 하고 있는지를 예측하는 것이 인력수요계획의 기본내용이다.

필요한 인력의 수를 예측하기 위해서는 총인력수요예측법과 사업부서 혹은 공장 또는 직급별 필요인력의 수를 예측하여 이를 합계하는 누적인력수요예측법 중 어느 하나를 사용한다.

총인력수요예측법은 조직의 인력수요에 영향을 미치는 생산량이나 판매량 등을 이용하여 통계적인 방법으로 총인력수요를 예측하게 된다. 그러나 누적인력수요예측법에서는 조직의 하위단위에서부터 수직적인 계층으로 이동하면서 필요한 인력을 산출하고, 이를 누적하여 합계하는 방식으로 인력수요량을 예측하게 된다.

그 다음에는 필요한 인력이 갖추어야 할 자격요건을 분석하게 된다. 이를 위해서는 보통 직무분석(job analysis)을 바탕으로 하여 이루어진다. 왜냐하면 직무분석은 조직의 각 직무에 대해 그 직무가 가진 목적, 직무의 특성, 작업환경 및 담당자가 갖추어야 할 인적 특성을 분석한 것이기 때문이다. 직무분석은 바꾸어 말하면 무슨 일이 어디에서, 어떻게, 그리고 누구에 의해 이루어지는지를 분석하는 것이며, 직무를 구성하고 있는 여러 가지 일들과 이의 필요성 등을 명확하게 하며, 직무수행에 필요한 기능이나 지식 혹은 정신적 · 육체적 노력의 정도를 분석한 것이다.

참고로 직무를 분석하여 얻어진 정보들은 직무기술서(job description)와 직무명세서(job specification)라는 두 가지 문서로 요약 · 정리된다. 전자는 주로 직무와 관련된 책임과 의무를 중심으로 작성되고, 후자 즉 직무명세서는 직무담당자가 갖추어야 할 자격요건을 중심으로 하여 작성된다.

### (2) 인력공급예측

인력수요의 예측 후에는 인력공급예측을 하게 되고, 수요예측과 공급예측을 비교하여 인력의 과잉이나 부족에 대한 대책을 수립하게 된다. 여기서 인력공급예측이란 조직내부에서 공급받을 수 있는 인력에 대한 예측을 말한다. 현재 보유하고 있는 인력의 수는 쉽게 알 수 있지만, 미래의 공급능력에 대해서는 파악하기가 쉽지 않기 때문에 체계적인 분석을 필요로 한다.

우선 이용할 수 있는 인력의 수를 예측하기 위해서는 인력의 유 · 출입에 관한 분석을 하여야 한다. 각 부서나 공장과 같은 하위단위별로 일정기간에 예상되는 결원, 내부이동 및 충원을 고려하여 이용할 수 있는 인력의 규모를 예측하고 이를 종합하여 조직 전체의 인력공급 능력을 예측한다. 조직내부에서 공급받을 수 있는 인력규모가 계산되면 그 다음은 인력수요와 비교하여 인력수요가 크면 추가인력을 확보하여야 하고, 적으면 인력규모를 줄여 나가야 한다. 조직의 인력공급 능력은 그 규모와 함께 질도 고려하여야 한다.

### (3) 모 집

조직의 목표는 사람들에 의해 달성된다. 종업원이 가진 아이디어가 새로운 제품을 만들기도 하고, 판매를 증가시키기도 한다. 오늘날도 그러하지만 지식사회(knowledge society)로 본격진입하게 되면, 종업원이 가진 지식으로 기업이 성장 · 발전하게 된다. 모든 것이 자동화한 기계로 처리하게 될 것이므로 자동화된 기계를 어떻게 운영하느냐 하는 새로운 기술, 즉 아이디어가 중시된다. 그러므로 경영자는 조직에 적합한 인력을 찾아 조직의 목표달성에 참여하도록 하여야 한다.

모집(recruitment)이란 자격을 갖춘 지원자집단을 만드는 과정이라 할 수 있다. 일반적으로 모집은 조직 안과 밖의 인력을 대상으로 한다. 승진이나 전보를 위한 모집은 조직내부의 인력을 대상으로 하는데, 이를 내부모집이라고 한다. 조직내부의 인력 중에서 적격자를 찾아내는 것이 목적이다. 일반적으로 조직외부에 있는 적격자를 찾는 것보다는 내부에 있는 적격자를 찾는 것이 효과적이다. 비용을 절감할 수 있으며, 수가 한정되어 있어 찾기 쉽고, 조직구성원들의 사기도 높아질 수 있기 때문이다.

그러나 퇴직이나 이직 혹은 사고에 의해 결원이 생기는 자연적인 인력변동이나 조직의 성장이나 기술변화 등으로 인해 조직내부의 인력만으로는 충분하지 못한 경우에는 조직외부의 인력을 대상으로 모집하게 된다. 이를 외부모집이라 한다. 외부모집은 기존의 인력이 갖지 못한 전문능력을 가진 인력을 확보할 수 있다는 점과 외부에서 모집한 새로운 인력이 조직에 참신한 바람이 일게 될 것이라 기대할 수 있다는 점이 장점으로 꼽힌다. 외부모집의 경우 공개모집, 직업훈련소나 학교를 통한 모집활동이 보편적이며, 인터넷이나 PC 통신 등이 모집을 위해 이용되기도 한다.

모집에 의해 새로운 구성원이 된 인력들은 높은 기대감을 갖고 조직에 들어 오게 되며, 그들이 지닌 능력을 최대한 발휘하려는 의욕을 갖는 것이 보통이다. 그러나 실제 그들이 기대한 것과 조직의 현실에는 상당한 차이가 있음을 발견하고, 불만을 가지거나 더 이상 견디지 못하고 이직하기도 한다.

신입종업원이 조기에 퇴직하게 되면 조직에 상당한 손실을 입힌다. 채용을 위해 막대한 비용이 들었을 뿐 아니라 훈련을 위한 비용이나 신입종업원이 업무를 제대로 파악하여 정상적인 활동을 할 수 있기까지 상당한 기간이 소요되며, 그 기간 동안은 업무를 정상적으로 수행하지 못한 데 따른 손실이 있기 때문이다. 그러므로 모집시에 자기 회사의 좋은 점만 부각시킬 것이 아니라 단점도 함께 알려 주어 현실과 기대의 차이를 좁혀 주어 조기퇴직이나 불평 · 불만의 씨앗이 되지 않도록 충분한 정보를 제공하는 일이 필요하다.

### (4) 선 발

선발(selection)이란 지원자 중 조직이나 직무에 적합한 사람을 선택하는 과정이라 할 수 있다. 아마 경영자들의 입장에서는 지원자들을 다 조건부채용하여 실제 우수한 능력을 갖는 사람만을 채용하고 싶을 것이다. 그러나 이것은 실제 실현될 수 있는 방법이 아니다. 물론 최근 인턴사원제도를 도입하여 우수한 사람들에게 입사의 기회를 주는 방식을 채택하고 있는 회사도 있으나, 모든 종업원을 그러한 방식으로 뽑기는 어렵다.

그러므로 경영자는 선발과정을 거쳐야 하는데, 이 때 경영자는 어떤 방법으로 지원자에 관한 정보를 얻어 적임자를 선발할 것인가 하는 문제가 중요하다. 맡긴 일을 가장 잘 하는 사람이 적임자이다. 만약 경영자가 조직의 달성을 위해 누가 가장 적임자인가를 구분할 수 있다면, 선발의 문제는 용이하게 된다. 그러나 그것을 알 수 없기 때문에 문제가 된다. 따라서 이것을 가장 잘 구분할 수 있는 방법이나 기준을 개발할 필요가 있다.

### (5) 사 회 화

조직에 처음 참여하거나 새로운 직무를 맡게 되는 경우, 사람들은 불안감이나 긴장감 때문에 얼마의 기간 동안은 자기의 능력이나 재능을 잘 발휘하지 못할 뿐 아니라 맡은 직무를 제대로 수행하지 못하는 것이 보통이다. 따라서 이러한 사람들이 조직에 잘 적응할 수 있도록 그들의 태도나 행동에 체계적인 변화가 일어나도록 의도적으로 변화시켜야 하는데, 이를 우리는 사회화(socialization)라 한다. 사회화는 결국 새로운 구성원이 조직과 직무, 그리고 다른 구성간에 잘 적응할 수 있도록 하는 과정이라 할 수 있다.

사회화를 위하여서는 새로운 구성원을 대상으로 한 오리엔테이션(orientation)을 흔히 사용한다. 이 오리엔테이션에서는 새로운 구성원이 담당하게 될 직무와 동료, 조직의 정책 혹은 조직문화와 같은 조직의 특성 등을 단시간에 파악하고 적응할 수 있도록 하는데, 프로그램을 미리 작성하고 이에 따라 진행하게 된다. 인간관계를 중시하는 여러 프로그램들을 포함하고 있는 것이 일반적이다. 오리엔테이션이 잘 시행될 경우 조직은 새로운 구성원들의 참여로 인한 혼란을 줄일 수 있고, 조직목표를 위해 지속적인 노력이 모아질 수 있다. 새로운 구성원들은 조직이나 자신의 직무에 대해 보다 신속하게 이해할 수 있고 적응하게 되어 정상적인 업무활동을 행할 수 있고, 불안감을 현저하게 감소할 수 있게 된다.

### (6) 훈련과 개발

1900년대가 끝나고 2000년대로 접어들면서 우리의 사회는 산업사회에서 지식사회로 이행되면서 인간이 지닌 창의성을 더욱 중시하게 되었고, 또 지식의 가치를 깊이 깨닫게 되었다. 이것은 인적 자원의 중요성을 말하는 것으로 종업원의 훈련과 개발의 필요성을 말하는 것이 된다.

훈련(training)이란 직무와 관련된 여러 가지 기술을 익히거나 향상시키기 위해 구성원들을 교육시키는 것을 말한다. 물론 훈련은 체계적인 과정을 거칠 때 효과를 낼 수 있다. 훈련을 위해서는 훈련의 종류 · 강도 및 훈련의 목표가 확실하게 정해져 있어야 한다. 훈련의 필요성과 목표가 정해지면, 이에 적합한 훈련방법을 선택하여 훈련을 실시하게 된다. 훈련이 완료된 뒤에는 훈련의 효과를 평가해야 하는데, 이것은 훈련에서 얻어지리라고 기대하는 목표와 훈련 후 실제 갖게 된 수준을 서로 비교하여 성과를 평가하게 된다. 훈련을 효과적으로 수행하기 위해서는 참가구성원들에게 훈련의 결과에 대한 보상을 행하는 것이 좋다.

훈련은 직무수행중에 시행(On-the-Job-Training : OJT)되거나 직무수행시간 외에 시행(off-the-job-training)된다. OJT에는 직무순환(job rotation), 코칭(coaching) 및 도제제도(apprenticeship)가 포함된다. 직무순환이란 일정기간을 주기로 하여 다른 직무를 담당하게 함으로써 다양한 기능을 습득하게 하기 위한 것이다. 코칭은 숙련된 상급자나 동료가 미숙련자들에게 조언을 하게 함으로써 구성원들의 기능수준을 향상시키기 위해 행한다. 그리고 도제제도란 숙련자들이 미숙련자들을 돕도록 함으로써 미숙련자들이 기능을 습득하는 방식이다.

직무수행시간 외에 이루어지는 훈련에는 강의, 시청각교육, 역할연기, 사례연구 및 신체적 훈련 등이 포함된다. 강의는 가장 오래된 전통적인 방법으로써 짧은 시간에 많은 내용을 학습할 수 있다는 이점이 있으나, 자칫 지루하기 쉽고 실제와 거리가 먼 이론에 치우칠 가능성이 많다. 시청각교육은 비디오 · TV · 영화 등을 통하여 교육하는 방식이며, 역할연기는 주어진 상황에서 어떤 인물의 역할을 담당함으로써 인간관계기술이나 행동의 변화를 유도하도록 하는 것이다. 1일 사장제도 같은 것이 하나의 예가 된다. 사례연구는 현재 직면하고 있는 문제와 유사한 과거의 사례나 가상적인 사례를 분석하게 함으로써 문제를 분석하고 해결하는 능력을 기르는 방식이다. 그리고 신체적인 훈련을 인내심이나 투지력, 용감성 등 정신력을 길러 주기 위해 흔히 행하는 방식이다.

개발(development)은 경영자들이 갖추어야 할 자질이나 능력을 향상시키는 것을 말한다. 앞에서 설명한 훈련은 종업원을 대상으로 한 것인 데 반하여, 개발은 경영자를 대상으로 한다는 점에서 차이가 난다. 그러므로 이를 경영자개발(management development)이라 구분하여 말하는 경우도 있다. 이에는 모의경영게임(simulation management game)과 멘토링(mentoring) 등이 포함된다. 모의경영게임은 경영자들이 일상적으로 직면하는 여러 상황을 만들어 놓고, 그러한 상황에서 어떻게 의사결정을 행하여야 하는가를 배우게 하는 방법이다.

멘토링은 숙련된 경영자가 그렇지 못한 경영자에게 자신의 경영기법이나 노하우(know-how)를 전수해 주는 방식이다. 이것은 훈련에서 도제제도와 유사하며 무협지에 나타나는 스승이 제자에게 무예의 비법을 전수해 주는 방식인데, 선임경영자가 후임경영자에게 행할 수 있다.

### (7) 교　　체

조직구성원이 한 직무나 한 직위에 계속 머무는 것이 아니라 승진, 전보 및 정년퇴직 혹은 해고 등에 의해 조직 내에 이동과 교체가 일어난다.

승진(promotion)은 책임과 권한이 더 많은 직급으로 이동하는 것을 말한다. 승진은 공정하고 합리적인 기준에 의해 이루어져야 하는데, 우리 나라에서는 일반적으로 연공서열이었으나 점차 능력을 기준으로 하여 승진이 이루어지고 있다. 연공서열방식은 근속연수를 기준으로 승진을 결정하는 것으로서, 누구나 동일한 기회가 주어지기 때문에 쉽게 인정을 받고 있다. 이 기준은 근무연수에 따라 조직에 대한 공헌도가 많아진다는 가정을 전제로 한 것이다. 능력주의는 직무성과를 높일 수 있는 능력을 가진 사람을 기준으로 하여 승진을 행하는 방식이다. 이 방식은 조직효과나 직무능률이란 측면에서는 합리적인 방식으로 평가되고 있다.

전보(transfer)란 수직적 이동인 승진과는 달리 수평적인 인력의 이동을 말한다. 이것은 직무별 혹은 부서별 인력수급의 균형과 조직구성원과 직무간의 적합성을 높이기 위해 행해진다. 체계적인 전보는 종업원들의 직무수행 능력을 향상시키며, 부서간의 마찰을 감소시킬 수 있다.

## 제 2 절 경영자에 대한 관점

경영학이론에서, 그리고 우리 사회에서 널리 인정되고 있는 관점 중의 하나는 조직의 성패는 전적으로 경영자에게 달려 있다는 것이다. 우리는 이러한 관점을 경영자의 전능자적 관점(omnipotent view)이라 부르고 이와는 반대로 경영자는 조직성과와는 거의 관계가 없다는 관점이 있는데, 이 주장에 따르면 조직의 성패는 경영자와 그가 통제하고 있는 다른 요소들에 의해 결정된다고 본다. 이러한 관점을 우리는 경영자의 상징적 관점(symbolic view)이라 한다.

### Ⅰ. 전능자적 관점

우리는 앞장에서 "좋은 경영자는 짚을 금으로 바꿀 수 있고, 능력 없는 경영자는 금을 짚으로 바꾼다"라고 언급하였다. 이러한 언급은 경영이론의 주요한 가정을 상기하게 한다.

경영자의 자질(quality)이 조직 자체의 질(quality)을 결정한다. 즉 조직의 능률과 효율의 차이는 그 조직경영자의 의사결정과 그의 행위에 기인한다. 훌륭한 경영자는 변화를 예감하고, 기회를 창조하며, 낮은 성과를 바로잡고, 목표를 향해 조직을 이끌어 나간다. 이익이 개선되면 경영자는 보너스 · 주식배당과 같은 이익을 얻는다. 그러나 이익이 감소하면 경영자는 결과에 책임을 지고 물러나고, 그 대신 새로운 경영자가 등장하게 된다.

대학축구팀의 예를 들어 보자. 감독이 그 팀을 운영한다. 그는 어떤 선수를 스카웃하고, 어떤 선수를 스타팅으로 내세울 것인가를 결정하며 선수들을 훈련시킨다. 그의 행위는 승패에 의해 성과가 평가된다. 만약 그가 많은 승리를 얻어 그 팀의 랭킹이 올라가면 우수한 감독이란 명예를 얻게 되고, 그의 연봉도 올라간다. 그러나 이와 반대의 상황이 발생하게 되면, 그의 지도방식이 비효율적인 것이라 평가받고 해고되기도 한다. 매년 수많은 축구팀감독들이 해고되거나 교체된다. 즉 팀의 성적이 감독의 평가에 직접적으로 영향을 미치는 것이다.

## Ⅱ. 상징적 관점

경영자의 상징적 관점에 의하면 조직의 성과는 경영자의 능력에 의해 결정되는 것이 아니므로, 조직의 성과를 경영자에게만 결부시키는 것은 논리적이기 때문에 경영자의 통제 밖에 있는 요소들에 의해서 결정된다고 보는 것이다. 즉 경제, 정부정책, 경쟁자의 행동, 특정산업의 상황, 기술의 발전 등에 의해 영향을 받는다고 본다.

예컨대 1970년대 중반 유가의 상승으로 EXXON사의 이익은 상상을 초월하는 수준으로까지 상승했으나 1980년대 들어 유가가 하락하자 이익이 현저히 감소하였는데, 이것은 EXXON사의 경영진과는 아무 관련 없이 이루어진 것이다.

상징적 관점은 경영자가 조직성과에 미치는 영향은 극히 제한적이라고 본다. 따라서 경영자의 역할은 무작위선(randomness), 혼란(confusion) 또는 애매성(ambiguity)에서 의미를 창조하는 것에 지나지 않는다. 경영자는 단지 주주와 고객 및 종업원, 그리고 일반공중(public)의 이익을 위해 통제(control)한다는 허상(illusion)을 만들고 있을 뿐이다. 모든 일들이 잘 되면 경영자들은 칭찬만을 받고 잘못되면 그들은 희생양이 되는데, 이것이 바로 경영자의 역할이라는 것이다. 축구팀감독의 예에서 본 것처럼 감독의 해임은 의례적인 희생양을 가려 내는 행위일 뿐이다. 감독의 해임은 팀의 성과에 영향을 미치지 못한다. 즉 감독의 해임이 팀에게 승리를 안겨 줄 만큼 영향을 미치지 못한다. 다만, 감독의 교체는 팀의 성적을 개선할 수 있는 요소들의 외형을 바꾸어 줄 뿐이다.

## Ⅲ. 통합적인 관점

실제로 경영자는 무능하지도 않고 전능하지도 않다. 모든 조직에 존재하는 내부적 압력들은 경영자의 의사결정을 제약한다. 이러한 내부압력들은 조직문화(organization' s culture)에서 기인한다. 게다가 외부압력이 조직에 영향을 미치고 경영자의 자유로운 의사결정을 제약한다. 이러한 외부압력은 조직환경에서 비롯된다.

〈그림 14-1〉 경영의 자유재량을 위한 매개변수

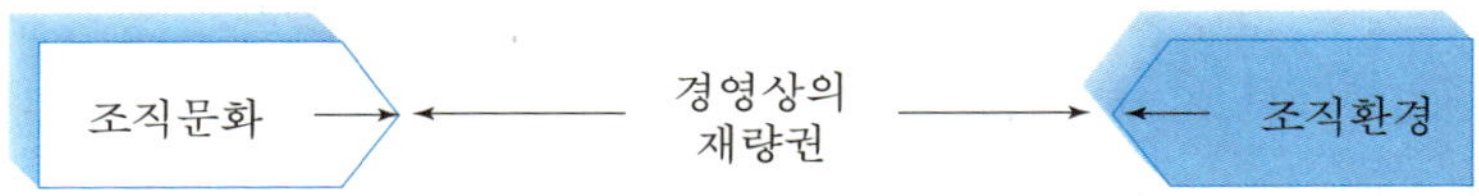


〈그림 14-1〉은 이러한 압력들을 나타내 보이고 있다. 이러한 압력에도 불구하고 경영자는 기본적으로 무력하게 굴복하기만 하는 것은 아니다. 문제는 이러한 압력들이 가해지는 상황에서 경영자가 조직성과에 어떻게 영향을 미치도록 하는가 하는 점이다. 그런데 조직에 가해지는 이러한 압력들은 모든 상황에 대해서 항상 일정하게 주어지거나 고정되어 있지 않다는 점에 주목할 필요가 있다. 어떠한 조직은 환경과 문화를 이용하여 경영자가 자유롭게 압력을 받음이 없이 의사결정을 할 수 있도록 그 판단력을 확장시키고 상황을 변화시키기도 한다.

다음 절에서는 이에 대하여 설명한다.

# 제 3 절 조직문화란 무엇인가

모든 사람들은 저마다 개성을 소유하고 있다. 개인이 지닌 개성은 비교적 불변적이며 안정적인 특성이 모여 형성된다. 우리는 어떤 사람을 정이 있다, 혁신적이다, 편안하다, 보수적이다 등이란 말로 그 사람을 묘사하는데, 이것은 그 사람이 지닌 개성의 특성을 설명하는 말이다. 조직도 이와 같이 조직문화(organization' s culture)라 불리는 개성을 지니고 있다.

## Ⅰ. 조직문화

종족문화가 그 종족에 속한 개인들의 행동을 구속하는 토템(totems)과 타부(taboos)를 가지고 있는 것같이 조직도 그 조직에 속한 구성원의 행동을 규제하는 문화를 가지고 있다. 문화는 가치와 행위, 목표를 규제하는 가정(assumptions)과 규범(norm)을 가지고 있다. 이것을 통하여 종업원들은 어떻게 행동하여야 하며, 무엇이 중요한가를 알 수 있게 해준다.

조직문화란 단어가 특별히 우리에게 무슨 의미를 갖게 하는가? 이 단어는 '뜻을 같이하는 하나의 시스템'을 가리키는 것이라고 본다. 모든 조직에는 오래 동안 전개되어 온 가치, 상징, 의식, 신화와 실천(practice) 등에 대한 패턴이나 시스템이 존재한다. 이러한 뜻을 같이하는 공동의 가치는 경영자가 어떠한 관점을 가져야 하며, 조직구성원들이 어떻게 행동하여야 할 것인지를 결정하게 한다. 하나의 문제에 직면할 때 조직문화는 그 문제를 개념화하고 정의하고 분석하기 위한 올바른 방법이 무엇인가를 제시함으로써 문제를 바르게 해결할 수 있도록 경영자의 해결방법을 제한한다.

조직문화에 대한 정의는 다음 몇 가지 의미를 가진다.

첫째, 문화는 지각(perception)이다. 그러나 이러한 지각은 개인이 아닌 조직내부에 존재한다. 결과적으로 조직 내에서 서로 수준이 다르며, 배경이 다른 개인들이 조직문화를 유사한 용어로 묘사하는 경향을 갖는다. 이것은 문화를 공유하고 있다는 것을 의미한다.

둘째, 조직문화는 서술적(descriptive)인 용어이다. 이것은 그들이 그 조직문화를 좋아하느냐 싫어하느냐의 문제가 아니라, 조직의 구성원들이 조직을 어떻게 지각하고 있느냐에 관한 것이다. 그것은 평가하는 것이라기보다는 기술하는 것이다.

현재로는 조직문화를 측정하기 위한 확정적인 방법은 존재하지 않지만, 주요한 연구에 따르면 다음 몇 가지의 특성들에 대한 정도를 평가함으로써 문화를 분석할 수 있다.

(1) 개인의 주도권(individual initiatives): 개인들이 가지는 책임, 자유 및 개인이 누리는 독립성의 정도

(2) 위험에 대한 관용(risk tolerance): 종업원들이 진취적·혁신적 또는 위험추구(risk-seeking)적이 되도록 격려를 받는 정도

(3) 방향제시(direction): 조직이 조직의 목표와 성과의 기대치를 명확하게 잘 제시하는가의 정도

(4) 통 합(integration): 조직 내의 여러 부문들이 협조적 방법으로 활동하도록 격려하는가의 정도

(5) 경영자의 지원(management support): 경영자들이 부하직원들에게 명확한 의사전달, 조언, 그리고 지원하는가의 정도

(6) 통 제(control): 규칙과 규정의 수, 그리고 종업원들의 행위를 감독하고 통제하기 위해 사용하는 직접적인 감독의 양

(7) 동질성(identity): 구성원이 특정직무나 전문분야에서보다는 전체조직에 동질적이기를 원하는 정도

〈그림 14-2〉 조직문화의 정의

| | | | |
|---|---|---|---|
| 1 | 낮 음 | 개인의 주도권 | 높 음 |
| 2 | 낮 음 | 위험에 대한 관용 | 높 음 |
| 3 | 낮 음 | 방향제시 | 높 음 |
| 4 | 낮 음 | 통 합 | 높 음 |
| 5 | 낮 음 | 경영자의 지원 | 높 음 |
| 6 | 낮 음 | 통 제 | 높 음 |
| 7 | 낮 음 | 동질성 | 높 음 |
| 8 | 낮 음 | 보상시스템 | 높 음 |
| 9 | 낮 음 | 갈등에 대한 관용 | 높 음 |
| 10 | 낮 음 | 의사전달패턴 | 높 음 |

(8) 보상시스템(reward system): 연공서열이나 편애 혹은 파벌에 의하지 아니고 명확한 성과기준에 근거하여 종업원에게 승진 · 임금인상 등을 보상하는 정도

(9) 갈등에 대한 관용(conflict tolerance): 종업원들이 갈등과 비판을 공개적으로 내보낼 수 있는 정도

(10) 의사전달패턴(communication patterns): 조직의 의사전달이 공식적인 권한의 계층에 의해 제약을 받는 정도

위에서 나열한 이러한 특성들은 시간이 경과하여도 안정적이고 쉽게 변하지 않는다. 개인의 개성이 안정적인 것처럼 조직문화도 안정적이며, 어느 정도 항구적인 경향이 있다. 이것들은 〈그림 14-2〉에서 보는 바와 같이 이러한 각 요소들을 연속적인 선상에서 평가하도록 한 것이다. 조직문화는 이러한 10가지 특성에서 형성되는 하나의 그림이 되고, 이 그림은 각 조직마다 달리 나타날 것이다.

## Ⅱ. 강한 조직문화와 약한 조직문화

모든 조직이 문화를 가진다 하더라도 그 문화가 그 조직이나 조직구성원들에게 동일한 영향을 미치는 것은 아니다. 강한 조직문화 ― 조직 내의 중요가치들이 강력하게 유지되고 폭넓게 공유되는 경우 ― 는 약한 조직문화보다 조직과 그 구성원들에게 더 많은 영향을 미친다. 조직문화가 강한가 아니면 약한가 또는 그 중간 어디에 위치하는가는 조직의 크기, 조직의 역사, 종업원들의 교체 등과 같은 여러 요소들에 의해 결정된다. 조직 내에서는 무슨 요소가 중요하고 무슨 요소가 중요하지 않은가는 불분명하다고 하면, 이런 조직은 약한 조직문화를 가졌다는 것을 의미한다. 이러한 조직에서는 문화가 종업원들에게 큰 압력을 가하지 못한다. 그러나 대부분의 강한 문화를 가진 조직들은 무슨 요소가 중요하고 좋은 것이며, 종업원들은 어떻게 행동해야 하는가 및 그 지향하는 방향이 무엇인가 등이 분명하다.

따라서 우리는 문화가 강해짐에 따라 그것이 경영자가 하는 일에 더욱 큰 영향을 미친다고 기대하게 된다.

## Ⅲ. 조직문화의 원천

조직문화는 그 조직의 초기 설립자들의 비전(vision)과 사상을 반영한다. 초기의 설립자들은 조직이 해야 할 일의 청사진을 계획함으로써 초기문화를 설정한다. 그들은 그 전에 관습이나 이데올로기가 존재하지 않았기 때문에 아무런 압력도 받지 않았다. 대부분의 새로운 조직들은 적었기 때문에 설립자들의 비전이 조직의 모든 구성원들에게 쉽게 전달될 수 있었다. 설립자들은 원래의 아이디어를 가진 분들이기 때문에 그 아이디어들이 어떻게 실현될 것인가에 대해 선입관을 갖고 있다.

조직문화는 ① 창업자의 선입관과 가정들, ② 초기 종업원들의 경험에서 지속적으로 학습한 것들간의 상호작용에서 얻어진 것이다. IBM의 Thomas Watson, Polaroid의 Edwin Land, APPLE Computer의 Steve Jobs 등은 그들의 조직문화 형성에 말할 수 없을 정도의 큰 영향을 미친 경영자들의 예이다.

## Ⅳ. 경영실천의 영향

조직문화는 그들이 할 수 있는 일과 할 수 없는 일이 무엇인가를 제약하기 때문에 경영자들과 특별한 관련을 갖는다. 조직문화는 경영자를 통제한다. 조직문화가 자동필터(automatic filters) 장치와 같이 경영자의 지각 · 사고 · 감정을 걸러 낸다. 조직문화는 태동하고 성장하며, 조직의 구석구석까지 스며들어 영향을 미친다. 그리하여 경영자들의 사고와 감정에까지 영향을 미치게 된다. 경영자의 중요한 활동인 목표설정 · 측정 · 통제 · 업무피드백 등에 이러한 조직문화의 영향이 스며들게 되고, 따라서 경영자뿐 아니라 모든 구성원들도 이러한 조직문화의 영향에서 벗어나기 힘든다. 이러한 자동필터 혹은 제약들은 명백하게 들어 나지 않고 기록되어 있지도 않다. 그리고 이를 말로 강조하는 것도 아니다. 그러나 그것들은 여전히 존재하며, 경영자들은 그들의 조직에서 문화를 줄넘기하듯 신속하게 이러한 조직의 가치관을 익혀 나간다.

다음의 몇 가지 가치관들은 기록할 만한 아무런 가치도 없는 것이지만, 실제 기업조직에 존재하는 가치관들이다.

1) 실제는 바쁘지 않더라도 바쁜 것처럼 보인다.
2) 조직을 위해서라 하더라도 모험한 일을 행하여 실패하면, 네가 그것을 보

상하여야 한다.

3) 결정하기 전에 상관이 승인한 것이므로 그 결과에 대해 두려워할 필요가 없다.

4) 우리는 경쟁사에 이길 수 있을 정도로만 우수한 제품을 생산하면 된다.

5) 원가에 관계 없이 고객이 원하는 값을 판매가로 한다.

6) 과거에 성공하게 하였던 것이 미래에도 성공하게 만든다.

7) 최고경영자가 되는 길은 재무분야에서 비롯된다.

이러한 가치관들과 경영행위간의 연관관계는 아주 직접적인 것이다. 경영자의 의사결정은 진공 속에서 만들어지는 것이 아니다. 만약 어떤 기업의 조직문화가 비용절감으로 이익이 증대된다고 믿고 있고 또 분기별 이익이 지속적으로 증가하는 것이 회사에 가장 큰 도움이 된다는 신념을 갖고 있다면, 경영자는 혁신적이지만 위험이 따르거나 장기적인 것, 또 설비를 확장하는 일 등을 행하지 않으려 할 것이다. 그러므로 경영행위는 결국 조직의 역사와 그 조직에서 수행되어 온 방법을 반영하는 것일 뿐이다. 조직문화, 특히 강한 조

〈표 14-2〉 경영기능에 미치는 조직문화의 영향

계 획(planning)
- 계획에 담긴 위험이 어느 정도인가
- 의사결정의 초점이 장기 · 단기 중 어디에 맞추어지는가
- 종업원들이 조직의 목적을 얼마나 확실하게 알고 있는가

조 직(organizing)
- 권한이 하위자에게 얼마나 위양되어 있는가
- 종업원의 직무를 설계할 때 자유재량이 얼마나 포함되어 있는가
- 업무절차와 정책이 얼마나 강압적인가

지 휘(leading)
- 어떤 동기부여기법이 사용되는가
- 어떤 리더십 스타일이 적합한가
- 의견이 불일치할 때 이를 어떻게 해결하는가

통 제(controlling)
- 종업원의 행동을 자신이 통제하는가, 아니면 외부에서 통제하는가
- 종업원의 업무성과의 평가기준이 무엇인가
- 예산을 초과하게 될 때 어떤 재제가 가해지는가

직문화는 모든 경영기능에 대해 경영자의 의사결정을 제약하게 된다. 〈표 14-2〉는 경영기능(management function)에 미치는 조직문화를 예시하고 있다.

## 제 4 절 조직의 환경은 어떤 것인가

### Ⅰ. 조직환경

어떠한 조직도 외딴 섬일 수 없다는 인식은 경영에 대한 시스템접근법이 이루어 놓은 중요한 업적에 속한다. 경영에 미치는 외부환경의 영향에 의문을 제기하는 사람들은 다음을 생각해 보면 그 의문이 풀려진다.

1) 1987년 1월 어느 날 아침 EASTERN 항공사 중역들은 DELTA 항공사가 뉴욕과 마이애미간 편도항공권을 199달러에서 69달러로 인하하였다는 사실을 신문을 보고 알았다. 이 항로에서 DELTA 사와 경쟁하고 있는 EASTERN 항공사로서는 시장을 뺏기지 않기 위해 자사도 가격을 인하하는 것 외에는 다른 대안이 없다는 것을 알았다.

2) 미국에서 가장 큰 담배제조회사 중의 하나인 American Brand의 경영진은 흡연이 암을 유발한다는 새로운 증거를 제시하는 의학보고서를 접할 때마다 크게 동요되고 있다.

3) IBM의 가장 큰 하드디스크공급자인 Seagate Technology사는 1983년도 판매액의 2 배에 해당하는 양의 디스크를 공급하게 되었다. 그런데 IBM의 개인용 컴퓨터의 판매가 부진하면 하드디스크의 주문량을 크게 줄인다. 1985년에 IBM은 주문량을 줄였기 때문에 Seagate사는 수익이 30% 이상 감소하였고, 따라서 이 회사의 경영자들은 계획하지도 않은 원가절감운동을 벌이지 않으면 안 되었다.

이러한 예들에서 볼 수 있듯이 경쟁자 · 압력집단 · 고객 · 정부의 여러 부서 및 환경단체들이 기업의 경영행위에 큰 영향을 미치게 된다. 이 절에서 우리는 경영에 영향을 미치는 주요 환경요소를 살펴보고, 이것들이 어떻게 경영자의 자유에 제약이 되는가를 알아보기로 한다.

환경(environment)이라는 단어는 조직외부에 존재하는 기관 또는 영향력을 가리키는 것으로 조직의 행위에 큰 영향을 미치게 된다.

일반적 환경(general environment)은 경제요소 · 정치상황 · 기술적 요소와 같은 조직외부의 모든 것들을 포함하고 있다. 환경은 조직에 영향을 미칠 수 있는 조건들을 포함하지만, 그 관계가 명확하지는 않다. 엔화나 프랑에 대한 달러의 강세는 일본이나 프랑스에서 활동하는 기업에 상당한 영향을 미치지만 일반적으로 그 영향에 큰 비중을 두지 않고, 다만 잠재적인 것으로만 기술하는 것이 보통이다.

일반적인 환경보다는 경영자들이 관심을 두는 것은 조직의 특정한 환경(specific environment)이다. 특정한 환경은 환경의 일부분으로서 조직목표의 달성에 직접적인 관련을 갖는다. 이것은 기업의 효율에 긍정적이거나 부정적인 영향을 미치는 주요 요소들로 구성된다. 특정한 환경은 각 조직에 대해 유일한 것으로서 조건에 따라 변화한다. 이것은 투입물의 공급자, 고객이나 거래인, 경쟁자, 정부기관, 공공압력단체 등을 포함한다. McDonald는 Burger King이라는 특정한 환경을 가지며, 현대자동차는 기아 · 대우 · 삼성자동차라는 특정한 환경에서 활동한다. 조직의 특정한 환경요소들은 시간이 경과함에 따라 일반적 환경으로 변화할 수도 있지만, 이와는 반대로 일반적인 환경이 특정한 환경으로 바뀔 수도 있다.

조직의 특정한 환경은 그 조직이 제공하는 제품이나 서비스의 범위, 그 조직이 활동하는 시장에 대해 스스로 만들어 내는 목표시장에 의존한다. 예를 들면 TIMEX사와 ROLEX사는 같은 손목시계를 생산하지만, 그들의 특정한 환경은 서로 다르다. 왜냐하면 이들 두 회사는 분명히 다른 시장을 목표로 하기 때문이다. 즉 이들 두 회사의 경영자는 각기 상대하는 고객의 시장이 다른 특정한 환경에서 각기 다른 고객을 상대하고 있는 것이다.

## Ⅱ. 환경의 불확실성에 대한 평가

환경은 경영자에게 매우 중요하다. 왜냐하면 모든 환경이 동일하지 않기 때문이다. 환경은 환경의 불확실성(environmental uncertainty)의 정도에 따라 달라진다. 환경의 불확실성은 주로 두 가지 차원, 즉 변화의 정도와 복잡성의 정도에 의해 분류된다.

만약 조직환경의 요소들의 변화가 심하면 우리는 이를 역동적 환경(dynamic environment)이라 부르고, 변화가 비교적 적으면 이를 안정적 환경(stable environment)이라 부른다. 안정적 환경은 새로운 경쟁자, 기술적 진보, 공공압력단체 등의 활동이 미미하거나 없는 경우를 말하는데, 이것은 1960년대의 Smith-Corona사의 환경이 이 예에 속한다. 그 당시에 휴대용 타이프라이터의 표적시장에는 경쟁자가 거의 없었다. 1960년대와 1970년대 초반에는 젊은이들이 대학에 들어가게 되면, 곧잘 Smith-Corona사의 타이프라이터를 구입하였다. 그 당시에는 기술의 변화도 적었다. 그러나 1970년대 중반에 들어서면서부터 기술분야에서의 새로운 변화가 일어나 Smith-Corona사의 환경도 바뀌기 시작했다. 타이핑, 워드프로세싱과 그 외에 다양한 기능을 갖춘 저가의 개인용 컴퓨터(personal computer)가 출시되기 시작하였다. APPLE, IBM, CANON 같은 기업은 이러한 새로운 기술에서 우위를 점하고 있었다. 결국 Smith-Corona사의 시장은 6년이 채 되지 않아서 없어지고 말았다. 이것은 Smith-Corona사의 환경이 안정적 상태에서 역동적인 상태로 변화하였기 때문이다.

이러한 급속한 변화는 예측가능한 것인가? 변화를 정확하게 예측할 수 있다면, 아무리 급속한 변화라 하더라도 그것은 경영자가 다룰 불확실성과는 다른 것이다. 불확실성의 다른 한 차원은 환경의 복잡성정도이다. 복잡성의 정도란 조직환경내부의 구성요소(component)의 수 및 환경요소에 대한 지식의 범위를 말한다.

식기세척기 제조업자가 그들 제품의 40%를 Sears사에 판매하기로 계약한다면, 그것은 그 조직환경의 복잡성은 그만큼 감소된다. 관계하고 있는 고객, 공급업자, 경쟁자 및 정부기관 등의 수가 적다면, 환경의 불확실성도 그만큼 감소한다.

복잡성(complexity)은 또한 조직이 그 환경에 대해 알아야 하는 지식에 의해 측정될 수 있다. 예를 들어 Boeing사의 경영자들은 그들이 제작한 항공기가 제대로 작동된다는 확신을 갖기 위해서 부품공급업자의 능력에 대해 많은 것을 알아야 한다. 이에 반하여 식료품소매점 경영자는 그들에게 식품을 공급

〈표 14-3〉 환경불확실성 행렬

| | | 변화의 정도 | |
|---|---|---|---|
| | | 안정적 | 역동적 |
| 복잡성의 정도 | 단순 | (1) 안정적이며 예측가능한 환경 | (2) 안정적이며 예측불가능한 환경 |
| | 복잡 | (3) 안정적이며 예측가능한 환경 | (4) 역동적이며 예측불가능한 환경 |

하는 업자들에 대해 세부적인 것을 알 필요까지는 없다.

앞에서 설명한 것 같이 환경의 불확실성은 〈표 14-3〉에서 보는 것처럼 2×2의 행렬로 표현된다.

표에서 (1)번 셀(cell)은 안정적이며 예측가능한 환경을 나타내는데, 이것은 환경의 구성요소의 갯수가 몇 개 되지 않을 뿐 아니라, 이 구성요소 또한 유사하며 구성요소에 대한 지식도 상세할 필요가 없는 그러한 환경을 의미한다. (2)번 셀은 안정적이며 예측불가능한 환경으로서 환경의 구성요소의 수가 적고 유사하다. 그러나 이들 구성요소는 계속적으로 변화한다. 구성요소에 대한 지식의 범위는 상세할 필요가 없다. (3)번 셀은 안정적이며 예측가능한 환경을 나타낸다. 환경의 구성요소가 많고 또 그 요소들은 서로 유사하지도 않으나, 기본적으로는 이들 요소들이 변화하지 않는다. (4)번 셀은 역동적이며 예측불가능한 환경으로서 환경의 구성요소가 많고, 그 요소들은 서로 유사하지도 않으며 계속적으로 변화한다. 그러므로 환경요소에 대한 상세한 지식이 요구된다.

## Ⅲ. 조직과 그의 환경

〈그림 14-3〉은 조직은 특정한 환경과 끊임없이 상호작용하는 의존적 시스템이라는 것을 요약하여 보여 주고 있다. 이 그림은 또한 조직이 경제적 · 정치적 · 사회적 및 기술적인 조건으로 구분할 수 있는 일반적 환경의 잠재적 영향하에 있음을 보여 주고 있다. 일반적 환경의 요소를 어떻게 분류하며, 어떻게 환경이 경영자의 의사결정을 제약하는가를 설명할 것이다.

### 1. 특정한 환경

앞에서 언급한 바와 같이 모든 조직들은 각기 상이한 특정한 환경에 직면한다. 대부분의 조직들에게는 공급업자 · 고객 · 경쟁자 · 정부기관 등이 불확실성을 일으키는 외부적 요소가 된다. 이들에 관하여 살펴본다.

(1) 공급업자: 조직의 투입물을 공급하는 업자라 하면, 보통 원자재나 설비를 공급하는 회사를 생각하기 쉽다. 건축업자의 경우에는 불도저와 트럭대여업자, 비품공급업자, 하드웨어공급업자, 콘크리트 및 벽돌공급업자 등이 공급자에 포함될 것이다. 그러나 공급업자라는 단어는 또한 재정적인 것과 투입

〈그림 14-3〉 조직과 그의 환경

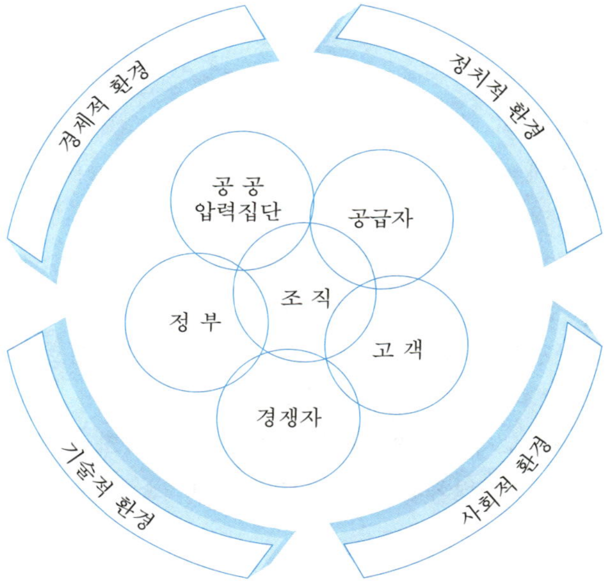


노동력을 공급하는 업자까지도 포함한다.

주주와 은행, 보험회사 등은 자금을 계속적으로 공급하기 때문에 대단히 중요한 공급자들이다. Exxon사가 수백만 불을 벌어들일 수 있는 유전채취권을 가지고 있다고 하더라도 경영진이 기름을 채취하는 데 필요한 자금을 조달하지 못한다면, 유전채취에서 얻어질 수 있는 이익은 잠재적인 요소로만 남게 될 뿐이다.

투입된 노동력은 노동조합과 현지의 노동시장에서 공급받는다. 경영진은 필요한 투입물을 가능한 한 저가로 확보하는 방법을 찾으려 노력하다. 왜냐하면 이러한 투입물은 불확실성을 해결해 주는 한 요소가 되기 때문이다. 대부분의 대규모 조직들은 판매부서 · 재무부서 · 인사부서들을 갖는 이유가 기계 · 설비 · 자본 · 노동력 등의 취득을 보다 용이하게 하기 위한 방편이 되기 때문에 경영상 대단히 중요하다.

(2) 고 객 : 조직은 고객의 필요를 만족시키기 위해 존재한다고 볼 수 있다. 고객은 조직의 산출물을 수요하게 된다. 정부기관도 이와 다름이 없다. 그들은 서비스를 공급하기 위해 존재하며, 특히 선거는 고객인 국민이 그들에

대하여 얼마나 만족하는가를 투표라는 형식을 통해 표현한다. 고객은 조직에게는 높은 잠재적 불확실성을 띈 존재들이다. 그들의 취향은 계속적으로 변화한다. 그들은 조직의 산출물인 제품이나 서비스에 만족하지 않는 경우가 많다. 병원의 경영자보다는 음식점의 경영자가 더 큰 고객의 불확실성과 직면한다는 것은 쉽게 예상할 수 있다.

(3) 경 쟁 자: 모든 조직은 여러 경쟁자를 가진다. 현대자동차는 GM 사나 Toyota 사를 경쟁자로 삼고 있다. 어떠한 경영진도 경쟁업체를 무시할 수는 없다. 10년 전만 하더라도 3 대 TV 방송사인 ABC · CBS · NBC 의 방송을 시청하는 시청자의 비율이 절대적이었으나, 지금은 케이블 TV · VCR · 지방방송사의 성장 등으로 인해 다른 프로그램을 시청할 수 있는 폭이 넓어졌다. 이러한 경쟁사의 등장은 경영진에게 중요한 환경요소로 나타나게 되어 항상 그들은 경쟁사의 상황에 대해 예의주시하게 되었다.

(4) 정부기관 : 중앙정부나 지방정부가 조직의 행위에 영향을 미친다. 어떠한 법규는 조직에 엄청난 영향을 미친다. 예를 들어 어떠한 환경법을 제정하거나 개정하여 배기가스의 양을 규제한다면, 자동차회사는 그 규약에 맞추어 제품을 생산하지 않으면 안 된다. 어떠한 조직은 특정정부기관에 의해 조사를 받기도 하는데, 예를 들어 은행들은 금융조정위원회에 의해 통제를 받게 된다.

(5) 압력단체: 경영자들은 조직행위에 영향력을 미치고자 하는 소비자단체의 존재를 인식하는 데 인색해서는 안 된다. 사회적 · 정치적 요인의 변화에 따라 압력단체의 영향력이 또한 대단히 크게 변화하여 왔다. 경영자들은 그들의 결정사항에 영향을 미칠 수 있는 소비자단체와 같은 여러 압력단체의 힘을 인식하지 않으면 안 된다.

## 2. 일반적 환경

이제는 일반적 환경(general environments)에 대하여 설명하기로 한다. 여기서는 조직경영에 영향을 미치는 경제적 · 정치적 · 사회적 · 기술적 조건들에 대해 논의하기로 한다. 특정한 환경과 비교할 때, 이러한 조건들은 조직의 운영에 큰 영향을 미치지는 않는다. 그러나 경영자는 이러한 조건들을 고려하여야 한다. 예를 들어 유전공학기술은 주요한 제약회사에 의해 판매되는 극히 적은 약제에만 사용되고 있으나, 이것은 21 세기의 제약시장에서 제품의 새로운 발전을 위한 초석이 될 것이라는 데 대해 많은 학자들이 의견을 같이하고 있다. 따라서 유명제약회사의 경영자는 유전공학의 발전이 미래의 조직발전 및 수익에 커다란 영향을 미친다는 사실을 언제나 인식하고 있어야 한다.

### (1) 경제적 조건

이자율 · 인플레이션율 · 주식시장 등은 조직의 경영실천에 영향을 미칠 수 있는 일반적 환경에서의 경제적 요소들이다. 1986 년 몇몇 은행의 중역들은 그들의 부가 석유사업의 경제성에 묶여 있다는 사실을 발견하게 되었다. 여러 많은 미국의 은행들은 석유보유가치에 기반을 둔 멕시코 · 나이지리아 같은 산유국에 수백만 달러를 대출해 주었다. 그러나 유가가 40 %나 떨어져 산유국들의 석유판매와 대출금상환에 위협을 가하게 되었다. 이러한 부채상환의 불이행은 은행에 있어 거대한 결손을 초래하게 되었다. 저유가상황은 산유국의 작은 은행들에까지 커다란 타격을 가하였다.

### (2) 정치적 조건

조직이 활동하는 국가의 정치적 안정성과 함께 정치적 요건과 정부관리의 태도도 또한 사업의 수행에 매우 중요한 영향을 미친다. 우리 나라의 대기업 중 일부는 정치권력과 손을 잡고 성장을 계속하기도 하였으며, 정치권의 입김으로 졸지에 파국에 직면하는 경우도 많았다. 또 어떤 조직들은 그 나라가 안정적인 정치상황에서 활동해 왔다 하더라도 최근의 기업조직은 국경 없는 세계화라는 환경 속에서 활동하고 있기 때문에 정치적으로 불안정한 엘살바도르, 리비아, 칠레 혹은 북한과 같은 국가의 정치적 상황에 영향을 받기도 한다. 따라서 기업조직은 그들이 활동하는 많은 국가들의 정치적 변화까지도 예측하면서 활동하지 않으면 안 된다.

### (3) 사회적 조건

경영은 사회적 상황변화에 대해 적응할 수 있어야 한다. 가치관 · 고객 · 취향이 변화하듯이 경영자도 변화하지 않으면 안 된다. 이것은 조직내부의 정책과 산출하는 서비스나 제품에 대해서도 적용된다. 조직의 경영에 중요하게 영향을 미치는 사회적 조건의 최근 대표적인 예는 여성노동력의 참여, 젊은 세대의 욕구변화, 노동력의 노령화 등을 들 수 있다. 인플레이션, 여성운동, 이혼율의 증가 등은 여성노동력의 참여비율을 엄청나게 증가시켰다.

이러한 변화는 주부들을 위한 제품들을 생산하는 기업들에게 많은 변화를 가져왔다. 직장여성들은 화장품이나 주방용품 등을 구입하기 위하여 일과시간 이후는 물론 점심시간에 구입하는 경향까지 생겨났다. 은행 · 자동차회사 · 여성의복제조업 등의 직업여성들 때문에 그들의 시장이 크게 변화고 있음을 발견하게 된다. 여성들을 고용하기 위해 기업에서는 탁아시설을 제공하기도 하는데, 이에 소극적인 기업들은 유능한 여성인력을 고용하는 데 어려움을 겪게 된다. 여성들은 신용카드를 사용하여 외상구입을 넓혀 나가고 있고, 새로운 라이프 스타일에 어울리는 차를 선호하며, 케쥬얼의복 대신에 직장여성에 어울리는 복장을 선호한다.

오늘의 젊은 세대들은 10 년 전의 젊은이들보다 훨씬 더 물질지향적이다. 20～30 대의 많은 젊은이들은 많은 돈을 벌어 재정적으로 안정된 삶을 누리려는 것이 그들의 중요한 목표가 되고 있다. 이러한 경향은 대학에서의 전공선택에도 잘 들어 나고 있다. 미국의 경우 1960년대 중반에는 경영학전공이 전대학생들의 14%에 지나지 않았으나 1970년대 중반에는 18%로 상승하였고, 오늘날에는 4 명 중 1 명이 경영학을 전공하는 과열현상을 보이고 있다. 경영을 전공하려는 학생들의 비중이 이렇게 늘어남에 따라 이제는 경영학과를 개설하지 않는 대학은 학생모집에 어려움을 겪게 되었다. 1970년대 미국의 중위연령(median age)은 28세이었으나 현재는 30 세 이상이 되었고 앞으로 다음 10년 후에는 35세를 넘어서리라고 전망되고 있는데, 이러한 경향은 우리 나라도 다를 바 없이 점점 높아 가고 있다. 이것은 건강관련사업 · 골프장비 등에 대한 수요의 증가를 의미한다. 그리고 조직에서 산출되는 제품이나 서비스도 이에 맞추어 나가야 한다는 것을 의미한다. 또 노동력의 고령화경향도 발생하게 되는데, 고령노동력은 임금보다는 건강보험 · 노후설계 등을 더욱 중요시하는 경향이 있다.

### (4) 기술적 조건

마지막 관심사는 기술이다. 우리는 기술시대에 살고 있다. 일반적 환경의 4 가지 조건 중에서 지난 25년간 가장 급격한 변화를 보인 부분이 바로 기술부문이다. 자동화된 사무실, 제조현장의 로봇, 레이져, 마이크로 프로세서. 그리고 3 M · Porche · Microsoft 등 첨단기술을 다루는 기업이 번창하였다. 아울러 학교 · 병원 · 공항 · 군사조직 등도 첨단기술개발에 열을 올리고 있는 편이다.

기술적 환경이 경영에 영향을 미치는 예는 사무실의 디자인 등에서 찾아볼 수 있다. 사무실은 통신센터의 기능을 담당하고 있다. 경영은 통합된 시스템 내의 컴퓨터 · 전화 · 워드 프로세서 등과 연결이 가능해졌다. 모든 조직의 경영진에 있어서 이것은 더욱 빠르고 적절한 의사결정능력을 갖추게 됨을 의미한다.

### (5) 경영실천에 미치는 영향

경영은 고립된 시스템이 아니라 끊임없이 환경과 상호작용하며 영향을 주고받는다. 조직은 투입물의 공급자로서, 그리고 산출물의 수요자로서 그의 환경에 의존하고 있다. 조직은 그 지역의 법규를 준수하고, 조직의 행동에 도전하는 집단에 응답해야 한다. 공급업자, 고객, 공공의 집단, 정부기관 및 이와 유사한 기관들이 조직에 대해 압력을 행사할 수 있다. 이러한 힘은 예를 들면 보험회사 · 상호금융기관 · 연금기관 등과 같은 제도적 투자기관들이 보유한 주식을 통제하고 행사되는 것이 보편적이다. 이러한 제도는 어떤 기업에서는 70%에 달하는 자금을 통제하므로, 그 결과 그러한 제도들은 직접적으로 경영자와 이사들을 해임하고 통제하는 힘을 갖게 되었다. 결과적으로 경영자의 선택은 이러한 제도적 투자자의 요구가 반영되고, 따라서 경영의 실천은 제약을 당한다.

만일 이러한 환경의 힘들이 이러한 조직의 경영자들을 충분히 제약하지 못한다면, 다른 무수한 힘들이 역동적으로 가해지면서 경영에 대해 상당한 확실성이 발생하게 될 것이다. 고객의 취향과 선호도는 변화하며, 새로운 법안들이 통과된다. 공급자들은 계약한 납품일자를 맞추기 어려워지고, 경쟁업자들은 신기술 · 신제품으로 공세를 취한다. 이러한 상황으로 인해 경영자의 선택의 폭은 점점 좁아지고 제약을 받는다.

## Ⅳ. 조직문화와 환경의 변화

조직문화와 환경은 언제나 고정되어 있지 않고 유동적이다. 앞의 〈그림 14-3〉에 의하면 조직에 압력을 가하는 여러 환경들에 대하여 경영자는 무력하다고 가정하고 있는 것은 아니다. 오히려 경영자는 그들의 문화와 환경을 변화시킬 수 있다는 적극적인 가정을 세우는 것이 타당할 것이다. 이제 이에 대하여 설명하기로 하자.

## 1. 조직문화

조직문화는 비교적 안정적이며 항구적인 특성에 의해 만들어진다는 사실이 조직문화가 변화에 대해 상당히 저항적이라는 것을 말하고 있다. 조직문화를 형성하는데는 장기간이 소요되고, 일단 한번 형성되면 그것은 깨어지기가 어렵다. 특히 강한 문화는 종업원들이 그 문화에 빠져 있기 때문에 변화에 대해 저항적이다. 문화가 그 경영조직에 적합하지 않다 하더라도 그것을 바꿀 수 있는 경영자는 거의 없다. 특히 단기간에 이를 바꾼다는 것은 거의 불가능하다. 가장 유리한 조건 하에 있다 하더라도 그 문화를 변화시키기 위해서는 몇 년이라는 단위로 측정되어야 한다.

그러면 가장 유리한 조건이라 했을 때, 어떠한 조건들이 문화의 변화를 촉진시키는가? 연구결과에 의하면 문화의 변화는 다음과 같은 상황이 존재하는 곳에서 잘 일어난다고 한다.

(1) 극적인 위기가 발생할 때: 돌연한 자금의 압박이 생기거나 주요 고객이 이탈하거나 경쟁자가 기술적 우위를 차지하게 될 때 문화는 변화되기 쉽다.

(2) 리더십의 변화가 있을 때: 새로운 경영자의 리더십이 위기에 대응할 수 있다고 인식될 때 문화는 변화하기 쉬워진다.

(3) 조직의 역사가 짧고 규모가 적을 때: 역사가 짧은 조직일수록 문화를 보호하기 어렵고, 소규모의 조직일수록 경영자가 새로운 가치를 전달하기가 용이하다.

(4) 문화가 약할 때: 문화의 폭이 넓으면 넓을수록 가치에 대한 구성원간의 합의가 용이하기 때문에 변화가 어렵다. 이와는 반대로 약한 문화는 강한 문화보다 변화에 대해 더욱 수정이 용이하다.

그러나 이러한 조건 하에서라도 문화가 쉽게 변하지는 않는다는 사실을 명심해야 한다. 더욱이 중대한 변화를 일으키는데는 많은 시간이 소요된다. 따라서 단기간에서는 조직문화를 고정된 것으로 취급하는 것이 옳다고 본다.

## 2. 환　　경

대부분의 조직은 그들의 환경을 변화시킬 능력이 없다. 그러나 거대하고 강력한 조직은 그들의 환경을 변화할 수 있고, 그에 따른 압력을 행사할 수 있다. 환경의 압력을 줄일 수 있는 경영상의 몇 가지 대안을 들면 다음과 같다.

(1) 광 고(advertising): 광고는 상표의 충성도(brand loyalty)를 높이고, 변덕스러운 고객이나 경쟁자가 공급하는 제품이나 서비스의 영향을 줄인다. 어떤 회사의 제품이 타사제품보다 월등히 우수하다는 사실을 고객들이 믿고 있다고 하면 이 회사의 경영자는 그 제품의 가격에 대해 폭넓은 선택을 할 수 있을 것이다.

(2) 제 휴(coalescing): 조직이 연대할 목적으로 다른 하나 이상의 조직과 연합하는 것을 제휴라 한다. 합병(merger)과 결합벤처(joint venture)도 이에 속한다. 경쟁자가 너무나 위협적인 경우는 이러한 방법을 택하지 않을 이유가 없다. 경영자는 투입물의 안정된 공급을 보장받기 위해 제휴라는 방법을 사용하기도 한다.

(3) 로 비(lobbing): 경영자는 자신의 조직을 위해, 바람직한 결과를 얻기 위해 다른 조직에 영향력을 행사할 때 로비를 하게 된다. 세율을 올리는 법안이 국회를 통과하게 되면 조직이 상당한 위협을 받거나, 시장에서 경쟁력이 상실될 경우 그 조직은 로비스트(lobbyist)를 고용하여 입법위원에게 영향을 행사하려는 경우가 있다. 거대한 조직일수록 더욱 강력한 로비능력을 갖고 있음이 명백하다. 그러나 작은 조직은 서로의 제휴를 통하여 로비능력을 강화하는 것이 보통이다.

그러나 대부분의 경우 경영자는 조직문화에서처럼 환경을 통제하지 못한다. 거대하고 힘 있는 조직을 제외한 대부분의 조직은 환경에 의해 절대적인 영향을 받는다. 경영자는 환경의 변화에 대해 반응하고, 또 환경의 변화를 예측하려고 노력하여야 한다. 그렇다 하더라도 환경은 경영자가 이해하여야만 하고, 그 안에서 활동할 수밖에 없는 제약으로 여전히 남아 있게 된다.

## 〈경영의 실천〉 GE '존경받는 기업'

미국의 전기전자업체인 제너럴 일렉트릭이 미국 경제전문지 「*Fortune*」지가 선정한 세계에서 가장 존경받는 기업으로 작년에 이어 올해에도 선정됐다.

「*Fortune*」지는 11일자 최신호에서 지난 해 경영실적 재무구조 등을 종합평가해 매긴 세계의 존경받는 기업순위를 발표했다. 제너럴 일렉트릭에 이어 마이크로소프트,

코카콜라, 인텔이 랭킹 2~4위를 차지했다. 상위 25위 기업국적을 보면 미국이 22개를 휩쓸었고, 일본은 2개사, 독일은 1개사에 불과했다. 전문기관이 경영실적 · 생산품품질 · 기업혁신정도 · 장기투자가치 · 재무구조 · 인재육성 · 사회적 기여 · 자산활용 · 국제적 안목 등을 따져 매긴 순위다.

잭 웰치 회장은 학연 · 지연 · 혈연을 떠나 철저한 실력주의원칙에 따라 탁월한 경영진을 구성했다. 각 사업부문 최고경영자에 30대를 과감하게 발탁해 왔다. 종합평가와 별도로 이뤄진 부문별 평가결과를 보면 항공부문에서 지난 해 1위였던 네덜란드 KLM이 8위로 추락한 반면, 미국의 사우스웨스트 에어라인이 지난 해 3위에서 1위로 도약했다. 자동차부문에서는 포드가 5위에서 1위로 뛰어올랐으며, 지난 해 1위였던 도요타는 2위로 내려갔다.

제약업부문에서는 비아그라를 내놓으면서 선풍을 일으켰던 화이자를 제치고 꾸준한 유전학연구투자를 통해 신약업계에 혁신을 일으킨 머크사가 수위를 차지했다. 한국기업은 금속제조부문에서 포항제철이 3위(작년 11위), 자동차부문에서 대우자동차가 15위(작년 15위), 전자부문에서 삼성전자가 16위(작년 15위)에 각각 올랐다.

— 동아일보 1999/10/05 —

# 색 인

[ㅅ]



[ㅇ]

[ㅈ]

[ㅊ]



[ㅋ]



[ㅌ]



[ㅍ]



[ㅎ]

〈著者紹介〉

저자 정충영 교수는 경북대학교 사범대학을 졸업하고 고려대학에서 경영학을 전공하여 경영학 석사와 경영학 박사 학위를 받았다.

경북대학교 경상대학 학장을 역임하였고 한국산업경영학회 회장, 한국의사결정학회 회장, 한국로고스경영학회 회장, 한국경영과학회 부회장, 한국생산관리학회 부회장 등을 역임하였다.

현재 경북대학교 명예교수이며 대구도시가스(주) 사장이다.

경영과학 등 20여 권의 저서와 100여 편의 논문을 발표하였고 "남산편지" 발행자이며 "설교은행"의 운영자로 활동하고 있다.

개정판
경영이해

2000年 2月 28日 初版發行
2006年 2月 20日 改訂版印刷
2006年 2月 25日 改訂版發行

著 者 鄭 忠 泳
發行人 安 鍾 萬
發行處 (株) 博 英 社
서울特別市 鍾路區 平洞 13-31 番地
電話 (733)6771 FAX (736)4818
登錄 1959. 3. 11. 제300-1959-1호(倫)
www.pakyoungsa.co.kr e-mail : pys@pakyoungsa.co.kr



定 價 23,000원 ISBN 89-7189-347-8